《医事法学》编委会名单

主　编　古津贤　强美英

副主编　王国平　蒲　川

编　委　古津贤　强美英　王国平　蒲　川　王　萍　邓　虹
　　　　　李耀文　蔡　昱　李雅琴　焦艳玲　吴　昊　王　伟
　　　　　杨俊青　赵会朝　唐　健　刘　博

撰稿人　（按姓氏笔画为序）
　　　　　古津贤　刘　祺　李　博　李雅琴　李耀文　冼舒雅
　　　　　郝　静　顾禅媛　强美英　焦艳玲　蔡　昱

作者简介

　　古津贤，法学硕士，天津医科大学医学人文学院教授、硕士生导师，天津医科大学医学人文学院副院长。主要研究领域：医事法学、卫生法学、伦理学、刑法学等。主要社会兼职有：中国法学会法学教育分会理事，中国卫生法学会理事，天津市仲裁委员会仲裁员。主要著作：《医疗事故法律问题研究》（独著）、《医疗侵权法论》（主编）、《中医药知识产权保护》（主编）、《多视角下的医患关系研究》（主编）；主要教材：《医事法学》（主编）、《医事程序法学》（主编）、《卫生法学》（副主编）。在《医学与哲学》、《中国刑事法杂志》、《天津师范大学学报》等核心学术期刊发表论文十余篇。

内容简介

　　本教材是高等医学院校法学专业（医事法律方向）特色专业教材之一，本教材融公法与私法、程序法与实体法、医学科学与法学为一体，渗透着学人严谨务实与创新的学术精神，体现了学科交叉，特色突出，脉络清晰，整体风格统一的特点。

　　本教材涵盖医事法绪论、医事法律关系主体、医事法律关系与医疗行为、医疗纠纷、医疗合同、医疗侵权、医疗过失、医疗责任等内容。梳理和解读了中外医事法立法、司法及学术理论的发展态势，敏锐地探讨和剖析了医事法前沿问题。

　　本教材借鉴和吸纳了该领域的最新立法进展和研究成果，诠释深奥的医事法学原理与抽象的医事法规则，每章设有内容提要及思考题，可读性性强，学习效果好。

21世纪法学系列教材

特色课系列

医事法学

主　编　古津贤　强美英
副主编　王国平　蒲　川

图书在版编目(CIP)数据

医事法学/古津贤,强美英主编. —北京:北京大学出版社,2011.10
(21世纪法学系列教材·特色课系列)
ISBN 978-7-301-19611-3

Ⅰ.①医… Ⅱ.①古… ②强… Ⅲ.①医药卫生管理-法学-中国-高等学校-教材 Ⅳ.①D922.161

中国版本图书馆CIP数据核字(2011)第200201号

书　　　名:	医事法学
著作责任者:	古津贤　强美英　主编
责 任 编 辑:	李燕芬
标 准 书 号:	ISBN 978-7-301-19611-3/D·2952
出 版 发 行:	北京大学出版社
地　　　址:	北京市海淀区成府路205号　100871
网　　　址:	http://www.pup.cn　电子邮箱:law@pup.pku.edu.cn
电　　　话:	邮购部 62752015　发行部 62750672　编辑部 62752027
	出版部 62754962
印　　　刷　者:	三河市博文印刷有限公司
经　　　销　者:	新华书店
	730毫米×980毫米　16开本　27.25印张　514千字
	2011年10月第1版　2019年12月第3次印刷
定　　　价:	46.00元

未经许可,不得以任何方式复制或抄袭本书之部分或全部内容。
版权所有,侵权必究
举报电话:010-62752024　电子邮箱:fd@pup.pku.edu.cn

前　言

随着社会的发展和人的生命健康权益的提升,生物-心理-社会的现代医学模式已经建立,医学科学技术不只仅从生物学角度认识人的生命、健康和疾病,且从心理、社会的更高层次尊重人的身心健康,注重人的生存和发展。这是医学科学技术进步的反映,更是医学道德文明进步的标志。然而,医学模式的转变并未使"视病如亲"的医患关系更为和谐、融洽,反而日趋淡薄和紧张,究其原因:一方面是传统生物医学模式的惯性仍然强有力地影响着医疗服务观点,现代医学模式中所包含的心理、社会、法律等人文因素并未真正融入到医疗实践中;另一方面是随着人权运动的发展和法律的不断健全,患者权利意识日益增强,不仅注重医疗服务质量,更追求自我权利的尊重和实现。因而,现实的状态是医患关系未能同步和谐发展,以至于医疗纠纷频频发生,医患关系更加紧张。解决这一问题,不仅需要提高医疗技术水平和医疗服务质量,更应借助于法律规范的完善,因此,人们越来越关注医学和法学这两个不同专业领域的交叉和融合,希望从中找到解决问题的平衡点。为此,国内很多高等医学院校相继设立了法学(医事法律)专业,从事医事法律问题的研究和教学,并专门开设了《医事法学》课程,医事法学便应运而生了。

作为较早成立法学(医事法律)专业的高等医学院校,我们一直注重这一新兴学科的专业建设,不断探索和完善该专业的课程体系。经过反复酝酿和精心准备,我们率先开设了医事法学课程,作为医事法律专业的特色课程。《医事法学》作为一门新兴的交叉学科,涉及医学、法学、伦理学等多学科领域,以保护人体健康和生存发展的医事法律规范及相关法律问题为其研究对象。通过近十年教学实践的积累,特别是《侵权责任法》出台以后,我们在不断探索和改进医事法学课程的结构体系的基础上,积极关注相关学科领域理论和实践的新问题和新发展,及时充实和调整医事法学的课程内容。如今,医事法学就像一位蹒跚学步的幼儿已渐渐成长为生机勃勃的少年,其课程结构体系更加科学合理,课程内容更加丰富扎实,成为一门较为成熟并深受学生喜爱的特色课程。

本书在编写过程中,以体现医事法学本身医法结合的学科特色为宗旨,在结构体系上,围绕医事法调整对象即医事法律关系这条主线,梳理和讨论医事法律关系主体、医疗行为、医疗合同、医疗侵权、医疗责任、医疗纠纷解决、医疗文书法律问题等内容,并注重医事法理论与医疗法律实践的融合,力求从理论上构建较为完整的医事法学学科体系。

经过全体编者的努力，《医事法学》终于要诞生了，虽然还显稚嫩，存在诸多不足，但毕竟要面见世人了，我们为之高兴。欣喜之余，我们倍感任重而道远。目前，我国医事法律制度还很不健全，作为关乎人的生命健康权益和生存发展保护的法律，今后立法任务将十分繁重。随着医事法律制度的不断完善和相关法学理论的发展，实践中围绕人的生命健康权益和生存发展保护仍将产生各种各样的问题，医患之间的矛盾和纠纷也不可能消失，这都需要医事法律规范予以调整和解决，因此，对医事法学的研究并无止境，还需我们不断付出更多艰辛和努力。希望本书能够对我国医事法学理论的研究起到抛砖引玉的作用。我们相信，只要本着认真严谨的态度，为追求真理而永不放弃，医事法学终将日臻成熟！

古津贤　强美英
2011 年 7 月于天津医科大学

目 录

第一篇 绪 论

第一章 医事法学概述 ……………………………………………………（1）
 第一节 医事法学的概念及特征 …………………………………………（1）
 第二节 医事法学的性质、任务及研究对象 ……………………………（3）
 第三节 医事法的基本原则 ………………………………………………（4）
 第四节 医事法的渊源 ……………………………………………………（5）
 第五节 医事法学与相关学科的关系 ……………………………………（7）
 第六节 医事法学研究的方法 ……………………………………………（8）

第二章 医事法的历史沿革 ……………………………………………（10）
 第一节 从奴隶制社会到资本主义社会
    ——西方医事法律的演进 ………………………………………（11）
 第二节 中国古代医事法律制度 …………………………………………（18）
 第三节 西学东渐下的晚清与民国的医事法律 …………………………（23）
 第四节 中华人民共和国的医事立法及展望 ……………………………（28）

第二篇 医事法律关系主体

第三章 医师执业机构 …………………………………………………（31）
 第一节 医师执业机构概述 ………………………………………………（31）
 第二节 医疗机构 …………………………………………………………（32）

第四章 医师执业法律制度 ……………………………………………（43）
 第一节 我国医师执业法律制度概述 ……………………………………（43）
 第二节 医师执业准入制度 ………………………………………………（45）
 第三节 医师执业中的权利、义务及执业规则 …………………………（54）
 第四节 医师考核和培训 …………………………………………………（61）
 第五节 执业医师的法律责任 ……………………………………………（62）
 第六节 乡村医生从业管理 ………………………………………………（64）

第五章 护士执业法律制度 (66)
第一节 护士执业法律制度概述 (66)
第二节 护士执业资格考试制度和执业注册制度 (67)
第三节 护士的权利、义务和执业规则 (69)
第四节 护士的法律责任 (71)

第六章 医疗行为相对人 (73)
第一节 患者 (74)
第二节 临床受试人员 (76)
第三节 健康体检人员及其他医疗行为相对人 (77)

第三篇 医患法律关系与医疗行为

第七章 医患法律关系 (79)
第一节 医患关系 (79)
第二节 医患法律关系的概念和类型 (82)
第三节 医患法律关系的性质 (85)

第八章 医疗行为 (94)
第一节 医疗行为的法律界定 (94)
第二节 医疗行为的特征与类型 (98)
第三节 医疗行为的合法性 (103)

第四篇 医疗纠纷

第九章 医疗纠纷概述 (109)
第一节 医疗纠纷的概述 (109)
第二节 非医疗纠纷 (114)

第十章 医疗鉴定制度 (117)
第一节 医疗鉴定的意义与选择 (117)
第二节 医疗损害鉴定的种类 (120)
第三节 医疗损害医学鉴定制度 (123)

第十一章 医疗纠纷的处理 (133)
第一节 医疗纠纷处理概述 (133)
第二节 医事诉讼 (136)
第三节 非诉讼解决机制 (146)

第四节　民间机构介入医疗纠纷的解决机制 ……………………（153）

第五篇　医　疗　合　同

第十二章　医疗合同概述 …………………………………………（158）
第一节　医疗合同的概念和特征 …………………………………（158）
第二节　医疗合同的性质 …………………………………………（162）
第三节　医疗合同的内容 …………………………………………（165）

第十三章　医方的合同权利和义务 ………………………………（170）
第一节　医方的合同权利 …………………………………………（170）
第二节　医方的合同义务 …………………………………………（173）

第十四章　患方的合同权利和义务 ………………………………（187）
第一节　患方的合同权利 …………………………………………（187）
第二节　患方的合同义务 …………………………………………（197）

第六篇　医　疗　侵　权

第十五章　医疗侵权概述 …………………………………………（201）
第一节　医疗侵权概述 ……………………………………………（201）
第二节　医疗侵权责任的归责原则 ………………………………（209）
第三节　医疗侵权责任的类型 ……………………………………（210）
第四节　医疗侵权的法律适用 ……………………………………（221）

第十六章　医疗过失 ………………………………………………（230）
第一节　医疗过失概念和分类 ……………………………………（230）
第二节　医疗注意义务的内涵和根据 ……………………………（233）
第三节　医师注意能力和判断标准 ………………………………（240）
第四节　医疗侵权过失的认定 ……………………………………（242）

第十七章　医疗损害事实 …………………………………………（251）
第一节　医疗损害的概述 …………………………………………（251）
第二节　医疗损害的具体内容 ……………………………………（253）

第十八章　因果关系 ………………………………………………（259）
第一节　因果关系概述 ……………………………………………（259）
第二节　医疗侵权责任因果关系的含义及类型 …………………（262）

第三节 医疗侵权责任因果关系的认定 …………………………… (267)

第七篇 医事法分论

第十九章 内科诊疗过失的认定 …………………………………… (271)
第一节 内科诊断过失的认定 …………………………………… (271)
第二节 内科治疗过失的认定 …………………………………… (277)

第二十章 手术过失的认定 ………………………………………… (281)
第一节 手术前过失的认定 ……………………………………… (281)
第二节 术中过失的认定 ………………………………………… (284)
第三节 术后过失的认定 ………………………………………… (287)

第二十一章 护理过失的认定 ……………………………………… (290)
第一节 护理过失概述 …………………………………………… (290)
第二节 护理过失的认定 ………………………………………… (292)

第二十二章 输血、输液过失的认定 ……………………………… (295)
第一节 输血过失的认定 ………………………………………… (295)
第二节 输液过失的认定 ………………………………………… (298)

第二十三章 其他医疗过失的认定 ………………………………… (301)
第一节 用药副作用过失的认定 ………………………………… (301)
第二节 健康检查过失的认定 …………………………………… (305)
第三节 麻醉过失的认定 ………………………………………… (307)
第四节 病理诊断过失的认定 …………………………………… (310)

第八篇 医疗责任

第二十四章 医疗民事责任 ………………………………………… (314)
第一节 医疗民事责任概述和形式 ……………………………… (314)
第二节 医疗侵权损害赔偿 ……………………………………… (316)
第三节 医疗侵权精神损害赔偿 ………………………………… (322)
第四节 药品不良反应民事责任 ………………………………… (325)
第五节 医疗责任保险制度 ……………………………………… (332)

第二十五章 医疗侵权的免责事由 ………………………………… (338)
第一节 紧急医疗 ………………………………………………… (338)

第二节　无过错输血 ………………………………………(339)
　　第三节　并发症 ……………………………………………(340)
　　第四节　特异体质 …………………………………………(341)
　　第五节　药物不良反应 ……………………………………(342)
　　第六节　患者过错 …………………………………………(343)
　　第七节　意外事件与不可抗力 ……………………………(343)

第二十六章　医疗行政责任 …………………………………(345)
　　第一节　医疗行政责任概述 ………………………………(345)
　　第二节　医疗行政责任的构成要件 ………………………(347)
　　第三节　医疗行政责任的实现 ……………………………(349)

第二十七章　医疗刑事责任 …………………………………(355)
　　第一节　医疗刑事责任概述 ………………………………(355)
　　第二节　医疗事故罪 ………………………………………(360)
　　第三节　与医疗相关的其他犯罪 …………………………(371)

第九篇　医疗文书和医疗广告

第二十八章　医疗文书 ………………………………………(378)
　　第一节　医疗文书的意义和种类 …………………………(378)
　　第二节　医疗文书的性质 …………………………………(381)
　　第三节　病历的所有权 ……………………………………(388)

第二十九章　医药广告 ………………………………………(395)
　　第一节　医药广告的概念和特征 …………………………(395)
　　第二节　违法医药广告的类型和处理 ……………………(398)
　　第三节　虚假医药广告的民事责任 ………………………(405)
　　第四节　名人代言虚假医药广告的法律责任承担 ………(407)

参考文献 …………………………………………………………(412)
后记 ………………………………………………………………(420)

第一篇 绪 论

第一章 医事法学概述

【内容提要】 医事法学是以医事法为研究对象的一门新兴的部门法学,医事法学作为法学的分支有其独特的学科地位。医事法学的建立,对于调整、确认、保护和发展各种医事法律关系和医疗秩序、有效解决日益增加的医疗纠纷、保护人民群众的生命健康具有重要的理论意义和现实意义。本章提纲挈领,对医事法学的基本概念、特征、医事法学的性质、任务及研究对象、基本原则以及医事法学的研究方法等做了高度概括。

第一节 医事法学的概念及特征

一、医事法学的概念

所谓医事法就是由国家专门机关创制,并以国家强制力保障实施,旨在解决医患之间各种社会关系法律规范的总和。医事法同其他法律一样,都是掌握国家政权的统治阶级,从本阶级的需要出发,根据一定的社会物质生活条件,通过立法程序制定或认可,并由国家强制力保障实施的行为规范。因此,医事法是统治阶级的意志和利益在医学领域中的具体体现。医事法是旨在保护人体生命、健康及相关权利的法律规范的总和,其立法目的在于调整、确认、保护和发展各种医事法律关系和医疗秩序,从而与其他法律规范有着重大区别。医事法学是以医事法为研究对象的一门部门法学。它主要研究医事法的产生和发展规律;医事法的本质、形式、作用;医事法调整的对象、特征、基本原则,医事法的制定和实施,医事法的各种制度和规范以及医事法理论的各种观点和学说。

学界对人体生命、健康方面的科学到底称为"卫生法学"、"医事法学"还是"医学法学"有争议。目前有一部分人认为,"医事法学"就是"卫生法学";也有人认为,"卫生法学"和"医事法学"是两个领域,两者研究的内容不尽一致。因此,有的医学院校开设"卫生法学"也开设"医事法学"。我们在这里姑且不谈两者之间的区别,我们用"医学法学"的概念把两者都涵盖进来。我们认为,就科学理念而言,如果从当代大医学的观念来理解,"卫生"比较"医学"而言似乎显得粗狭。"卫生"古代主要是指"养生"和"护卫生命",现在是指为维护人体健康而进行的一切个人和社会活动的总和。依现代大医学的观念,"医学"连"生态环境""卫生经济"都包含在内,因此无论在内涵和外延上,"医学"比"卫生"都显得丰富和广泛。[①]《医学法学概论》一书认为:"医学法是由国家机关制定或认可,并由国家强制力保证实施的有关医学方面的行为规范的总和……""根据调整的范围不同,可以将医学法分为广义的医学法和狭义的医学法。专门调整临床医疗、生命科学研究中的种种关系的法律叫狭义的医学法。广义的医学法……还包括卫生防疫、福利保健、计划生育药品管理、医事诉讼等法律关系"[②]。而我们在这里提到的"医事法学"或称"医疗法学"实际上是"小医学法学",它属于狭义的"医学法学",与卫生法学并列存在,主要研究的领域为涉及调整医患关系、医疗实践、生命科技以及法律实务为内容的法律、法规以及各种法律关系的总和,同法学中诸如"刑事"、"民事"、"海事"、"商事"等法律用语相适应,把它单独分出来进行深入广泛的研究,也是学科发展的需要。

二、医事法学的特征

医事法作为法律体系中的重要组成部分,除具有法律的一般属性外,因其调整对象的特殊性即围绕人类生命健康权益而产生的各种社会关系,它不仅要受到经济、政治、文化、社会习俗的影响和制约,而且也要受到自然规律和科学技术发展水平的影响。因此医事法同其他法律部门相比,又有自己所独有的特征。

(一)程序法和实体法相结合

医事法既包括宪法、行政法、刑法、民法等实体法,同时也包括行政诉讼法、民事诉讼法、刑事诉讼法等程序法,医事法学是程序法和实体法的综合。医患纠纷的解决与处理,可以通过双方协商、卫生行政管理部门调解、人民调解以及人民法院诉讼等方式解决;因过失行为造成患者人身损害的可以追究行政责任、民事责任以及刑事责任。

(二)公法和私法体系相结合

在医事法学研究的领域,研究对象既包括公法也包括私法。刑法、行政法属于公法的范畴;而侵权法、合同法属于私法的范畴。而且医事法调整的手段具有

---

① 石俊华:《医事法学》,四川科学出版社2004年版,第8页。
② 陈力行等:《医学法学概论》,南京大学出版社1988年版,第1—2页。

多样性,它既用公法的手段解决在医疗活动中的纵向关系,即管理与被管理关系,又可以采用侵权、契约等私法的手段来解决医疗活动中的横向关系,即平等主体之间的人身关系和财产关系。

（三）医学科学与法学科学相结合

医事法学规定的是医患关系中人们的行为规范,因而它必须以医学科学为基础,医事法体现了很强的科学性、技术性;同时,医事法是国家法律体系中社会法部门中的一个部门法,因此,它必须体现一般的法律特征,只有把医学与法学紧密地结合起来,把医学知识与法律知识融为一体,才能制定出既符合医学科学发展规律,又符合法律科学发展规律的医事法律规范,才能调整好医患法律关系。

（四）医学进步和完善法律相结合

医学科学突飞猛进,为人类的健康水平的不断提高提供了可能,同时也激发了人们对医学的新的需求。人们从"有病求医"发展到"青春永驻",改变生理与心理周期,激发人体潜能,延缓衰老进程。特别是现代医学科学技术的广泛应用,基因技术、克隆技术的出现,如果没有法律规范来引导和制约,就有可能走向人类善良愿望的反面,甚至给人类带来灾难。这就要求,国家要不断地制定新的医事法律来规范医学进入新领域后的行为,不断废除不适应医学领域的法律、法规,促进医学科学的健康发展。

第二节 医事法学的性质、任务及研究对象

一、医事法学的性质和任务

20世纪以来,自然科学与社会科学逐渐从分化走向融合,医学和法学也不例外,两大学科研究领域不断交叉和渗透,传统的生物医学模式逐渐地被生物—心理—社会医学模式所代替。在这深刻的历史变革背景下,旨在解决医患纠纷,规范医患行为,医学和法学交叉的学科——医事法学诞生。从医学角度来理解,医学法学属于理论医学的范畴;从法学角度理解医事法学是有关医疗问题的应用学科;从医学法学的总体职能来理解医事法学具有阶级性;从立法的根本宗旨来看,医事法学具有社会性;从科学技术进步和纷繁复杂的社会关系来看,医事法学具有综合性;从医学法学的边缘学科来看其具有交叉性;从医学高度发展的角度来看,医事法学又有发展性和时代性。因此医事法学的任务就是,将医学基本理论和法学基本理论有机地结合起来,服务于医疗实践,用法律手段促进医疗事业的发展,保护公民的生命健康。

二、医学法学研究的对象

医事法学以医学法律规范为研究对象,主要研究医事法的产生及其发展规律;医事法的基本概念、基本理论、基本知识;医事法调整的对象、特征、基本原则、地位和作用以及医事法律体系;研究医事法的制定和实施;研究医事法与相关学科的关系;我国现行的医事法律制度及其制定;研究外国医事法学理论、立法和司法实践;医事法的实施与监督;研究如何运用医事法学理论来解决医疗改革中的新问题。

第三节　医事法的基本原则

一、以事实为依据、以法律为准绳的原则

医疗纠纷的处理过程,是国家卫生行政主管机关、人民调解组织以及司法机关,查明事实、分清责任、适用法律法规处理纠纷的过程。因此要遵循以事实为根据,以法律为准绳的原则。尊重客观事实,不能主观臆断,不能凭空想象,先入为主。必须对事实做深入的调查研究,弄清事实真相,确认因果关系,分清责任。所谓以法律为准绳就是在处理医疗纠纷时要严格遵守现行的法律法规,把法律法规做为处理医疗侵权纠纷的重要依据,切实做到有法可依、有法必依、执法必严、违法必究。

二、公开、公正、公平的原则

公平首先体现医患双方在处理医疗侵权纠纷时的地位平等。其次,体现在权利和义务的统一,凡是在法律上享有特殊权利的,都必定要履行义务。再者,在适用法律上体现公平。不能对同一个法律事实使用不同的法律规范。公正是法制社会的灵魂,公正也是公平适用法律的必然结果。公正适用法律可以包含两个方面的含义:一是程序上的公正。程序上的公正是保证实体上的公正的前提,在医疗事故处理中程序公正具有特殊的意义。二是实体上的公正。包括证据适用和法律适用的公正。以事实为根据、以法律为准绳是重要的法制原则。在处理医疗事故时,必须按照法律法规的规定搜集证据,并在证据的基础上适用法律法规规定的相应条款。

三、坚持实事求是、处理恰当的原则

医患纠纷是由于医疗行为而产生的,医学具有自身的科学体系与理论,对待科学必须以客观、公正的态度来认识。而客观公正的基础就在于实事求是。只

有将医疗侵权的事实搞清,才能准确定性,正确区分医疗风险与医疗过失;区分医务人员的责任与药物及医疗器械质量责任;区分医疗行为对损害后果应当承担的责任程度。只有分清责任,才能处理恰当,才能杜绝或减少医疗过错的发生。因此,坚持事实求是的科学态度是我们做好医疗事故处理工作的重要内容。

四、以行政调解为主的原则

医患纠纷一般均为民事纠纷,根据我国法律的有关规定,解决民事纠纷的途径主要有以下几种:协商、调解、诉讼。由于医疗侵权专业性强、实际操作程序复杂、调查取证难等特点。为实现行政管理的目标,法律特别授权行政主体先于处理某些种类的民事案件,并保留法院对其司法审查的权利。通过行政调解或行政处理医疗侵权,可以节省时间,也可以减轻当事人的负担。不过,行政调解不是对医疗侵权最终解决,不服调解仍可通过上级行政机关申请行政复议或提起行政诉讼;同时也可以采取由人民调解委员会进行调解,可以保护医患双方当事人的合法权益,防止矛盾激化。如果行政、人民调解委员会的调解没有成功,患方也可以通过民事诉讼的方式来主张自己的经济权利。

第四节 医事法的渊源

医事法的渊源即医事法律的具体表现形式。我国医事法的渊源主要包括以下几种:

一、宪法

宪法是我国的根本大法,它是国家最高权力机关——全国人民代表大会依照法定程序制定的具有最高法律效力的规范性文件,是一切立法活动的基础。宪法中有关医事法内容方面的规定就是我国医事法的重要渊源。我国现行《宪法》中关于医事法内容的规定主要有:第21条第1款规定:"国家发展医疗卫生事业,发展现代医药和我国传统医药,鼓励和支持农村集体经济组织、国家企业事业组织和街道组织举办各种医疗卫生设施,开展群众性的卫生活动,保护人民健康。"第45条第1款规定:"中华人民共和国公民在年老、疾病或者丧失劳动能力的情况下,有从国家和社会获得物质帮助的权利。国家发展为公民享受这些权利所需要的社会保险、社会救济和医疗卫生事业。"这些规定既是我国医事法的渊源,又是医事法律、法规制定的依据。

二、医事法律

这里的医事法律是指由全国人民代表大会及其常务委员会制定的医事方面

的专门法律,其效力低于宪法。它可分为两种:一是由全国人民代表大会制定的医事基本法。医事基本法是国家为保护人们身心健康而制定的适用于所有医事活动的综合性、系统性的法律文件。目前我国还未制定医事基本法。二是由全国人民代表大会常务委员会制定的医事基本法以外的医事法律。现行有效的有《中华人民共和国食品卫生法》、《中华人民共和国药品管理法》、《中华人民共和国传染病防治法》、《中华人民共和国执业医师法》等十余部。此外,在我国《民法通则》、《侵权责任法》、《刑法》、《劳动法》、《环境保护法》、《婚姻法》等其他法律中有关医药卫生方面的条文也是我国医事法的渊源。

三、国务院及其各部委制定的医事法规

国务院及其各部委在宪法赋予其职权范围内,依据宪法和法律制定颁布的有关医药卫生方面的专门条例、办法、措施、细则、规章等,也是我国医事法的主要渊源之一,但其效力低于医事法律,其规范的精神不能与法律相抵触。目前已颁行的有《医疗事故处理条例》、《医疗机构管理条例》、《公共场所卫生管理条例》、《突发公共事件应急条例》、《精神药品管理办法》等20多个医事法规;卫生部发布的《全国医院工作条例》,卫生部、公安部、国家科委联合发布的《放射性同位素工作卫生防护管理办法》等1000多个医事规章,内容覆盖了医药卫生管理的各个领域。

四、医事法律解释

有关国家机关在其权限范围内所做的关于医事法律的解释是有权解释,具有约束力。这些解释若涉及医药卫生领域就属于医事法的渊源。如卫生部《关于进口药品管理的补充通知》、最高人民法院《关于审理非法行医刑事案件具体应用法律若干问题的解释》等。

五、地方性医事法规、规章

地方省级人民代表大会、政府以及民族自治地区的自治机关在宪法、法律规定的职权范围内发布的地方性法规包括自治条例、单行条例、规章、措施、办法等有关医药卫生方面问题的,也是我国医事法的渊源之一。但它们仅在本地方发生效力。

六、国际医事条约

国际医事条约是指我国与外国缔结的或者我国参加有关医药卫生方面的国际医事法规范性文件。如1969年《国际卫生条例》、1961年《麻醉品统一公约》、1971年《精神药品公约》等。按照我国宪法和有关法律的规定,这些国际医事条

约中除我国声明保留的条款外,均对我国具有法律约束力,当然也是我国医事法的渊源之一,而且如果我国法律与这些条约的规定有不同时,优先适用条约规定。

第五节 医事法学与相关学科的关系

一、医事法学与医学伦理学

医学伦理学是研究医学道德的一门科学。医事法律规范和医德规范都是调整人们行为的准则。它们的共同使命都是调整人际关系,维护社会秩序和人民利益。医事法体现了医德的要求,同时医德也体现了医事法的要求,两者相互渗透、相互补充、相辅相成。然而,医事法与医学伦理又有区别:一是在表现形式上,医事法是拥有立法权的国家机关依照法定程序制定的,一般是成文法,医德存在于人们的意识和社会舆论中,一般是不成文的;二是在调整范围上,医德调整的范围要宽于医事法,但违反医德的行为,不一定要受到法律的制裁;三是在实施的手段上,医事法的实施以国家强制力保障实施,而医德主要依靠社会舆论、人们内心的信念和习俗来发挥作用。

二、医事法学与医学社会学

医学社会学是研究疾病与健康有关的人群及其行为、关系、组织等问题的一门学科。医事法学与医学社会学都是社会科学与自然科学相互交叉、相互融合的边缘学科。它们的任务都是增强医药卫生机构的社会功能和社会效益,增进人民的社会福利和健康水平。但是两者有着很大的区别:医事法是以法律规范的形式约束医疗机构和医务人员的行为,明确权利和义务及违反医事法律规范应承担的法律后果;医学社会学则运用其原则和分析方法指导医疗卫生机构和医务人员的医疗实践,在临床工作中建立起良好的医患、医际、患际的关系,从而达到既了解患者的心理因素,又可注意患者的社会因素在疾病发生、发展以及转归中所占的地位和影响,为医疗改革和提高医疗水平提供科学的依据。

三、医事法学和卫生经济学

卫生经济学是以卫生政策的制定和贯彻落实为研究对象的一门学科。卫生政策是指党和国家在一定历史时期内,为实现一定卫生目标和任务而制定的行为准则。医事法和卫生政策都是建立在社会主义经济基础之上的上层建筑,在本质上是一致的,体现了广大人民群众的意志和利益,都具有规范性,是调整社会关系的行为准则。但两者的主要联系主要表现在:卫生政策是医学法的灵魂和依据,医学法的制定要体现卫生经济政策的精神和内容;医学法是实现卫生经济政策的工具,是卫生政策的具体化、条文化、规范化和法律化。

四、医事法学和法医学

法医学是应用医学、生物学、化学及其他自然科学的理论和技术,研究并解决司法实践中有关人身伤亡和涉及法律的各种医学问题的学科。法医学和医事法学都是与医学密切相关的学科,并且与法律都是密不可分的。但是两者又有区别:一是分属的学科不同。法医学属于自然科学中的医学学科,而医事法学属于社会科学中的法学科;二是产生的依据不同。法医学是适应法律的需要产生的,其任务是运用自然科学解决司法实践中的医学问题,医事法学是应医学的需要而产生的,其任务是运用法律促进医疗事业的发展,保障人体生命健康安全。

五、医事法学与卫生事业管理学

卫生事业管理学是研究卫生事业管理中普遍应用的基本管理理论、知识和方法的一门学科。卫生事业管理的方法有很多,法律方法是其中的一种。所谓卫生事业管理中的法律方法,是指运用医学立法、司法和遵纪守法教育等手段,规范和监督卫生组织及其成员的行为,以使卫生管理目标得以实现。医事法律规范是医疗管理工作中的活动准则和依据。卫生管理工作中的法律方法和其他方法不同点在于具有强制性,一方面表现为对于违反医学法律规范的人给予制裁;另一方面表现为对于人们行为的约束。

第六节 医事法学研究的方法

一、比较的方法

我国医患纠纷争议在近几年呈上升趋势,医患纠纷的处理不论是在理论上,还是在司法实务上,都是一个全新的课题,同国际发达国家相比都显得很薄弱。俗话说:"他山之石,可以攻玉",学习和借鉴国外经验和理论,弥补我国在立法和司法当中的不足,完善我们的立法和司法是有重要意义的。

二、历史的方法

我国是世界文明古国,法律历史源远流长,医疗事故早在古代就有明确的规定。在对医疗侵权问题研究的过程中,只有对医患纠纷的法律处理历史分析清楚,才能得出客观全面的结论。书中简单介绍了新中国成立后我国对医疗事故处罚的法律规定,并且提出符合我国现实情况的见解。

三、实证分析方法

法学是应用科学,它的实践性、专业性都很强。在写作过程中,我们不但对医疗纠纷法律理论进行深入的研究和探讨,同时,列举了大量的实际案例,进行全面的实证分析,从不同的角度进行讨论,力求理论和实践相结合,在这些案例中,有一部分案例是作者亲历的案例,并有深刻的体会。这些案例有的是通过诉讼解决的,有的则是通过双方当事人协商解决,也有的通过卫生行政部门调解解决。

思考题:
1. 医事法学的概念。
2. 医事法的渊源。
3. 医事法的功能和地位。
4. 医事法的基本原则。
5. 医事法学与相关学科的关系。
6. 医事法学的学科体系和研究方法。

第二章　医事法的历史沿革

【内容提要】 本章以医事法发展的历史脉络为主线,简要回顾了医事法作为一个独立的法律部门发展的过程。法律的发展是与社会和经济发展密切相关的,所以医事法学的发展也就不可能摆脱其所处的历史时代的制约。从总体上划分,医事法的发展可以分为四个发展阶段:奴隶社会、封建社会、资本主义社会和社会主义社会。现代医事法的雏形虽然是人类进入资本主义社会后才逐渐形成的,但是如果没有奴隶社会和封建社会的立法和司法实践,那么现代医事法也就失去了其发展的历史基础。

一般认为,医事法和与之相伴的医事法学研究是20世纪以来医疗事故激增和法律部门分类更加趋向精密化的产物。其实不然。人们之所以这样认为,是将医事法的起源与医事法的完善相混淆了。诚然,医事法体系的完善是20世纪,特别是第二次世界大战之后的事情,但是自从人类进入阶级社会以来,规范和调整医生和病患之间的法律便出现了。而人类早期的医事法规如若按照今天的法学划分标准来考量,则在相当程度上当属卫生法规,因为无论在当时的欧洲还是中国,医生的社会地位是非常低的,可以这样认为,那时作为受人尊敬的专业执业群体的医生尚不存在,医生只是法律规制的对象,而成为法律关系中权利主体的机会则很有限。保罗·斯塔尔指出:"在罗马统治的时代,医生群体主要是由奴隶、被解放的奴隶和外国人构成,而从医则被认为是非常卑贱的职业。在18世纪的英格兰,内科医生的地位虽然比外科医生和药剂师为高,但其也只是处于绅士阶层的边缘,他们孜孜以求的希望得到富有阶层的庇护与保障。"[①]因此,我们可以看出,今天医事法规的出现是和医生职业群体专业化和权威化的确立密不可分的。

人类社会按其发展的进程,由低到高大体可以分为四个阶段:奴隶社会、封建社会、资本主义社会和社会主义社会。因此,可以这样认为,关于医患关系的立法从奴隶制社会便开始了。这一点我们有公元前18世纪的《汉谟拉比法典》为证。作为人类迄今发现最早、保存也最完整的古代法典,《汉谟拉比法典》在

---

① Paul Starrm, *The Social Transformation of American Medicine*, Basic Book—A Division of Harper Collins Publishers, 1982, p.6.

考证医事法律源起上是具有非常大的学术价值的。因为,该法典中涉及医生执业规则的条款就占到将近1/8。而另一部同样来自古代东方的法典,大约完成在公元前15世纪的《赫梯法典》则有关于如何维护公共水源卫生的最早规定。

这样综观历史,我们就会发现从奴隶制社会到封建社会,医事立法几乎从未间断过。特别是随着资产阶级革命和资本主义社会的建立,医事立法工作更是蓬勃地向前发展。进一步言之,医事立法工作开始于奴隶制社会(尽管当时的医事立法还处在一种无明确意识的阶段),经过了封建社会的短暂过渡,到资本主义时期则臻于完善。

20世纪中叶以来,尤其是东西方冷战的结束,意识形态的分歧已经不再是全球国际政治的主旋律。协调和发展取代了过去的对抗与冲突,这样在医事法领域中,全球合作成为了医事法律立法工作和医事法学研究的主导思想。所以,我们可以这样认为:时至今日,医事法已经成为一门独立于传统法学的部门法。这个法学部门既有悠久的历史可以追溯,也有广阔的空间以待探索和发展。

第一节 从奴隶制社会到资本主义社会
——西方医事法律的演进

一、奴隶制社会的医事法律

(一)《汉谟拉比法典》

正如前述,在人类文明发展的早期,有关规范医生行为、责任和公共卫生的法律条文便已经出现了。在1901—1902年之间,发现于伊朗古城苏萨的《汉谟拉比法典》中,涉及医事法律关系的规范竟多达数十条,占法典全文近1/8篇幅。下面便是对该《法典》第215条至第221条的摘录,从中我们可以看到早期人类是如何对医患关系进行规范的:

第215条:倘医生以青铜刀为自由民施行严重的手术,而治愈其病者,或以青铜刀割自由民之眼疮,而治愈其眼者,则彼应得银十舍客勒。①

第216条:倘病者为穆什钦努②,则彼应得银五舍克勒。③

第217条:倘病者为自由民之奴隶,则奴隶主应给医生银二舍客勒。④

第218条:倘医生以青铜刀为自由民施行严重的手术,而致此自由民于

---

① 《世界著名法典汉译丛书》编委会编:《汉穆拉比法典》,法律出版社2000年版,第96页。
② 根据《汉穆拉比法典》的规定,自由民分为两类:社会地位高的称"阿维鲁",而社会低的称"穆什钦奴"。
③ 《世界著名法典汉译丛书》编委会编:《汉穆拉比法典》,法律出版社2000年版,第96页。
④ 同上。

死,或以青铜刀割自由民之眼疮,而损毁自由民之眼,则彼应断指。①

第219条:倘医生以青铜刀为奴隶实行严重手术,如致奴隶死亡,以奴还奴。②

第220条:倘彼以青铜刀割其眼疮,而损毁其眼,则彼应以银赔偿此奴买价之半。③

第221条:倘医生为自由民接合折骨,或医愈肿胀,则病人应给医生五舍客勒。④

分析以上引用的《法典》条文,我们可以看出《汉穆拉比法典》是一部典型的以神权为特征的《法典》。法国考古队在苏萨卫城遗址发现的刻有法典文字的石柱上,清晰地绘有汉穆拉比从主管司法的太阳神手中接过法典情形的浮雕。《汉穆拉比法典》和《赫梯法典》以及后来的古罗马《十二铜表法》在这一点上有很大的不同。

如果拿《赫梯法典》和《汉穆拉比法典》相比较,我们会发现前者基本上是一部世俗化和平民化的法典。首先,《赫梯法典》没有《汉穆拉比法典》那样阐明君权神授的序言。法典中很少提到神对于人影响;此外,它也不具有《汉穆拉比法典》那样在字里行间体现出的霸气。我们在研究法典中和医事法律相关的条文时,这个特点是不容忽视的。因为,对于它的忽视势必会对很多问题的理解造成困难。

除此之外,从对《汉穆拉比法典》相关条文的分析来看,我们认为该《法典》中医事法律大体还具有以下三个方面的特点:

1. 混合立法模式

《汉穆拉比法典》可以算作是人类早期医事立法的典范。其规定之完备,处理之详细,是后世其他奴隶制法典所不能比拟的。⑤但是,《汉穆拉比法典》毕竟不是一部完整独立的医事法典,而是一部刑重于民,神权色彩浓郁的综合性法典。这种将医事法律条文融合于综合性法典的做法反映了当时人们对于医事行为立法的被动性。这里的被动性不是指消极地不行为,而是指一种对医事法律地位及其性质认识上的模糊。这种模糊的认识,既来源于统治者认识的局限性,也同时受到当时医疗行为过于简单这一事实的制约。

---

① 《世界著名法典汉译丛书》编委会编:《汉穆拉比法典》,法律出版社2000年版,第97页。
② 同上。
③ 同上书,第98页。
④ 同上。
⑤ 公元前15世纪的《赫梯法典》虽然有关于如何维护公共水源卫生的规定,但是并没有像《汉穆拉比法典》那样对于医生和患者之间关系的规定。而古罗马的《十二铜表法》对于医生和患者之间的关系问题根本就只字未提。

2. 医事法律条文阶级色彩浓厚

医生的职业道德要求他们应该一视同仁地对病患加以救治。但是这一点并不是《汉穆拉比法典》所要求的。仔细阅读上文引用的法条，我们就不难发现这些条文背后的指导思想。"倘医生以青铜刀为奴隶实行严重手术，如致奴隶死亡，以奴还奴。"这一条的精髓是什么呢？如果我们懂得奴隶制社会经济基础的话，我们就可以明了这一条文的实质是奴隶人格身份的物化。

在古巴比伦，医生在医疗行为中如果伤害了自由民，则他要受到肢体上的处罚（见第 218 条，上引文）。然而，如果他伤害了奴隶，则只需承担金钱上的损失。因为，在奴隶制经济体制下，健康的奴隶是经济繁荣的保证，从而也保证了国家机器的正常运作。所以，在奴隶主阶级眼里，奴隶就是他们的生产工具。这种工具的性质和后世资本家眼中的机器设备并无不同。所以，医生在为奴隶治病的时候，实际上已经失去了作为一名医生的身份属性和职业特征。在这里，医生和汽车修理工在性质和作用方面并无不同。这样，我们得到的自然结论就是，医生对于奴隶的损害只需对其所有人提供经济上补偿，而无须承担其他的义务或责任。因此，《汉穆拉比法典》中医事法律条文带有明显的阶级性。这种阶级性是没有经过任何掩饰的，是用赤裸裸的语言完全明了地表述出来的。

3. 以刑代民

《汉穆拉比法典》第 218 条规定："倘医生以青铜刀为自由民施行严重的手术，而致此自由民于死，或以青铜刀割自由民之眼疮，而损毁自由民之眼，则彼应断指。"古巴比伦社会在法律救济方面，以同态复仇为主要的救济手段，而以金钱赔偿为辅。所以，如果医生在治疗自由民过程中出现差错，那么下场是相当悲惨的。上文提到过《汉穆拉比法典》的霸道，这一特征在此展现无遗。国王的权利来自于上天，上天既赋予国王统治万民的权利，也授予国王保护万民的义务。而一个医生如果伤害了国王的臣民，就会被当做是对国王的冒犯。所以，"以牙还牙，以眼还眼"的救济方式在古巴比伦是大行其道的。

（二）《摩奴法典》中卫生医事条例

如果说《圣经·旧约》中的卫生条例反应了耶和华和先知们对于希伯来人标准生活行为的企望，那么南亚次大陆印度的《摩奴法典》中相应的卫生规定则代表了婆罗门教及其僧侣们的意识形态。

古代印度名为《法经》的作品很多，而《摩奴法典》无疑是其中最为重要的一部。《摩奴法典》虽然名为"法典"，但它并不是现代意义上由国家制定颁布的法规，而是婆罗门教的历代教义的集合。《摩奴法典》不但规范了印度人的世俗生活，而且更为重要的是，它严厉制约着印度人的精神生活。《摩奴法典》共计 12 卷，其价值基础是种姓制度。《摩奴法典》虽然维护了严格的等级种姓制度，但其和希伯来人的经典文献《圣经》一样也包含了大量事关生理卫生、饮食禁忌等卫生条例和法规。这些规定的价值取向与深层内涵也同希伯来人对于《旧约》中卫生条例的遵守并无二致。其目的无非是要印度人遵从婆罗门教僧侣们的教导,以期得到神的眷顾。

《摩奴法典》卷五"斋戒和净法的规定以及妇女的义务"第17条规定:"不要吃非群栖动物,野兽和自己不认识的鸟类,或有五爪的动物。"①

该卷第18条又规定:"立法家宣称,在五爪的动物中,刺猬,豪猪,恒河鳄鱼,犀牛,乌龟和野兔,可以吃,又除骆驼外具有一切牙齿的四足兽亦然。"②

《摩奴法典》卷四"生计与戒律"第207条规定:"决不要吃狂人,愤怒的人,病人所进的食物。"③

该卷第208条规定:"也不要吃经打胎的人看过的,经期妇女摸过的,鸟儿啄过的,和狗接触过的食物。"④

在阅读该《法典》第四卷的时候,我们发现医生的社会地位在当时印度不但低下,而且还很可能备受鄙夷。因为法典卷四第220条这样规定:"吃医生的食物,就是吃脓;吃高利贷者食物,就是吃粪便。"⑤

这里,我们需要注意中文文本两段话语之间的"分号",这个标点符号的文本暗示是"医生"和"高利贷者"的等同。毋庸置疑,高利贷者无论在任何社会中都是被划归于社会的边缘阶层,尽管有钱,但却令人鄙视。在法典的文本中,"医生"与"高利贷者"的并列,是否具有这样"边缘化"的效果,还需进一步的研究和探索。

此外,《摩奴法典》也传达了婆罗门教对于疾病和病患的看法与评价。例如该《法典》卷11"苦行与赎罪"第48条规定:"一些心术不正的人,以今生所犯的罪或前生所做罪孽而为某些疾患或畸形所苦。"⑥

而该卷第49条又接着规定:"偷婆罗门的金钱者,患指爪病;饮违禁酒者,患黑齿病;杀害婆罗门者,患肺痨。"⑦

《法典》卷11第48条所反应的疾病观在传统的以宗教教义为生活中心的社会中具有一定的普遍意义。该卷的名称不是"苦行与救赎"吗?疾病既然是前世或今生的罪孽的派生物,那么唯一的疗法不是寻求医生的帮助,而是在于寻求内心的忏悔。这一点,在《圣经》四福音书中体现得异常明显。该卷第49条的规定则反应了婆罗门教僧侣为维护种姓制度的病态的疾病观。

---

① 〔法〕迭朗善译:《摩奴法典》,马香雪转译,商务印书馆1982年版,第116页。
② 同上。
③ 同上书,第108页。
④ 同上。
⑤ 同上书,第116页。
⑥ 同上书,第265页。
⑦ 同上。

通过研究整部《摩奴法典》，我们很难得出这样的结论：法典中的卫生法规与条例是以社会大众的利益为基础颁布制定的。易言之，《摩奴法典》中的卫生条例与《圣经·旧约》中的相关规定同样不具有"社会性"，因此这些规定也同样不能算作现代意义上的卫生医事法规条例。然而，法典中卫生医事条例的"神性"面纱却也不能否定其对于早期印度人的利导机制，尽管这一价值的实现是间接与无意识的。

（三）古希腊和罗马的医事卫生法规

古希腊的医学到底起源于何时，这是一个一直另医学史学者困惑的问题。但是在古希腊漫长的医学发展过程中，尽管我们对诸多问题还不能作出明确的论断，然而这里有一个事实却不容我们忽视，即卡斯蒂廖尼所谓的"（古希腊）的医学思想终于慢慢地脱离魔术思想和僧侣的教条主义，并把其基础建立在对自然的观察和不断的研究，以及对人和动物的关系的观察和研究之上，这种生物学的研究给医学带来了重要的新标志"[①]。

虽然，我们不能就此认为古希腊医学已经完成医学科学化发展的历程，彻底摆脱了宗教的束缚。但是，希腊医学无疑是朝着这个方向前进的。所以，古希腊医事卫生法规与条例的一个与众不同的地方就在于法规字里行间的人文特征。在希腊医学发展的早期历史中，我们发现这里除了不同学派学术思想的争论之外，更值得关注的是医生的组织正在希腊的各个城邦国家中悄然形成，而伴随着医生团体的出现，约束医生行为的准则也随之产生了。

希波克拉底大约生于公元前460年的科斯岛（Cos），他一生不但医学著作颇丰，而且还提出了著名的医生行为和自律操守规范，即"希波克拉底誓言"。该誓言宣称："我谨在诸神之前宣誓，我当尽我之所能来履行此誓言。我当尊师重道，患难与共；我当视业师之子女如昆仲；我当尽我之所能与判断为病人利益着想，心中当不存邪念；凡我执业，于中之所见所闻，无论其是否与我行医有关，当决不泄露，当永守秘密。"这个誓言虽然简明扼要，但其却涉及了以下三个核心关系，后世的医生行为规则或自律准则鲜有出其右者。

（1）医生行业中的师徒关系；

（2）医患关系；

（3）医生与大众的关系。

随后，希波克拉底在一部名为《论法规》的书中又进一步阐释了自己关于行医的职业道德的看法；而希氏的《论可贵的品行》和《论箴言》可被认为是其对医生职业道德的最完美诠释。

希波克拉底认为："同时又是哲学家的医生，犹如众神。医学和哲学之间没

[①] 〔意〕卡斯蒂廖尼：《医学史》（上册），程之范主译，广西师范大学出版社2003年版，第115页。

有大的不同,因为医生也应当具有优秀哲学家的一切品质:利他主义、热心、谦虚、高贵的外表。"①在这里,希波克拉底将医生的职业上升到与哲学家平等的地位。希氏一直提倡合格的医生当不仅仅拘囿于医术的精湛,其还应该精通希腊的哲学和人文思想。希氏的这一主张在一定程度上恰恰和我国张仲景的"大医"的思想暗合。

如果说古希腊人对于医事法规的贡献在于希波克拉底明确提出了医生的行为和操守规范,那么罗马人则凭借着他们卓越的法学理论技巧从立法上更进一步完善了其从希腊人处继受来的医生的职业道德规范,并将其向广处和深处扩展。

罗马人的《十二铜表法》就已经记载了关于公共卫生的法规,该法约制定于公元前451—450年之间,共分为十二表。其中第八表"伤害法"第25条规定:"如有人说起毒物,那么必须补充,它对健康有益或有害,因为药品也是毒物。"②而该法第十表"神圣法"第1条则规定:"死人不得在城市内埋葬或焚毁。"③第9条接着规定:"未得所有者同意,法律禁止在距离其房屋不到六十尺的地方举行火葬或设置坟墓。"④

对于医生的行为规范,《阿基拉法》要求公共机关要负有对医生的监督职责。同时,该法还要求医生要对其医疗过失行为负责,而《科尼利阿法》却规定医生致病患死亡需要被判处放逐或斩首。此外,《科尼利阿法》还规定如果医生给人行堕胎手术,要被判处流放或没收部分财产。如果病人因为堕胎手术身亡,施行手术的医生将会被处以死刑。《得森维尔法》规定十月怀胎,婴儿在第十一个月出生则被认为不合法。⑤ 关于十月怀胎的规定在《十二铜表法》中也有所体现,该法第四表"父权法"第4条规定:"妇人在丈夫死后第十一个月生孩子,则可能她是在丈夫死后才怀孕的,因为十人团写到,人只有十个月诞生,而不是十一个月。"⑥

二、封建社会的医事法律

欧洲,特别是西欧的封建社会的时间要比中国短得多。封建社会只是医事法律发展史上的过渡阶段。这里只略述一笔,以备参考。

现在史学界一般以公元476年西罗马帝国的崩溃作为西欧进入封建社会的标志。西罗马帝国倒台之后,继而起之的是克洛维统治下的法兰克王国。克洛维时代最有影响力的法典是编写于公元486年至496年间的,被法史学家誉为

---

① 〔意〕卡斯蒂廖尼:《医学史》(上册),程之范主译,广西师范大学出版社2003年版,第158页。
② 《世界著名法典汉译丛书》编委会:《十二铜表法》,法律出版社2000年版,第45页。
③ 同上书,第49页。
④ 同上书,第52页。
⑤ 同上书,第227页。
⑥ 同上书,第14页。

5 至 9 世纪最著名和最具有代表性的"蛮族"《萨利克法典》。而该法典却对于医事法律关系的问题却未加涉及。根据确凿的书面记载,这种现象一直持续到 9 世纪,即公元 900 年。

欧洲封建社会时期的医事法学的研究是以法医学为开端的。如有人死亡,法庭关心的是致死的原因,从而来判断是否构成刑事追诉的标准。在医疗法发展的初期阶段,对法医学的研究即代表了医事法学研究的全部领域。这种现象一直持续了三四百年。大约到了 14 世纪,在英国的法庭文献记录中才开始有了因医疗事故而涉诉的记载。当时的法庭已经开始将医生的职业技能纳入了法庭考察的范围。当时的法官已经懂得将涉诉医生(通常是被告)的治疗措施和行为方式与具有同等专业技能的医生相比较。通过这样的比较,法庭可以判断出医生是否具有医治行为上的疏忽。

13 世纪以降,除了在法庭审判实践中逐渐出现了医事案件,而且,欧洲封建君主们也开始将注意力慢慢地转向了单行医事立法的编纂工作。在这些君主里面,德国的腓特烈二世最为突出。在他统治的时期,德国先后颁行了《医生开业执业法》、《药剂师开业执业法》和《佛罗伦萨药典》等一系列规范医疗卫生和制药售药方面的法规。

三、医事法律体系在资本主义社会中的逐步发展与完善

当欧洲进入资本主义社会的时候,其不但迎来了经济高速发展的时期,而且也迎来了医事法律发展的黄金时代。伴随着资本主义经济春天到来的是资产阶级人身权利意识的萌发和资产阶级人文主义的兴起。所以,在这一时期,医事法律所体现出来的特征不但是大量的医事单行法规的出现,而且医事法学和医事立法的理论基础也越来越完善。这样,医事法学和医事立法在资本主义时期,无论是在实践层面上,还是在理论层面上,都获得了相当的发展。

英国 1601 年的《伊丽莎白救济法》被认为是第一部带有近代资本主义性质的医事法规,其影响一直可以推进到 19 世纪初期。而同为英美法系的美国,虽然于 18 世纪在医事法律方面的建树寥寥无几,但在 19 世纪末至 20 世纪初的短短数十年间,却相继颁布了《全国检疫法》(1878)、《经济食品和药物法》(1906)、《公共卫生署法》(1912)、《纯净食品与药物法》(1906)以及《联邦麻醉剂法令》等大批的医事法规和条例。

在日本,一个后起的资本主义国家,医事法律制度的发展也是非常迅速的。日本自 19 世纪末期初步建立医事制度以来,其以西方国家的医事立法和医疗福利制度为参照系,先后在第二次世界大战期间和战后颁布了大批医疗医事法律法规。在这些法规里面,其中较为突出的法典包括:1925 年的《药剂师法》、1933 年的《执业医师法》和 1948 年的《药事法》。

利用法律来对护士的从业资格进行管理的想法起源于英国。1860年,一位英国医生认为护士应该同医生一样进行统一注册,领取执业资格证书,并接受大致相同的专业训练,以求达到从事医疗护理工作所需的最低标准。因此,在英国的倡议下,南非于1891年率先通过了《护士登记注册法》。随后,新西兰于1901年,美国于1903年也都通过了规范医疗护理工作和其从业人员资格的法规。

最终在整个资本主义各国,形成了一个事关规范公共卫生、医生行医资格、医疗过失、传染病防治以及医疗护理工作等方面问题的法律体系。在这个医疗法体系内,既存在着立法机关颁布的法律,也包括公共卫生行政机构制定的行政管理条例,同时更包括各国法院通过大量医事诉讼案件的审理而推导出的法律原则。

第二节 中国古代医事法律制度

在生产和生活实践中,我国先民不但为后人积累了大量而宝贵的医学知识,而且也为世界医学的发展做出了自己独特的贡献。此外,中华民族也是最早便懂得如何利用法律来规制医疗诊治活动的民族之一。

如果以封建国家赖以生存的经济基础为标志进行区分的话,中国漫长的封建社会可以分为封建领主制和封建地主制两个阶段。封建领主经济的高峰期为西周,而封建地主经济的顶峰则为唐宋。但是,无论在封建领主制阶段,抑或是封建地主制阶段,中国的历代统治者们都是十分重视利用法律来规范医生的执业活动。[①]

尽管先秦时代的典籍大部分均以散佚,但是如果我们细心地在后朝编纂的

---

① 在研究中华医事法律制度源起的时候,还有一点也不容忽视。中国人民自古以来就发展了一套完整详备的法医学理论。这门科学发展的最高峰是以南宋时期宋慈撰写的《洗冤集录》的出版为标志的。这部书为世界最早的法医学专著。当此书经明清两朝来华的传教士之手传入西方后,立即引起了轰动,并被迅速地译为当时流行的各种文字在欧洲出版。

根据《云梦秦简》记载,中国早在春秋时期便有现在所称的"法医"。但是,当时这些专业人员的名称并不统一。《云梦秦简》记载的称谓大体有二:一为"令史";一为"隶臣"。

中国史书所载最早的法医大家为五代后晋时期的和凝父子。此父子二人长期从事司法检验工作,后将其所历一切结成一部分为四卷的《疑狱集》出版。在此基础上,南宋时期的郑克又编辑了一部《决狱龟鉴》,共二十卷。

将中国法医学发展推向高峰的是南宋时期的宋慈。宋慈约生于公元1186年。根据后人的记载,宋慈曾经先后4次出任刑狱提察官。所以,宋慈的著作应该是以大量的实践经验和现场勘察的第一手资料为佐证的。自宋慈之后,中国的法医学发展进入的停滞期。明取代元以后,封建礼教日趋严酷。因此,时人深受所谓"儒医"观念的限制,开始停止了对人体解剖的研究。所以,直到1894年后,我国才又开始了法医学的研究。新中国成立前,当时的旧中国政府曾经设立法医研究所,并将法医学列入了全国医学院校的课程。

新中国成立后,我国法医学发展获得了新的活力。1951年,南京大学医学院举办了新中国第一届法医学师资班,共培养法医人员42名。1952—1956年,该校又先后培训了三批学员,在全国公安、检查和法院从事法医检查工作,并初步建立了新中国的法医鉴定体系。

类书中查找的话,还是可以发现很多中国上古时代关于医事方面的法律记载的。比如在《春秋左氏传》中便有所谓"同姓不婚,其生不蕃"的规定。诚然,这条规定不无政治上的考虑,即"厚远而附别",但是我们也同样不能否定的是在这条规范中所隐藏着的中华先民们的"优生优育"观。

除却颁布针对管理医师执业的法律规范外,我国历代的医事行政管理制度也颇为发达。通过研读各朝的《职官制》和众多典籍资料,我们发现中国医事行政管理制度不但完备,而且体制也非常复杂。虽然,各个先后继起的朝代在医事管理制度上多有继承,但若详细审查之,也会发现其间的差别与不同。

因此基于上述的两点考虑,本节因此拟从如下两个方面对中国医事法律制度的发展加以论述。

一、中国传统医事行政管理制度

(一)中国医师管理制度的肇始

医史学界通说认为,中国医师管理制度肇始于周朝。虽然散见于经、史、子、集中关于夏、商两代的医事制度的记载也偶有发现,但这些记载其实并不可信。根据史书记载,在周朝的百官序列中,就已有"太医"这一职位的编制了。按杨殿奎等人撰写的《古代文化常识》一书,"太医"者:官名。周官有医师,主管医务政令。秦、汉两代有太医令丞。汉代初期属太常寺,后来改属少府。魏、晋、南北朝时相沿设置。隋代设置太医署,宋代改为太医局。元代又改为太医院,明、清两代不变。[①] 可见,太医在当时乃是卫生行政管理机构,而不是现在通常所理解的皇帝的御医。

按《周礼·天官》记载,周朝的医师分为"医师上士两人,下士两人、府两人、史两人、徒二十人、掌医之政令,聚毒药以供医事。"该书又规定:"疾医中士八人,掌养万民之疾病。"[②] 从这些记载中,我们可以发现中国医事管理制度的雏形。

首要的问题是周朝医师的等级序位。按《周礼》记载,医师居长,并且分为上士和下士,府、史、徒辅之,各尽其责。医师的职责主要有二:其一是为王和卿大夫治病;其二是发布有关医事之政令,指导府、史、徒的工作,即所谓"各医受政令于医师,听所使令"。府的职责主要是保管药材,将药材分门别类加以储存。史的职责相当于今天的书记处,主要负责记载医师所发布的医事政令,使其日后有案可稽。徒则为差役,以供劳务之需。

---

① 杨殿奎、夏广洲、治金编:《古代文化常识》,山东教育出版社1984年版,第29页。
② 陈邦闲:《中国古代医学史》,《民国丛书》(第三编·科学技术史类〈79〉),上海书店据商务印书馆1947年版影印,第12页。

其次,根据《周礼》,中国在周朝就已经开始实施医师的分科制度。周朝的医学分科有两套标准:一是阶级地位标准;二是医学学科标准。今天,我们所讲的医学分科是指后者。根据阶级标准对医师分类,可以分为医师和疾医两类。医师的服务对象只是周王和卿大夫;而疾医的服务对象则是普通百姓,即所谓"掌养万民之疾病"。按照医学学科分类,周朝的医生可分为医、食医和疡医。医大体相当于今天的内科医生,食医则为食品营养师,而疡医则和今日普外医生之职能相去不远。

继周而后立的秦虽然存在时间短暂,但是其医事制度的发展并没有停止。根据史料和对于出土文物的考证,秦朝的医事制度沿两个线索发展:一为普通医学;二为法医学。

杜佑的《通典》记载:"秦有太医令丞,主医药。"除太医令和太医丞以外,秦代还有所谓的侍医,即提药箱立于殿上随时奉召的医生。《史记·刺客列传》记载:"是时,侍医夏无且以所奉药囊提荆轲也。"[1]

(二) 两汉、魏、晋、南北朝医事制度的发展

1. 医事制度的承继性

汉承秦制,西汉仍设太医令、太医丞和侍医。但是,西汉对于医生品级的规定要比秦代详细。按《西汉会要》所载,西汉时期太医属少府节制管辖。"少府,秦官,掌山海池泽之税,以给共养,有六丞。属官有尚书、符节、太医、太官、汤官……,王莽改少府曰共工。"[2]根据《后汉书·百官志》记载:"太医令一人六百石,掌诸医;药丞方丞各两人,药丞主药,方丞主方。"[3]

所以,西汉的医事管理体制大略为:太医令为官方医师之首,而药丞与方丞辅之。所谓药丞,其职掌与近世药剂师之职能近似;而方丞则掌管医书药方等事宜。

西汉政府在对医生的管理过程中,已经开始注意对医生的学历、资质和行医业绩进行考核,司马迁的《史记·扁鹊仓公列传》为我们提供了这方面的信息。西汉文帝曾下诏考问太仓令淳于意"皆安受学?受学几何岁?尝有所验,何县里人也?何病?医药已,其病之状皆何如?"[4]淳于意对于我们并不是一个陌生的名字,但他的出名却是因为她的女儿淳于缇萦。缇萦上书文帝于前,文第下诏废肉刑于后。

淳于意是西汉的名医,他的获罪是因其对一名宗室王爷拒绝提供医疗服务

---

[1] (汉)司马迁:《史记》,中州古籍出版社1994年版,第759页。
[2] (宋)徐天麟撰:《西汉会要》(卷三十一·职官一),上海古籍出版社2006年版,第346页。
[3] (南朝宋)范晔撰,(唐)李贤注:《后汉书》(卷三十六·百官志),中华书局1998年据《四库备要》本影印,第298页。
[4] (汉)司马迁:《史记》,中州古籍出版社1994年版,第844页。

所致。文帝虽然免除了淳于意的肉刑,但是文帝却并没有省去对于他的行医资质的考察。文帝上面的问题以今文解释就是"你向谁学的医术?一共学了几年?你所接待的患者姓字名谁?患者吃了你的药后,结果如何?"淳于意对于这些问题以极长的篇幅进行了回答。此外,他还向政府的审查官员提供了部分患者的姓名、籍贯、病状与诊断结果,以备政府核实。

对于医生的考核,周朝就已经开始。当时是每年一考,合格者留任;不合格者,去职。但是,由皇帝亲自过问考核医生的执业资质与业务水平的事例尚属罕见。

研究西汉典籍发现,当时医师执业群体中已经出现了女医官。当时,较为著名的女医官为淳于衍。女医官的职掌主要是负责诊治宫廷贵妇以及王侯将相妻妾的妇科及产科疾病。

2. 两晋、南北朝医事管理制度

根据《晋书·职官制》:"宗正统太医令史,属门下省。"又根据程树德的《九朝律考·晋律考·官品令》第七品载:"晋设尚药监"。① 尚药监为当时的主要医疗机构,以后各朝多有沿之,只名称略异。关于尚药监的设立年代,《中国古代职官辞典》给我们提供了不同的线索,该书认为尚药监"三国魏置,七品。北齐亦置,为门下省尚药局属官,员四人,掌御药。"但无论从何说,尚药监在魏晋时期就已经出现在百官序列中当不成问题。

又《魏书·官品志》记载:"太医博士从第七品下,太医助教从第九品下。"又《册府元龟》记载:"北齐门下省,统尚药局,有典御两人,侍御师四人,尚药监四人,掌御药之事。"②

(三)隋、唐的医事制度

1. 医事管理制度

隋、唐是我国医事制度的巅峰时期。尤其是唐朝,政府不但详细规定了医生的执业资格,而且还重点提出了医学教育问题。唐朝将医师的遴选制度完全和国子监的入学考试制度并轨,使国家医学人才的选拔和科举相融合。

隋文帝篡夺了北齐政权之后,医事管理制度基本继承了北齐的模式。隋文帝仍然使尚药局隶属于门下省,但是唐朝改变了这种做法,将尚药局划归殿中省管辖。

隋朝立太医署作为全国最高的医学教育机构,唐朝也延续了这 做法。根据《新唐书·白官志》:"太医署令两人,丞两人,医监四人,医正八人,医师二十

---

① 程树德:《九朝律考》(卷三),中华书局2006年版,第295页。
② 陈邦贤:《中国医学史》,《民国丛书》(第三编·科学技术史类〈79〉),上海书店据商务印书馆1947年版影印,第122页。

人,医工一百人,医生四十人,典学两人。"

唐朝的医科教育分为医学和药学两门。其中,医学教育又分为医、针、按摩和咒禁四科。按《新唐书·百官志》:"医博士一人,正八品上;助教一人,从九品上;掌教诸生,以《本草甲乙脉经》分而为业,一曰体疗;二曰疮肿;三曰少小;四曰耳目口齿;五曰角法。"

上面的记述向我们表明了三点:① 唐代医学教育的教材是统一的,即《本草甲乙脉经》;② 医学博士及助教为法定医学教育人员;③ 分科而授。其中,体疗学制 7 年;疮肿和少小学制均为 5 年;耳目口齿学制 4 年;而角法学制只有 3 年。在学习期间,医学博士每月考 1 次,太医令丞每 3 个月考一次,太常丞每年考一次。如若医学生的医术高于现任医师者,则可以按阶录用;否则,责令继续学习,但 9 年仍无起色者,斥退回原籍。

2. 医生的行为操守规范

中国自古便有"贤者出为良相,退为良医"的说法。从社会伦理角度去考察,此实为对于医生职业伦理的高度概括。唐代孙思邈则更加明确并系统地总结了医生的职业道德规范。

在孙思邈以前,汉代名医张仲景就已提出医生的职业伦理问题。在《医门法律》卷 1 中记载了张仲景的医生伦理道德观念。而孙思邈则将这些观念进一步加以细化。孙思邈的医生职业伦理著述主要见于其著作《备急千金药方》中。这些论述主要涉及以下几个方面:

(1) 人命至上的价值观念

"以为人命至重,有贵千金。"医者患者性命所系。所以,孙思邈认为医生应一切以患者的利益计,应该"勿避艰险、昼夜、寒暑、饥渴、疲劳,一心赴救"。只要这样才可以成为"苍生大医"。

(2) 医业同行之间的伦理规范

孙思邈认为医生同业之间虽然存在竞争,但是绝不能够互相诋毁。"夫医之法,不得多语调笑,谈谑喧哗,道人短长,议论人物,炫耀声名,訾毁诸医,自衿己德;偶然治差一病,则昂头戴面,而有自许之貌,谓天下无双"。

(3) 医者的仪表规范

孙思邈认为医生到病人家治病,应该做到"纵绮罗满目,勿左顾右盼;丝竹凑耳,无得似有所娱;珍馐迭荐,食如无味"。医者当以治病救人为第一要务,每疹一病,必须以高度负责的精神。

(四) 宋、元、明、清的医事管理制度

按《文献统考·职官考》记载:"宋制翰林医官院使副各两人,并领院事,以尚药奉御充,或有加诸司使者;直院四人,尚药奉御四人,医官、医学,掌供奉医药及奉诏视疗众疾之事"。①

宋代的医疗制度与前朝相比，显著的不同是将医学教育机构与医疗行政管理单位相分离，由太医局掌管医学教育、医学生每年招考的名额、医学生的考核诸事宜。按《元丰备对》所载："太医局九科学生三百人，大方脉一百二十人，风科八十人，小方脉二十人，疮肿及折疡二十人，产科十人，口齿兼咽喉科十人，针兼灸科十人，金簇兼书禁科十人。"

至于考试制度，《元丰备对》记载："以五通为合格，……。二粗比一通，给帖补充，免医行只应诸职医助教；医生业艺不精，治疗多失者，长吏验之，听行别补。"

同时宋代还明确规定如果在籍医科学生犯罪，则医生资格将被剥夺，而不论医业是否精湛。

元朝蒙古主政，中央设医学提举司，掌管医学教育。

按《明史·百官志》："太医院掌医疗之法，凡医术各十三科，医官医生专科肄业。凡医家子弟，择师而教之，三年五年两试，再试，三试。"

前清时期的医事管理制度与明朝相去不远。前清对于医生行医资格的准入制度规定的比较详细，总体来说有三项要求：（1）品行端正；（2）医道精湛；（3）同业具保。清朝前期的医事管理制度也是在继承前代的基础上，按照自身的特点加以改进的，但总体上变化不大。其显著特色当为在后来的医学分科中增加了"种痘科"一门，然而满人入关之初该科也尚不曾设立。按《清史稿》记载："太医院管理院事王大臣一人。院使，左、右判，俱汉一人。其属御医十有三人，吏目二十有六人，医士二十人，医生三十人。院使、院判掌考九科之法，帅属供医事。御医、吏目、医士各专一科，曰大方脉、小方脉、伤寒科、妇人科、创伤科、眼科、针灸科、正骨科，是为九科。"②

第三节 西学东渐下的晚清与民国的医事法律

一、晚清七十年的医事法律

晚清七十年中国医事立法的特色莫过于在西方医学思想和医卫管理体制的冲击下，中国传统医政管理体制的解体，并最终以日本明治维新以来的医政体制为蓝本开始走上了自己的初具"前工业化"时代特色医事立法之路。

---

① 陈邦贤：《中国医学史》，《民国丛书》（第三编·科学技术史类〈79〉），上海书店据商务印书馆1947年版影印，第131页。
② 赵尔巽等撰：《清史稿》，中华书局1998年缩印版，第894页。注：此部分内容见于非缩印版《清史稿》第十二册，第3325—3326页。

中国人最早获悉西方的医事管理制度当在明朝意大利传教士利玛窦来华之后,同时较为现代的西方医学思想的输入也于此时展开。意大利籍天主教传教士艾儒略(P. Julius Aleni)生于1582年,其于1610年来华,在华传教几近40年,于1649年客死于延平,葬于福州。① 艾儒略在传教期间著有《西学凡》和《职方外记》两书。

艾儒略在《西学凡》一书中向当时的中国人介绍了西方大学的专业分科设置情况。是书所载:"欧西大学所授各科大要分为六科,一为文科,一为理科,一为医科,一为法科,一为教科,一为道科(宗教学)。"又载:"……大抵从文入理而理为之纲,文科如中国之小学,理科则如中国之大学,医科、法科、教科者皆其事业……"② 在《职方外记》一书中,艾儒略向中国人首次扼要地介绍了西方医院的管理制度。《职方外记》卷二载:"又有病院,大城多数十所,有中下院处中下人;有大人院处贵人。凡贵人若羁旅,若使客,偶患疾病,则入此院。院倍美于常屋,所需药物悉有主者掌之,预备名医,日与病者诊视,复有衣衾帷幔之属,调护看守之人,病愈而去。"③ 在这里,艾儒略向中国人展示了欧洲当时的医院管理体制,即医院病房的等级分类,诊治的专门化与护理的职业化。此外,艾儒略还在《西学凡》一书中提到了欧洲各国的医生考试问题,他写道:"(学医者)然后随师日观所诊之脉、所定之方、所试之效,而始令其得与参选也。考非精熟,领主司之命者,不得擅医人。"④ 艾儒略在书中提到的"主司"当为医生行医执照的管理机构。虽然艾儒略在《西学凡》和《职方外记》两书中的记载对于中国医事管理制度由中古向近现代转变极具借鉴作用,但是两书并没有能够起到任何的实质作用。究其原因大体有二:一为艾儒略正好身处改朝换代的动荡之际,因此无论是朝廷还是士绅阶层都无法顾及社会问题的改革;二为中国人固有的"夷夏观"作祟,对于西方人心怀一种天然的排斥,所以本能地认为艾儒略所说未必尽然。主修《四库全书》的纪昀等人在评价另一部由明末西方天主教传教士利类思等人所撰的《西国要记》时写到:"(是书)专记西洋国土、人物、土产及海程远近。大抵意在夸大其教,故语多粉饰失实。"⑤ 在这里,纪昀等人对于西洋文化的不信任已然清晰地流露于字里行间之中。

中国在雍正、乾隆和嘉庆治下,除广州一地为与外洋通商的孔道外,几乎断绝了和外部世界的联系,即便在雍正朝禁教令颁布后还残留下宫廷中的那些西

---

① 关于艾儒略生平与其著述较为详细的资料,可参见徐宗泽:《明清间耶稣会士译著提要》,上海书店出版社2006年版,第282—284页。
② 徐宗泽:《明清间耶稣会士译著提要》,上海书店出版社2006年版,第226—227页。
③ 〔意〕艾儒略:《职方外记校释》,中华书局1996年版,第71页。
④ 方豪:《中西交通史》,台北中国文化大学出版部1984年版,第813页。
⑤ 四库全书研究所整理:《钦定四库全书总目》(史部三十四·地理类存目七),中华书局1997年版,第1055页。

洋传教士的活动范围也大为缩小，或任职于钦天监或充当宫廷画师（如郎世宁）。所以，在这一时期内中国传统的医事医政管理体制仍然沿数千年已经铺就的轨道运行。1840年后，确切地说当1836年第一个新教医学传教士伯驾（Peter Parker）来到了广州，并于此设立了第一家传教士经办的眼科医局，这一切就注定要发生改变。尽管当时无论是清廷还是伯驾本人都没有意识到这点。

在谈论中国接受西方医学思想并改变其传统的医卫体制时，我们应该清楚中国晚清的医事医政体制的变革是在西方列强的枪炮下开始的，这种转变伴随着痛苦与无奈，同时民族主义的觉醒也和此过程纠缠在一起。

美国医学传教士伯驾首先在广州的眼科医局正式引用了西方的病历制度，随后英国伦敦会医学传教士马根济（Mackenzie）将这种制度介绍到天津，并成功地应用于其所主持的天津总督施医院。新教传教团体和天主教团体所采用的传教方针政策大为不同，"教育、出版和施医"被新教各差会认为是博得中国人好感并使中国人皈依基督教的三大法宝。因此，新教传教士积极开办西式的教会医院和西医教育机构，这样中医一统天下的中华传统医卫格局便由此被传教士所办的教会医院和诊所弄得支离破碎了。也正因为此，中国传统的医事医政体制才开始了缓慢并极不情愿地变化。尤其当洋务运动的精英们和维新派知识分子将西方的强盛与其先进的医疗卫生体制相联系，这种变革便成为一种潮流，并被渲染上一种令人激动的"强国保种"的政治色彩。因此，当清廷于20世纪之初再次施行"新政"时，现代医事卫生法规的编修与公布也就势必成为这次来之已晚的变革中的必然的组成部分。

以清朝统治中心北京为例，清廷于1906至1910年间颁布了一系列涉及医生执业管理、医院设置、饮食卫生管理、市场卫生管理以及特种行业卫生管理的法规。这些法规的内容涉及广泛，而且大都直接仿效日本的医事医政以及公共卫生管理法规而定。虽然这些法规从所涉范围来讲都是现代城市管理所必须的，其先进性当不容否定。然而，其编纂者往往置自己的社会状况于不顾，而强行生搬硬套日本现成的规章制度，这在一定程度上造成了先进的法规与传统社会运行的脱节。

而在另一方面，这些法规又正如前述已经脱离了传统的中国医事卫生立法模式，模仿西方医政立法体制的痕迹很深。而且，这些法规在一定程度上已经不再是维护皇权的工具。这点也是一个重大的转变。医事卫生立法的公共性在晚清末年已然开始有所显现，尽管这种趋势还非常微弱。关于晚清末年医事医政立法的"社会性"的一个明显的证据在于立法用语的大众化和通俗化，立法用语的"通俗化"的直接目的在于使社会大众能够读懂这些法律，并严格遵守之。比如，颁布于光绪三十四年九月十五日的《管理人力车规则》第1条这样规定："有人力车的主儿都得到本营区上呈报（凡小车用手推的手拉的脚踏的都是人力车）。"①这样的以市井语言写成的法律在中国历代法典中都是罕见的。

此外，清末政府还颁布了《内外城官医院章程》。该章程体现了中国传统的以家庭为诊疗和护理中心的医疗空间的转变。实际上，这一章程颁布的本身就说明了中国社会业已开始逐渐接受了以医院为护理中心的医疗空间的更替。中国人很久以来都对外国人和传教士所开办的医院心存疑惧。这一疑惧除了来自于中国人所固有的"夷夏之防"外，更主要更深层的原因在于中国人对于医院——这种陌生的医疗空间——的恐惧。但是，随着规范医院行为立法的出现，特别是中国自办的官医院的出现，则说明中国人开始接受了以医院为诊疗空间的新型医疗及医患关系空间。

二、民国时期的医事法律

中华民国的医事立法非常庞杂，而且医政管理部门与其执掌范围也经常变更，这一点于南京国民政府治下尤为突出。中华民国的政府可以说一直没有统一，除却苏区的苏维埃政权不论，民国经历了中华民国军政府、南京临时政府及南方政府时期、中华民国政府（北京）时期和中华民国国民政府暨总统府时期。即便在蒋介石定都南京并宁汉合流之后，南京国民党政权的势力也不能说完全统一了中国。待到太平洋战争爆发，日本全面侵华之后，汪精卫便立刻脱离了国民党，在日本的扶持下在武汉成立了所谓的"国民政府"。在这里，我们无法将纷乱异常的民国时期颁布的所有医事法规都加以梳理，我们只集中于上面所列举三个典型时期。

（一）中华民国军政府、南京临时政府及南方政府时期的医事法规

在这一时期，新成立的中华民国政府主要颁布了卫生行政管理部门组织法规和医师执业管理法规。属于前者的有1912年4月4日颁布的《内务部卫生司暂行执掌规则》，而属于后者的主要有1924年9月13日颁布的《管理医生暂行规则》、同年9月20日颁布的《管理医生暂行规则施行细则》和1924年9月22日颁布的《医生资格审查委员会简章》等法规。

根据《内务部卫生司暂行执掌条例》的规定，内务部卫生司共设4科。其中，第1科主管"调查各国卫生制度与本国风土习惯相比较以定卫生行政之方针"，第2科主管"关于医师药师之业务产婆看护妇之养成药种商及卖药营业取缔事项"，第3科主管"传染病地方病痘疮及兽疫事项"，第4科主管"关于药品

---

① 田涛、郭成伟整理：《清末北京城市管理法规》（1906—1910年），北京燕山出版社1996年版，第49页。

事项"。① 建国之初,民国政府即颁布了较为详细卫生行政组织法规,说明政权的领导者已充分认识到了国家的兴亡与健全的民族之间的关系,而健全民族之养成则在很大程度上依赖完善的国家卫生医药行政管理体制。

民国12年9月颁布施行的《管理医生暂行规则》则首次将开业中、西医共同纳入了国家卫生行政管理的权力体系,因为《规则》第3条②声明:"凡年在二十岁以上,具有下列资格者,准发给医生开业执照,但(7)(8)两项资格得于本规则施行一定期间后以部令停止之。"

中国医生资格问题历来鲜有人提及,在晚清初到中国的外国人眼里似乎中国人人人都可以行医。这虽然有些夸大,但却是一个事实。但从民国初年的立法来看,国家已经开始了将行医资格与学历教育衔接。《管理医生暂行规则》的第3条(7)和(8)两款虽然还保留了不具有正规医科院校出身的医生的行医资格,但这只是一个过渡。一方面,这样的医生要取得行医权必须具有优良的成绩并有同业的具保;而另一方面,国家还保有随时取消这些医生行医资格的权力。

(二) 中华民国政府(北京)时期的医事法律

中华民国北京政府,即北洋历届政府,在其袁世凯和随后的执政者治下也颁布了大量的医事管理和公共卫生管理法规。但我们知道北洋政府是民国所有执政府中最为腐败的一个,其政府内阁更换频繁,袁世凯、曹锟、吴佩孚、段祺瑞以及北洋最后一任领导人张作霖纷纷在北京这个政治舞台上亮相。所以,北洋历届国民政府对于中国的破坏实在大于建设。因此,纵有医事法规的颁布,但是其效力和落实执行情况就可想而知了。此外,由于政府的权柄更迭太快,所以其医事立法的连贯性与衔接性也是一个有待研究的问题。同时,这里有一个值得我们注意的问题,那就是北洋政府时期中国出现了大量军医条例和部队卫生管理办法,这和北洋历届政府首脑的出身应该不无关系。这应该说是一个好现象,但是军医条例和部队卫生规则仍然是一纸空文,在当时的中国,甚至于国民党南京政府的部队在和日本人作战时,都没有形成良好军医保障系统。这也是国民党部队在对日作战时一个非常严峻的问题。但尽管这样,我们还是能够挖掘出北洋政府时期所颁布的大量医事法规。作为一种研究民国北洋政府时期的医事立法状况,这些资料非常重要,虽然其适用的成效不容我们乐观。

(三) 南京国民政府时期医事卫生法规

蒋介石治下的南京国民党政府在大陆执政期间也颁布了大量医事管理规定。但由于当时中国内忧外患的社会现实,所以国民党的医事管理规定大都由政府的各部委按照各自的职掌分别制定。此行为弊端有二:一为令出多门,纷繁

---

① 蔡鸿源主编:《民国法律法规集成》(第5册),黄山出版社1999年版,第165—166页。
② 同上书,第167—168页。

杂芜;二为这些规章多以条例的形式存在,位阶不高。考察国民党1949年前的医事管理规定,发现这些规定主要出自当时的卫生部、教育部和考试院。其中较为重要的有:国民党卫生部于1929年(民国17年)6月公布的《助产士条例》、于1930年(民国18年)1月公布的《医师暂行条例》和《药剂师暂行条例》。国民党考试院于1931年(民国19年)12月公布的《高等考试药师考试条例》、《高等考试西医医师考试条例》和《高等考试卫生行政人员考试条例》。国民党教育部于1935年(民国23年)会同卫生部联合设立了护士教育委员会。此外,国民党教育部还制订并公布了医科高等院校的《大学规程》。

第四节 中华人民共和国的医事立法及展望

一、中华人民共和国成立后的医事立法

中华人民共和国成立后,党和政府制定了大量的医事卫生法规保障公民的身体健康,也标志着我国的医事法制建设及发展进入了新的阶段。其发展过程可分为三个阶段:

第一阶段,医事立法的起步阶段,即从新中国成立到1954年第一部宪法颁布。首先中央人民政府在起临时宪法作用的《共同纲领》中提出:"推广卫生医药事业,保护母亲、婴儿和儿童的健康。"此后,先后颁布了医事法规46件,如《中央人民政府卫生组织条例》、《管理麻醉药品暂行条例》、《种痘暂行办法》、《交通检疫暂行办法》、《医院诊所管理暂行条例》等。

第二阶段,医事立法的初步发展阶段,即从1954—1966年。1954年新中国第一部宪法颁布。在宪法指导下,国家先后颁布了大量的医事法律法规、规章以及规范性文件。如1954年卫生部《卫生防疫暂行办法》、《卫生防疫站工作条例》;1955年卫生部《传染病管理办法》。此外,先后颁布了《管理毒药、限制剧毒药暂行规定》、《工厂安全卫生规程》、《食品卫生管理实行条例》《饮用水质标准》《职业病范围和职业病患者处理办法》等。1957年12月第一届全国人民代表大会常务委员会通过的《中华人民共和国国境卫生检疫条例》,是新中国历史上第一部真正意义上的医事法律。这一时期国务院和卫生部制定发布了共530多件医事法律文件,有力促进了我国医药卫生事业管理逐步向法制管理方向发展。但由于当时整个社会法治思想的淡薄,加之立法经验不足,致使医事法制建设并未达到应有的水平。

第三阶段,即医事立法迅速发展阶段。1978年党的十一届三中全会以来,社会主义民主法制建设得到了肯定和加强,医事法制建设也如沐春风进入了迅速、稳步发展的阶段。1982年《宪法》第21条明确规定:"国家发展医疗卫生事

业,保证人民健康",为新时期的医事立法提供了立法依据。全国人大常委会先后通过了《食品卫生法》、《药品管理法》、《国境卫生检疫法》、《传染病防治法》、《红十字会法》、《母婴保健法》、《献血法》、《执业医师法》《职业病防治法》、《人口与计划生育法》等 10 多部法律,国务院制定和批准发布了《麻醉品管理办法》、《精神药品管理办法》、《医疗用毒性药品管理办法》、《放射性药品管理办法》、《医疗机构管理条例》《公共场所卫生管理条例》、《医疗事故处理条例》、《医疗废物管理条例》、《艾滋病防治条例》、《疫苗流通和预防接种管理条例》、《突发公共卫生事件应急条例》等 20 多部医事行政法规。卫生部制定颁发的《卫生知识产权保护管理规定》、《人类精子库管理办法》、《人类辅助生殖技术管理办法》等医事规章及规范性文件 400 多件。省、自治区、直辖市人大及其常委会和人民政府也结合各地的实际情况制定了地方性法规、规章 400 余件。

二、我国医事法的现状及发展趋势

随着我国医事法制建设的不断发展,医事立法呈现出强劲的发展势头,特别是近十来年,随着社会经济和科学技术的发展,人们对人类生命健康提出了更高、更深层次的要求,因此,制定和颁行的法律法规涉及内容丰富、覆盖面较为广泛,包括公共卫生、与健康相关产品、医疗卫生机构及其专业人员的执业和监督管理、医学科学新技术发展、医疗纠纷处理等各个方面;而且不同位阶的法律规范相互配合,大大提高了医事法律规范的可操作性,我国的医事法律体系已渐显雏形。但是,由于我国医事立法起步较晚,立法经验尚存不足,以至医事立法的规划缺乏系统性和连贯性,特别是当今医学技术的飞速发展,医药卫生事业发展过程中产生的诸方面新问题仍缺乏相应的法律来规范与调整,诸如死亡的确定、器官移植及人工器官的应用和行为控制、新生殖技术的应用、人体实验、基因工程、人口控制和计划生育、公共卫生与人类健康、食品卫生、药品管理、医药卫生资源的合理、优化配置等等。上述问题与全人类的生存与健康有着非常密切的联系,迫切需要相应的法律法规予以规范和调整,从而更好地为人类健康服务。因此,世界各国和有关国际组织都在不断加快医事立法的进程,医事法将呈现如下发展趋势:

(一) 医事立法范围进一步扩大化

主要表现在以下几方面:第一,将逐步制定一批调整新的医事关系的法律法规,以适应医学科学新技术和社会发展的需要,如脑死亡法、器官移植法、生殖技术法、病人权利法、基因工程法等;第二,医事法更注重协调与伦理道德相吻合,医事立法开始涉及过去不可能涉及的伦理道德问题,如死亡的权利、标准、方式、人口控制与计划生育等;第三,制定普及全民卫生保健和社会保障相配套的法律法规,如初级卫生保健法、老年人保健法、社会心理和行为卫生法、医疗保险等社会保障法;第四,有关公共环境卫生、食品、药品法制管理等卫生行政法律法规将会进一步加强和完善。

(二) 医事技术规范法律化

医药卫生事业是一项科学技术性很强的工作,尤其在当今科学技术的发展给人类健康带来了巨大利益和希望的同时,更使医学诊断和治疗过程日益复杂,其中必然涉及很多技术规范。因此必须把与人类健康相关的技术规范上升为技术法规,使技术规范的遵守成为一种法律义务,从而更好地保护人类健康。

(三) 医事法律体系逐步完整化

立法起步较早的国家,在进一步继续扩大和健全医事立法的范围和内容的同时,将从单项立法到综合立法过渡,并以此为基础逐步建立较为完整的医事法律体系。

(四) 医事法律的国际性更加明显

医事法的基本任务在于通过各种医事规范与制度,预防和消灭疾病,改善人们劳动和生活环境中的卫生条件,维护人类的生命健康。这是全人类的根本利益、长远利益和共同利益之所在。特别是在和平与发展成为世界两大主题的今天,环境保护与全人类健康越来越受到了各国政府的广泛关注,各国政府将更加积极探索解决人人享有卫生保健,注重加强国际间的合作与交流,协调、发展和完善医事国际立法的同时,更好地相互借鉴,使本国的医事法制不断完善并与国际相接轨,以促进全球社会与经济的可持续发展,从而"使世界人民获得可能的最高水平的健康"。

思考题:

1. 简述《汉姆拉比法典》中医事法律规定的特点。
2. 简述中国传统的医政管理制度的发展脉络。
3. 简述清末法制变革时期的医事法规的特色与缺陷。
4. 简述民国医事立法的发展情况。
5. 思考我国医事立法的发展趋势。

第二篇　医事法律关系主体

第三章　医师执业机构

【内容提要】 本章主要介绍了我国医师执业机构的概念和分类，并重点介绍了医疗机构相关法律制度，包括医疗机构分类及法律地位，医疗机构设置规划和设置审批制度医疗机构执业登记和校验制度、医疗机构名称管理制度、医疗机构评审制度、医疗机构执业中的权利义务与执业规则、医疗机构在执业时依法享有的权利和负有的义务、医疗机构监督管理制度等。

第一节　医师执业机构概述

一、概念

医师执业机构是指医师的工作机构或从业单位，是医师开展医疗、预防、保健活动的场所。包括医疗机构、疾病预防控制机构和保健机构（如妇幼保健机构）以及以医师个人名义开办的诊所。其中，医疗机构，是指依照《医疗机构管理条例》的规定取得《医疗机构执业许可证》的机构；疾病预防控制机构，是指从事疾病预防控制活动的疾病预防控制中心以及与上述机构业务活动相同的单位；保健机构，是指从事全民保健服务的专业公共卫生机构。

二、我国医师执业机构分类

我国的医师执业机构种类众多，形式多样，至今尚无统一的分类标准。依据不同的标准，可有不同的分类方法。

首先，《中华人民共和国执业医师法》（以下简称《执业医师法》）对医师执业机构的分类是按照作用不同进行分类的。《执业医师法》第 2 条规定："依法取得执业医师资格或者执业助理医师资格，经注册在医疗、预防、保健机构中执业的专业医务人员,适用本法。"也就是说,我国医师(包括执业医师和执业助理医师)的执业机构依机构的作用不同可分为医疗机构、疾病预防控制机构和保健机构。

其次,我国的医师执业机构根据是否以经营为目的,可以将城镇医疗机构划分为非营利性和营利性医疗机构。这一划分的依据是2000年2月,为配合城镇职工医疗保险制度改革,国务院办公厅转发的国务院体改办等八部门指定的《关于城镇医药卫生体制改革的指导意见的通知》,其中明确了我国医药卫生体制改革的大政方针,提出建立新的医疗机构分类管理制度,将医疗机构分为营利性和非营利性两类进行管理的改革举措。卫生部、国家中医药管理局、财政部、国家计委四部委随后颁布了《关于城镇医疗机构分类管理的实施意见》。其中规定,在《执业登记许可证》中注明"非营利性"或"营利性"字样,对医疗机构分类管理进行了具体的安排。

我国医师执业机构的其他一些分类方式还有:依行政隶属关系的不同可分为军队执业机构、卫生部署执业机构、省属执业机构、地(市)属执业机构、县属执业机构、高等医学院校附属执业机构等;依执业地域的不同可分为城市执业机构和农村执业机构;以所有制形式的不同可分为全民所有制执业机构、集体所有制执业机构、个体所有制执业机构、股份制执业机构和中外合资、合作医疗机构等。

第二节 医疗机构

一、我国医疗机构管理法律体系

(一) 立法概述

在我国的医师执业机构构成中,医疗机构所占的比例最大,成分也最复杂。从纵向划分,我国的医疗机构管理法律体系首先是指国务院发布的《医疗机构管理条例》。《医疗机构管理条例》,作为法规,是我国医疗机构管理法律体系的主干,是纲领性法规。它概要地规定了我国医疗机构管理的各项制度,规定了医疗机构管理的基本原则、医疗机构必须遵守的规范以及违反有关规定的法律责任。其次,包括卫生部颁布的有关部门规章和文件以及各省、自治区、直辖市颁布的地方性规章和文件;主要有卫生部制定和颁布的与《医疗机构管理条例》相配套的规章和文件,包括《医疗机构管理条例实施细则》、《医疗机构设置规划指导原则》、《医疗机构基本标准》、《医疗机构监督管理行政处罚程序》、《医疗机构评审办法》、《医疗机构评审标准》、《医疗机构评审委员会章程》、《中外合资、合作医疗机构管理办法》和《医疗机构诊疗科目名录》等。从横向划分,上述我国的医疗机构管理法律体系包括医疗机构设置规划和设置审批制度、医疗机构名称管理制度、医疗机构登记校验制度、医疗机构评审制度、医疗机构监督管理制度等若干法律制度。

（二）我国的医疗机构分类管理制度

2000年2月，国务院办公厅转发了国务院体改办等八部委制定的《关于城镇医药卫生体制改革的指导意见》，提出将医疗机构分为营利性和非营利性两类进行管理的改革措施。同年7月，卫生部等有关部门又下发了《关于城镇医疗机构分类管理的实施意见》，对两类医疗机构的界定、核定程序做了具体规定，使我国医疗机构分类管理进入了实施阶段。自2000年9月开始，全国各地陆续出台了相应的分类管理实施细则和办法，医疗机构分类管理在全国全面启动。其目的是促进医疗机构之间公平、有序的竞争。

《关于城镇医疗机构分类管理的实施意见》中指出：非营利性和营利性医疗机构按机构整体划分的主要依据是医疗机构的经营目的、服务任务，以及执行不同的财政、税收、价格政策和财务会计制度。非营利性医疗机构是指为社会公众利益服务而设立和运营的医疗机构，不以营利为目的，其收入用于弥补医疗服务成本，实际运营中的收支结余只能用于自身的发展，如改善医疗条件、引进技术、开展新的医疗服务项目等。营利性医疗机构是指医疗服务所得收益可用于投资者经济回报的医疗机构。

二、医疗机构的概念、分类及法律地位

（一）概念

所谓医疗机构，根据《医疗机构管理条例》第60条的规定，是指依照《医疗机构管理条例》的规定取得《医疗机构执业许可证》的机构。按照国务院1994年2月26日颁布的《医疗机构管理条例》第2条的规定，医疗机构主要指"从事疾病诊断、治疗活动的医院、卫生院、疗养院、门诊部、诊所、卫生所（室）以及急救站等医疗机构。"第3条的规定，医疗机构是以救死扶伤，防病治病，为公民的健康服务为宗旨的社会组织。

（二）分类

医疗机构的分类，可以说是一个形式多样、内容复杂的工程。以医院为例，根据医院规模可划分为三级医院、二级医院、一级医院；根据医院功能分为综合医院、专科医院；根据医院产权属性分为全民所有制医院、集体所有制医院、股份制医院（股份有限医院、有限责任医院、合资医院）、私立医院；根据医院所在区域分为城市医院（省医院、市医院、区医院、街道医院）、农村医院（县医院、乡镇医院、公社卫生院）；根据医院的服务内容分为综合医院、专科医院、社区医院、康复医院；根据诊断治疗方法分为西医医院、中医医院、蒙医医院、藏医医院等；

根据经营主体分为公立医院、公有(国有)民营医院、民有民营医院;根据隶属关系分为政府所属医院、企业医院、军队医院;根据是否承担教学任务分为教学医院、非教学医院[①],按性质,可分为非营利性医疗机构和营利性医疗机构。

卫生部1994年8月29日颁布的《医疗机构管理条例实施细则》将医疗机构分为:

(1) 综合医院、中医医院、中西医结合医院、民族医医院、专科医院、康复医院;

(2) 妇幼保健院;

(3) 中心卫生院、乡(镇)卫生院、街道卫生院;

(4) 疗养院;

(5) 综合门诊部、专科门诊部、中医门诊部、中西医结合门诊部、民族医门诊部;

(6) 诊所、中医诊所、民族医诊所、卫生所、医务室、卫生保健所、卫生站;

(7) 村卫生室(所);

(8) 急救中心、急救站;

(9) 临床检验中心;

(10) 专科疾病防治院、专科疾病防治所、专科疾病防治站;

(11) 护理院、护理站;

(12) 社区卫生服务中心、社区卫生服务站;

(13) 其他诊疗机构。

以上诸多机构,只要依照《医疗机构管理条例》的规定依法取得了《医疗机构执业许可证》,就属于医疗机构。

(三) 医疗机构的法律地位

医疗机构是医事法律关系的重要的参加者,任何一种具体的医患关系缺少了医疗机构的参与,就不能称其为医患关系,更不存在法律上的权利和义务。根据国务院《医疗机构管理条例》以及卫生部《医疗机构管理条例实施细则》,我国的医疗机构可以分为两类:一类是具有法人资格的医疗机构,包括各级各类医院、卫生院、保健院、疗养院和门诊部;另一类是不具备法人资格的各种诊所、卫生所、医务所、急救站、护理站等。对于前者而言,他们成为医事法律关系主体显然是不成问题的。至于后者,尽管它们不能独立承担医疗损害赔偿责任,不能成为医疗损害赔偿责任主体,但是这并不妨碍其成为医事法律关系主体。

就程序法方面来说,最高人民法院《关于适用〈中华人民共和国民事诉讼法〉若干问题的意见》(以下简称《民事诉讼法意见》)第40条规定,合法成立、有

---

① 周子君:《医院管理学》,北京大学医学出版社2003年版,第8页。

一定的组织机构和财产的非法人其他组织可以成为民事诉讼法律关系的当事人。就实体法方面来说,根据《民法通则》以及《合伙企业法》等规定个体工商户、农村承包经营户、个人合伙等也可以成为民事法律关系主体。

由此观之,法律关系主体资格的获得并不完全取决于是否能够独立承担法律责任,各种诊所、医务所(室)、卫生所(室)、急救站是可以成为医事法律关系主体的。美容院能否成为医事法律关系主体?对这个问题的回答,关键在于人们对"疾病"一词的理解。如果对此持肯定态度,其原因即在于一方面现代人们所理解的疾病不仅仅指肉体上的不健康、不舒适,还包括精神痛苦、合理障碍等。容貌缺陷同样可以给人带来痛苦,应属于广义疾病的范畴。从技术角度看,美容院的美容术所需的专业技能与医院开展的美容矫形手术所需的技术并无二致。从作用上看,美容手术同疾病的治疗一样可以减轻甚至消除人们精神上的痛苦。另一方面卫生部《医疗机构管理条例实施细则》第 4 条规定"……美容机构开展医疗美容业务的,必须依据条例及本细则,申请设置相应类别的医疗机构"。很显然,该细则已将美容院纳入医疗机构之列。不过,仍需注意的是,美容院只有在开展医疗美容业务时,而不是进行一般的美容服务才能成为医事法律关系主体。另外,伴随着输血感染事件的逐步增多和广泛被披露,输血感染中的法律关系亦成为法律界日益关注的主题之一。有学者认为血站并不是医事法律关系的主体。因为血站一般不直接参与疾病的治疗,并不直接面对患者,只是医事法律关系中医疗机构的辅助人。在输血感染引起的医患纠纷中,医疗机构应先向患者承担责任然后再向血站追偿。患者本人是否可依《产品质量法》、《消费者权益保护法》直接向血站主张损害赔偿,显然已超出医事法律关系的范围。

三、医疗机构设置规划和设置审批制度

(一)医疗机构设置规划

医疗机构的设置规划是以卫生区域内居民实际医疗服务需求为依据,以合理配置利用医疗卫生资源及公平地向全体公民提供高质量的基本医疗服务为目的,将各级各类、不同隶属关系、不同所有制形式的医疗机构统一规划设置和布局。

1994 年国务院颁布实施的《医疗机构管理条例》规定"县级以上地方人民政府卫生行政部门应当根据本行政区域的人口、医疗资源、医疗需求和现有医疗机构的分布状况,制定本行政区域医疗机构设置规划"。这是新中国成立以来,我国第一次明确提出要制定医疗机构设置规划,并要求将其纳入当地的区域卫生发展规划和城乡建设发展总体规划。医疗机构设置规划的主要内容是将区域内各级各类、不同隶属关系、不同所有制形式的医疗机构统一规划设置和布局,目的是充分合理地利用我国医疗卫生资源,公平地向全体公民提供便利可及、优质的基本医疗服务。据此规定，同年卫生部发布了《医疗机构设置规划指导原则》，对各类医疗机构的布局、功能和相互关系以及制订规划的基本原则、内容和程序提出了指导性意见。在管理权限上，省和县的《医疗机构设置规划》要以设区的城市《医疗机构设置规划》为基础；县级卫生行政部门统一规划，少于100张床位的医疗机构的配置和布局纳入市级《医疗机构设置规划》；省级卫生行政部门对各地、市的规划进行宏观调控后，制订全省500张床以上医院的规划。此后，我国城市医疗机构的设置实行的是三级医疗服务体系，在当时情况下，为向人民群众提供优质的医疗卫生服务发挥了重要的作用。

1997年《中共中央、国务院关于卫生改革与发展的决定》对我国城市医疗服务体系建设提出了新的指导意见，提出要改革城市卫生服务体系，逐步形成功能合理、方便群众的卫生服务网络；基层卫生机构要以社区、家庭为服务对象，开展疾病预防、常见病与多发病的诊治工作；城市大医院主要从事急危重症和疑难病症的诊疗，结合临床实践开展医学教育和科研工作，不断提高医学科技水平。2000年11部委联合发布的《关于城镇医药卫生体制改革的指导意见》和2006年《国务院关于发展城市社区卫生服务的指导意见》，进一步明确在城市要建立健全社区卫生服务组织、医院（综合和专科医院）、预防保健机构分工合理、协作密切的新型城市卫生服务体系。

（二）医疗机构设置审批制度

单位或个人设置医疗机构，除符合医疗机构设置规划外，还必须符合国务院《医疗机构管理条例》、卫生部《医疗机构管理条例实施细则》、卫生部于1994年9月2日发布的《医疗机构的基本标准》（实行）。

单位或者个人设置医疗机构，必须经县级以上地方人民政府卫生行政部门审查批准，并取得设置医疗机构批准书，方可向有关部门办理其他手续。

1. 设置申请

地方各级人民政府设置医疗机构，由政府指定或者任命的拟设医疗机构的筹建负责人申请；法人或者其他组织设置医疗机构，由其代表人申请；个人设置医疗机构，由设置人申请；两人以上合伙设置医疗机构，由合伙人共同申请。

床位在一百张以上的综合医院、中医医院、中西医结合医院、民族医医院以及专科医院、疗养院、康复医院、妇幼保健院、急救中心、临床检验中心和专科疾病防治机构的设置审批权限的划分，由省、自治区、直辖市卫生行政部门规定；其他医疗机构的设置，由县级卫生行政部门负责审批。

国家统一规划的医疗机构的设置，由国务院卫生行政部门决定。

机关、企业和事业单位按照国家医疗机构基本标准设置为内部职工服务的门诊部、诊所、卫生所（室），报所在地的县级人民政府卫生行政部门备案。

2. 设立医疗机构的条件

依据《医疗机构管理条例》的规定,申请医疗机构执业登记、取得《医疗机构执业许可证》应具备六项条件:(1)有设置医疗机构批准书;(2)符合医疗机构的基本标准;(3)有适合的名称、组织机构和场所;(4)有与其开展的业务相适应的经费、设施、设备和专业卫生技术人员;(5)有相应的规章制度;(6)能够独立承担民事责任。

根据《医师、中医师个体开业暂行管理办法》的规定,个体开业医师、中医师由所在县(市区)卫生行政部门核发开业执照,进行监督管理,并收取管理费。个体开业医师、中医师必须获得开业执照方得开业。个体开业医师、中医师应严格按批准的地点、诊疗科目及业务范围执业,变更地点、诊疗科目、业务范围和诊所名称,应报发照机关批准。到外省、市、县开业者,必须到所在地区卫生行政主管部门申请办理开业执照。凡具有下列资格之一者,可申请个体开业:(1)获得高等医学院毕业文凭,在国家和集体医疗机构连续从事本专业工作3年以上(牙科、针灸、推拿2年以上),经地、市卫生行政主管部门审核合格者。(2)按卫生部关于卫生技术人员的职称评定和职务聘任制度的规定,取得医师资格后,在国家和集体医疗机构连续从事本专业工作3年以上(牙科、针灸、推拿2年以上),经地、市卫生行政主管部门审核合格者。(3)通过省、自治区、直辖市卫生行政主管部门统一考试和考核,取得医师、中医师资格,并在国家承认的医疗机构边疆从事本专业工作3年以上(牙科、针灸、推拿2年以上),经地、市卫生行政主管部门审核合格者。凡属下列情形之一者,不得申请开业:(1)精神病患者;(2)在执业中犯有严重过错,被撤销医师、中医师资格者;(3)全民所有制和集体所有制卫生机构的在职人员;(4)其他不适于开业行医者。

根据《中医人员个体开业管理补充规定》,凡具有下列资格之一,现未在国家、集体医疗机构中工作者,可申请从事个体行医:(1)已取得中医士资格证书者;(2)已取得藏、蒙、维、傣等其中任何一种民族医士资格证书者;(3)根据国家中医药管理局《关于对现有民间中医一技之长人员进行复核有关问题的通知》精神,经复核合格的民间中医一技之长人员。中医士(含各民族医医士)只能在农村张、村所在地开业,在城镇只能随个体开业中医师以上专业技术人员从业。经复核合格的民间中医一技之长人员只能在当地县(区)范围内开业。

3. 不得申请设置医疗机构的情形

有下列情形之一的,不得申请设置医疗机构:(1)不能独立承担民事责任的单位;(2)正在服刑或者不具有完全民事行为能力的个人;(3)医疗机构在职、因病退职或者停薪留职的医务人员;(4)发生二级以上医疗事故未满5年的医务人员;(5)因违反有关法律、法规和规章,已被吊销执业证书的医务人员;(6)被吊销《医疗机构执业许可证》的医疗机构法定代表人或者主要负责人;

(7) 省、自治区、直辖市政府卫生行政部门规定的其他情形。

有前述第(2)、(3)、(4)、(5)、(6)项所列情形之一者,不得充任医疗机构的法定代表人或者主要负责人。

4. 设置审批

县级以上地方人民政府卫生行政部门应当自受理设置申请之日起30日内,作出批准或者不批准的书面答复;批准设置的,发给设置医疗机构批准书。卫生行政部门应当在核发《设置医疗机构批准书》的同时,向上一级卫生行政部门备案。

申请设置医疗机构有下列情形之一的,不予批准:(1) 不符合当地《医疗机构设置规划》;(2) 设置人不符合规定的条件;(3) 不能提供满足投资总额的资信证明;(4) 投资总额不能满足各项预算开支;(5) 医疗机构选址不合理;(6) 污水、污物、粪便处理方案不合理;(7) 省、自治区、直辖市卫生行政部门规定的其他情形。

四、医疗机构执业登记和校验制度

医疗机构执业登记和校验制度又称医疗机构执业许可制度,是医疗机构管理法律体系中的一项重要法律制度。医疗机构通过登记取得执业权利,卫生行政部门则通过登记和校验对医疗机构进行监督管理。医疗机构登记校验制度包括登记机关和登记管辖权的划分、受理登记的条件、登记程序、登记事项、变更登记、注销登记、校验等制度。

(一) 医疗机构执业登记制度

申请设置医疗机构经批准后,医疗机构执业还必须进行执业登记,领取《医疗机构执业许可证》。

1. 执业登记申请

医疗机构的执业登记,由批准其设置的人民政府卫生行政部门办理。

国家统一规划的医疗机构的执业登记,由所在地的省、自治区、直辖市人民政府卫生行政部门办理。

机关、企业和事业单位设置的为内部职工服务的门诊部、诊所、卫生所(室)的执业登记,由所在地的县级人民政府卫生行政部门办理。

申请医疗机构执业登记必须填写《医疗机构申请执业登记注册书》,并向登记机关提交有关材料。

申请医疗机构执业登记,应当具备下列条件:有设置医疗机构批准书;符合医疗机构的基本标准;有适合的名称、组织机构和场所;有与其开展的业务相适应的经费、设施和专业卫生技术人员;有相应的规章制度;能够独立承担民事责任。

2. 执业登记

医疗机构登记的事项主要有名称、地址、法定代表人或者主要负责人、诊疗科目、服务对象、床位和注册资金等。

县级以上地方人民政府卫生行政部门自受理执业登记申请之日起45日内，根据本条例和医疗机构基本标准进行审核。审核合格的，予以登记，发给《医疗机构执业许可证》；审核不合格的，将审核结果以书面形式通知申请人。

3. 不予登记的情形

申请医疗机构执业登记有下列情形之一的，不予登记：不符合《设置医疗机构批准书》核准的事项；不符合《医疗机构基本标准》；投资不到位；医疗机构用房不能满足诊疗服务功能；通讯、供电、上下水道等公共设施不能满足医疗机构正常运转；医疗机构规章制度不符合要求；消毒、隔离和无菌操作等基本知识和技能的现场抽查考核不合格；省、自治区、直辖市卫生行政部门规定的其他情形。

4. 变更登记与注销登记

（1）变更登记

医疗机构变更名称、地址、场所、法定代表人或主要负责人、所有制形式、服务对象、服务方式、注册资金、诊疗科目、床位（牙椅）等执业登记事项的，应当在作出变更决定之日起30日内，向原登记机关变更登记申请。因分立或合并而保留的医疗机构应当申请变更登记。机关、企事业单位设置的为内部职工服务的医疗机构向社会开放，必须办理变更登记。原登记机关应当在收到材料45日内作出是否给予变更登记注册的决定。办理变更登记需提交的文件、证件包括：医疗机构法定代表人或者主要负责人签署的《医疗机构申请变更登记注册书》；申请变更登记的原因和理由的有关证件；跨县级行政区域变更执业地址的，须提交迁入地卫生行政部门发给的《设置医疗机构批准书》；医疗机构向区外迁移的，还应提交迁移目的地的卫生行政部门发给的《设置医疗机构批准书》，并经自治区卫生厅核准办理注销登记。

（2）注销登记

医疗机构歇业，必须向原登记机关办理注销登记。经登记机关核准后，收缴《医疗机构执业许可证》。医疗机构非因改建、扩建、迁建原因停业超过1年的，视为歇业。

（二）医疗机构校验制度

医疗机构校验制度是医疗机构许可制度的组成部分。医疗机构不仅仅要符合相应的基本标准，还必须遵纪守法，并能够为病人提供符合标准的医疗服务。医疗机构校验制度正是为定期检查医疗机构的执业情况和守法情况而制定的一项制度。卫生行政部门检查医疗机构的执业情况和守法情况是通过日常监督检查和定期评审来实现的。医疗机构评审不仅评价和审核医疗机构的执业情况、医疗服务质量和管理水平、是否能够提供符合标准的医疗服务,还检查医疗机构是否符合基本标准。对于医疗机构开业后因各种原因导致不符合《医疗机构基本标准》的,卫生行政部门将撤销其《医疗机构执业许可证》。

按照相关法律的规定,医疗机构在执业期间,应当定期向登记机关申请办理校验手续。床位在100张以上的综合医院、中医院、中西医结合医院、民族医院以及专科医院、疗养院、康复医院、妇幼保健院、急救中心、临床检验中心和专科疫病防治机构的校验期为3年。其他医疗机构与床位不满100张的医疗机构,其《医疗机构执业许可证》每年校验一次。上述医疗机构应当于校验期满前3个月,向登记机关申请办理校验手续。卫生行政部门应当在受理校验申请后30日内完成校验。当医疗卫生机构出现不符合《医疗机构的基本标准》(实行)或已被责令限期改正,且处于限期改正期间,登记机关可酌情给予1—6个月的暂缓校验期,暂缓校验期满仍不能通过校验的,由登记机关注销《医疗机构执业许可证》。

五、医疗机构名称管理制度

医疗机构名称管理制度是为规范医疗机构名称、方便病人就医和保护医疗机构对名称的专有权而制定的一项法律制度。这一制度包括医疗机构名称的组成和命名原则、关于医疗机构命名的禁止性规范、医疗机构名称的核定和使用、医疗机构名称争议的处理等。

根据《医疗机构管理条例实施细则》的规定,医疗机构的名称由卫生行政部门核准,经登记于领取《医疗机构执业许可证》后方可使用。

针对一些医疗机构命名以大冠小,名称宣传和暗示疗效,误导病人就医等混乱情况,《医疗机构管理条例实施细则》规定医疗机构的名称必须由识别名称和通用名称依次组成。医疗机构的通用名称为"医院"、"门诊部"、"诊所"等表明医疗机构性质和规模的名称;医疗机构的识别名称为行政区划或者地名、医学学科、专业、专科、诊疗科目名称以及其他名称。医疗机构命名原则规定:医疗机构名称必须名副其实,并与医疗机构的类别或者诊疗科目相适应,医疗机构不得使用损害国家、社会、公共利益和他人利益的名称,不得使用含有"疑难病"、"专家"或者同类含义的宣传、暗示疗效和误导病人就医的名称,不得使用以医疗仪器、药品和医药产品命名的名称。《医疗机构管理条例实施细则》还对使用含有"中心"、"中国"和具体疾病名称等医疗机构的名称作出特别规定。对于名称争议问题,《医疗机构管理条例实施细则》规定了"登记在先原则",即确认首先登记医疗机构名称的申请人的名称使用权。此外,《医疗机构管理条例实施细则》还规定医疗机构名称不得买卖、出借。未经核准机关许可,医疗机构名称不得转让。

六、医疗机构评审制度

医疗机构评审制度是为综合评价医疗机构的执业活动、医疗服务质量和管理水平,检查医疗机构是否符合基本标准以及是否能够提供符合标准的医疗服务,评定医疗机构能否继续执业而制定的一项法律制度,由我国《医疗机构管理条例》所确认。

医疗机构评审工作由卫生行政部门组织领导,医疗机构评审委员会具体实施。根据《医疗机构评审办法》规定,所有医疗机构都必须定期接受评审,评审内容包括检查《医疗机构基本标准》执行情况和评定医疗机构是否合格与达到的等次。其中,《医疗机构基本标准》为医疗机构的开业标准,在评审时,达不到基本标准即为"不合格";对符合基本标准的才进行进一步的评审,即依据医疗机构的评审标准进行评定。根据评分来确定医疗机构是否合格和达到的等次。

七、医疗机构执业中的权利和义务

任何单位或者个人,未取得《医疗机构执业许可证》,不得开展诊疗活动。医疗机构经登记取得《医疗机构执业许可证》后,即依法取得事业单位法人资格,可依法对外开展医疗活动,也可依法进行一定的民事活动。在开展医疗活动时,依法享有法律赋予的权利和负有相应的义务。

(一)医疗机构在执业时依法享有的权利

(1)按照核准登记的诊疗科目开展诊疗活动的权利;

(2)按照规定收取医疗费用,取得医疗服务回报的权利;

(3)依法自主聘用和安置使用卫生技术人员的权利;

(4)依法开展医学科学研究的权利;

(5)法律、法规规定的其他权利。

(二)医疗机构在执业时负有的义务

(1)遵守有关法律、法规和医疗技术规范的义务;

(2)按照有关药品管理的法律、法规,加强药品管理的义务;

(3)根据法律规定或接受患者要求,对患者进行检查、诊断、治疗和护理的义务;

(4)对医务人员开展医疗法律知识和医德培训,确保医疗安全和服务质量,不断提高服务水平的义务;

(5)法律、法规规定的其他义务。

八、医疗机构监督管理制度

医疗机构监督管理制度是为维护医疗机构的职业垄断权,取缔无证行医,同时保证医疗机构遵纪守法,履行法定义务,依法执业而制定的一项法律制度。医疗机构监督管理制度包括前面谈到的医疗机构设置审批和登记校验制度、医疗机构名称管理制度以及医疗机构评审制度,还包括监督管理行政处罚制度。

卫生行政部门组织成立医疗机构评审委员会,设立医疗机构监督员,并通过对医疗机构定期评审和校验以及日常监督、检查和指导,对医疗机构进行监督管理。根据《医疗机构管理条例实施细则》的规定,卫生行政部门在对医疗机构进行校验时,对不符合《医疗机构基本标准》的医疗机构,暂缓校验,限期改进,暂缓校验期满仍不能通过校验的,注销其《医疗机构执业许可证》。对于医疗机构发生重大医疗事故;连续发生同类医疗事故不采取有效防范措施;连续发生原因不明的同类病人死亡事故,同时存在管理不善因素;管理混乱、有严重事故隐患可能直接影响医疗安全等情况,卫生行政部门可以责令其限期改进。

取缔无证行医是医疗机构监督管理的一项重要内容。根据《医疗机构管理条例》的规定,未取得《医疗机构执业许可证》擅自执业的,由卫生行政部门责令其停止执业,没收非法所得和药品、器械,并可处以罚款。除了对游医药贩进行处罚外,卫生行政部门还对非医疗机构从事部分医疗活动进行监督管理。

《医疗机构管理条例》中"任何单位或者个人,未取得《医疗机构执业许可证》不得开展诊疗活动"的规定不仅包括擅自以医疗机构名义执业的单位或者个人,还包括有关单位或者个人变相开展诊疗活动的。为此,《医疗机构管理条例实施细则》规定卫生防疫、国境卫生检疫、医学科研和教学等机构,如在本机构业务范围之外开展诊疗活动,以及美容服务机构开展医疗美容业务的,必须依据《条例》和《细则》,申请设置相应类别的医疗机构。根据这一规定,上述机构在《医疗机构管理条例》和《医疗机构管理条例实施细则》施行后,将不得从事超出业务范围的诊疗活动。如开展诊疗活动,则必须申请设置相应类别的门诊部或者诊所,并且经登记取得《医疗机构执业许可证》,否则将按照非法行医予以处罚。

思考题:
1. 简述医疗机构的权利和义务。
2. 试述医疗机构的法律责任。

第四章 医师执业法律制度

【内容提要】 本章以现行有关法律、法规为依据,阐述了我国医师执业法律制度的内容。主要包括中外医师执业法律制度概述,医师执业准入制度,医师权利、义务和执业规则,执业医师法律责任,医师的考核和培训等。

第一节 我国医师执业法律制度概述

一、外国医师执业法律制度简介

执业医师法是规范医师执业行为,调整医师执业活动中产生的各种社会关系的法律规范的总和。为规范临床医师的培养、准入和管理,保证医师的基本临床技术水平和服务质量,国外相继建立专科/全科医师制度并不断完善,目前,欧美等国家的专科/全科医师培养、准入及管理制度已比较完善,形成了包括学校基本教育、毕业后医学教育和继续医学教育在内的医学教育体系,即医学生从医学院校毕业后,在某一医学专业领域接受以提高临床能力为主要目标的系统化、规范化的综合训练,使其达到从事某一临床专科实践所需要的基本要求,能独立从事某一专科临床医疗工作。专科/全科医师制度对保证专科医师的专业水准、提供高质量的医疗服务具有重要和不可替代的作用。

美国、英国、加拿大、澳大利亚、法国、德国、新加坡等七国的医师管理机构分别是各国的医学专科委员会、医学总理事会、皇家医学会、医学委员会、教育部和卫生部、医学会、医学委员会。

二、中国医师执业法律制度

我国西周时代,《周礼》就有对医师进行年终考核以定其报酬的记载。以后历代的法典《唐律》、《元典章·刑部》、《大明会典》等都有规范医师执业行为的法律条文。20 世纪 20 年代开始,我国出现了对医师执业管理的单行法律,如国民党政府 1929 年颁布的《医师暂行条例》,1943 年修改为《医师法》,该法目前经修改仍在我国台湾地区适用。1931 年颁布了《高等考试西医师考试条例》。

新中国成立后于 1951 年,卫生部经当时政务院批准颁布了《医师暂行条例》、《中医师暂行条例》、《牙医师暂行条例》等。1956 年废除医师资格考试制度。中共十一届三中全会以后,卫生部制定发布了一系列规范性文件,使医师执业管理法律法规逐步完善,如《卫生技术人员职称及晋升条例(试行)》(1979年)《医院工作人员职责》(1982年),《医师、中医师个体开业暂行管理办法》(1988),《外国医师来华短期行医管理办法》(1993年),1994年颁布《医疗机构管理条例》。1997年,立法机关历时近十年时间在充分调研的基础上终于拿出了较为成熟的《医师法》(草案),该草案经多次修改,1998年6月26日九届人大常务委员会第三次会议通过《中华人民共和国执业医师法》,1999年5月1日起施行。1999年卫生部成立了国家医师资格考试委员会,发布了《医师资格考试暂行办法》,《医师执业注册暂行办法》,《关于医师执业注册中执业范围的暂行规定》等配套规章,我国的执业医师管理走上了法制化、规范化的轨道。

《执业医师法》于1998年6月26日九届人大常务委员会第三次会议通过,1999年5月1日起施行,主要从医师准入制度、医师执业注册、执业规则等方面对我国的医师法律制度做了规范,共分为6章48条,主要内容包括总则(7条)、考试和注册(13条)、执业规则(10条)、考核和培训(5条)、法律责任(7条)、附则(6条)。其立法宗旨是加强医师队伍建设,提高医师队伍的职业道德和业务素质;调整医患双方的关系,保证维护医患双方的权利和义务;医师法的制定完善了卫生法律,保障了我国医疗卫生事业的健康发展。包含四个类别:临床类别、口腔类别、公共卫生类别和中医类别(我国传统医学类别的统称,包括中医专业、中西医结合专业、民族医学专业,下同)。除二个级别、四个类别的医师外,其余不属于《执业医师法》调整的范围。

《执业医师法》没有把乡村医生作为规范的对象,而是授权国务院具体制定管理办法,2004年1月1日实施的《乡村医生从业管理条例》规定,国家实行乡村医生执业注册制度,凡进入村医疗卫生机构从事预防、保健和医疗服务的人员,应当具备执业医师资格或者执业助理医师资格。不具备这一条件的地区,根据实际需要,可以允许具有中等医学专业学历的人员,或者经培训达到中等医学专业水平的其他人员申请执业注册,进入村医疗卫生机构执业。具体办法由省、自治区、直辖市人民政府制定。医师在军队依照《医师法》和《中国人民解放军实施〈医师法〉办法》及有关规定执业。在军队已取得医师资格的医师当转业、复员或退休移交地方安置以后应在90日内到县级以上地方人民政府卫生行政部门申请换领国务院卫生行政部门统一印制的《医师资格证书》。

为了贯彻实施《执业医师法》,卫生部发布了《医师资格考试暂行办法》、《医师执业注册暂行办法》、《关于医师执业注册中执业范围的暂行规定》、《传统医学师承和确有专长人员医师资格考核考试暂行办法》等配套规章;1999年卫生部成立了国家医师资格考试委员会;2003年8月,国务院颁布了《乡村医生从业管理条例》,我国的执业医师管理走上了法制化、规范化的轨道。

第二节 医师执业准入制度

一、概述

（一）医师的概念

医师，即执业医师，是指依法取得执业医师资格或者执业助理医师资格，经注册在医疗、预防或者保健机构（包括计划生育技术服务机构）中执业的专业医务人员。

（二）医师的分类

目前中国医师一般是按照执业机构的不同，分为临床、预防和保健三大类，同时，也有一些其他的分类。

1. 按照执业证书分

到目前为止，我国执业医师资格考试分为两级。即执业医师和执业助理医师两级。医疗机构正式聘用的拥有医师资格和注册证书的执业医师也就分为：执业医师和执业助理医师。他们完全按照《执业医师法》规定，在符合要求的执业地点、执业类别、执业范围依法行医。

2. 按照执业类别分

执业类别是指临床、中医（包括中医、民族医和中西医结合）、口腔、公共卫生。医师进行执业注册的类别必须以取得医师资格的类别为依据。我国医师资格考试共有24种类别，医师依法取得两个类别以上医师资格的，只能选择一个类别及其中一个相应的专业作为执业范围进行注册，从事执业活动。医师不得从事执业注册范围以外其他专业的执业活动。

以下两种情况除外：在县及县级以下医疗机构（主要是乡镇卫生院和社区卫生服务机构）执业的临床医师，从事基层医疗卫生服务工作，确因工作需要，经县级卫生行政部门考核批准，报设区的市级卫生行政部门备案，可申请同一类别至多三个专业作为执业范围进行注册。在乡镇卫生院和社区卫生服务机构中执业的临床医师因工作需要，经过国家医师资格考试取得公共卫生类医师资格，可申请公共卫生类别专业作为执业范围进行注册；在乡镇卫生院和社区卫生服务机构中执业的公共卫生医师因工作需要，经过国家医师资格考试取得临床类医师资格，可申请临床类别相关专业作为执业范围进行注册。

3. 按照执业范围分

执业医师的职业范围一般以聘用科目来划分，临床、口腔类别的按《医疗机构诊疗科目名录》一级科目划分；中医类别的，按《医疗机构诊疗科目名录》二级科目划分；公共卫生类别的，参照公共卫生医师职业分类化分。在计划生育技术服务机构中执业的临床医师,其执业范围为计划生育技术服务专业。在医疗机构中执业的临床医师以妇产科专业作为执业范围进行注册的,其范围含计划生育技术服务专业。根据国家有关规定,取得全科医学专业技术职务任职资格者,方可申请注册全科医学专业作为执业范围。一般情况下医师不得从事执业注册范围以外其他专业的执业活动,但有下列情况之一的,不属于超范围执业:对病人实施紧急医疗救护的;临床医师依据《住院医师规范化培训规定》和《全科医师规范化培训试行办法》等,进行临床转科的;依据国家有关规定,经医疗、预防、保健机构批准的卫生支农、会诊、进修、学术交流、承担政府交办的任务和卫生行政部门批准的义诊等;省级以上卫生行政部门规定的其他情形。

(三) 医师的法律地位

医疗机构中的医师在医患关系中,是与病人直接接触的主体,而医师在医疗过程中的行为后果是由医疗机构来承担的,因此,医疗机构必须对医师的行为进行规范并制定合理的管理制度。这是医疗机构的内部管理问题,国家不应多管,但又不能不管。为此,国家通过制定卫生法律法规,对医疗机构的内部领导制度和管理制度作出了规定,以利于国家对医疗卫生事业的协调管理,保护公民的生命健康权。医师根据卫生法律法规的有关规定参加医疗机构内部的管理时,就具有医事法律关系主体的资格。这里特别要注意,医师直接接触患者,因而的确与患者之间形成一定的社会关系。然而在医业务活动中,他们主要遵循《执业医师法》和医院的规章制度为具体的医疗行为,体现了他们与国家、医院之间的法律关系。在医事法律关系中,他们的行为应理解为医疗机构的行为,他们只是医疗机构的使用人,是医疗机构医疗行为具体的行为主体。医师与患者之间的社会关系应属医疗伦理关系,由医学伦理来调整。

二、医师资格考试制度

(一) 医师资格考试制度概述

我国实行医师资格考试制度,是执业医师法的核心内容,是国家实行医师执业准入制度的前提。医师资格,是指国家确认的、准予从事医师职业的资格,是公民从事医师职业必须具备的条件和身份,即从事医师职业所应具备的学识、技术和能力的必备标准,具有法律效力。医师资格的取得方式,以《执业医师法》的公布日即1998年6月26日,划分为两种完全不同的标准。公布日之前已取得相应专业技术职务任职资格的,可以直接认定相应的医师资格。公布日之后医师资格的取得,均需参加医师资格考试。

医师资格考试,是指评价申请医师资格者是否具备执业所必需的专业知识与技能的考试,是医师执业的准入考试。我国执业医师资格考试分为执业医师资格考试和执业助理医师资格考试。考试的类别分为临床医师、中医(包括中医、民族医、中西医结合)师、口腔医师、公共卫生医师四类。考试方式包括实践技能考试和医学综合笔试。我国执业医师资格考试采用口试、操作、纸笔、计算机等考试形式。其中,实践技能考试主要采用口试、技能操作等形式,这样做有利于测量考生对知识的分析、综合、应用、操作技能以及评价等方面的能力。各考区设实践技能考试基地,每位考生必须在同一考试基地依次通过所设考站测试。综合笔试包括基础医学综合、专业科目和公共科目。

(二)执业医师资格考试的组织管理

我国执业医师资格统一考试办法由国务院卫生行政部门制定。考试由省级以上人民政府卫生行政部门组织实施。组织考试原则有三统一,即统一办法、统一标准、统一组织。

(三)申报参加执业医师资格考试的条件

1. 申请执业医师资格考试的条件

具有高等学校医学专业本科以上学历,有执业医师指导,在医疗、预防、保健机构中试用期满1年的;

具有高等学校医学专科学历,有执业助理医师执业证书,在医疗、预防、保健机构中工作满2年的;

具有中等专业学校医学专业学历,取得助理执业医师执业证书后,在医疗、预防、保健机构中工作满5年的。

2. 申请执业助理医师资格考试的条件

具有高等学校医学专科学历或者中等专业学校医学专业学历,在执业医师指导下,在医疗、预防、保健机构中试用期满1年的,可以参加执业助理医师资格考试。

3. 其他人员参加医师资格考试的条件

以师承方式学习传统医学满3年或者经多年实践医术确有专长的,经县级以上卫生行政部门确定的传统医学专业组织或者医疗、预防、保健机构考核合格并推荐,可以参加执业医师资格或者执业助理医师资格考试。在乡村医疗卫生机构中向村民提供预防、保健和一般医疗服务的乡村医生,符合《执业医师法》有关规定的,也可以参加医师资格考试。境外人员在中国境内申请医师考试(包括注册、执业等),按照国家有关规定办理。

(四)执业医师资格的取得

对参加全国统一的执业医师资格考试或者执业助理医师资格考试成绩合格者授予执业医师资格或者执业助理医师资格,由省级卫生行政部门颁发卫生部统一印刷的《医师资格证书》。医师资格证书是证明其本人具有医师资格的法律文件,必须依法取得。医师资格一经合法取得,就不得非法剥夺。

三、医师执业注册制度

医师执业注册,是指对具备医师资格者进行执业活动的管理。对医师予以注册和注销注册是世界各国对医师执业进行管理的基本制度。

我国《执业医师法》规定,国家实行医师执业注册制度。国家以法律形式确定,取得医师资格且准备从事医师业务的人员,只有经过注册,在取得《医师执业证书》即取得执业许可后,方可从事医师执业活动的法律制度。也就是说,医师经注册后方可在医疗机构中按照注册的执业地点、执业类别、执业范围从事相应的业务。

(一) 注册的组织管理

卫生部负责全国以上执业注册监督管理工作。县级以上地方卫生行政部门是医师执业注册的主管部门,负责本行政区域内的医师执业注册监督管理工作。中医(包括中医、民族医、中西医结合)医疗机构的医师执业注册管理由中医(药)主管部门负责。

(二) 注册条件和程序

1. 注册条件

我国的医师资格包括执业医师资格和执业助理医师资格,取得的方式有两种,根据《执业医师法》的有关规定参加全国统一的医师资格考试且成绩合格的,可以取得医师资格,或者根据《执业医师法》的有关规定,在《执业医师法》颁布之前已经取得医学专业技术职称或者医学专业技术职务的人员,可以由所在机构报请县级以上人民政府卫生行政部门认定,而取得医师资格。但是,这种取得医师资格的特殊方式,仅属于一次性的规定,今后所有人都必须参加全国统一的医师资格考试且成绩合格,才能取得医师资格。此外,医师资格一经取得,便在全国通用,且终身有效,无论受到何种处罚,都不能被剥夺,即便医师因被吊销证书或注销注册,需要重新注册时,也不必重新进行医师资格考试,只需提交必要的考核证明即可。

2. 注册程序

必须向所在地县级以上人民政府卫生行政部门提出注册申请,并提交下列材料:医师执业注册申请审核表,二寸免冠正面半身照片两张,医师资格证书,注册主管部门指定的医疗机构出具的申请人 6 个月内的健康体检表,申请人的身份证明、医疗、预防、保健机构的拟聘用证明以及省级以上卫生行政部门规定的其他材料。值得一提的是,为方便注册申请人,简化注册手续,医疗、预防、保健机构可以为本机构中的医师集体申请注册,办理有关注册手续,必须指出的是,《执业医师法》关于"向所在地卫生行政部门申请注册"的规定中"所在地"最好改为"住所地",因为这更符合法律的表述。

受理执业注册申请的卫生行政部门必须在收到申请之日起 30 日内依法作出准予注册或不予注册的答复。

为了维护注册申请人的合法权益,提高卫生行政部门的办事效率,《执业医师法》规定卫生行政部门在收到注册申请后,应当对申请人提交的各种材料进行审核并分别处理：

(1) 对于符合条件的,应当在收到申请之日起 30 日内予以注册,并发给由卫生部统一印制的医师执业证书。医师执业证书一经取得便长期有效,不需再定期注册。但是对于个别已经注册的医师所发生的受刑事处罚、被吊销执业证书和中止执业 2 年以上以及改变执业地点、类别及范围等情况,则必须分别采取注销注册、重新注册以及变更注册的办法加以解决。

(2) 对于不符合条件的,依法不予注册,并在收到申请之日起 30 日内书面通知申请人,说明不予注册的理由。

予以注册的卫生行政部门应当在注册时对医师的执业地点、类别以及范围作出明确规定。

卫生行政部门对于医师的执业注册,不只是一个简单的审查发证行为,而是要依靠注册对医师进行行业管理。因此,注册的内容就应当非常具体明确,且应当包括：

(1) 执业地点：医师执业必须在固定的医疗、预防、保健机构中,未经有关部门批准不能在注册的执业地点以外执业;

(2) 执业类别：医师必须按照注册的执业类别执业、未经批准不能擅自改变,如注册为预防医师或保健医师的,就不能从事医疗执业;

(3) 执业范围：医师从事执业活动不能超越自己的注册范围,如内科医师不能进行外科手术,牙科医师不能替代妇产科医师接生。需要指出的是,医师执业证书是每一个执业医师依法从事医师执业活动的法律凭证,不得出借、出租、抵押、转让、涂改和毁损。如发生损坏或者遗失的,当事人应当及时向原发证部门申请补发或换领,损坏的医师执业证书应当交回原发证部门,医师执业证书遗失的,原持证人应当于 15 日内在当地指定报刊上予以公告。

(三) 不予注册的情形

医师从事的是治病救人的崇高职业,其执业行为直接关系到患者的生命和健康,它要求医师在执业活动中,必须具有高超的医疗执业水平和良好的职业道德,因此,《执业医师法》规定对以下几种情形不予注册：

1. 不具有完全民事行为能力的

根据民法原理,民事行为能力是指以自己的行为取得民事权利,承担民事义务的资格。根据《民法通则》的有关规定,不满 18 周岁的未成年人,以及不能辨认或不能完全辨认自己行为的精神病人都不具有完全民事行为能力,他们的民事活动需要由监护人来完成,他们不可能完成复杂的、高技术及高风险的医师业务。因此,不予注册。

2. 受刑事处罚,自刑罚执行完毕之日起至申请注册之日止不满2年的

"医乃仁术",作为白衣天使,关系着病人的生命健康,不但要有高超的医术而且要有良好的医德,所以,对受过刑罚的人,在一定时期内不予注册,限制其从事医师执业活动是非常必要的。但是,这种不分犯罪的主观恶性程度,不分故意犯罪与过失犯罪以及刑罚的轻重,统统都规定2年的限制期限的做法,是简单的、不妥的,应当在今后加以修订。

3. 受吊销医师执业证书行政处罚,自处罚决定之日起至申请注册之日止不满2年的

这是对已经取得过医师执业证书,但是因违反了卫生行政管理法律法规,如《执业医师法》、《医疗事故处理条例》等,而受到吊销医师执业证书行政处罚的人重新注册时作出的限制,目的是促使其在一定时期内深刻反思自己的行为,吸取教训,改正错误,今后更好地为患者服务。但是,由于行政处罚比刑事处罚要轻得多,因此,对其不予注册的限制期限应该比前述受刑事处罚的情况短,而不应该都一样规定为2年。

4. 有卫生部规定不宜从事医疗、预防、保健业务的其他情况的

法律条文是有限的、有原则性的,而社会是无限的、千变万化的,有限的法律条文不可能包含无限的不断变化的社会实际,因此,《执业医师法》授权卫生行政部门,对《执业医师法》第15条没有规定,但认为不宜注册的其他情形也可以不予注册,如对甲类、乙类传染病传染期,精神病发病期以及身体残疾等健康状况不适宜或者不能胜任医疗、预防、保健业务工作的,可以不予注册。

(四) 注销注册

对于经过注册,取得医师执业证书后又出现了不能或者不宜从事医师执业活动的,应当由准予注册的卫生行政部门注销注册,收回医师执业证书,具体包括以下几种情形:

1. 自然死亡、宣告死亡或者宣告失踪的

俗话说:"人死万事休",户籍、身份都要注销而不复存在,更何况医师注册。虽然宣告死亡与宣告失踪并不是真正的死亡或失踪,一段时间后被宣告的人又可能重新出现,然而,为了维持法律关系的稳定,加强医师队伍的管理,卫生行政部门仍应当及时注销其注册。当被宣告死亡或宣告失踪的当事人重新出现时,先由本人或利害关系人向人民法院申请撤销对他的死亡或失踪宣告,然后依照《执业医师法》的有关规定再申请重新注册。

2. 受刑事处罚的

刑事处罚是司法机关对犯罪人进行惩罚和改造教育,预防其重新犯罪并警

戒社会上的不稳定分子走向犯罪所采取的制裁措施。担负着救死扶伤职责的医师职业既崇高又重要,它关系到患者的生命安全与健康,它要求每一个执业医师都具有良好的道德品质与个人修养,因此,对受刑事处罚的医师注销注册是十分必要的。

3. 受吊销医师执业证书行政处罚的

如果医师在执业活动中严重违法,或者是通过不正当手段取得医师执业证书的,或者出借、出租、抵押、转让、涂改医师执业证书的,根据《执业医师法》的有关规定可以对其处以吊销其执业证书的行政处罚。为了落实这一行政处罚,准予注册的卫生行政机关应当注销其注册,收回其执业证书。

4. 因考核不合格,暂停执业活动期满,经培训后再考核仍不合格的

为了保证医师队伍的纯洁,提高医师服务的质量,不间断地对医师的业务水平、工作成绩及职业道德状况进行定期考核是至关重要的。对考核不合格的医师,县级以上人民政府卫生行政部门可以责令其暂停执业活动 3 个月至 6 个月,并接受培训和继续医学教育。暂停执业活动期满,要再次进行考核,对于再次考核合格的,允许继续执业,不合格的,注销其注册,收回其执业证书。

5. 中止医师执业活动满 2 年的

当今时代,知识更新非常迅速,医学的发展也很迅猛,执业医师如果不注意继续学习都可能落伍,更何况离开医师队伍、中止执业活动 2 年以上的人。他们难免会业务生疏,而不能胜任医师工作,继续执业就很可能会发生医疗事故,危及病人的生命健康,因此,注销其注册,收回其医师执业证书也是很必要的。

6. 卫生部规定不宜从事医疗、预防、保健业务的其他情形

医师取得执业证书后,可能会发生一些意料不到的变化,这些变化可能会影响其正常执业,如取得执业证书后身体健康状况恶化,不适宜继续执业等,这些意想不到的情形在法律条文中难以一一列举。因此,《执业医师法》授权卫生部根据实际情况具体决定。

(五) 变更注册

变更注册是指医师改变执业地点、类别及范围等注册事项,需要到卫生行政部门办理变更手续的注册制度。具体包括:

1. 变更的内容

医师的执业注册内容包括执业地点、执业类别及执业范围。正常情况下,执业医师必须按照注册时规定的执业地点、执业类别及执业范围进行执业活动,如因情况变化确需改变的,应当到注册主管部门办理变更注册手续。但经医疗、预防、保健机构批准的卫生支农、会诊、进修学习、学术交流、见义勇为、抢险救灾、承担政府交办的任务和卫生行政部门批准的义诊等除外。

2. 变更注册的主管部门

变更注册的主管部门是准予注册的卫生行政部门,具体来说,根据《医师执业注册暂行办法》第17条规定:医师申请变更执业注册事项属于原注册主管部门管辖的,申请人应到原注册主管部门申请办理变更手续。医师申请变更执业注册事项不属于原注册主管部门管辖的,申请人应当先到原注册主管部门申请办理变更注册事项和医师执业证书编码,然后到拟执业地点注册主管部门申请办理变更执业注册手续。跨省、自治区、直辖市变更执业注册事项的,除依照前款规定办理有关手续外,新的执业地点注册主管部门在办理执业注册手续时,应收回原医师执业证书,并发给新的医师执业证书。

3. 变更注册的程序

变更注册的程序与本文第一部分所述注册程序基本相同,在此,不再赘述。但需要指出的是,《医师执业注册暂行办法》第19条规定:"医师在办理变更注册手续过程中,在医师执业证书原注册事项已被变更,未完成新的变更事项许可前,不得从事执业活动。"

(六) 重新注册

重新注册是关于医师注销注册或者中止执业后而有的又需要重新执业时的注册制度,是医师执业注册制度的重要内容。

1. 重新注册的条件

重新注册的条件是指什么情况下医师可以重新申请注册。根据《执业医师法》的有关规定,属以下情形的,可以重新申请注册:

(1) 中止医师执业活动2年以上的。因中止医师执业活动2年以上而被注销注册的医师又准备执业时,应当向其住所地卫生行政部门提出重新执业的申请,并接受3个月至6个月的培训,经考核合格后,可以重新注册。此外,被宣告死亡或者宣告失踪的人重新出现时,也可以重新注册。值得一提的是,这里的中止医师执业活动2年以上,应理解为连续中止执业活动2年以上。(2) 恢复完全民事行为能力的。民事行为能力是公民承担法律责任的基础。医师职业是一个高技术、高风险的职业,医师只有具备完全民事行为能力,才能对自己的执业行为承担法律责任。由于一定的事由,如医师因身体健康状况恶化而丧失民事行为能力或部分丧失民事行为能力的,就不适宜继续执业,应当注销注册,但是,如果医师身体健康状况好转,恢复了完全民事行为能力的,又可以申请重新注册。(3) 受刑事处罚,自刑罚执行完毕之日起满2年的。医师从事的是治病救人,救死扶伤的人道主义职业,它要求医师应当具有良好的道德品质,如果医师因其犯罪行为而受到刑事处罚,就不能继续从事医师执业活动,而应当被注销注册,但是,经过刑事处罚改造后的医师,又经过2年考验期,应该不再具有社会危害性,因此也可以申请重新注册。这样做既体现了教育与惩罚相结合的刑罚原则,又可以使医师的专业特长得到充分的发挥,缓解我国缺医少药的矛盾。(4)受吊销医师执业证书行政处罚,自处罚决定之日起满2年的。执业医师必须严格地遵守医师执业规则,否则就会受到相应的行政处罚,情节严重的,还将被吊销医师执业证书。为了促使医师改正自己的违法行为,也为了体现行政处罚的严肃性,《执业医师法》规定受吊销医师执业证书行政处罚的,必须自处罚决定之日起2年后,才可以申请重新注册。(5)卫生部规定的不宜从事医疗、预防、保健业务的其他情形消失的。在《执业医师法》第15条第4款、第16条第6款中分别规定了对国务院卫生行政部门认为不宜从事医疗、预防、保健业务的其他情形,应当不予注册或者注销注册,但是如果这些不予注册或者注销注册的情形消失后,则应当允许其申请重新注册。

2. 重新注册的程序

(1)申请:重新注册首先要提出申请,申请的要求与上文第一部分"注册程序"的要求基本相同。

(2)培训与考核:申请重新注册的人,应当首先到县级以上卫生行政部门指定的医疗、预防、保健机构或组织接受3个月至6个月的培训,并由县级以上人民政府卫生行政部门委托的申请重新执业的医师拟服务的医疗、预防、保健机构按照医师的执业标准,对拟重新执业的医师的业务水平进行综合的考察和评价,并取得考核合格的证明。

(3)注册:受理重新注册申请的卫生行政部门应当自收到申请之日30日内准予注册,并发给由卫生部统一印制的医师执业证书。

(七)对不予注册及注销注册的法律救济

对医师的注册申请不予注册或注销医师的注册,都会对医师的权利及前途造成极大的影响,因此,一旦发生这种情形,医师应当在法律上得到救济,以保证其合法权益不受非法侵害。

根据《执业医师法》的有关规定,法律救济程序应当包括两方面的内容:

(1)当事人对卫生行政部门的不予注册或注销注册的决定不服的,可以自收到书面决定之日起15日内,依法向上级卫生行政机关或者同级人民政府提出复议,或者直接向有管辖权的人民法院提出行政诉讼。

(2)对于不予注册的决定,卫生行政部门还必须做到:第一,应当在30日内答复;第二,应当书面答复申请人;第三,应当写明不予注册的理由。这些规定既有利于保护医师的合法权益,又有利于促使卫生行政部门依法行政。

(八)关于个体行医的特别规定

申请个体行医必须具有执业医师资格,在医疗、预防、保健机构中执业满五年,并按国家有关规定办理审批手续,未经批准,不得行医。个体开业医师、中医师应当按照注册的执业地点、执业类别、执业范围依法执业。

第三节 医师执业中的权利、义务及执业规则

一、医师执业中的权利和义务概述

医师执业权就是指法律赋予医师从事医疗、预防和保健业务活动时所享有的作为职业性权利的一种权能。具体说是指在法律上允许医师在执业时具有一定作为或不作为的许可，并要求病人相应地做出或不做出一定行为的保障[1]，包括医师的职业特权和相关权利。

医师的义务是指法律赋予医师在执业过程中必须履行的责任，也就是指医师执业依法履行的职务性义务。具体是指医师在执业活动中应当依法为一定行为或不为一定行为的必要性和规定性。医师的义务是和医师的权利相对应的概念。医师的义务更直接关系到患者的生命和健康。在医患关系中，医师的义务则对应于患方的权利，如"关心爱护尊重患者，保护患者的隐私"。义务就是对患者对自己病情诊断、治疗的知情同意权和隐私权的尊重；"努力钻研业务提高专业技术水平"的义务则是患者生命健康不受侵害的权利要求。

二、我国医师执业中权利义务的具体构成

我国《执业医师法》、《医疗机构管理条例》及《医疗事故处理条例》等相关法律、法规、规章，对医师在执业活动中的权利和义务均做了明确规定。在价值取向上，体现了平衡的法律精神，有医师权利与义务相统一、医师的权利与义务和患者的权利与义务相对应的特点。

（一）我国医师的执业权利

我国医师的权利包括：

1. 执业权

执业权是医师从事执业活动应当享有的基本权利，也可称为行医权，包括医师的诊断权、治疗权、处方权、证明权、疾病调查与检查身体权、死亡确认权和终止治疗权。

（1）诊断权。众所周知，健康的定义是指躯体和心理的正常。人体具有世界上最为复杂精密的结构和功能，具有显著的个体差异性，判断一个人是否患病，患的是哪一种疾病，需要广博的医学专业知识，社会和法律将这一权利赋予了医师。诊断权的行使会带来一系列社会、法律、伦理道德问题。首先，当某人被诊断患有某种疾病时，此人便成为病人。病人是一个人的特殊状态，成为生活

---

[1] 姜柏生:《医师执业中的权利与义务》，载《南京医科大学学报》（社会科学版）2003年第2期。

中的"病人角色",进而享有病人的权利、承担病人的义务,可以免除非病状态时应承担的义务,如患病的学生可以休学,病人可以免除兵役,一方患有某种疾病时不能结婚或相对人不得提出离婚等。其次,对某人疾病的诊断与公共秩序和公共安全息息相关。如《献血法》规定诊断为肝炎、艾滋病、梅毒等疾病的人不得献血;《婚姻法》规定患有麻风病等疾病的人未治愈前禁止结婚;全国人大常委会《关于严禁卖淫嫖娼的决定》规定:被诊断患有梅毒、淋病等严重性病的卖淫嫖娼者可处5年以下有期徒刑、拘役或者管制并处5千元以下罚金。可见,被诊断患有严重性病的卖淫嫖娼者会受到较未患有这类疾病的卖淫嫖娼者更为严厉的处罚。再次,某些疾病的诊断还直接或间接影响患病者的从业选择。如《食品卫生法》规定被诊断为病毒性肝炎、活动性结核等传染病时不得参加接触直接入口食品的工作。最后,患有某些疾病可以免除或减轻刑事、行政、民事责任,如我国《刑法》第18条规定,被诊断为精神病的不负刑事责任;间歇性精神病人在被诊断为精神正常时犯罪应负刑事责任。被诊断为妊娠的女性不得因犯罪被判处死刑立即执行。(5)疾病的诊断影响社会保障、保险制度的确立或运行。如某人某种医疗保险合同的建立是以尚未被确诊患有某种疾病为前提条件,而健康保险的索赔又是以某种疾病的确诊为赔付条件。(6)对疾病的准确诊断还直接或间接地影响着卫生政策的确立变动,影响国家对药品的监督管理。如根据医师的诊断来统计某一疾病的发病率、治愈率、死亡率等疾病指标,了解疾病预防效果,预测监控某一疾病的流行情况,以便于国家采取相应措施。因此,诊断权的行使要以事实为基础,以医学科学为依据,以充分诊查为手段,以执业医师的专业知识经验来准确判断,使诊断尽可能符合或切近真实,反映事物的本来面目。

(2)治疗权。治疗权也可称为决定医疗权,是指医师在诊断明确或已有初步诊断情况下,根据病人的疾病性质、发展进程而采取的合乎医疗技术规范有利于病人疾病好转或健康的医疗处理措施的权利。《执业医师法》第21条第1款明确规定了医师的这一权利:医师在执业活动中享有"选择合理的医疗、预防、保健方案"的权利。也有人认为这一权利还来源于医疗合同的成立,系通过病人的同意和授权而产生。① 治疗权是执业医师正当行使执业权的重要保证,是执业医师完全独立自主的权利。当然与任何权利的行使都有一定范围一样,治疗权的行使也有一定的限制,它包括两个方面的含义:一方面,医师在治疗病人时当自己的治疗意见与上级医师的意见相左时,应遵照上级医师的要求实施;另一方面,我国《医疗机构管理条例》第33条、《医疗机构管理条例实施细则》第62条、《病历书写基本规范(试行)》第10条等法规规章都明确要求"对按照有关规

---

① 何颂跃:《医疗纠纷与损害赔偿新释解》,人民法院出版社2002年版,第128页。

定需要取得患者书面同意方可进行的医疗活动(如特殊检查、特殊治疗、手术、实验性临床医疗等)应当由患者本人签署同意书。患者不具备完全民事行为能力时,应当由其法定代理人签字;患者因病无法签字时,应当由其近亲属签字,没有近亲属的由其关系人签字;为抢救患者,在法定代理人或近亲属、关系人无法及时签字的情况下,可由医疗机构负责人或者被授权的负责人签字"。治疗权还体现在某些时候医师对病人的治疗具有强制性,如依据《传染病防治法》第24条的规定,对于某些法定传染病或病原携带者医疗机构和医师有权对其采取强制隔离、治疗等措施。但无论如何治疗权行使的目的应该是充分恢复、保障病人的身体健康。

(3)处方权。处方权有广义、狭义之分。广义处方权是指医师对病人进行预防、治疗的一切医学方法、措施和建议的权利,如由医师开具的健康教育处方等。狭义处方权仅指医师开具药物处方的权利。本文仅探讨狭义处方权。医师执业的目的是预防或治疗疾病,处方则是获取处方或非处方药物的前提。药品是指用于预防、治疗、诊断人的疾病,有目的地调节人体的生理机能并规定有适应症或者功能主治、用法和用量的物质。药品是一种特殊的商品。药物的特殊性表现在:药物作用的多重性;药品剂量的精确性;使用的专属性。世界各国对药品的使用都有严格的规定和限制,如我国《药品实施管理办法》明确规定:处方药必须是凭执业医师或执业助理医师的处方才可调配、购买和使用;《药品管理法》第19条规定:"对处方所列药品不得擅自更改或者代用",可见我国严格规定了只有医师才拥有开具药物处方的权利。规定处方权为医师的职业特权是世界各国的惯例和规定,只有依法获准行医才具有处方权。正确行使处方权要遵循以下原则:处方权的行使必须是经治医师本人,不得将该权利转让与其他未参与病人诊治过程的医师、非执业医师;处方权的行使必须坚持经济性、合理性、高效性、规范性的要求,不得滥用药物或使用假冒伪劣药物。《执业医师法》第21条第1项明确规定,在注册的执业范围内,医师有权根据病人的情况进行必要的医学诊疗调查,选择恰当的医疗方案、预防措施、保健方法,帮助病人恢复健康医师有权根据病情、疫情的需要进行疾病调查或流行病学调查,采取预防措施和必要的医学处置。同时,医师有权根据病情的需要和医疗结果出具相应的医学证明。应当指出的是,医师在行使这项权利时,首先应当在注册的执业范围内行使,不能超越注册的执业范围给患者开处方;其次要按照从业的执业类别,即临床医疗、公共卫生、预防、保健等医学类别,出具相应的医学证明文件选择合理的医疗方案。[1]

---

[1] 全国人大常委会法工委国家法室等:《中华人民共和国执业医师法释解》,中国民主法制出版1998年版,第64—65页。

(4) 证明权。《执业医师法》第 21 条第 1 款规定"医师享有在注册的执业范围内出具相应医学证明文件"的权力。这里的医学证明文件,法律并未对此作出明确的范围界定,按照我国医学界的惯常做法和一般理解,它应该是和病人疾病预防、诊断、治疗、预后、康复、死亡、出生等一切有关的预防、医疗、保健活动的法定书面证明,比如:防疫接种卡、诊断证明书、出生证明书、死亡证明书、病假证明书等。它不是普通的一纸证明,它是执业医师证明权的体现,是执业医师的一种职业特权。证明权是一项非常重要的权力,它除了体现执业医师的职业特权、证明某人参与预防、保健、医疗等有关的状况外,还直接或间接地影响着被证明人的许多权利与义务。如医师对打架斗殴事件中外伤病人伤情的证明直接影响着对病人伤情级别和程度的鉴定,从而间接决定致伤者是否承担刑事责任或承担相应民事责任的程度;同时证明权的行使必须在法定的范围内且符合法定的程序,《执业医师法》第 23 条规定:"医师实施医疗、预防、保健措施,签署有关医学证明文件,必须亲自诊察、调查,并按照规定及时填写医学文书,不得隐匿、伪造或者销毁医学文书及有关资料。医师不得出具与自己执业范围无关或者与执业类别不相符的医学证明文件。"

(5) 疾病调查与检查身体权。执业医师要对病人进行预防、诊治和康复指导,首先必须要全面了解病人的既往史、现病史,这包括了病人的出生情况、疾病罹患和防治情况、婚姻生育状况等个人史和遗传性、肿瘤性疾病的家族史,女性患者还需了解其月经、妊娠史等纯属个人私生活的内容;还要对病人进行包括生殖器等隐私部位、器官在内的全面体检。医师认为必要时,还可能对病人进行包括女性乳房、内外生殖器等的触诊或器械检,同时,要求被问诊和检查的病人要如实提供有关信息,不得隐瞒。如若抛开执业医师在执业活动中的所为这一背景,上述行为将分别被认为是对他人身体的冒昧接触或隐私的侵权,甚至可构成伤害罪或猥亵妇女罪。《执业医师法》第 21 条赋予了医师疾病调查、身体检查权,这是医师在执业活动中应当享有的基本和基础权利。此权利产生的基础主要是医学诊疗、治愈疾病的技术需要,也是人类产生医师职业以来的习惯权力和法律的明文规定,当然,其前提是病人的知情同意。这一权力的拥有使医师可以合法地要求病人提供与其疾病有关的隐私而不构成侵犯隐私权;可以合法地检查病人身体而不构成民事侵权;可以合法地对异性病人或隐私部位进行观察、触摸而不构成猥亵罪;可以合法地向病人体内如胃肠、尿道等插入各种导管或将异物如针剂等灌入病人体内或截去病人肢休而不构成故意伤害罪。[①] 医师行使疾病调查与检查身体权时,要遵循的前提条件:必须是执业医师在执业活动中,非执业活动中不具有这样的权力;必须获得病人的同意或承诺;必须是在正常合

---

① 尚进、王正勋:《论医疗中的正当行为》,载《中国卫生法制》2001 年第 6 期。

理、必需的范围内,或在执业医师注册的执业范围内;调查、检查不能超过合理、必要的限度。

(6) 终止治疗权。《执业医师法》第 21 条并未明确提出终止治疗权这一概念,但该条第 1 项明确医师在执业活动中享有"医学处置…,选择合理的医疗…"权利,严格地说,终止治疗权仍属于医师治疗权的范畴。但既然医师享有治疗权,治疗显然包括选择治疗时机、选择治疗方案、终止治疗等一系列连贯的行为,因此,我们认为从医师治疗权这一法定权利,完全可以合法、合理地推出医师享有终止治疗权这一权利。法定权利不限于法律明文规定的权利,也包括根据社会经济、政治、文化发展水平,依照法律的精神和逻辑推定出来的权利,即"推定权利",因为任何权利立法都不可能像流水账那样把人们应当享有的权利一一列举出来,那些没有"入账"的权利要靠推定和发现来确认。[①] 另外,将终止治疗权这一权利单列,在今天中国的医疗实践中具有很重要的社会意义。如在医院经常出现因交通事故、打架斗殴、保险赔付、医疗事故等长期住院不走的病人,有的是经治医师为了一己之私利与病人串通一起,病人明明可以出院,但医师却借口尚需治疗;更多的是受伤害住院一方因与对方未达成某种协议而坚称自己疾病还需治疗而长期住院或进行并无实际意义的所谓治疗,以此来要挟对方达到自己的目的。这时,医师和病人到底谁拥有终止治疗权,便成了一个难解之题。世界上通行的做法是将终止治疗的权利赋予医师的,如芬兰《病人权利条例》第 3 条和第 7 条就规定医师享有"决定病人入院治疗或终止治疗的权利"。因此明确执业医师的终止治疗权对于尽快化解矛盾纠纷、避免有限医疗资源的浪费、纯洁与规范医疗行为都具有重要的意义。终止治疗权的行使应该坚持两个原则:自由行使原则;正当行使原则,因为这一权利的行使将涉及病人、第三人、甚至国家和社会的利益,在行使权利时要遵循诚实信用、不违背公序良俗、禁止权利滥用等原则。

2. 执业条件保障权

《执业医师法》第 21 条第 2 项规定,医师在执业活动中,有权按照国务院卫生行政部门规定的标准,获得与本人执业活动相当的医疗设备基本条件。医疗执业机构应当提供相应的基本条件(法律义务)并逐步改善提高(道德义务),保证医师执业技能和水平的充分发挥。

医疗设备基本条件是医师开展执业活动应当具备的基本物质条件。现代科技的发展,使得医师和医疗器械、医疗设备的联系程度越来越密切。没有医疗设备这些基本条件做保障,医师就难以开展正常的执业活动。但是,由于受到社会发展条件的制约,这里所说的医疗设备条件是指国务院卫生行政部门规定的基

---

① 张文显:《法理学》,法律出版社 1997 年版,第 117 页。

本的条件,如《医疗机构管理条例》、《全国医院工作条例》和《医院工作制度》中作出的一些规定。

3. 专业研习权

医师是掌握一定医学科学知识的专业科技人员。依照《执业医师法》第21条第3项的规定,医师享有从事医学科学研究、进行学术交流、参加专业学术团体的权利。医师在完成其专业任务赋予的本职工作的前提下,有权进行医学科学研究、技术开发、撰写学术论文、著书立说、参加医学专业的学术交流活动,参加专业学术团体并在其中兼任工作,而且在学术研究中,可以公开发表自己的见解和观点。

现代社会和科学技术发展日新月异,知识在不断更新,医学知识更新的速度也非常迅猛,这就要求医师必须及时更新知识、调整知识结构、不断提高自身职业道德和业务素质,以适应时代和社会的发展。因此,《执业医师法》第21条第4项赋予了医师在执业过程中有参加专业培训,接受继续医学教育的权利。这既是医师的权利,也是医师的义务。医疗、预防、保健机构以及卫生行政部门应当有计划、有步骤地采取各种方式,开辟多种渠道,为医师参加培训、进修和各种形式的继续教育创造条件,提供机会,切实保障此项权利的行使。

4. 获得尊重权

医师工作是防病治病、救死扶伤的神圣劳动,医师的执业活动和工作秩序受法律保护。我国《宪法》明确规定,公民的人身自由不受侵犯,公民的人格尊严不受侵犯。这里的公民,当然包括医师在内。所以,《执业医师法》第21条第5项明确规定"医师在执业活动中,人格尊严、人身安全不受侵犯"。

医师的人格尊严是指作为一个医师所应有的最起码的社会地位,并且应受到社会和患者的尊重。医师的人身安全是指医师的身体不受攻击、不受侵害。人格尊严、人身安全都属于人身权的保护范围。医生的人身权利是医师权利的基础,它是医师履行其职责的前提,如果医师在执业活动中的人身权利都得不到保障,医师的处方、诊断和治疗权等权利便无从谈起,也就不可能真正履行其防病治病、救死扶伤的职责。医师是一种高风险职业,由于医学发展的局限,目前有很多种疾病人类对之束手无策。同时,再高明的医生,也难免存在失误,医师执业活动中的误诊误治和医疗纠纷是难以完全避免的。发生医疗纠纷后,应通过法律程序解决纠纷,任何人不得借口发生医疗纠纷对医院实施打砸抢行为,对医务人员实施侮辱、诽谤、威胁、殴打及其他严重侵害医师人格尊严、人身安全的违法行为。

5. 获取报酬权

获取工资报酬和津贴、享受国家规定的福利待遇是医师的基本物质保障权利。医师以其特有的劳动,特有的服务对象,为保护人民健康,为祖国医疗卫生事业发展,在医疗、预防、保健机构中做出了重大的贡献。因而,根据《执业医师法》第 21 条第 6 项规定,医师在执业过程中,有权依法要求所在单位及其主管部门提供与其地位和作用相称的物质经济保障。

6. 参与民主管理权

《执业医师法》第 21 条第 7 项规定,医师有权对所在机构的医疗、预防、保健工作和卫生行政部门的工作提出意见和建议,依法参与所在机构的民主管理。我国《宪法》第 41 条第 1 款中规定,公民对任何国家机关和国家工作人员,有提出批评和建议的权利。医师作为普通公民,理应享有这一民主权利。

(二) 我国医师的执业义务

相对于医师权利而言,医师的义务更直接关系到患者的生命和健康。医师的义务是指医师在执业活动中应当依法为一定行为或不为一定行为的限度和范围。在此,根据《执业医师法》,结合《医疗机构管理条例》及其实施细则的有关规定,我国医师在执业活动有如下法定义务:

1. 依法执业的义务

医师作为公民除应当遵守国家法律以外,还必须遵守有关卫生法律、法规和规章,遵守有关卫生标准和医疗卫生技术操作规范。卫生部 1982 年 4 月 7 日颁发的《医院工作人员职责》规定,各级医师和其他医务人员均应认真执行各项规章制度和技术操作常规,亲自操作或指导护士进行各种重要的检查和治疗。

2. 恪守医德的义务

医师在执业活动中,应当树立全心全意为人民服务的意识,坚持和发扬救死扶伤的人道主义原则,遵守职业道德,尽职尽责为病人服务。卫生部 1994 年 8 月 29 日颁布的《医疗机构管理条例实施细则》规定医疗机构应当组织医务人员学习医德规范和有关教材,督促医务人员恪守职业道德。医师应在重视人的生命和尊重人格的情况下,维护病人的健康,治疗伤疾,减轻病人的痛苦。

3. 依诚信原则所生附随义务

医师在执业活动中,有关心、爱护、新生患者的义务和保护患者隐私的义务。《医疗机构管理条例实施细则》规定医疗机构应当尊重患者对自己的病情、诊断、治疗的知情权利。在实施手术、特殊检查、特殊治疗时,应当向患者作必要的解释。因实施保护性医疗措施不宜向患者说明情况的,应当将有关情况通知患者家属。该法还规定医疗机构在诊疗活动中,应当对患者实行保护性医疗措施,并取得患者家属和有关人员的配合。同时,由于医疗活动的特点,病人主动或被动地向医生介绍自己的病史、症状、体征、家族史以及个人的习惯、嗜好等隐私与秘密,这些个人的隐私和秘密应当受到保护。而且越来越多的人认为病人的病情、治疗方案也属于当事人的隐私,也应当受到保护。因此,在医疗实践中,病人的权利就是医师和其他医务人员的必须履行的义务。

4. 勤勉义务

医师在执业活动中,要保证高质量的医疗服务水平,不仅要有良好的服务态度,还要具备扎实的业务知识和熟练的技能。这就要求医师在实践中不断接受医学继续教育,努力钻研业务,更新知识,提高专业技术水平。医师参加专业培训,接受医学继续教育,既是医师的权利,又是医师的义务。我国《执业医师法》规定了县级以上行政部门应当制定医师培训计划和提供继续教育的条件,同时采取有力措施对农村和少数民族地区的医务人员实施培训。医疗、预防、保健机构应当按计划保证本机构医师的培训和继续医学教育,县级以上卫生行政部门委托的承担医师考核的医疗卫生机构应当提供和创造培训和接受医学继续教育的条件。

5. 卫生宣传义务

医师在执业活动中有向患者宣传卫生保健知识、进行健康教育的义务。随着社会发展和科技进步,人类对危害自身健康因素的认识逐渐加深,卫生事业的内涵也不断丰富扩大。影响人类健康的因素很多,其中生活环境、公共卫生,以及吸烟、酗酒等不良习惯对人体健康的影响,已经引起社会的广泛关注。对这些因素的控制和改善,单靠卫生部门的工作是不够的。要树立"大卫生"的观念,动员全社会、各部门、各方面都关心卫生与健康问题,在群众中广泛开展健康教育活动,通过普及医学卫生知识,教育和引导群众养成良好的卫生习惯,倡导文明健康的生活方式,提高健康意识和自我保健能力。这是医师义不容辞的义务和责任。

第四节 医师考核和培训

一、医师考核

县级以上卫生行政部门依据《执业医师法》负责指导、检查和监督医师考核工作。县级以上人民政府卫生行政部门委托的医疗、预防、保健机构或者医疗机构评审委员会、医师协会或者其他医学专业组织负责对医师的业务水平、工作成绩和职业道德状况进行定期考核。考核标准是医师的执业标准。考核机构应当将考核结果报告准予注册的卫生行政部门备案。对考核不合格的医师,县级以上卫生行政部门可以责令其暂停执业活动3—6个月,并接受培训和继续医学教育。暂停执业活动期满,再次进行考核,合格的,允许其继续执业;不合格的,由县级以上卫生行政部门注销注册,收回医师执业证书。

医师有下列情形之一的,县级以上人民政府卫生行政部门应当给予表彰或者奖励:(1)在执业活动中,医德高尚,事迹突出的;(2)对医学专业技术有重大突破,做出显著贡献的;(3) 遇有自然灾害、传染病流行、突发重大伤亡事故及其他严重威胁人民生命健康的紧急情况时,救死扶伤、抢救诊疗表现突出的;(4) 长期在边远贫困地区、少数民族地区条件艰苦的基层单位努力工作的;(5) 国务院卫生行政部门规定应当予以表彰或者奖励的其他情形的。注册的医师应接受培训和继续教育,定期考核,对考核不合格的医师,县级以上卫生行政部门注销注册,收回医师执业证书。

二、医师培训与继续医学教育

住院医师培训制度,是指住院医师在上级医师的指导下进行临床实践,通过规范的要求和严格的考核,从而学习到在某一认可的医学专科中的合格医生所需的知识、技能和态度。它是医学毕业后教育的重要组成部分,是一项有关卫生事业发展与队伍建设的重要工作,是培养临床医学人才,提高我国医疗水平的重要环节和措施。

卫生部科教司于 2002 年 6 月在北京召开了全国住院医师规范化培训工作研讨会,正式启动"住院医师规范化培训课题研究"工作。2003 年 10 月卫生部科教司在四川省成都市举行了全国住院医师规范化培训工作研讨会。同年,卫生部、教育部和财政部联合立项资助"中国专科医师培养和准入制度研究",由国内数十家一流医科大学、医院和医学教育研究所的近百位专家联合攻关。此课题研究的目的是立足于原有住院医师规范化培训工作和课题研究基础,围绕专科医师制度建立主题,从战略、规划、管理、政策等不同层面开展研究。针对目前工作重点和难点,为建立符合国际惯例的卫生人员准入和专业人才培养机制做理论准备。2004 年 10 月卫生部科教司在湖南省长沙市举行了全国专科医师/住院医师培养与准入研讨会。会议就当前我国"建立专科医师培养与准入制度"的可行性和必要性以及住院医师规范化培养与专科医师培养的联系与区别等问题达成了共识。专科医师培养和准入制度是国际医学界公认的医学生毕业后教育制度。专科医师培养和准入制度的建立对选拔和培养医疗服务市场需要的医师,提高广大医师业务素质、职业道德水平和参与市场竞争能力,促进医疗行业管理体制改革,规范医疗市场秩序,推动我国医师管理制度与国际接轨,都具有深远的意义。

第五节 执业医师的法律责任

医师在执业活动中,违反《执业医师法》规定,有下列行为之一的,由县级以上人民政府卫生行政部门给予警告或者责令暂停 6 个月以上 1 年以内的执业活动;情节严重的,吊销其执业证书;构成犯罪的,依法追究刑事责任:

(1) 违反行政规章制度或者技术操作规范,造成严重后果的;
(2) 由于不负责任延误急危病重患者的抢救和诊治,造成严重后果的;
(3) 造成医疗责任事故的;
(4) 未经亲自诊查、调查,签署诊断、治疗、流行病学等证明文件或者有关出生、死亡等证明文件的;
(5) 隐匿、伪造或者擅自销毁医学文书及有关资料的;
(6) 使用未经批准的药品、消毒药剂和医疗器械的;
(7) 不按规定使用麻醉药品、医疗用毒性药品、精神药品和放射性药品的;
(8) 未经患者或者其家属同意,对患者进行实验性临床医疗的;
(9) 泄露患者隐私,造成严重后果的;
(10) 利用职务之便,索取、非法收受患者财物或者牟取其他不正当利益的;
(11) 发生自然灾害、传染病流行、突发重大伤亡事故以及其他严重威胁人民生命健康的紧急情况时,不服从卫生行政部门调遣的;
(12) 发生医疗事故或者非正常死亡,不按照规定报告的;

另外,以不正当手段取得医师执业证书的,由发给证书的卫生行政部门吊销;对负有直接责任的主管人员和其他直接责任人员,依法给予行政处分。未经批准擅自开办医疗机构行医或者非医师行医的,由县级以上卫生行政部门予以取缔,没收其违法所得及其药品、器械,并处10万元以下的罚款;对医师吊销其执业证书。医疗、预防、保健机构对属于注销注册情形而未履行报告职责,导致严重后果的,由县级以上卫生行政部门给予警告;并对该机构的主要负责人依法给予行政处分。卫生行政部门工作人员或者医疗、预防、保健机构工作人员违反执业医师法的有关规定,弄虚作假、玩忽职守、滥用职权、徇私舞弊,尚不构成犯罪的,依法给予行政处分。

《执业医师法》还规定,违反执业医师法,构成犯罪的,依法追究刑事责任。我国《刑法》第335条规定,医务人员由于严重不负责任,造成就诊人死亡或者严重损害就诊人身体健康的,处3年以下有期徒刑或者拘役。《刑法》第336条第1款规定,未取得医师执业资格的人非法行医,情节严重的,处3年以下有期徒刑、拘役或者管制,并处或者单处罚金;严重损害就诊人身体健康的,处3年以上10年以下有期徒刑,并处罚金;造成就诊人死亡的,处10年以上有期徒刑,并处罚金。《刑法》第336条第2款规定,未取得医师执业资格的人擅自为他人进行节育复通手术、假节育手术、终止妊娠手术或者摘取宫内节育器,情节严重的,处3年以下有期徒刑、拘役或者管制,并处或者单处罚金;严重损害就诊人身体健康的,处3年以上10年以下有期徒刑,并处罚金;造成就诊人死亡的,处10年以上有期徒刑,并处罚金。

《执业医师法》也规定了民事责任,医师在医疗、预防、保健工作中造成事故的,依照法律或者国家有关规定处理。未经批准擅自开办医疗机构行医或者非医师行医,给患者造成损害的,依法承担赔偿责任。

第六节 乡村医生从业管理

一、乡村医生的概念

乡村医生,是指尚未取得执业医师资格或者执业助理医师资格,经注册在村医疗卫生机构从事预防、保健和一般医疗服务的医生。

2003年8月5日,国务院根据《执业医师法》制定并公布了《乡村医生从业管理条例》,对乡村医生的执业注册、执业规则、考核和培训做了规定。

村医疗卫生机构中的执业医师或者执业助理医师,依照《执业医师法》的规定管理,不适用《乡村医生从业管理条例》。

二、乡村医生执业注册

国家实行乡村医生执业注册制度。《乡村医生从业管理条例》公布前的乡村医生,取得县级以上地方人民政府卫生行政主管部门颁发的乡村医生证书,并符合下列条件之一的,可以向县级人民政府卫生行政主管部门申请乡村医生执业注册,取得乡村医生执业证书后,继续在村医疗卫生机构执业:(1)已经取得中等以上医学专业学历的;(2)在村医疗卫生机构连续工作20年以上的;(3)按照省、自治区、直辖市人民政府卫生行政主管部门制定的培训规划,接受培训取得合格证书的。《乡村医生从业管理条例》公布之日起进入村医疗卫生机构从事预防、保健和医疗服务的人员,应当具备执业医师资格或者执业助理医师资格。

根据实际需要,可以允许具有中等医学专业学历的人员,或者经培训达到中等医学专业水平的其他人员申请执业注册,进入村医疗卫生机构执业。

乡村医生经注册取得执业证书后,方可在聘用其执业的村医疗卫生机构从事预防、保健和一般医疗服务。未经注册取得乡村医生执业证书的,不得执业。乡村医生执业证书有效期为5年。乡村医生执业证书有效期满需要继续执业的,应当在有效期满前3个月申请再注册。

三、乡村医生执业规则

乡村医生在执业活动中应当遵守下列规则:应当协助有关部门做好初级卫生保健服务工作;按照规定及时报告传染病疫情和中毒事件,如实填写并上报有关卫生统计报表,妥善保管有关资料。不得重复使用一次性医疗器械和卫生材料。对使用过的一次性医疗器械和卫生材料,应当按照规定处置。应当如实向患者或者其家属介绍病情对超出一般医疗服务范围或者限于医疗条件和技术水平不能诊治的病人,应当及时转诊;情况紧急不能转诊的,应当先行抢救并及时向有抢救条件的医疗卫生机构求助。不得出具与执业范围无关或者与执业范围不相符的医学证明,不得进行实验性临床医疗活动。应当在乡村医生基本用药目录规定的范围内用药。

思考题:
1. 如何理解医师的含义?
2. 医师在临床工作中享有哪些权利和义务?
3. 患者的权利和义务?
4. 执业医师在工作中应遵循哪些执业规则?

第五章 护士执业法律制度

【内容提要】 护理是一项涉及维护和促进人的健康的医疗活动,具有专业性、服务性的特点。近年来,随着医疗卫生事业的发展,我国护理事业的发展比较迅速。本章以现行的有关法律、法规为依据,介绍了我国的护士执业法律制度。主要包括护士的概念、护士执业立法、护士资格考试制度和执业注册制度、护士的权利义务和执业规则、护士的法律责任等。

第一节 护士执业法律制度概述

一、护士的概念

2008年5月12日起施行的《中华人民共和国护士条例》(以下简称《护士条例》)第2条对护士的定义是,经执业注册取得护士执业证书,依照本《条例》规定从事护理活动,履行保护生命、减轻痛苦、增进健康职责的卫生技术人员。

二、护士执业立法

护理工作是国家医疗卫生事业的一个重要组成部分,关系到亿万人民的身体健康、疾病康复和生命保障,关系到社会的和谐、文明和进步。从事护理工作的卫生技术人员担负着保护生命、减轻痛苦、增进健康的神圣职责。鉴于护理工作的重要性、特殊性和对社会的极大关联性,所以对从事护理工作的卫生技术人员即执业护士应有严格的资格要求和权利、义务的规定。

护士执业立法上世纪初在欧洲一些国家开始实行。英国在世界上于1919年率先公布了《英国护理法》,1953年,世界卫生组织(WHO)发表了第一份有关护士立法的研究报告。1968年,国际护士委员会特别设立了一个专家委员会,制定了《系统制定护理法规的参考指导大纲》(A proposed guide for formulating nursing legislation),为各国护士立法必须涉及的内容提供了权威性指导。至1984年,根据WHO调查,世界上绝大多数国家均已制定了护理法规。我国香港特区制定有《香港护士注册条例》;我国台湾地区在1991年5月之前护士执业的法律依据是《护理人员管理规则》;1991年5月台湾地区颁布了《护理人员法》,1992年4月公布了《护理人员法实施细则》。

中华人民共和国成立以来,政府和有关部门十分重视护理队伍的稳定、护理人才的培养和护理质量的提高,先后发布了涉及护士管理方面的法规和规章。1982年卫生部在发布的《医院工作制度》和《医院工作人员职责》中,规定了护理工作制度和各级各类护士的职责。1988年卫生部制定了包括护士在内的《医务人员医德规范及其实施办法》,也颁布了《医士、药剂士、助产士、护士、牙科技士暂行条例》、《国家卫生技术人员职务名称和职务晋升条例》、《卫生技术人员职称及晋升条例(试行)》、《关于加强护理工作的意见》等法规、规章和文件规范护士管理,但由于没有建立起严格的考试、注册和执业管理制度,致使护理队伍整体素质难以提高,医疗质量难以保证。为加强对护士行业的执业准入控制,保证护理行业执业人员的水准,国务院卫生行政部门决定在全国范围内组织护士执业考试(简称CLEN)。考试的目的是评价申请者是否具备护士执业所必需的专业知识和技能。考试合格者可获得在中国进行护士执业活动的资格。1985年卫生部通过研究国内外文献资料,总结新中国成立以来护士管理的经验教训,并对我国护理队伍的现状做了较深入的调查研究,起草了《中华人民共和国护士法(草案)》,并决定在建立护士资格考试制度和护士执业许可证制度之前,先行制定《中华人民共和国护士管理办法》,该《办法》于1993年3月26日向全国发布,自1994年1月1日正式施行。《中华人民共和国护士管理办法》就护士的考试、注册、执业等做了具体的规定。

近年来,随着医疗卫生事业的发展,我国护理事业发展比较迅速,2008年1月23日国务院第206次常务会议通过了《护士条例》,自2008年5月12日起施行。作为一部专门规定护士管理制度的行政法规,《护士条例》充分肯定了护士的社会地位,强调护士的人格尊严,人身安全不受侵犯,护士依法履行职责受法律的保护;要求各级政府和有关部门采取措施改善护士的工作条件,保障护士待遇,加强护士队伍建设,促进护理事业的健康发展。《护士条例》的颁发施行为我国护理事业的发展提供了可靠的法制保障,也为解决当前护理工作中存在的一些矛盾和问题,提供了有力的法律武器。

第二节 护士执业资格考试制度和执业注册制度

一、护士执业资格考试制度

护士执业资格考试制度是世界各国护士管理的成功经验,也是我国护理改革的必由之路。国家建立护士执业考试制度,目的在于提高护理队伍素质和护理工作质量,保证医疗和护理安全,保护病人和护士的合法权益,促进我国护理与国际护理接轨。我国的《护士执业资格考试办法》已经卫生部部务会、人力资源社会保障部部务会审议通过,并已经国务院同意,现予发布,自 2010 年 7 月 1 日起施行。《护士执业资格考试办法》规定由卫生部负责组织实施护士执业资格考试。国家护士执业资格考试是评价申请护士执业资格者是否具备执业所必需的护理专业知识与工作能力的考试。考试成绩合格者,可申请护士执业注册。

护士执业资格考试实行国家统一考试制度。统一考试大纲,统一命题,统一合格标准。护士执业资格考试原则上每年举行一次,具体考试日期在举行考试 3 个月前向社会公布。护士执业资格考试包括专业实务和实践能力两个科目。一次考试通过两个科目为考试成绩合格。为加强对考生实践能力的考核,原则上采用"人机对话"考试方式进行。

二、护士执业注册制度

(一)概述

我国实行护士执业许可制度。护士以其专业化知识和技术为患者提供护理服务,满足人民群众的健康服务需求。护士的专业水平、整体素质与医疗安全、患者的康复、患者对医院服务的满意程度关系密切。临床工作中,与病人接触最多的也是护士。为了确保从事护理工作的护士具有保障病人健康和医疗安全的执业水平,《护士条例》总结我国护士管理的经验,参照国际通行做法,在第二章规定了国家实行护士执业注册制度。为了贯彻实施《护士条例》,规范护士执业注册管理,并为了保护公民的身体健康和生命安全,保证医疗质量和医疗安全的最终目标,卫生部于 2008 年 5 月 4 日讨论通过,发布了《护士执业注册管理办法》。该办法自 2008 年 5 月 12 日起施行。

(二)《护士执业注册管理办法》

《护士执业注册管理办法》全文共 24 条,主要规定了行政部门的职责;申请护士执业注册应当具备的条件;护士执业注册的工作程序(包括首次执业注册、变更执业注册、延续执业注册、注销执业注册等情况);建立护士执业记录制度。

申请护士执业注册应当具备四个条件:首先具有完全民事行为能力;其次应在在中等职业学校、高等学校完成教育部和卫生部规定的普通全日制 3 年以上的护理、助产专业课程学习,包括在教学、综合医院完成 8 个月以上的护理临床实习,并取得相应的学历证书;再次应通过卫生部组织的护士执业资格考试;最后应符合卫生部规定的健康标准。

护士首次执业注册应当自通过护士执业资格考试之日起 3 年内提出。提交材料包括:护士执业注册申请审核表;6 个月内免冠正面两寸照片两张(一张贴在申请审核表上,另一张贴在护士执业证书上);申请人身份证明;申请人学历证书及专业学习中的临床实习证明;护士执业资格考试成绩合格证明;二级以上综合性医院出具的申请人 6 个月内健康体检证明;医疗卫生机构拟聘用的相关材料。逾期提出申请的,需提交在教学、综合医院接受 3 个月临床护理培训并考核合格的证明(医院由市级卫生行政部门指定)。

护士变更执业注册是针对已经执业注册的护士而言,可以在有效期 5 年内提出,超过有效期的,就不称为变更。护士变更执业注册的内容包括:执业地点的变化,执业范围发生变化不需要变更;护士执业证书上护士姓名、出生日期、身份证号等项目的变化,亦不属于"护士变更执业注册"的内容,但是,如果这些内容发生变化,应当及时向辖区卫生局报告,经核实后,重新换发护士执业证书。护士变更注册的条件包括:满足《护士执业注册管理办法》第 5 条、第 6 条的要求;提供现执业医疗卫生机构同意变更的证明材料;拟执业医疗卫生机构同意接收的证明材料等。

第三节 护士的权利、义务和执业规则

规范护士执业行为、提高护理质量,是保障医疗安全、防范医疗事故、改善护患关系的重要方面。据此,我国护士执业管理相关法律、法规规定了护士的权利和义务。

(一) 护士的权利

《护士条例》对执业护士的权利和义务作出了更为明确的规定。其中,权利包括:

(1) 执业护士享有按照国家规定获取工资报酬,享有福利待遇,参加社会保险的权利。这是执业护士最基本的权利,也是宪法对公民权利规定的具体体现。在现代社会,人们付出了劳动,理所当然地应当获得劳动报酬,享受国家规定的福利和社会保障。有了劳动报酬,人们才能生存,才能维系人生最基本的需要,可以说取得劳动报酬权是生存权的延伸。

(2) 执业护士有获得与其所从事护理工作相适应的卫生防护,医疗保健服务的权利,享有职业保护的权利。因为执业护士长期与病人打交道,遭受细菌、病毒、药品侵袭感染的机会比常人多得多,病房环境对护士生理上的不良影响也不容低估。因此,护士享有职业保护是天经地义的,是保护执业护士人身权利的需要。

(3) 执业护士有参加学术团体,从事学术研究交流,接受专业培训,评定技术职务、职称的权利。这项权利是不断提高护士队伍业务水平的需要,同时有利促进和鼓励护理人员不断学习,接受培训,参加学术交流,更新知识,从而推动护理事业的整体发展。

(4) 执业护士有获得疾病诊疗、护理相关信息的权利,并可以对医疗卫生工作提出意见和建议。这是做好护理工作的前提条件和自身要求,也是对护理人

员的职业尊重。

当然,护士的职业权利还远不止这些,如对病人的监护权、健康教育管理权等,但为了能够保证其正常行使护士职责,完成护理使命,条例所规定的劳动报酬权、职业保护权、学术研究交流培训权、对疾病诊疗护理的知情权等是完全必需的,也是最基本的。这样的规定既可以使其正确行使职业权利而不滥用,又有利于取得医疗单位、患者和社会的理解、支持和监督,既为护理人员创造了一个良好的职业环境,保护了他们的基本权利,又有利于推进护理事业水平的提高和健康发展,赋予了护士神圣的社会责任和崇高的职业使命。所有从事护理工作的人员都应正确行使自己的权利,认真履行神圣的社会责任。

(二)护士的义务

权利和义务往往是相辅相成,互为条件的。国家法律赋予了执业护士一些重要特殊的职业权利,同样国家法律也会规定执业护士承担必要的义务。义务是个人对社会和他人应履行的责任,所以义务往往同使命、职责具有同等的意义。我们这里讨论的护士的义务主要是指执业护士的职业义务。

1. 有为患者提供平等护理的义务

每个人无论地位高低、经济条件怎样,其人格和护士是平等的,护理人员保持宠辱不惊的心态,把自己的全部医学知识和才能用在为病人的健康服务上,尊重病人的人格和平等享受护理的权利,这是一个护士基本的职业要求和道德义务。尊重病人就是尊重自己,护士要牢记这一点。

2. 有为患者保密的义务

在崇尚人格自由化的今天,隐私受法律保护。现代人在激烈竞争的社会环境中,要求有自己的隐私和心理空间,护士应从人性化的角度去理解病人,尊重病人的隐私,替患者保守秘密,同时,也要做好保护性医疗的职业要求。如果护理人员忽视了这一义务,违反了这一职业道德,就可能引发护患纠纷,其至受到法律的制裁。

3. 有为维护患者合法权利的义务

现代护士的多角色之一是患者权益的保护者。护士应该帮助患者维持一个安全的环境,保护患者免受生理的、心理的、社会的伤害,这体现了护理人员在人、环境、健康、护理这个含义中的主体作用。

4. 有向患者进行健康教育的义务

在整体工作中,健康教育是护理工作的重要组成部分。许多护理人员没能很好地履行这一义务,主要原因是观念没能转变的问题,其次是知识面窄、专业领域深度不够。要知道,健康知识的传播可促进人们健康行为的形成,是医疗卫生工作者努力不懈的追求目标。在医疗工作者的观念中认识到了这一点,会促进其把继续医学教育当做一种责任和任务来完成,这既可提高职业素质又体现职业价值,也是护理教育职业化发展提高的一个重要方面。

5. 有为提高护理质量而为护理专业发展做出贡献的义务

护理作为一门专业,有自身的专业要求,护理发展的这一百多年来,无数护理人员经过了不懈的努力,使护理操作由无技术到专门的技术操作,再发展到这些年的高等护理教育;护理的内容由对患者的生活照料到疾病的治疗均护理,以致到社会人群的健康护理;护理场所由医院到家庭、社区乃至整个社会;护理角色由医生的附庸到医生的助手到与医生共事甚至是独立的角色;护理理论由依赖于经验的感受到依赖于其他领域尤其是医疗领域的研究甚至护理自身的科研与理论的建立与发展。前辈护理人为护理专业化的发展做出了不朽的贡献,我们没有理由停滞不前。现代医学的快速发展,促使护理人员应有时代的紧迫感责任感,不负时代赋予护理人员的神圣责任。护士法赋予了护士权利和义务,护士要以此为己任,转变服务观念不断提高自我保护意识,才能在法制年代,让自己远离医疗护理纠纷。只有护理人员完全履行了自己应尽的权利和义务,才能受到法律的保护。

第四节 护士的法律责任

一、民事责任

民事责任是指民事法律关系主体违反民事义务,侵犯他人合法权益,依照民法所应承担的法律责任。法律明确规定病人在就医过程中,不仅享有生命权、健康权、隐私权,而且还享有知情权、同意权、抉择权,当权力遭到侵害时,可以要求行为人承担侵权的民事责任。如在抢救病人过程中,护理人员用急躁、粗俗的态度和恶劣、不负责任的语言刺激病人,造成病人心理伤害就侵犯了病人的合法权益。

二、刑事责任

我国《刑法》第335条明确规定,医务人员由于严重不负责任,造成病人死亡或严重损伤的,处3年以下有期徒刑或拘役。如护士由于一时疏忽大意,未专心致志地履行职责,以致在护理文书中出现笔误,造成病人人身的损害,甚至生命的代价,就构成了"渎职罪",应承担刑事责任。

三、行政责任

行政责任是指行政主体及其执行公务的人员,违反其应履行的义务和职责所应承担的后果和制裁。行政责任一般由道义责任、纪律责任、法律责任三部分构成。毒麻药品一般用于癌症晚期的病人或手术后病人的镇痛等,应设专人管理。若该管理人员利用职权之便,将这些药品提供给一些不法分子倒卖或吸毒者自用,就构成了参与贩毒、吸毒罪。对于病区物品、医疗用品,管理者若利用职权占为己有,达到一定数额,并从中获利,情节严重者,即可构成盗窃公共财产罪。

思考题:
1. 不予护士注册的情况有哪些?
2. 简述执业护士的权利和义务。

第六章　医疗行为相对人

【内容提要】　本章主要介绍医患法律关系的主体——医疗行为相对人。明确医疗行为相对人的范围包括患者、临床受试人员、健康体检人员以及其他人员，使上述人员明确自身法律地位。本章重点阐述患者的权利能力及其认定，以便在医疗实践中明晰权利的具体行使者和义务的实际承担人。本章同时指出了医疗实践中存在的一些问题，以便读者思考。

医学史家西哥里斯曾说："每一种医学行动始终涉及两类当事人，即医师和病患，或者更广泛地说，是医学团体和社会，医学无非是这两群人之间多方面的关系。"[①]这句话揭示了医患关系的主体是医患双方。仅有医方或仅有患方，均无法形成医患关系。其中，医方是提供医疗服务并实施具体医疗行为的个人和组织，具体包括各种医疗机构及其医师、药师、护士和其他医疗技术人员，通常我们称其为"医疗机构及其医务人员"。患方则主要是指接受医疗服务的个人，因而有人以"患者"概括之。但是以患者来涵盖所有的医疗服务对象显然不大适合，因此有人提出以"就医者"对患方加以概况，认为就医者是因医疗、预防、保健、康复和美容需求而就诊或住院者。[②] 这样，患方不仅包括患有疾病或处于亚健康状态的个体，而且也包括处于健康状态的个体（例如医学美容、整形、变性手术、人工生殖、优生优育、健康检查以及疗养指导等活动中的自然人）。我们认为，对所有医疗服务的接受者给出的概况性称谓，应当能够将现实生活中各样态的医疗服务对象全部涵盖，而这就必须建立在对医疗服务对象的类型化研究的基础之上。由于医疗服务有疾病治疗型、健康检查型之别，医疗行为也有临床型和实验型之别，因此医疗服务的对象不仅包括患者，还要涉及临床受试人员、健康体检人员以及其他人员。而要对患方进行准确概括的话，采用"医疗行为相对人"的称谓最为恰当。

[①]　黄丁全：《医事法》，中国政法大学出版社2003年版，第227页。
[②]　何颂跃：《医疗纠纷与损害赔偿新释解》（第2版），人民法院出版社2002年版，第35页。

第一节 患　者

一、患者的概念

患者是医疗服务的对象和医疗行为的承载者。从法律角度上看,患者还是医疗合同法律关系的一方主体和医疗侵权法律关系中的受害人。患者不同于患方。作为医患法律关系的主体,患方是指在医患法律关系中享有权利并承担义务的人。而考察我国卫生法律法规,在医患法律关系中享有权利并承担义务的人,除患者以外还包括患者的家属、朋友、利害关系人以及单位。由此可见,患者是患方中最主要的主体。

二、患者的行为能力的认定

由于患者是医疗行为具体的承载者,而医疗行为本身具有侵入性和高危险性,因而患者客观上被要求对医疗全过程充分地理解,并能够在充分理解的基础上作出决定。因此,医患法律关系中的患方主体应当具有完全民事行为能力,即能够理解医方的行为并为了自己的利益自主作出决定。然而现实的情况是,患者并不能决定疾病在何时何地发生以及发生何种疾病。这样一来,患者的情况就变得多种多样。患者既可能是成年人也可能是未成年人,既可能是智力健全之人也可能是精神障碍之人,此外还有可能是成年的智力健全之人但一时或永久丧失思维意识之人。如此一来,本应由患者享有的权利由谁来行使,本应由患者承担的义务由谁来承担,便成为非常复杂的问题。

从我国民事法律的规定来看,患者的行为能力也应包括三种情况:(1) 18周岁以上的成年患者,具有完全民事行为能力,可以独立进行民事活动。16周岁以上不满18周岁的公民,以自己的劳动收入为主要生活来源的,视为完全民事行为能力人。(2) 10周岁以上的未成年人是限制民事行为能力人,可以进行与他的年龄、智力相适应的民事活动;其他的民事活动由他的法定代理人代理进行,或者事前征得法定代理人的同意。(3) 不满10周岁的未成年人是无民事行为能力人,由他的法定代理人代理进行民事活动。

《民法通则》的上述规定在医疗领域中得到了普遍遵守和广泛适用。可是,医疗活动尽管可以被视为民事活动,但与一般民事活动相比具有天然之差别,因而《民法通则》对自然人行为能力的认定方法在医疗领域中并不完全适用。这突出地体现在以下几个方面:

首先,无民事行为能力人和限制民事行为能力人的同意或追认,法律上是无效的,除非该种行为与其年龄、智力和精神状况相适应或者是其纯获利益的。然而在医疗实践中,医疗服务人员不得以患者行为能力欠缺、监护人不在现场等为由拒绝诊治。从另一个角度上看,也可理解为无民事行为能力人、限制行为能力人纯获利益的行为或与其智力相适应的行为,而不能认定为法律关系不成立。[①]从相关卫生法律法规来看,为患者诊治不仅是医务人员的法定权利也是其法定义务,至于患者是否具有完全行为能力则不是医师需要考虑的问题。

其次,民法上将16周岁以上不满18周岁的公民,以自己的劳动收入为主要生活来源的,视为完全民事行为能力人。然而在医疗实践中并不能照搬照抄这条规定。如果某自己的劳动收入为主要生活来源,但是他自己不能充分认识医疗过程中的风险并自主作出医疗决定,那么就不能将其作为完全行为能力人看待。尤其是对于一些较早参加劳动、没有接受文化教育的未成年人来说更是如此。

再次,即使患者具备完全民事行为能力,但是由于疾病、意外伤害等不能进行判断和决定时,其权利应当由亲属代替行使。具体包括以下情形:(1)患者是完全行为能力人,但身体受伤导致意识不清,无法正常行使权利。(2)患者具有完全行为能力,但因疾病导致意识不清或丧失意识。(3)患者具有完全行为能力,但在治疗过程中丧失意识。

三、患者在医疗合同中的地位

既然很多情况下患者不能理解医疗行为并作出有关自己的医疗决定,那么必须由他人来代替完成。随之而来的问题也产生了,那就是在各种不同的情况下,究竟谁是医疗合同的患方主体。

通常认为,在患者具有行为能力但因患病或受伤,暂时或永久昏迷,暂不能正确表达意志的情况下,其亲属、朋友应理解为患者的代理人或无因管理人,患者本人仍然是医疗合同的主体。当患者为婴幼儿或精神病患者而成为无民事行为能力时,其父母或监护人为医疗合同的当事人。此时医疗合同属于为第三人利益的合同。[②] 也有学者认为患者为婴幼儿或精神病患者是时,其本人是医疗合同的主体,而父母和监护人不过是其代理人罢了。代理人行为的法律效果归属于被代理人,由此产生的法律关系存在于患者本人与医疗机构有之间,如果代理人不超越代理权限,这种法律关系并不因代理人的参与而同患者亲自为该行为所产生的法律关系有任何不同,更不会因此而导致法律关系主体的变更。即便患者因医疗执业机构的过错而死亡,医事法律关系因一方当事人消灭而自然终止,患者的父母或监护人可能作为患者的继承人而成为医疗损害赔偿关系的

[①] 古津贤、范燕存:《医事法学》,河北人民出版社2008年版,第120页。
[②] 同上书,第72页。

当事人,而不能继承患者本人的地位作为医事法律关系的主体。

无论何种情况,由于医疗行为与人的生命和身体健康直接相关,它的高风险性决定了任何一项医疗行为应尽可能地尊重患者本人的意思。无论患者是完全行为能力人、限制行为能力人还是无民事行为能力人,其意见都应该被充分尊重,以体现其为人的价值。①

第二节 临床受试人员

一、临床试验概述

人体试验,是指以开发、改善医疗技术及增进医学新知,而对人体进行医疗技术、药品或医疗器材试验研究之行为。人体实验的目的在于确保医疗技术、医疗器材及药品对于保健医疗方面有无助益,以及新药是否具有预期的效能,就治病疗伤来说一个永远的目的就是为了人类的福祉。② 人体实验由来已久,对于医学的进步和发展有着举足轻重的作用。可以说,没有人类不断的试验,就没有医学的前进。任何一种新药、医疗器械和治疗方法都必须经过人体试验才能进入临床应用。

人体试验有多种类型,最为关键的是临床试验,即以对病人的临床治疗为目的的人体试验。生活中药物临床试验最为普遍。以药物临床试验为例,临床试验一般分为四个阶段。

Ⅰ期临床试验:初步的临床药理学及人体安全性评价试验。观察人体对于新药的耐受程度和药代动力学,为制定给药方案提供依据。包括:耐受性试验:初步了解试验药物对人体的安全性情况,观察人体对试验药物的耐受及不良反应。药代动力学试验:了解人体对试验药物的处置,即对试验药物的吸收、分布、代谢、消除等情况。临床试验的第一阶段是在药物完成动物实验后进行的,并且是首次以人体为试验对象的,因而具有较高之危险性。而试验的对象一般为健康志愿者。

Ⅱ期临床试验:治疗作用初步评价阶段。其目的是初步评价药物对目标适应症患者的治疗作用和安全性,以确定适当的治疗剂量和范围,同时为是否进入Ⅲ期临床试验以及为Ⅲ期临床试验的研究设计和给药剂量方案的确定提供依据。Ⅱ期临床试验的受试人员通常为少数病患。

Ⅲ期临床试验:治疗作用确证阶段。其目的是进一步验证药物对目标适应症患者的治疗作用和安全性,评价利益与风险关系。试验对象通常为大量的

---

① 古津贤、范燕存:《医事法学》,河北人民出版社2008年版,第73页。
② 黄丁全:《医疗、法律与生命伦理》,法律出版社2004年版,第235页。

患者。

Ⅳ期临床试验为新药上市后由申请人进行的应用研究阶段。其目的是考察在广泛使用条件下的药物的疗效和不良反应、评价在普通或者特殊人群中使用的利益与风险关系以及改进给药剂量等。

二、临床试验的受试人员及其保护

人体实验尽管对医学的进步有重要意义,然而它毕竟是一种对人体构成一定危险的医疗行为。药品、医疗技术以及医疗器材有无效果、有无不良作用尚未可知,因而受试人员时刻面临遭受生命、健康危害的危险,所以受试人员的权益应该得到更优越的保护。研究者尤其要充分考虑受试者的尊严、权利、安全以及健康。否则,人体试验极有可能沦落为个别人或者个别利益集团实现自身利益的政治工具,而这样的人体试验不仅违反伦理道德,也更具有了侵略性。例如,第二次世界大战时期德国纳粹医师进行的人体实验就是在实现纳粹政府赢得战争这一最高指导思想下进行的。尽管人类进入了相对和平时期,对受试人员的保护仍然十分重要。这不仅是为了保护受试者的尊严和权利,也是确保医学科学规范化发展的重要途径。

实践中,临床受试人员的范围并无限制。可以是健康的志愿者也可以是患有某种疾病的患者,可以是成年人也可以是未成年人。具体要根据试验的目的而定。

无论受试人员为何种情况,都必须给予其充分保护。其中,首先应保障受试人员是在知情同意的情况下接受试验的。此外,也应大力发展临床受试人员的损害补偿机制和强制保险制度。

第三节 健康体检人员及其他医疗行为相对人

一、健康体检人员

医患法律关系的患方主体除了通常意义上的患者和临床受试人员以外,还包括健康体检人员。健康体检人员是通过与医疗机构形成健康检查合同而成为医患法律关系的一方主体的。所谓健康检查,即以疾病的发现而非诊治为目的,不包含治疗行为,仅就身体状况进行诊察。[1] 健康检查在生活中比较常见,其中以升学、就业、参加保险而进行的体检以及单位组织体检最为常见。

体检人员既可以是患病且已知其病情之人,也可以是患病而未知其病之人,

---

[1] 黄丁全:《医事法》,中国政法大学出版社2003年版,第171页。

还可以是健康人;既可以是成年人也可以是未成年人。通常情况下,医师只要对患者进行了相当注意程度的检查即可视为合同义务履行完毕,至于能否发现疾病还要考察检查的内容、医疗器械的精密程度以及医师的水平和经验等因素。因此,健康检查过程中,医患双方较少发生纠纷。现实生活中因健康检查而生的纠纷主要表现为医务人员谎报检查结果骗取患者进行诊治以及多报检查项目向患者多收取检查费用方面。

二、其他医疗行为相对人

其他医疗行为相对人主要是指特殊医疗合同中医方的相对人。所谓特殊医疗合同,是指身体并无疾病或创伤,而因特别关系与医师成立医疗关系者。[①] 这种相对人在生活中普遍存在。例如医疗美容的相对人、人工流产和人工授精的相对人、变性手术的相对人等。

这类主体与医方是通过医疗合同而成立医患法律关系的。具体来看,他们的范围也不受限制,可以是任何人。

思考题:

1. 患者行为能力应如何认定?
2. 简述患者在医疗合同中的地位。

---

① 黄丁全:《医事法》,中国政法大学出版社 2003 年版,第 171 页。

第三篇 医患法律关系与医疗行为

第七章 医患法律关系

【内容提要】 医患关系,指在医疗过程中医方和患方形成的各种社会关系,医患关系中的"医方"为医疗机构,医患关系中的"患方"为接受诊疗的患者。医患关系主要有三种类型:父权型医患关系、指导——合作型医患关系、利益信赖模式。医患法律关系指法律法规所调整的医患之间的权利义务关系,是基于约定或法律直接规定在医患之间发生的,医方在对患者实施诊断、治疗、护理等医疗行为过程中形成的医患双方法律上的权利义务关系。医患法律关系由三方面的要素构成:医患法律关系的主体,是医疗机构和接受诊治的患者;医患法律关系的内容,是医疗机构与患者之间的权利义务;医患法律关系的客体,是医疗行为。医患法律关系分为医疗合同关系、医疗无因管理关系和强制医疗关系。医患关系是民事法律关系中特殊的合同关系。

第一节 医患关系

一、医患关系的概念

医患关系,指在医疗过程中医方和患方形成的各种社会关系。对于"医方"和"患方"的理解有以下几种观点:

一是根据《医疗事故处理条例》的规定,指出"医方"指医疗机构及其医务人员,"患方"指患者。

二是认为医患关系是医疗机构与患者及其亲属之间因诊疗、护理行为而产生的一种特殊的权利义务关系。医患双方分别是医疗机构一方与患者及其亲属一方。①

三是将医患关系概括为广义和狭义两层含义。狭义医患关系指医师与其所诊治的患者之间特定的医患个体之间的关系。依照《执业医师法》第2条规定,医师包括执业医师和执业助理医师,指依法取得医师资格,经注册在医疗、预防、保健机构中执业的专业医务人员。患者指因疾病而接受医师诊疗的自然人。广义的医患关系,指以医师为主的群体一方,与以患者为主的群体另一方因疾病诊治所形成的一种社会关系。医方不仅指医师,还包括护理人员、医疗技术人员、管理人员以及他们所在的医疗机构或医疗单位。依据国务院《医疗机构管理条例》规定,医疗机构包括医院、卫生院、疗养院、门诊部、诊所、卫生所以及急救站等从事疾病诊治活动的组织。患方不仅指患者,还包括患者的近亲属、监护人、所在单位。据此,医患关系中的"医方"狭义上指医师,广义上则包括医师、护理人员、医疗技术人员、医务行政管理人员;"患方"狭义上指患者,广义上还包括与患者有直接或间接关系的患者近亲属、监护人及其所在工作部门、单位等。

但以上三种观点均未把握医患关系的实质。无论医师还是其他相关人员都仅是其所在医疗机构的组成部分,其行为的后果均由所在医疗机构承担;而另一方,无论患者外的其他人与医疗机构产生怎样的纠纷,均源自于患者接受医院诊治这一事实,患者才是直接利害关系人。因此,医患关系中,医方应该指医疗机构,它须对包括医师在内的所有医疗工作人员在医疗活动中的行为承担责任;患方应仅指接受诊治的患者。

(一)医患关系中的"医方"为医疗机构

虽然在医疗活动中患者直接接触的为具体的医师、药师、护理人员、医疗技术人员、护工、医务行政管理人员等,但是他们作为医院的工作人员,在医疗活动中,其行为代表医院,行为的后果也由医院承担。在传统的医疗活动中,医生作为一个独立的个体直接与患者发生联系,医疗活动不一定在专门的医院中进行,因此当时的医患关系就是医生和患者之间的关系。但现在由于医疗活动大都在专门的医院进行,医疗活动往往是由多个医生及相关医务人员共同完成,因此将医患关系界定为医生和患者之间的关系就不再恰当。将医患关系限定为医生和患者之间,一旦发生医疗纠纷,由于单个的医生承担责任的能力有限,因此不利于保护患者的利益,对通过进行医疗活动盈利的医院来说,也使其逃避了应负的责任。因此,医患关系中医生与患者的关系为一种医疗服务关系,医生作为医院的工作人员,代表医院为患者提供医疗服务,医生的医疗行为的一切后果归医院承担。

---

① 丁志勤、王前:《从〈医疗事故处理条例〉透析医患关系》,载《江苏卫生事业管理》2004年第4期。

(二)医患关系中的"患方"为接受诊疗的患者

将医患关系中的"患方"限定为接受医疗服务的患者本人,主要是基于以下考虑:第一,医疗行为的直接作用对象为患者本人。医疗行为的一个重要特点即在于它会对患者本人的身体、精神以至生命产生直接的影响。医疗行为与患者本人有着最直接的利益关系,患者是医患关系中患者一方最重要的当事人。其他与患者有直接或间接关系的患者近亲属、监护人及其所在工作部门、单位等虽然也会受到医疗行为的直接或间接的影响,但是这种影响却不是因医疗行为直接作用于其身所引起。第二,将医患关系中的"患方"的范围扩大不利于对患者权利的保护,并会使医患关系复杂化,影响医患关系的调整,使医患纠纷不易解决。

因此,将将医患关系中的"患方"限定为患者本人,无论从理论上还是从现实角度上都是可行的。①

二、医患关系的类型

医患关系在不同的领域有不同的标准,就医学领域而言,医患关系的分类主要根据医师与患者在疾病的诊疗过程中的地位不同来进行的。医患关系主要有以下三种类型:

(一)父权型医患关系

这是传统型医患关系,医师在疾病诊治过程中处于主动位置,而患者处于被动位置,任由医师对疾病进行处置,其关系类似于父母与未成年子女之间的关系。父权型医患关系模式还认为,普通病人欠缺足够的知识和判断能力来衡量不同治疗手段的利弊。与此形成对比的是,医生则因其所受的专业训练以及临床经验和技能,使得他们具有比病人更好的判断力来决定何种治疗手段符合病人的最大利益。根源于希波克拉底誓言的西方医学传统,赋予医生全权治疗其病人的责任与义务,该义务的内容包含了以病人的最大利益为依归作出医疗决策,不管此决定本身事实上是否符合病人自己的价值观和意愿。因此,家长式医患关系模式认为,医生所作出的任何医疗决定和采取的医疗措施,均是以病人最大利益为基础的。这种类型的医患关系在现代社会已很少出现,但患者患有精神病、处于休克昏迷状态或不能表达自主意识时仍具有积极意义。

(二)指导——合作型医患关系

在此种关系下,医师虽然在诊疗过程中处于主导地位,但患者也具有一定的主动性。患者要主动诉说病情,反映诊疗中的情况,配合医师的检查与治疗等,但患者对医师的诊疗措施通常无法提出反对意见。此种模式的确立,肇始于欧

---

① 方桂荣:《论医患法律关系》,载《行政与法》2007年第1期。

美 20 世纪中叶的病人权利运动,其起初只是适用于医学人体实验领域,后来进一步扩展适用于一般医疗领域,而使得病人参与到医疗决策过程中。不过,由于医疗行为本身的高度专业性和技术性,病人自主决定权模式在对父权型医患关系模式作出否定的同时,其自身在临床应用上也存在相当的局限性。

(三) 利益信赖模式

考虑到医疗行为的专业性和高度风险性,利益信赖模式在确定"病人利益最大化"原则的同时,在医生的治疗决定权和病人的自主决定权之间进行了协调,即当病人的客观医疗利益与其主观意愿产生冲突时,则不一定依病人意愿行事,在一定程度上承认了医生治疗决定权的适用空间,从而使得医疗人道主义不受个人主义的侵害。在医患关系的利益信赖模式下,对于知情同意作为医疗行为违法性阻却和病人自主决定权的价值冲突,能够在一定程度上予以协调。现今一般采用此种模式,在此种医患关系模式下,不再是简单的命令服从关系,也并非完全平等的契约关系,病人的自主决定权与医生治疗决定权进行了协调。医患双方在平等关系下,医生基于其医疗专业知识,在有利于病人的客观医疗利益的前提下,对患者拥有治疗决定权。[①] 诊疗中强调医师和患者两方面的积极性,这种医患关系有利于消除医患之间的隔阂,建立相互信任的医患关系。

第二节 医患法律关系的概念和类型

一、医患法律关系的概念

医患法律关系指法律法规所调整的医患之间的权利义务关系,是基于约定或法律直接规定在医患之间发生的,医方在对患者实施诊断、治疗、护理等医疗行为过程中形成的医患双方法律上的权利义务关系。医患法律关系由三方面的要素构成:

(1) 医患法律关系的主体,是医疗机构和接受诊治的患者。作为医疗机构的组成人员,直接实施医疗行为的医师、药师、护理人员、医疗技术人员并不需为诊疗行为后果承担责任,直接承担法律责任的是医疗机构,从而构成医患法律关系的一方主体。作为与医疗结构相对应的、直接影响其利益的患者则是医患法律关系的另一方主体。

(2) 医患法律关系的内容,是医疗机构与患者之间的权利义务。医疗机构的权利有:诊疗权、医学研究权等;医疗机构的义务有:告知的义务、及时合理进行诊治的义务、强制缔约义务、保密义务、病历记载与保管义务、保护患者隐私的

---

① 沈志婷:《医患法律关系性质研究》,华东政法学院硕士论文,2006 年。

义务。患者的权利有：自主决定权、知情同意权、隐私权；患者的义务有：如实说明的义务、遵守医嘱配合治疗的义务、接受强制治疗的义务、支付费用和遵守院规的义务。

(3) 医患法律关系的客体，是医疗行为。医疗行为是医务人员对患者疾病的诊断、治疗、预后判断和疗养指导等行为。医疗行为的范围十分广泛，疾病的检查、诊断、治疗、手术、麻醉、注射、给药以及处方、病历记录、术后疗养指导，中医的望、闻、问、切、针灸、推拿等，均属于医疗行为。

二、医患法律关系的类型

依据医患法律关系的发生原因、当事人权利义务和法律责任承担的不同，可将医患法律关系分为医疗合同关系、医疗无因管理关系和强制医疗关系。

(一) 医疗合同关系

医疗合同关系基于医患双方缔结的合同而产生，是医方与患方之间就患者疾患的诊断、治疗、护理等医疗活动形成的意思表示一致的民事法律关系。医疗合同是医疗技术服务合同，医方为患者提供医疗服务，患方为此支付医疗。在医疗合同关系中，医方是要约方，其开业并标明挂号费以及服务项目的行为应视为要约，而患方挂号的行为是承诺。我国《合同法》第14条规定，要约是希望和他人订立合同的意思表示，该意思表示应当符合下列规定：一是内容具体确定；二是表明接受要约人承诺，要约人即受该意思表示约束。在医疗合同中，医方向不特定人表明自己的级别、医疗水平、收费标准的行为就符合这两个条件。患方前往医院挂号，说明患方相信并能接受该医疗机构的条件，并具有承担自己选择可能带来的医疗风险的心理准备。医方作为要约方，患方作为承诺方，双方对标的即医疗诊治行为、价格、地点等没有异议，对合同的主要条款达成共识，这样医疗合同关系即可成立。根据合同法原理，要约一经发出，一般情况下不得撤回亦即不得拒绝承诺，据此，如果医院拒绝为病人挂号治疗，应视为发出要约后拒绝承诺，是法律所禁止的。

合同法律关系主体为医疗机构和患方。一方面医患双方法律地位平等。双方是提供医疗服务和接受服务的关系，允许平等协商。医患双方就医学知识的掌握并不平等，但并不等于法律地位上的不平等。虽然患者在达到恢复健康目的的治疗过程中，明显存在着对医务人员的依赖，使得双方的权利和义务并不完全对应，但这不能作为否定医患关系法律上平等的理由。法律关系主体地位的平等，并不是指具体权利和义务的均等，而是人格和法律地位的平等。另一方面，医疗合同当事人意思自治，受到法律上的某些限制。意思表示真实自愿的原则贯穿于医疗活动全过程。但由于医疗事务的特殊性，医方处理的事项关系公民的生命健康，使得其缔约自由受到法律的一定限制。我国《执业医师法》第24

条规定,"对于危急患者,医师应当采取紧急措施进行诊治,不得拒绝急救处置"。正是为了充分保护患者的生命健康权,立足于医方负有治病救人的社会职责,才作出规定患者处于危急之际医方的"强制缔约义务"。①

医疗服务的特殊性使医疗合同不同于一般的服务合同,患方具有单向选择性,而医方无正当理由不能选择患者,因而医疗服务合同具有一定的单方性。患者通常依据合同而与医疗机构建立医患关系,医患合同法律关系是最基本的医患法律关系。

(二)医疗无因管理关系

医疗无因管理关系是由于医方在没有约定义务和法定义务的情况下,为避免患者的生命健康利益受到损害,自愿为患者提供医疗服务行为而发生的一种债权债务法律关系,也是一种民事法律关系。医疗无因管理是对患者身体健康进行诊疗,一般是患者处于昏迷,难以行使同意权的情况下,成立医疗上的无因管理。实践中主要有三种情形:一是医师在医院外,发现危急或昏迷之患者而加以治疗,如医生在火车上遇到行将分娩的孕妇加以诊疗;二是对自杀未遂而不愿就医者,予以救治;三是特定的第三人将意识不清或不能实施意见表示的患者送到医院,医院对其加以救治,而该第三人没有负担诊疗报酬的意思。这三种情形又可分为两类:一类是医疗场外的无因管理,由于医疗场所外环境和设备的限制,医方仅在医疗行为故意和重大过失的情况下才承担损害赔偿责任。另一类是医疗场所内的无因管理,这类医方仍应尽善良管理人的注意义务。有学者认为,医方在对第三人送到医院内请求急诊的无意识状态的患者进行救治,不得视为无因管理。因为我国《执业医师法》第24条规定,"对于危急患者,医师应当采取紧急措施进行诊治,不得拒绝急救处置",可见诊疗行为是法律强制医院履行的法律上的义务。但医疗场所内的无因管理是能够成立的。因为虽然医方有诊治危急患者的法定义务,是一种强制缔约,但必须有契约双方的意思表示一致才能成立。因此,强制缔约只有在患者有意思表示能力时,才得以成立。当患者处于昏迷状态,而由第三人送医时,医院与患者之间成立无因管理关系。

在这些情况下,医院并无法定的或约定的义务,而是基于救死扶伤的人道主义而对患者进行救治,因此构成无因管理。无因管理的医患关系也可以转化为医患合同关系,患者恢复意识表达能力后愿意接受医院治疗或其亲属表示愿意接受治疗,就转化为医疗合同关系。

(三)强制医疗关系

强制医疗关系是指基于法律的直接规定而发生的卫生行政部门、医疗机构和患者之间的强制诊疗关系。它是国家基于公益目的和对公民生命和身体健康

---

① 曾予:《关于医患法律关系类型的思考》,载《医学教育探索》2008年第7期。

的维护,在法律上赋予医方的强制诊疗和患者的强制治疗义务。我国的《传染病防治法》第 24 条和《传染病防治法实施办法》规定,对甲类传染病病人和病原携带者乙类传染病中的艾滋病病人、炭疽中的肺炭疽病人,予以隔离治疗;拒绝隔离治疗或隔离期未满擅自脱离隔离治疗的,可以由公安部门协助医疗机构采取强制隔离治疗措施;淋病、梅毒病人应当在医疗保健机构、卫生防疫机构接受治疗;甲类传染疾病人和病原携带者以及乙类传染病中的艾滋病、淋病、梅毒病人的密切接触者必须接受检疫、医学检查和防治措施;对疑似甲类传染病病人,在明确诊断前,在指定场所进行医学观察;对于与传染病人密切接触的人员,实施必要的卫生处理和预防措施,其中与乙类传染病中的艾滋病、淋病、梅毒病人密切接触的人员必须接受检疫、医学检查和防治措施。《突发公共卫生事件应急条例》等都规定了适用强制医疗的法定情形。依照上述规定,对传染病人、疑似传染病人以及密切接触者采取强制诊疗或检查措施,是为了控制传染病的流行,确保公众健康。

强制医疗关系本质上是一种卫生行政法律关系,它往往表现为非契约性,治疗行为的实施不需要患者的同意或承诺,指定医院收治病人和管理病人的权限在于医疗卫生和其他相关行政部门。正因为强制医疗属于一种行政行为,所以医疗机构不能向患者收取费用,因强制医疗所支出的费用由国家拨款。世界多数国家和地区医疗卫生立法都规定了强制治疗的损害赔偿问题,如德国、日本及我国台湾地区的立法都规定对因预防接种而受害的人,由政府给予赔偿。德国允许受害者对国家主张"牺牲补偿请求权",且无须证明接种者的过失;法国立法也承认国家"无过失须补偿责任";日本立法规定预防接种事故受害者可请求国家支付医疗津贴;美国也实施疫苗伤害补偿制度,针对儿童因疫苗接种所引起的伤害或死亡给予赔偿。

我国《传染病防治法》等规范了强制治疗的各种情形,但没有规定因对患者进行强制治疗而造成的损害赔偿问题。目前在司法实践中由医方赔偿较为常见,但这一问题由国家赔偿为宜。

第三节 医患法律关系的性质

一、有关医患法律关系的性质的几种学说

目前,对医患法律关系的性质的认识存在一定的争议,主要有公益与行政法律关系说、消费法律关系说、民事法律关系说、独立于民法和行政法的调整斜向的医事法律关系说几种学说。

(一)公益与行政法律关系说

新中国成立以来我国医疗卫生长期实行计划体制,医疗卫生是福利性的,国家财政每年给予医院大量补贴,医患双方并非完全意义上的契约关系,患者在就医时支出的费用远低于医疗成本,并且相当一部分人享受免费的公费医疗,医生向医院负责而不对患者负责,医疗机构不是一般意义上的经营者,因此医疗机构是福利性、公益性的事业单位,承担着国家的医疗服务和管理职能,因此根据"公益说",医患关系为行政管理和服务关系,医患关系应由行政法调节。目前世界各国对新生儿及幼儿等实行强制预防接种制度,对吸毒、性病、艾滋病及其他一些传染性疾病进行强制治疗或者隔离。这是国家基于社会公共安全的目的,强制患者接受治疗的一种行政强制措施,在这一领域,医患关系是一种行政法律关系,属于公法的范畴。

第一,医患关系由医疗卫生法律规定而产生。例如我国的《执业医师法》第28条规定:"遇有自然灾害、传染病流行、突发重大伤亡事故及其他严重威胁人民生命健康的紧急情况时,医师应当服从县级以上人民政府卫生行政部门的调遣。"日本和我国台湾地区相关法规中也有类似的规定。

第二,医疗卫生法律规范所调整的对象是强制防治和强制医疗关系。如1989年发布的《中华人民共和国传染病防治法》中规定了对于传染病暴发、流行重大疫情的预防、控制。

第三,卫生行政部门是行使行政职权的行政主体。1989年颁布的《传染病防治法》明确规定,控制发生传染病暴发、流行,所采取的控制措施是行政措施,是政府行为。采取紧急措施、宣布疫区和疫区封锁是政府决策。2003年国务院颁布的《突发公共卫生事件应急条例》中明确规定,在突发事件发生后,国务院和省、自治区、直辖市人民政府设立突发事件应急处理指挥部,负责对突发事件应急处理的统一领导、统一指挥,卫生部门和其他有关部门在各自的职责范围内,作好相应工作;另一方面,全国突发事件应急指挥部对地方突发事件应急处理进行督察与指导,地方政府与部门要给予配合,省、自治区、直辖市突发事件应急处理指挥部对本行政区域内突发事件应急处理进行督察与指导。从这一规定可以看出,在公共卫生领域,医患关系中有一方主体是行使行政职权的行政主体。

第四,在公共卫生领域,医患关系的产生、变更和消灭主要以政府和卫生行政部门的单方意思表示为根据。强制治疗是国家基于社会集体防卫的目的,以行政强制措施,强制患者接受的治疗行为。在强制医疗关系中,政府、卫生部门和其他有关部门负有强制诊疗的义务,而患者则负有强制治疗的义务。

第五,强制医疗关系是由国家强制力保证实现的。世界上多数国家都规定了强制治疗的损害赔偿问题。我国《传染病防治法》和《性病防治管理办法》等对各种传染病的预防和治疗做了明确的规定,较全面地规范了强制治疗的情形,规定了不认真实施传染防治的有关人员和机构的法律责任。

目前我国调整医疗行为的法律法规很多带有公法的性质。《医师执业法》规定"医师应当具有良好的职业道德和医疗执业水平,发扬人道主义精神,履行防病治病、救死扶伤、保护人民健康的神圣职责"。医方的医疗行为有时带有强制的性质,医方在任何情况下都无权拒绝患者的治疗要求,若患者病情超出医师的治疗能力,医师应指示患者转诊,但医生不能因为患者无力支付医疗费用而拒绝对患者的治疗。法律规定在发生严重威胁人民生命健康的紧急情况时,医师应当服从县级以上人民政府卫生行政部门的调遣。医师在履行以上职责时,已经具备行政行为的单方性、权利性和义务的统一性。医方在行使以上行为时和患者是一种行政法律关系。

(二)消费法律关系说

认为医患关系为消费法律关系的主要有以下理由:(1)患者接受医疗服务属于生活消费,而且是"生存消费",是必需的消费;(2)患者与医生之间存在严重的信息不对称,与其他消费者相比,患者处于更严重的弱势地位;(3)患者是有偿地接受医疗服务,这一点与其他消费者没有区别。虽然绝大多数的医疗机构名义上属于非营利性组织,但均追求经济效益,卫生行政管理部门也鼓励医疗机构争取"社会效益和经济效益";学者认为对医疗纠纷适用《消费者权益保护法》,可以更好地保护患者的权利。

1. 消费者权益方面

与《合同法》和侵权法律规则相比,《消费者权益保护法》一方面重申了前两者的基本原则,另一方面进一步明确了消费者和经营者在合同法和侵权法上的特定权利和义务。具体而言:第一,《消费者权益保护法》明确了经营者的合同附随义务,经营者在缔约过程中负有告知义务,消费者享有知情权;经营者负有出具购货凭证或服务单据的协助义务。第二,《消费者权益保护法》针对经营者的欺诈行为,设置了相应的公平交易义务,并且对有欺诈行为的经营者科以双倍返还商品价款或服务费用的惩罚性赔偿(第49条)。第三,《消费者权益保护法》明确规定格式合同中不公平、不合理的条款、减少或免除经营者责任的条款一律无效(第24条)。基于上述分析可知,作为消费者的患者若援用《消费者权益保护法》所确定的特定权利,医疗机构须承担更重的义务。

2. 安全保障义务方面

基于《消费者权益保护法》第18条,最高人民法院在《关于审理人身损害赔偿案件适用法律若干问题的解释》(以下简称《人身损害赔偿司法解释》)第6条明确规定了经营者的安全保障义务,当经营者未尽合理限度范围内的安全保障义务,导致他人遭受人身损害的,应承担损害赔偿责任;当损害是由第三人侵权行为所导致,但经营者在防止或制止损害方面存在过错时,将承担补充赔偿责任。对经营者科以安全保障义务,主要是因为他们对因其从事经营活动所使用的场所具有他人不可比拟的控制能力。无论损害是否涉及第三人,经营者本身都因"过错"违反了其安全保障义务。其本质上是一种基于过错的自己责任。如果医疗机构被视为经营者,其就对患者承担安全保障义务。如果患者因而遭受人身损害的,可以医疗机构违反安全保障义务为由,提出损害赔偿之请求。

3. 在药品和医用产品质量责任方面

医疗机构在向患者提供诊断、建议或治疗等服务的同时,需要使用适当的药品或医用产品(例如治疗骨折所需的钢板、心脏起搏器、心脏搭桥手术的支架)。医疗机构的总收入中,有很大一部分比例来自于其向患者提供药品或医用产品而获得的收益。在实务中,经常发生由于药品或医用产品的质量存在瑕疵、导致患者遭受伤害的事件。如果认定医疗机构是药品或医用产品的销售者,那么根据《产品质量法》第四章的规定,对质量瑕疵所造成的损害,医疗机构应当向患者承担独立或连带的赔偿责任。此时,医疗机构承担的是"严格责任"。另外需要补充的是,根据《药品管理法》第23条,获得制剂许可证、并获得省级政府药品监督管理部门批准的医疗机构有权自行配制医疗所需但生产者没有供应的制剂。这使得医疗机构可能成为药品生产者的性质,从而需要承担生产者所负的法律责任。

4. 在经营者和规范市场秩序的法律方面

若医疗机构被视为经营者,它还受到规范市场秩序之法律的约束,包括《广告法》、《价格法》等。虽然医疗机构为大众提供具有公益性的医疗服务,但是在医疗服务市场中,各个医疗机构为争取更多的患者前来就医,彼此之间形成竞争关系。医疗服务市场的客观存在,使得法律有必要对其加以规范,确保公平的竞争环境,维护其他医疗机构和患者的权益。对医疗机构适用规范市场竞争秩序的法律,具有现实的必要性,也有利于医疗服务市场的完善。若将医疗机构视为参与市场竞争的经营者,医务人员和医疗机构仍应遵循医学伦理和相关的法律义务;一旦违反则须承担相应的责任。虽然《消费者权益保护法》和《产品质量法》的规定比《民法通则》和《合同法》的一般规定更有利于患者,但这些特别规定并没有赋予患者不合理的权利。《消费者权益保护法》所明确的知情权、选择权、人身和财产安全不受侵犯等本是患者所应当享有的基本权利,理应受到法律的确认和保护。与单个的患者相比,消费者协会拥有更多的资源和能力来维护患者的利益,这显然有助于促进对患者权益的保护,增进医患之间的沟通。[①]

(三)民事法律关系说

认为医患关系是民事法律关系获得了很多人的认可。对其论述,将在后一

---

① 丁春艳:《医患关系与消费者—经营者关系:揭开争论的面纱》,载《法律与医学杂志》2007年第14期。

部分详细展开。

（四）独立于民法和行政法的调整斜向的医事法律关系说

有学者认为，医患关系是独立于民法和行政法的斜向的医师法律关系，认为医事法是并列于民法及行政法的一门独立的法律部门，医疗权是处置人体和生命的权利，医生的医疗权来自于医事共同体的授权，仅受斜向法调整。

医疗权的原则是必须在保护或有利于医疗相对人期望的前提下，基于医事共同体的授权或医事相对人的委托或承诺，对医事相对人的人体与生命进行处置的权力和权利。医事共同体中的一切行为规范，是一种独立的、不同于其他法律规范的规范。这种行为规范的实施，并不靠国家强制力，而是靠社会的公信力、医事相对人的委托或承诺、行为人的敬业精神及自我约束力和适当的行业制约（惩罚）来实现的。它主要受道德规范制约。人们对医生这一职业除了有很高的医术要求外，还有很高的道德要求，每一位医生都必须是道德高尚的人。如果说，这种只受道德约束的医患关系也是一种法律关系（即斜向法）的话，那么，斜向法的确立是建立在"相互信赖"基础之上的；而纵向法和横向法的确立，则主要是建立在"人与人之间都是不可信的，都必须受到制约"的基础之上的。这就是斜向法同传统法律的本质区别。斜向法是调整相对不平等主体之间，如宗教、党派、社团、行业、行会、单位及家庭等社会共同体与相对人之间，为了其自身的共同利益，建立在相互信赖基础之上的适用于社会共同体内部的一种民间契约。其涵盖的内容包括除了公法和私法之外的所有法律规范。其中，医事法是调整斜向法律关系的最具代表性的一个部门法。除了医患关系外，尚有教育、新闻、宗教、党派、社团、慈善事业、婚姻家庭（家规家法）、村规民约等均属斜向法的范畴。

二、医患法律关系本质上是民事法律关系

（一）对公益与行政法律关系说的质疑

随着我国医疗卫生制度的改革，大批非公立医疗机构的出现，医疗服务领域的日益市场化，传统的"公益说"越来越与现实不符。用"行政授权"或"行政委托"来解释医患法律关系十分牵强，行政授权和行政委托必须在行政机关的职能范围之内的授权或委托，而不能将本不属于自己的权力，授予或委托给他人行使。任何行政主体均不具有治疗权（包括强制治疗权），这种治疗权是医师和医疗机构所特有的，这种固有权力无须法律授权更不用其他行政机关委托医疗机构行使。同时，大量的医患法律关系并不由行政法律法规调整，将医患法律关系全部归结为行政法律关系显然行不通。

（二）对消费法律关系说的质疑

对医患关系是消费关系的质疑主要有以下几点：

第一,从法律关系的主体看,患者不是消费者,医疗机构不是经营者。在消费者权益保护法理论上,消费者与经营者是一对具有特定含义的概念,消费者是指为生活消费需要而购买或利用商品和服务的个人或单位,经营者则是为消费者提供商品和服务的生产者、销售者和服务者。消费者是生活消费的主体,自然人只有当从事生活消费时才成为消费者。患者因病而接受医疗机构的诊疗服务,不是日常生活消费,不能等同于消费者权益保护法上的消费者。经营者是从事提供商品或服务的经营活动的主体,其经营的目的是盈利,属于商法学上的商主体或商人的范畴。医疗机构,无论是公立还是私立,其设立宗旨都是"救死扶伤,防病治病,为公民的健康服务"(《医疗机构管理条例》第3条)。在民法学上,医疗机构不是营利性组织早有定论。根据我国《民法通则》关于法人的分类,医疗机构与学校、研究所等均不属于民法上的企业法人,他们或者属于事业单位法人,或属于社会团体法人。将私立医疗机构定为营利性组织,法律上也不正确,私立医院在体制上不同于公立医院,并不能改变私立医院所应当确立的"救死扶伤,防病治病,为公民的健康服务"的宗旨。

第二,从法律关系的内容看,医疗机构承担的提供医疗服务义务不同于经营者提供商品和服务的义务。经营者对消费者所负的义务的核心是按照合同约定提供商品和服务,医疗机构所负的核心义务是向患者提供医疗服务,两者均属给付义务。但是判断经营者是否履行了给付义务,侧重点在于履行义务的结果是否符合消费合同的约定。经营者提供商品和服务的过程,法律并不过问。因此经营者提供商品和服务的义务属于结果义务。这种结果义务在消费合同成立时即可确定。但是医患关系中,医疗机构所负的义务并非结果义务,而是过程义务。在医患关系中,医疗机构或医生并不承诺包治百病,医生只要按照法律规定以及医学规范或当事人的约定提供了医疗服务,即使未能治好患者的疾病,以至出现病情恶化甚至死亡,也视为履行了义务。

第三,从法律救济手段上看,保护消费者权益的特殊救济手段,也不适用于对患者的救济。首先,安全权不适用于医患关系。在医患关系中,医疗机构提供的医疗服务经常对患者人体有侵害性,适度侵害是治疗疾病所需的,为法律所容许。经营者的商品或服务对消费者则不能造成任何伤害。其次,严格责任不适用于医疗机构的责任承担。再次,医患关系中,患者对医疗机构提供的医疗服务或药品,都适用"无后悔期制度"。[①]

(三)对独立于民法和行政法的调整斜向的医事法律关系说的质疑

该理论认识到了医患关系的特殊性,认为无法直接归入行政法或者民事法,试图以道德作为底线,以社会的公信力、医事相对人的委托或承诺、行为人的敬

---

① 柳经纬、李茂年:《医患关系法论》,中信出版社2002年版,第8页。

业精神及自我约束力和适当的行业(又称行会)制约(惩罚)来约束医方。这种理论存在一些不妥之处。首先,该理论提出,公私法之外尚有斜向法律的存在,在惩罚措施、适用范围、裁判机构等方面均提出了与公私法不同的理论观点。但是,斜向法惩罚措施仅靠社会的公信力、医事相对人的委托或承诺、行为人的敬业精神及自我约束力和适当的行业(又称行会)制约(惩罚)来实现是否具有惩罚制约效果;适用范围、裁判机构等方面的论证均尚有许多不成熟之处。其次,约束方式问题。对医师并不能仅仅依靠医疗行会及道德的约束。斜向法的惩罚措施通过社团内部的行规进行惩罚,如《执业医师惩戒条例》,其实质是医疗行会组织对医师所做的内部惩罚,但对于患者的损失却难以做出有效的弥补。

(四)医患法律关系本质上是民事法律关系

1. 医患法律关系的性质是民事法律关系

医患关系是民事法律关系的一种,具有民事法律关系的特征,表现在:

第一,医患关系的主体双方在法律地位上是平等的。因为在一方提供服务,另一方接受服务的过程中,双方之间不存在行政上的隶属关系。有人认为,患者一旦进入医院挂号就诊,就要无条件地服从医院的安排,医方也无从选择病人,由此认为医患双方的法律地位并不平等,进而否定医患关系是民事法律关系。实际上这是对平等原则的片面理解。我国民法调整平等主体间的财产关系和人身关系,但这里的"平等"指的是法律上的平等,而不是事实上的平等。当然,这种法律上的平等,并不否认事实上的不平等。由于医学专业的特殊性,在医疗实践中,尽管医患双方存在着服务与被服务、主动与被动的"不平等",但究其原因还是医患双方在心理上以及拥有医学知识和技术上的"不平等"所导致的,这种不平等只是形式或表面的不平等或者是由于社会分工不同、角色不同而已。医患双方为了达到治愈疾病这一目标,在法律地位这一实质问题上是平等的。医患双方无地位尊卑、身份贵贱、单位大小之分。作为法律关系的参加者,患方有获得必要医疗服务的权利,相应的,医方有提供必要医疗服务的义务。必要的管理与约束,必要的强制治疗,这些都是对患者权利的保障措施。这些并不否认医患双方法律地位的平等性。从权利义务统一的角度讲,患者有获得必要医疗服务的权利,也有尊重医务人员医疗处置权、工作权利、遵守医院规定等义务,上述患者所受的"管理"、"约束"实际上是其应尽义务的体现,不存在不平等问题。

第二,医患关系双方的意思表示是自愿的。这种自愿原则贯穿于医患关系的全过程。有人认为,在医患关系中,医方首先是国家的服务者,代表国家为公民提供健康服务,医方只有为患者提供诊疗服务的职责,没有选择病人或拒绝提供服务的权利,没有自愿可言。患者虽然可以选择医院,但一经选定,进入诊疗过程,就必须服从医方的管理和安排,这也不符合自愿性原则。这种看法有失偏颇。自愿原则和平等原则有着密切联系。平等是自愿的前提而自愿是平等的必然体现,但这两个原则的内涵毕竟不同。自愿"是指民事主体意志的独立、自由和行为的自主,在民事活动中享有自主的决策权。"无论是何种服务关系,其"自愿"应建立在一定的基础上,作为提供服务的一方必须是"能够"提供这种服务,而作为被服务方必须是"需要"这种服务。医患关系中的主体双方,其所建立的关系即服务与被服务(对服务的要求)的关系应是自愿的。在医患双方中,作为服务方的医疗机构及医务人员根据患者的病情,依照自身的技术能力和设备条件来确定是否能够为该患者服务,如果不能,他则有权向病人作出合理的解释后,让病人选择技术更高、设备更好的医疗机构或医务人员为其提供服务;作为需要诊治的被服务方的患者,同样有权根据自己的病情选择某医院为其提供医疗服务,因而,在医患关系中,作为提供诊治服务的医疗机构及医务人员和需要得到诊治服务的患者都是"自愿"的。对于医生不可以拒绝抢救危急重患者,转诊病人必须遵循有关的规定操作等,这是因为当事人在订立合同、享有自主权的同时,必须遵守法律、法规,尊重社会公德,并不得损害他人的合法权益。危急重患者就医时即使身无分文,医院也不能拒绝治疗和处理,这是医院的法定义务。转诊病人依规运作,这也是有关法律、法规和医事制度所规定的医院必须遵守,这与"自愿"原则并不相违背。

第三,医患关系的双方不仅是平等的,也是等价有偿的。民事法律关系双方的权利义务虽然是平等的、对应的,但并不是相等的。医患关系也是一样,双方在法律地位上平等,并不是说双方在每一项权利义务上都相等。随着医疗制度的改革,各级公立医院将分为营利性和非营利性的医疗单位,非营利性医院虽不是以营利为目的,但其医疗收费也基本上是成本性的。一些私营或外资医院则主要是以营利为目的,医患关系中的等价交换原则在我国已经形成,这在医疗制度改革以后将更为明显。

由此可见,医疗单位作为民事法律关系主体,在医疗过程中所形成的医患关系具有民事法律关系的基本特征,是一种民事法律关系。

2. 医患关系是民事法律关系中的特殊的合同关系

把医患关系归结为合同关系,不仅是因为医患关系的双方在诊疗过程中是一种给付的关系,而且还与医疗科学技术的专业性、特殊性有着密切的联系。

首先,合同中的违约责任在很多国家普遍实行的是过失推定责任,而该原则对违约人提出了比受害人更重的举证责任,它要求医方要自证自己在诊疗行为过程中无过失方能免责。相反对受害人的举证责任要求比较低,这正可以改变当前患者因医方技术独占而难以举证医方有过失行为的被动局面。让医方承担技术操作是否适当的举证责任也符合现代法理要求。需要说明的是,我国合同法总则中规定的归责原则是严格责任,虽然没有直接指明是过失推定责任,但合同违约责任中的过错通常采用的是推定的方法加以证明。

其次,合同违约的赔偿范围一般小于侵权的赔偿范围。由于侵权责任的赔偿数额不能事先约定,而且其赔偿范围包括直接损失和间接损失,所以侵权行为人的责任范围往往要大于违约当事人的赔偿责任范围,而我们国家目前对医疗损害的定性一般归结为侵权行为,所以导致法院判决赔偿的数额越来越高,甚至多达几百万。这非常不利于我国比较薄弱的卫生事业的发展。而违约责任仅限于对正常的积极利益的损失负责,且违约的赔偿额当事人可以事先约定,也可以由法律来设定。这既有利于我国目前医疗卫生事业的成长又客观有效地保障了患者的合法利益。正由于医疗服务行业是一个特殊的行业,所以在医疗过失行为发生后,法律只能施展其救济功能和预防功能,而不能以惩罚功能为主。

最后,在诉讼时效上,各国对侵权之诉和合同之诉大都规定了不同的时效期限。一般来说,违约的诉讼时效要比侵权的诉讼时效长,所以把医患关系归结为合同关系很符合临床上有些医疗后果在短期内难以发觉的特点,也有利于更好地保护患者的利益。因为在临床实践中,有的不良后果往往在数年后才能发现,但可能已经过了诉讼时效而无法得到法律的救济。[①]

由此可见,把医患关系设定为合同关系更符合医患关系的本质、更有利于医疗纠纷的处理和解决。

思考题:
1. 医患法律关系的概念?有哪几种类型?
2. 如何理解医患法律关系的性质?

[①] 宋晓亭:《再论医患关系是民事法律关系中的合同关系》,载《法律与医学杂志》2001年第8期。

第八章 医疗行为

【内容提要】 医疗行为是指在疾病的预防、诊断、治疗、护理以及对身体的矫治过程中,医务人员以其专业的医学知识和医学技术对人体产生有益影响的行为。医疗行为应当出于医疗的目的而实施,且应为法律所许可;只有医务人员实施的行为是医疗行为;医疗行为以医学知识与技术为行为准则,是使人体得到有益影响的行为。医疗行为具有理性与道德性、危险性与侵害性、高度的专业性、密室性与裁量性、公共性的特性。医疗行为的违法阻却事由包括患者的承诺、容许性危险、紧急情况的救助行为、履行正当职务的行为等。

第一节 医疗行为的法律界定

一、日本对医疗行为的法律界定

在日本存在"医疗行为"与"医行为"两个不同的概念,前者具有"诊疗目的",后者并不以"诊疗目的"为要件。

(一) 医疗行为

日本学者大谷宝认为,"医疗行为"的定义有两种:一为医学上的定义,二为行政法上的定义。

1. 医学上的医疗行为

医学上关于"医疗行为"的定义,需要考虑医学的适应性和医疗技术的正当性两方面:(1) 医学的适应性。医学的适应性是指医疗技术适应被容许的性质。医疗的形态一般包括:疾病的治疗和减轻;疾病的预防;畸形的纠正;助产和医术的堕胎;为医疗目的对患者的试验等。(2) 医疗技术的正当性,指医疗行为符合医疗技术的性质。

通常当医疗行为具有医学的适应性和医疗技术的正当性时,法律上也作为正当的行为被容许。判断医学的适应性时,需对有效性和有害性进行利益衡量,只有当效果这种利益超过有害性这种不利益时才具有正当性。这种利益的衡量,需要进行法律的评价,以决定什么是正当的医疗。

2. 行政上的医疗行为

行政上的医疗行为要求以医疗行为为业进行活动。《日本医师法》第 17 条规定"如果不是医师,不能从事医业"。我国的《执业医师法》第39条也对"未经批准擅自开办医疗机构行医或者非医师行医"作出了规定。行政上的医疗行为主要强调医疗执业资格。

(二) 医行为

日本通说认为,医行为指若欠缺医师的医学判断及其技术,则对人体会有危害的行为,即行为必须基于医师的专业知识和技术。如果是否具备医师的医学判断及技术并不影响该行为对人体的危害可能性,则该行为并不具有较高的危害可能性,就不属于医行为的范畴。

二、我国台湾地区对医疗行为的法律界定

在我国台湾地区,对于医疗行为较为权威的定义是台湾地区卫生行政主管部门对医疗行为所做的解释:"凡以治疗、矫正或预防人体疾病、伤害、残缺或保健目的,所为之诊察及治疗,或基于诊察、诊断结果而以治疗为目的所为之处分,或用药等行为或一部之总称,谓为医疗行为。"这个定义一直为台湾地区司法实践所采纳,这个定义的核心是把医疗行为的目的界定为出于诊疗目的。

随着医学技术水平的不断发展,在台湾地区有学者对此定义提出了质疑:在某些实验性诊疗行为中,医师对病人使用危险性与疗效均属于未知的新药物或新的治疗技术,在这种情况下,医师的目的主要是为了实验,而非出于诊疗目的,很难称这种诊疗行为为医疗行为;医学水平的发展已经使医疗领域的范围扩大,以美容为目的的整形手术、变性手术、非治疗性的堕胎手术等均不具备诊疗目的。这些行为均不具备诊疗目的,但将其排除在医疗行为之外并不合适。许多过去被用于治疗疾病的药物、诊疗手段和手术方法等,随着医学的进步被发现是对人体有害的,并且其对人体的侵害程度已经超过了其对人体的利益,这种行为又能否被认定为医疗行为呢?

因此,有学者认为:"医疗行为若从广义的概念加以认识,系指包括疾病、伤害之诊断、治疗、治后情况之判定,以及疗养指导等等具有综合性的行为内涵的法律事实,就目前医院或诊所的惯行,上述医疗行为的具体内涵,包括属于诊断方面之问诊、听诊及检查,属于治疗方面之注射、给药、敷涂(外伤药物)、手术、复健,属于治疗情况判定之追踪、检证等。"相对于台湾地区卫生行政主管部门对医疗行为的定义可以称之为广义的医疗行为,广义的医疗行为并不限于以诊疗为目的。广义的医疗行为包括四类医疗行为:依据医疗行为的疗效之不同,可分为临床性医疗行为与实验性医疗行为,前者指医疗方法或医疗技术经动物或人体实验证实其疗效,而为医学界所公认并采用的医疗行为;后者指新的医疗方法或医疗技术于动物实验成功后初期试用于人类伤病例的治疗、矫正、预防,而其疗效尚未经过证实或尚无完全成功把握的医疗行为,医疗行为的此种分类于

认定医疗过失、区分医疗事故与医疗意外具有意义。依据医疗行为目的的不同，可分为诊疗目的性医疗行为与非诊疗目的性医疗行为，前者指以目前疾病的治疗及将来疾病的预防为目的所实施的为医学上所公认的、合乎医学水准的医疗行为；后者则包括非出于疾病的治疗、预防目的的纯粹的实验性医疗行为以及美容、变性手术等行为。对医疗行为做这样的分类对于认定医疗行为的合法性有一定的意义，例如日本司法实践中就认为进行变性手术须符合五项条件才能认定行为的正当性与合法性。

广义的医疗行为的概念在台湾地区司法实践中逐渐被采纳，除诊断、治疗、处方、手术、麻醉、注射、给药、中医把脉、问诊、针灸、拔牙、补牙等传统医疗行为外，下列行为亦属于医疗行为：(1)装配隐形眼镜，但一般的近视镜、老花镜等验光、配镜行为则不属于医疗行为；(2)美容院以红外线照射的方法为人美容；(3)美容中心以电针等为顾客刺破青春痘、凹凸洞等，挤出脏物并填平后，再施以消炎粉等药粉的行为；(4)依患者陈述之病情予以配药供其服用；(5)洗眼、洗鼻、洗耳及换药；(6)浴室兼营以药剂全身美容以及红外线照射；(7)装置避孕器以及接生；(8)人工流产、结扎手术；(9)人工授精；(10)变性手术；(11)人体实验；(12)人体免疫；(13)隆胸、隆鼻、割双眼皮、文眉、纹疤痕、纹胎记、拉皮、下巴加长、耳垂加大以及以医学技术减肥；(14)为正确使用药物或诊察疾病而测量血压的行为，但为了推销血压计或为推行公共卫生政策、加强卫生教育宣传而测量血压的行为则不属于医疗行为。

三、我国大陆地区对医疗行为的法律界定

我国法律法规及规章没有对医疗行为的内涵和外延做过明确界定。卫生部在《关于〈医疗事故处理办法〉若干问题的说明》、《医疗机构管理条例实施细则》第88条第1款做了一些规定，即"诊疗活动：是指通过各种检查，使用药物、器械及手术等方法，对疾病作出判断和消除疾病、减轻痛苦、改善功能、延长生命、帮助患者恢复健康的活动。"

以前的《医疗事故处理办法》第2条规定："本办法所称的医疗事故，是指在诊疗护理工作中，因医务人员诊疗护理过失，直接造成病员死亡、残废、组织器官损伤导致功能障碍的。"将医疗行为简单地概括为诊疗护理工作。如果从狭义上理解的话，诊疗护理工作其实包括了诊断、治疗与护理三个方面。在医学上，诊断是指由医学角度对人们的精神和体质状态作出的判断，不仅包括对病人所患疾病的判断，而且对正常人的健康状态、劳动能力和某一特定的生理过程（如妊娠）的判断也属于诊断的范畴。诊断过程一般包括问诊、检查、经过观察以及说明四个阶段。在医学上，治疗是指解除病痛所进行的活动，也包括单纯的营养、保健活动。护理是指帮助病人或健康人保持、恢复、增进健康的医疗技术服

务。狭义上指照料伤、病、老、弱、残等在不同程度上不能自理的人的措施,又常指由护士担任的医疗技术工作。

在法学界,有学者认为广义的治疗是与诊断相对的过程,它的内容包括确诊后医师对患者所实施的一切为使患者身体恢复健康的医疗措施,它是从检查诊断结束到患者痊愈或结束求诊的全过程,包括注射、用药、手术、放射线治疗等具体的医疗过程。而狭义的治疗过程是与注射等具体医疗过程相并列的,不包括注射等几项具体的医疗内容。"诊疗护理工作"基本上包括了医疗行为的全部内容,但对疾病的预防并不能为诊断、治疗或者护理所涵盖,计划生育手术行为严格来说也不能为"诊疗护理工作"所涵盖。因此,2002年4月颁布的《医疗事故处理条例》在界定医疗事故的定义时未采用"诊疗护理工作"的表述,而采用了"在医疗活动中"的表达方式,该《条例》第2条规定:"本条例所称医疗事故,是指医疗机构及其医务人员在医疗活动中,违反医疗卫生管理法律、行政法规、部门规章和诊疗护理规范、常规,过失造成患者人身损害的事故。"

也有学者认为,医疗行为是指医务工作者出于正当目的,经就诊人或其监护人、亲属、关系人同意,对其进行身体健康检查、疾病治疗或进行计划生育手术的行为。该定义采用列举的方法界定了医疗行为的范围,即身体健康检查、治疗疾病和计划生育手术。但该学者对医疗行为的范围的界定并不全面,该定义忽略了注射防疫针等卫生防疫行为和医学美容行为。同时,该定义将医疗行为的前提限制为必须经就诊人或其监护人、亲属、关系人同意,而对性病患者的强制治疗和对吸毒者的强制戒毒也属于医疗行为,这些医疗行为的实施并不需要性病患者、吸毒者或其监护人、亲属、关系人的同意,因此这个前提限制不适当地缩小了医疗行为的范围。而且,该定义认为医疗行为只存在于合法的医疗业务中,我国《刑法》第336条第1款规定的非法行医罪要求以非法进行医疗行为作为犯罪成立的前提条件,而该罪中的医疗行为并不属于合法的业务范围。

其他学者对于"医疗行为"提出了自己的见解,柳经纬、李茂年先生认为医疗行为是指医务人员对患者疾病的诊断、治疗、预后判断及疗养指导等具有综合性内容的行为。将医疗行为依目的不同分为诊疗目的性医疗行为和非诊疗目的性医疗行为,非诊疗目的性医疗行为可分为实验性医疗行为和非纯粹实验性而兼有治疗目的的医疗行为,认为只有以诊疗为目的的医疗行为和非纯粹实验性而兼有治疗目的性的医疗行为才能够称为医疗行为。以上定义基本代表了我国学术界的观点,即医疗行为是以治疗疾病为目的的诊断治疗行为,因为其目的仅局限于治疗疾病,又称为狭义医疗行为。随着医疗事业的发展和医疗技术的提高以及医疗领域的拓展,医疗行为本身具有的伤害性、实验性等特点逐渐被人们认识,运用新的技术进行非治疗性的医疗行为,如整容整形、变性手术、无痛分娩等在实践中引起了许多医疗纠纷和事故,不将此纳入医疗行为不利于对患者的保护。美容行为在一定情况下也属于医疗行为的范畴。卫生部2000年4月25日颁布的《关于加强美容服务管理的通知》将美容行为分为生活美容与医疗美容两种,认为生活美容包括美容知识咨询与指导、皮肤护理、化妆修饰、形象设计和美体等服务项目。医疗美容包括重睑形成术、假体植入术、药物及手术减肥术等医疗项目。生活美容行为由内贸行政主管部门按开业标准和《职业技能鉴定规范》进行监督管理;医疗美容行为则应符合《执业医师法》与《医疗机构管理条例》的规定,由卫生行政主管部门登记并取得医疗机构执业许可证后才能进行。生活美容行为并不会对人体的组织结构、形态产生破坏与影响,也不以医学知识与技术为行为的理论依据,仅以人身表面化妆、美容为限。但医疗美容行为已经超出了上述范围,对人体的结构或生理机能发生影响或改变,其实施必须以医学知识与技术为指导,因此属于医疗行为中对人身体的矫正行为,属于医疗行为的范畴。行为人在进行医学美容行为时,因过失致人伤亡,应依法追究其刑事责任。

因此,应当从广义的角度理解医疗行为,医疗行为是指在疾病的预防、诊断、治疗、护理以及对身体的矫治过程中,医务人员以其专业的医学知识和医学技术对人体产生有益影响的行为。

第二节 医疗行为的特征与类型

一、医疗行为的特点

医疗行为一般具有以下特征:

1. 医疗行为出于医疗目的而实施,应为法律所许可。医疗的目的与治疗的目的并不是同一概念,治疗行为只是医疗行为的一个组成部分。

2. 只有医务人员实施的行为才是医疗行为。医疗行为的主体是医务人员,医务人员是经过考核和卫生行政机关批准或承认,取得相应资格的卫生技术人员。根据《执业医师法》、《护士条例》以及卫生部门的有关规定,医务人员按其业务性质可分为四类:(1)医师,即依法取得执业医师资格或者执业助理医师资格,经注册在医疗、预防、保健机构中执业的专业医师人员,包括执业医师和执业助理医师。(2)药剂人员,包括中药、西药技术人员。(3)护理人员,包括护师、护士、护理员。(4)技术人员,包括检验、理疗、病理、口腔、同位素、营养等技术人员。[①]

3. 医疗行为以医学知识与技术为行为准则。医疗行为应当是医师应用医

---

① 柳经纬、李茂年:《医患关系法论》,中信出版社2002年版,第19页。

学专业知识和技术的行为。医疗行为的专业性和技术性是医疗行为的重要特征。国家规定了医疗执业人员应具备的专业知识和技能要求,颁发了各种医疗技术规范和常规,作为医护人员在医疗工作中必须遵循的准则。①

4. 医疗行为是使人体得到有益影响的行为。医疗行为直接作用于人的身体,医疗行为的对象是人的身体,应以人体的形态或功能发生一定的变化或恢复为结果。医师、护士、麻醉师、检验人员等人员的业务行为属于医疗行为的范畴,药房司药的发药行为表面上看仅仅是药物的给予,但药物给予行为是医师治疗行为的有机补充,司药是医师的诊断、治疗的辅助行为,发药行为亦属于医疗行为。对医疗行为效果的判断,并不以治好疾病为标准,而是根据患方在医疗前后身体是否得到有益影响为判断依据。将健康价值的创造作为医疗行为的目的,能充分体现参与型的医患关系模式。《医疗事故处理条例》将医疗差错即造成一般人身损害的情况包含在医疗事故中,扩大了医疗事故的适用范围,体现出法律加大了对人的健康保护。

下列行为不属于法律意义上的医疗行为,发生的损害赔偿按照一般的违约或侵权处理,不予考虑医疗行为的特殊性:(1)没有执业医师资格证的人所为的医疗活动。包括实习生、刚参加工作未取得执业证书的医生、护士、技师、乡村赤脚医生等。他们的医疗活动所引发的纠纷按一般的侵权行为处理。这类群体的行为通常由上级医师签字转化为合法的行为。(2)与医学知识无关的行为。比如说医方提供餐饮、住宿等为医疗服务行为,但不是医疗行为。(3)不是以医疗机构的名义所为的医疗活动。(4)对于医疗机构中的后勤人员和没有执业医师证的行政人员的行为应分情况认定,如果他们的工作与医疗行为直接相关,如为手术供电、提供器皿等,也应视为医疗行为;如果他们的工作与具体医疗行为的实施没有任何关系,因他们的行为导致患者人身损害则不属于因医疗行为引发的损害,按一般的违约责任或侵权责任处理。

二、医疗行为的独特性

(一) 理性与道德性

医疗行为的道德性,指医疗具有救死扶伤、治病救人的特性,医师的医疗行为必须受到医疗道德和医学伦理的规范。"医本仁术"、"悬壶济世"是医家的本质特征。随着医学科技的发展,医疗行为对人体侵害性增大,社会要求医生具有更高尚的道德。所以,餐厅服务员收取小费理所当然,医生收取红包却为不道德的行为。医院没有拒绝接诊的权利,只有转诊的义务。对于送到医院的病人,医院没有选择权而必须接诊。只有在医院进行初步处理后没有进一步治疗能力的

---

① 缪锐锋、王爱红:《论医疗行为的法律界定》,载《法律与医学杂志》2004年第11期。

时候,才告知患者并要求其向其他医院转诊。个体具有差异性,医学具有未知性,各种辅助检查措施仅具有参考性,这要求医生具有一定的临床实践经验。年纪较大的医生通常比年轻医生更容易获得患者的信任感。

生命健康权是公民人身权中的一项基本权利,也是世界卫生组织在1978年的《阿拉木图宣言》中确立的一项基本人权。以实现生命健康权为宗旨的医疗卫生事业的社会公益性,对医生职业有着极高的伦理道德要求。因此出于医疗者"救死扶伤"和保障人权的基本伦理,各国的立法规定了医务人员强行性诊疗的义务。如《日本医师法》第19条第1项规定"从事诊疗之医师,在诊察治疗之请求存在的场合,若无正当事由不得拒绝请求"。我国《执业医师法》第24条规定医生不得拒绝抢救的义务;第28条规定遇有自然灾害、传染病流行紧急情况时医生应服从行政调遣的义务。医生或医院基于医疗行为的伦理道德而使其行为具有广泛的强制义务性。

(二) 危险性与侵害性

医疗行为充满风险性,这种风险性针对医方来说承担的是职业风险,对患者来说承担的是医疗风险。具体而言,这种风险主要有这几个方面的来源:医疗器械和设备能力有限造成的潜在风险;对疾病的发生和发展认识局限性造成的风险;对患者临床症状表现与疾病性质认识局限性造成的风险;医师的认识水平局限性造成的风险。因此,医疗行为是一种高度风险的复杂技术行为,本身蕴含着对人体结构和机能的致害因素。来自医师、患者以及环境条件等方面的任何微小的变动,都可能会加重这种侵害的发生。医疗行为同时存在"获益"和"致害"的双向可能性。

医学中太多的未知领域决定了医疗行为的不确定性,每一项不确定因素均可能成为医疗风险的一个成因。医疗行为虽然以拯救患者生命健康为目的,但其所采用的诊疗方法,大多对人体具有一定的侵害性。开刀会对病人造成直接伤害;打针会有针眼和疼痛,把药物注入人体就是一种异物的侵入;服药有毒副作用;许多检查措施也可能会有一定的危险性,如心包穿刺、腰椎穿刺、肝脏穿刺等。医学是一把"双刃剑",既有治疗疾病的功能,也有可能对人体造成伤害。选择是否采用某种检查治疗措施时,需要衡量利弊大小,权衡利害得失。每一种药物均有一定的毒副作用,每个个体都有其个体特征,没有绝对安全的治疗措施。医疗行为并非不应当具有任何侵害性,而仅是要求医方把侵害控制在一定范围之内。英国民事责任和人身赔偿皇家委员会认为,在医生及其病人之间有一种特殊的、几乎是独特的关系,在医疗方面作出的决定包含有某些风险,有时是灾难性的,甚至是致命性的风险。

(三) 高度的专业性

专业人员至少具有以下特征:在某特定领域中具有足够的知识与技术;持续

训练其专业的谨慎与判断能力；显著与其他专业不同的心智活动特性；专业活动的结果于特定时期无法被标准化。医师需花费大量时间和费用获得医学和医疗技术知识，积累经验，具备必要的技能。非具有医师资格或专科医师证书者，不得使用医师或专科医师名称；不具合法医师资格者，被禁止擅行医师业务。

医疗行为是运用医学科学理论和技术对疾病作出诊断治疗，恢复人体健康，提高生活质量的高技术、高风险职业行为。医学科学的专门性、复杂性、综合性，要求从业者必须经过专门的教育培训，经过资格考试取得从业资格。疾病的治疗需要借助于药物或手术方法，而这些方法在治疗疾病的同时也损害正常人体机能，对其适应性、副作用、并发症、后遗症的了解和作出抉择，需要专门的知识，选择不当就会造成严重的后果。因此医疗行为具有高度专业性，国家在医学教育的课程设置、高素质医师培养的要求上远高于其他职业，不具备相应的专业知识而擅自从事医疗活动的为违法行为，情节严重的构成犯罪，将受到国家刑事制裁。

（四）私密性与裁量性

医疗现场原则上不公开。不论从卫生的角度，还是保护患者的隐私，与医疗无关系者均不应进入医疗现场。手术时，不管是采取全身麻醉还是局部麻醉，为了保护患者的心理承受力，患者本人不能看到医疗现场所采取的措施。同时，医疗行为受到医学和医疗技术本身和实施时医师个人的经验、技能及患者个人的差异等多种因素的限制。医生往往要根据症状经过、时刻变化着的患者的情况，采取一般认为是最佳的措施随机应变地处理，这就是医疗行为的裁量性。

（五）公共性

我国卫生事业是政府推行的具有一定福利性的社会公益事业。医疗机构的宗旨是救死扶伤、防病治病、为公民的健康服务。中共中央、国务院1997年在《关于卫生改革与发展的决定》中指出，政府对发展卫生事业负有重要的责任；卫生改革要坚持为人民服务的宗旨，正确处理社会效益与经济效益的关系，把社会效益放在首位，要以提高人民健康水平为中心，优先发展和保证基本卫生服务，体现社会公平，逐步满足人民多样化的需求。医疗服务同能源、交通、教育以及城市公共服务一样，均属于"准公共产品"。

医疗行为是政府特别许可行为，与普通许可行为的区别在于其不在于营利，而在于实现政府公共目标，即谋求公共利益，增进公共福利，全民享有基本健康保障。国家对卫生事业一方面给予财政扶助，给予法律上的优惠待遇，如医疗单位的财产不得设置担保，享有税费的优惠；另一方面又对卫生事业进行严格的法律和政策控制，使医疗行为成为公共职责行为。医疗机构对危、急患者有义务实行医疗救助，救助中首先考虑的是抢救，而不是费用。若推诿、拒绝抢救危、急患者，有能力处理而不负责任地转院，导致丧失救治时机，造成严重后果的，要承担相应的法律责任。

三、医疗行为的类型

（一）医疗行为依疗效的不同，可分为临床医疗行为和实验性医疗行为

临床医疗行为指医疗方法或医疗技术，经过动物或人体实验证实其疗效后，在治疗患者疾病过程中实施的医疗行为。临床医疗行为是目前医学上公认、合乎医学水准、有确定治疗效果的医疗行为。能够确诊并具有确定的治疗手段和相应稳定疗效的疾病医疗就属于临床医疗行为。

实验性医疗行为指新的医疗方法或医疗技术经过动物实验成功后，初期试用于患者的治疗，而其疗效尚未被证实或尚无完全成功把握的医疗行为。区分这两种医疗行为的意义在于，实验性医疗行为带给患者的风险比临床医疗行为更大，因而医师的说明义务要求更为严格。实验性医疗行为是针对目前医学水平无法确诊或尚未有确定的治疗方案和稳定疗效的疾病而实施的医疗行为。这种医疗行为往往对人体具有较大的侵害性，无法确定治疗的效果，其风险性较大。

（二）医疗行为依目的的不同可分为诊疗目的性医疗行为和非诊疗目的性医疗行为

诊疗目的性医疗行为是指以目前和潜在健康问题的治疗与预防为目的所实施的符合一般医学技术标准的医疗行为。诊疗目的性医疗行为以治疗疾病为中心而追求健康的医疗行为，它是医方对患方围绕疾病而进行的诊断、治疗、预后判断以及疗养康复等综合性行为。诊疗目的性医疗行为十分广泛，对疾病的检查、诊断、治疗、手术、麻醉、注射、给药、处方、病历记录、术后疗养；中医的望、闻、诊、切、针灸、推拿等都是诊疗目的性医疗行为。

非诊疗目的性医疗行为是指仅以医学理论和技能而不以健康和潜在健康问题的治疗与预防为目的的医疗行为。非诊疗目的性医疗行为是针对无疾病的患方而实施的医疗行为。非疾病医疗行为的范围非常广泛，包括疾病预防行为，如给人体注射疫苗、预防接种，无疾病的美容整容行为、变性手术、体格检查、无痛分娩、人工授精、妊娠中止、试管婴儿、人工流产等。

诊疗目的性医疗行为构成了医疗行为的重要组成部分，决定了医疗行为的本质特征，反映出医疗行为的特殊性和复杂性，是医疗行为区别于其他一般性民事法律行为的关键。而非诊疗目的性医疗行为中一部分是医疗后勤和医疗管理行为，与其他一般性民事法律行为并无明显区别，在法律适用和责任追究上更适合应用一般的民事责任制度。

（三）按照行为的性质标准，分为强制性医疗行为、防疫预防性医疗行为、与计划生育相关的医疗行为

随着《突发公共卫生事件应急条例》的颁布，非典、禽流感等可能大规模流

行的急性传染病的预防和治疗被纳入法律轨道。根据《突发公共卫生事件应急条例》的规定,医疗卫生机构应当对因突发事件致病的人员提供医疗救护和现场救援,就诊病人必须接受治疗。在此种情况下医师负有强制对患者诊疗的义务,患者则也负有强制接受治疗的义务。这类医疗行为又被称为强制性医疗行为。此外,还有在国家防病治病、预防为主的卫生总方针指导下的防疫预防性医疗行为、与计划生育相关的医疗行为。

(四)按照行为造成侵害的时间标准,分为医疗侵害行为和后医疗侵害行为

医疗行为是一种对人体具有某种侵害性的行为,许多医疗行为在实施时,由于人类知识水平的有限,其损害在当时并不为人们所认识,随着人们医学认识水平的提高,许多的损害是日后逐渐才为人们所发现。这种损害在医疗行为实施时不能为人们所预见,但其日后在患者身体或精神上产生的损害后果却是无法回避的。这种医疗行为称为后医疗侵害行为。

(五)根据医疗行为是否符合法律规定,医疗行为可分为合法医疗行为和违法医疗行为

合法医疗行为是指医方针对患方采取的医疗措施,是符合国家法律法规并符合医疗技术规范和常规的行为。

违法医疗行为是指医方违反各项法律和规范的行为。违法医疗行为又可分为故意违法和过失违法两种。故意违法医疗行为由刑法或有关行政法规调整。过失违法医疗行为在实践中更为常见,其可能导致患者人身损害。

(六)根据医疗行为的产生依据,医疗行为可分为契约医疗行为和非契约医疗行为

契约医疗行为就是合同医疗行为,是基于医患双方就医疗行为意思表示一致而进行的医疗行为。一般表现为患者前往医疗机构接受医疗,通过挂号,医疗机构接受患者就诊,从而确立合同关系。

非契约医疗行为不以医患双方的合意而成立,它包括无因管理医疗行为和强制医疗行为。无因管理医疗行为是医方在无双方约定又无法律规定义务的情况下为患方进行的医疗行为。强制医疗行为是指医方直接根据法律规定的义务而对患方进行的医疗行为。

第二节 医疗行为的合法性

一、医疗行为的违法阻却事由

医疗行为的违法阻却也称为医务人员的豁免。违法阻却是指行为具有社会危害性,符合构成违法或犯罪的全部要件;但在某些例外情形下,出于某种特殊

的需要、特殊的职业,或者在某种特定的情况、特定的环境、特定的时间或地点里,从整体法律秩序角度进行考量,具有特定的容许事由,而可排除其违法性的情形。

(一) 患者的承诺

受害人承诺行为,是指行为人在被害人同意的前提下实施某种损害其权利的行为。由于这种行为得到了受害人的同意,在一定条件下阻却行为的违法性。

在各国法律中,受害人承诺行为的适用范围和条件都有严格的限制。一般只有具备下列条件,才能排除受害人承诺行为的社会危害性:一是受害人对同意损害的权益必须具有处分权;二是受害人的同意必须是真实的;三是受害人同意的行为必须出于有益于社会的意图;四是经同意所实施的损害行为必须符合国家法律的规定和社会公德。医疗实践中,受害人承诺对于解释医疗行为的正当性具有重要意义。医疗中的受害人承诺,主要是指患者承诺,在患者没有承诺能力的情况下,患者的监护人或法定代理人为了患者的利益而作出的承诺。医患关系中的患者承诺主要有两种形态:一种是约定俗成的;一种是必须要有特别约定的。通常所指的患者承诺原则(即狭义的)是指约定俗成的承诺原则,约定俗成的承诺原则是对患者有利的。特别承诺(特别约定)适用于下列情形:一是开展有重大伤害的医疗措施时。如进行开胸、开颅、剖腹等手术治疗;二是进行有较大危险性的医疗措施时。如麻醉、心包穿刺、肝脏穿刺、血管造影等,较大危险表明这种医疗措施的伤害是不确定的,一旦发生,损害后果往往十分严重;三是进行试验性治疗时,这种治疗可能存在未知的风险。

患者的承诺同医生的告知义务紧密相连。医生的说明义务应包含:患者的症状、预定实施的医疗行为以及内容、预想的结果和伴随的危险以及如果该医疗行为不予进行时可能带来的后果等。医生在医疗行为开始之前,必须履行有关的说明义务,并取得患者的承诺,否则,即使医疗行为获得成功,也不能排除其违法性。在某些特殊情形下,如紧急抢救或患者昏迷需要采取紧急措施时,依一般人的正常意识均会同意实施医疗行为,此时虽无患者自身明确同意也不认为医疗行为属于违法。这种情况称为"推定的承诺"。此外,在强制治疗、说明会对患者产生恶性影响等情况下,医生也可以不需患者承诺而直接实施医疗行为。医疗活动中提出患者的承诺问题,主旨在于尊重患者的自主决定权。

我国有关法律中也有医师告知和承诺的规定,如《执业医师法》第26条规定,医师应当如实向患者或者其家属介绍病情,但应注意避免对患者产生不利后果。医师进行实验性临床医疗应当经医院批准并征得患者本人或其家属同意。《医疗事故处理条例》第11条也规定:在医疗活动中,医疗机构及其医务人员应当将患者的病情、医疗措施、医疗风险等如实告知患者,及时解答其咨询;但是应当避免对患者产生不利后果。如何平衡患者的承诺权与医生的自由决定权,值得深入探讨。医疗行为的实施,固然应得到患者之同意,但因疾病变化无穷,临床表征也因人而异,加上治疗方法的多样性,效果的不确定性,因此也应考虑医疗行为的特性,在维护患者的知情及承诺权的同时,也要尊重医生在医疗进程中的自由决定权,尽管减少对医疗行为过度干涉的危险。患者的承诺权与医生的自由决定权都是有限度的,要受到法律规范、规章制度及伦理规则等方面的限制。①

(二) 容许性危险

容许的危险,在法理上也称为正当冒险行为,是指某种行为虽然潜藏着侵害法律权益的抽象危险,但该行为的目的具有正当性,并在客观上有益于社会,因而法律在一定限度内允许这种危险行为的实施。

医疗行为是一种直接作用于人体的复杂的职业行为,病人体质各异,病情千变万化,各种疑难病症不断出现,这使得医疗行为成为一种高风险的活动。而医疗行为又是一种有益于社会、为人类的生存和发展不可或缺的活动,因此在医疗领域伴生的危险也属于一种"容许的危险",在医疗过程中所发生的正当冒险行为,是一种排除社会危害性的行为。容许的风险这一理论最早由日本、美国的法学家提出,主要目的在于将注意义务的内容限定在合理的范围内,以防止过分苛刻地追究过失行为的责任。按照传统的过失观念,行为人在认识到自己的行为具有危害他人的可能性时,就应停止侵害,否则就违反了注意义务,构成了过失行为。但如果这样,很多医疗行为如危重病人的抢救、急症手术、侵害性诊断和治疗都无法进行,它们都有可能对病人造成伤害,甚至危及病人的生命。如果医务人员在实施这些风险极高的行为之前首先考虑是否会构成过失,可能会丧失抢救的最佳时机。

容许的危险之所以被容许,它需要具备一定的条件:一是目的的正当性。医疗行为是一种使用医疗技术对患者实施治疗以防治疾病、帮助患者恢复健康的行为。二是必须具有科学根据,存在着成功的可能性。三是冒险行为如果成功,能够给社会带来重大利益,或使社会避免重大损害。四是冒险行为不能超过法律容许的范围。冒险行为在容许的范围内造成一定损害结果的,属于正当行为;如果行为超出了容许的范围,造成不应有的危害后果的,则有可能承担刑事责任。例如,医生在身患不治之症的病人身上试用一种刚发明的新药,如果不用该药,病人必然死亡;如果使用该药,则病人有可能获救并且通过该试验可以证明新药的效力,为不治之症的攻克创造有利条件。如果病人服用后病情未好转甚至在一定程度上加重了病人病情甚至导致死亡的,就属于正当冒险行为。

---

① 冯卫国、张素娟:《从刑法理论看医疗行为的正当性根据》,载《法律与医学杂志》2003 年第 10 期。

(三) 紧急情况的救助行为

一般来说,医疗行为应当遵守专业规范和一般的注意义务,包括紧急情况下的救助行为。但是由于时间和情态紧急,该作的检查、该做的说明都因为时间紧迫而无力做到,对此法律持宽容态度,因为这种救助是为了患者的利益。《医疗事故处理条例》第33条第1项规定,"在紧急情况下为抢救垂危患者生命而采取紧急医学措施造成不良后果的"不负法律责任。

紧急情况下的救助作为医疗行为违法的阻却事由须满足一些条件:一是情况紧急,患者有生命危险或其他重大危险;二是对患者的利益具有重大意义;三是医方在现有条件下尽到了必要的注意。医方通常仍然必须遵守必要的诊疗常规,紧急仅仅是降低医方非技术注意义务的要求的条件,并非医方任性的理由。

(四) 履行正当职务的行为

履行正当职务行为,是指行为人基于其所从事的正当职务(或业务)而实施的行为,其表面上确实具备某种违法或犯罪构成要件,但为法律和社会生活公认准则所允许,故可使其违法性得以阻却。医生为保全患者生命,截除病肢的行为就是履行正当职务的行为。正当职务原则必须具备下列条件:一是从事法律所允许或者社会所认可的合法职务;二是行为人具有一定的专业知识和业务能力,行为人一般都持有由相关行政部门核发的有效专业资格证书;三是履行职务的行为正当,遵守职业操作规范和规章制度。

《医疗事故处理条例》第49条第2款规定:不属医疗事故的不承担赔偿责任,只有被确定为医疗事故的才给予赔偿,它体现的就是正当职务行为的责任承担问题。原《医疗事故处理办法》第18条规定,只有构成医疗事故的才给予一次性经济补偿(而非赔偿)。原《医疗事故处理办法》和新《医疗事故处理条例》均规定了医疗差错不予赔偿,这是由医疗行为的"职务性"特征,以及它的高风险、高科技等特征所决定的。在国外,由于医疗职务行为的公益特性,普遍给予公益豁免,医疗事业一般被认为属于公益性事业。公益豁免是指专门的公益机构或者某一特定的部门在为公众的利益或者是在为多数人的利益服务或行善事的过程中,有时即使有违法现象的存在,在通常情形下被认为是确有侵害某种法律权益的行为时,因考虑到它是公益性事业,是在为公众的利益或者在为多数人服务时所造成的失误,因此法律不给予法律制裁或者给予较轻的制裁。[①]

二、医疗行为的合法性判断

合法医疗行为是指被现行法律所允许、接受或者给予正面评价的医疗行为。只有具备一定的有效要件,才能产生预期的法律效果。根据相关卫生法律法规

---

① 张赞宁:《试论医疗行为的违法阻却事由》,载《医院院长论坛》2008年第6期。

和部门规章的规定,医疗行为的合法性应具备下列有效要件:

(一)医疗机构主体资格合法

根据我国《医疗机构管理条例》第2条规定,我国医疗机构包括从事疾病诊断、治疗活动的医院、卫生院、疗养院、门诊部、诊所、卫生所(室)以及急救站等。第9条规定,单位或者个人设置医疗机构,必须经县级以上地方人民政府卫生行政部门审查批准,并取得设置医疗机构批准书,方可向有关部门办理其他手续。第15条规定,医疗机构执业,必须进行登记,领取《医疗机构执业许可证》。第24条规定,任何单位或者个人,未取得医疗机构执业许可证,不得开展诊疗活动。只有取得了相关许可,医疗机构主体才具备相关医疗行为的权利能力。对于医疗机构主体这一法人而言,其行为能力是和其权利能力相一致的,医疗机构的医疗行为不能超出法律或章程规定的业务范围。所以医疗机构实施医疗行为,必须要在核准登记的经营和服务范围之内。医疗机构主体合法是医疗行为具备合法性的前提和基础。

(二)医疗人员主体资格合法

医疗机构作为法律上拟制的行为主体,其本身并不能为医疗行为,必然借助其医务人员来进行医疗服务活动。

我国《执业医师法》和《护士条例》对医护人员的条件作了明确规定,医师是指依法取得执业医师资格或者执业助理医师资格,经注册在医疗、预防、保健机构中执业的专业医务人员。护士是指取得中华人民共和国护士执业证书,并经过注册的护理专业技术人员。只有符合以上条件的医师和护理人员以及医疗机构才能从事医疗行为。其他相关医疗技术人员的资格也由相应的法律法规和规章所规定。

(三)诊疗科目和医疗技术合法

根据我国《医疗机构管理条例》规定,医疗机构必须将《医疗机构执业许可证》、诊疗科目诊疗时间和收费标准悬挂于明显处;医疗机构必须按照核准登记的诊疗科目开展诊疗活动。该《条例》第47条规定,违反本《条例》第26条规定,诊疗活动超出登记范围的,由县级以上人民政府卫生行政部门予以警告、责令其改正,并可以根据情节处以3000元以下的罚款;情节严重的,吊销其《医疗机构执业许可证》。《医疗美容服务管理办法》第17条规定:美容医疗机构和医疗美容科室应根据自身条件和能力在卫生行政部门核定的诊疗科目范围内开展医疗服务,未经批准不得擅自扩大诊疗范围。根据《人类辅助生殖技术管理办法》的规定,对于申请开展人类辅助生殖技术的医疗机构也有特别要求和特别申请程序。卫生法律对于医疗机构和医务人员的资格许可,其主体权利能力的内容是存在差异的,存在着开展诊疗科目和医疗技术资格上的合法性问题,只有具备相应的权利能力,开展的相应诊疗科目和医疗技术方为合法。根据《医疗机构管理条例实施细则》规定,对于急诊和急救,医疗机构诊疗活动可超出登记的诊疗科目范围,是对诊疗科目和技术超出其权利能力的法律上的特别认可是该医疗行为合法的特别规定。

(四) 医疗行为的内容不违反法律、社会公共利益

不违反法律指的是医疗行为的内容不得与法律的强制性或禁止性规范相抵触,也不得滥用法律的授权性或任意性规定以规避法律。社会公共利益是社会全体成员的共同利益,社会经济秩序、政治安定、道德风尚等皆应包括在内。当法律规定某项医疗行为必须采用某种特定的形式时,符合该形式要求也成为该医疗行为的有效条件。如《医疗机构管理条例》第33条规定:医疗机构实施手术、特殊检查或者特殊治疗时必须征得患者同意,并应当取得其家属或者关系人同意并签字;无法取得患者意见时,应当取得家属或者关系人同意并签字;无法取得患者意见又无家属或关系人在场,或者遇到其他特殊情况时,经治医生应当提出医疗处理方案,在取得医疗机构负责人或者被授权负责人员的批准后实施。因而医疗行为内容合法也是合法医疗行为不可少的构成要件。[1]

医疗行为具有合法性必须具备医疗机构主体合法、医疗人员主体资格合法、诊疗科目与医疗技术合法、行为的内容与形式合法四项构成要件。医疗行为是医疗权利义务设定、转移、变更和废止的依据,也是考察医疗责任归责的基础。对于医疗行为合法性的研究有利于我国医事法学的理论体系构建。

思考题:

    1. 如何理解医疗行为?

    2. 医疗行为具有哪些特征?

    3. 如何看待医疗行为的合法性?

---

[1] 高向华、卢祖洵:《医疗行为与合法医疗行为的法律概念初探》,载《中国卫生事业管理》2007年第1期。

第四篇 医疗纠纷

第九章 医疗纠纷概述

【内容提要】 医疗纠纷是发生在医患之间的针对医疗活动的争执。医疗纠纷的本质特点就是医患双方对医疗后果的认定有分歧,而分歧的焦点又在于不良后果产生的原因。医疗纠纷的产生既有医源性因素,也有非医源性因素。本章将针对医疗纠纷的概念、法律特征、医源性纠纷与非医源性纠纷以及常见的非医疗纠纷的情况进行介绍。

第一节 医疗纠纷的概述

一、医疗纠纷的概念

医疗纠纷可以有广义和狭义两种含义。从一般民事纠纷的角度,医疗纠纷可以理解为医患双方所发生的任何争议,如患者对诊疗效果不满意而与医疗机构之间发生的争议,当事人双方对是否构成医疗事故发生的争议,对构成医疗事故后的民事赔偿发生的争议,医疗机构因患者拖欠医疗费而与患者之间发生的争议。这是广义的医疗纠纷。狭义的医疗纠纷,仅指医患双方对诊疗护理过程中发生的不良后果及其原因认识不一致而发生的争议。一般而言,凡是病人或其家属对诊疗护理工作不满,认为医务人员在诊疗护理过程中有失误,对病人出现的伤残或死亡,以及治疗延期或痛苦增多等情况负有责任,与医方发生争执,都属于医疗纠纷。这里指的是狭义的医疗纠纷。

二、医疗纠纷的分类

根据医方是否有过失,医疗纠纷分为有过失的医疗纠纷与无过失的医疗纠纷。有过失的医疗纠纷,是指患者的死亡或伤残等不良后果的发生是由于医务人员的诊疗护理过失所致,但患者及其家属与医疗机构之间对这种不良后果的性质、程度以及处理结果等存在不同的看法而引起的纠纷。有过失的医疗纠纷包括医疗事故与医疗差错。无过失的医疗纠纷,是指虽然在诊疗过程中发生了患者死亡或伤残等不良后果,但这种不良后果并非医务人员的过失所致,然而患者及其家属却认为医务人员有过失,因而引起的纠纷。无过失的医疗纠纷包括医疗意外、医疗并发症及医疗过程中的破坏事件。在医疗过程中,可能会出现极个别医务人员故意作为或不作为,致使患者受到损害的情形,这属于医务人员个人侵权行为,是医疗过程中的破坏事件,应由行为人本人承担相应的法律责任。

(一)有过失医疗纠纷的原因

依据《医疗事故处理条例》,过失医疗纠纷的产生有医疗事故和医疗差错两种原因。医疗事故是指医疗机构及其医务人员在医疗活动中,违反医疗卫生管理法律、行政法规、部门规章和诊疗护理规范、常规,过失造成患者人身损害的事故。医疗差错,是指诊疗护理过程中因医务人员的过失使患者病情加重,受到死亡、伤残、功能性障碍以外的一般损伤和痛苦。医疗差错与医疗事故的唯一区别,就是给病人造成的损害程度不同。医疗事故给病人造成的是死亡、残废、组织器官损伤导致功能障碍,医疗差错虽给病人造成了一定损害,但未致病人死亡、残废、功能障碍。医疗差错根据后果一般分为严重医疗差错和一般医疗差错。例如,由于医务人员的过失,虽未造成患者死亡、伤残或功能性障碍的严重后果,但延长了患者的治疗时间,增加了患者的痛苦,或者增加了患者的治疗费用,即属于医疗差错。

需要注意的是,《侵权责任法》并未对医疗侵权损害区分医疗事故与医疗差错,明确规定患者在诊疗活动中受到损害,医疗机构及其医务人员有过错的,由医疗机构承担赔偿责任。

(二)无过失医疗纠纷的原因

常见的非医疗过失引起的医疗纠纷,有以下几种情况:

1. 医疗意外

《医疗事故处理条例》第33条第2项中规定为"在医疗活动中由于患者病情异常或者患者体质特殊而发生医疗意外的"。从上两条规定可以看出,医疗意外主要特征有:第一,不良后果发生在诊疗护理工作中;第二,医务人员在诊疗护理工作中尽职尽责,其行为并无不当;第三,不良后果的出现,是医务人员难以预料和防范,并难以避免的。也就是说,对于医疗意外所出现的不良后果,医务人员没有主观上的过错。因此,医疗意外不属于医疗事故。医疗意外与医疗事故的主要区别,在于医务人员的主观上是否有过失。如果病人的死亡、残废、功能障碍,必因医务人员的责任方面或技术方面的过失引起的,那就属医疗事故。如果不良后果是因医务人员难以预料或防范的原因引起的,就不属医疗事故,而是医疗意外。例如,进行心电图测试时,发生原发性心博骤停,经抢救无效,造成患者死亡;患者属于特殊体质,虽然术前或术后发现,但属于当前医学技术所无法解决的,患者在手术中或术后发生死亡或其他不良后果,均属于医疗意外。

2. 并发症

并发症,指某一种疾病引发另一种疾病所导致的不良后果,但并非由于医务人员的诊疗护理过失所致。并发症实际上也属于难以预料和防范的医疗意外,唯一不同是医疗意外是由本病导致的不良后果,而并发症是由本病引起的其他病症导致的不良后果。其特征有三个:第一,后一种疾病的出现是另一种原来存在的疾病引起的;第二,从后一种疾病的发生规律上看,前、后疾病之间不具有必然的因果关系,只具有偶然的因果关系。因此,后一种疾病出现突发性,这是医务人员难以防范和避免的;第三,后一种疾病的出现非因医务人员的过失行为所致。

引发并发症的原因,主要是医学科学技术的局限性,某些疾病虽然是现代医学科学技术能够预见的,但却是不可避免和防范的,这些疾病的发生并非由于医务人员的过失所致,而是患者前一种疾病发展的必然结果。例如,患者因创伤感染严重,送至医院时已经耽搁了时间,在治疗中感染继续严重,甚至发生破伤风;患者因先天性心脏病入院手术,术前准备周密,手术中操作准确,手术成功,但术后出现心功能和呼吸功能低下,后因心脏功能衰竭而死亡,属于并发症。

3. 患者特异体质

因为患者的特异性体质,虽然医务人员在进行治疗的过程中严格执行技术操作规程,但仍发生不幸;或因为发生对药物的严重过敏反应,经积极抢救仍不能挽回患者的生命,导致死亡等。

4. 患者过错

在非医疗过失的医疗纠纷里,还有一部分属于患者方面的原因。如患者方面,对疾病的自然发展趋势和后果,对无可非议的诊疗过程,缺乏医学知识,主观上认为只要患者发生死亡及其他不良后果,就是医务人员的某种过失造成的;还有的患者由于康复心切,在接受经治医师的全部治疗措施之外,还背着医师和护士暗地里接受他人的治疗或是自作主张私自在药店购买药物擅自使用。由此导致同类药物使用量过大,发生药物中毒反应及药物的配伍禁忌等不良后果;也有的患者不遵守医院的规章制度,不遵守医嘱,如严重肾炎患者不控制忌盐饮食,胃肠道手术后患者恢复期不节食,暴饮暴食,以致造成不良后果等都属于患者方面的原因。

三、医疗纠纷的法律特征

(一) 医疗纠纷的主体是医患双方

医疗法律关系的主体是指依法享有权利和承担义务的法律关系参加者。医疗法律关系的主体可以根据不同的标准划分为不同的种类。行政意义上的医疗法律关系的主体,具有不同的法律地位,可以分为管理者和被管理者。管理者主要指各级各类卫生行政管理机关或部门,包括卫生部和省级卫生厅(局),医药监管部门;卫生防疫部门等。被管理者主要指各级各类医院及其工作人员。医疗民事法律关系的主体包括医方和患者两方。医方包括综合医院、专门医院、单位内设的职工医院或卫生所、卫生室、医护人员、医院的后勤人员等。患者即因患病而就医的自然人,包括中国人、外国人和无国籍人。如前所述,医患双方法律地位平等,医患关系本质上属于民事意义上的医疗法律关系,具有民事法律关系的特征。

医疗纠纷是产生于医患之间的纠纷,属于医疗民事纠纷,其主体为医患双方。

1. 医方

医疗服务法律关系是在患者与医疗机构之间建立的,权利义务也由患者与医疗机构承担,而非由医护人员直接承担。但这不等于说医护人员在任何情况下都不承担责任。医护人员在某些情况下要承担刑事责任和行政责任。就民事责任来说,医护人员并不直接向患者承担,但医护人员有过错的,医疗机构向患者承担责任后,可以向有关的医护人员追偿。依据《侵权责任法》规定,医疗机构所属的医护人员在医疗活动中给患者造成损害的,该医疗机构应当承担民事赔偿责任。据此,到某医疗机构临时坐诊的医护人员在医疗活动中给患者造成损害的,该医疗机构不得以医护人员不是本单位人员而推脱责任;医疗机构临时聘请的外单位专家或其他医护人员在医疗活动中给患者造成损害的,该医疗机构应当承担责任;医疗机构因医疗设备故障等原因给患者造成损害的,医疗机构不得免责。

2. 患方

一般情况下,医疗纠纷的主体是医疗机构和患者本人,但是当医疗损害造成患者死亡、残疾的情况下,医疗纠纷的主体便是医疗机构和患者及其被扶养人和近亲属。

(二) 医疗纠纷的客体是患者的人身权、生命权和健康权

医疗纠纷的客体指患者的人身权、生命权和健康权。纠纷的理由是患者认为自己的人身权、生命权或健康权受到了医疗过错行为的侵害。在医疗实践中,通常表现为患者出现了不同程度的不良后果,或者感到埋下不良后果的隐患,并且这种不良后果的产生被患者方认为是由医方的过失所致,这时便会产生医疗纠纷。这里所讨论的不良后果,其范围十分广泛,重者为患者死亡或残疾,轻者可出现功能障碍,痛苦增加,延长治疗时间,医疗费用增加等。例如,外科手术不当,误切患者脏器,导致患者死亡,或者操作不当致使患者痛苦增加。这是严格

意义上的医疗纠纷。而与医疗有关的,但并未触及健康生命权的纠纷,实际上不属于严格意义上的医疗纠纷。但是这类纠纷目前很多,有人把这种纠纷称为非医疗性纠纷,如目前较多的患者在医院内自行摔倒导致了骨折,有些患者也向医院提出要求索赔。还有患者在医院就诊或住院过程中因钱财丢失,有些人以医院管理不善为由,也向医院提出索赔。这些实际上都不是医疗纠纷,属于民事问题。严格说来,医疗纠纷必须是发生在医疗过程中,因医务人员的过失导致的患者生命权、健康权受到侵害而提出的纠纷事件。这需要强调以下几个要素:一是特定的场合,即医院或诊所,而且这个场合必须经有关部门批准的合法经营场合,即正式的医疗机构;二是医务人员必须是有行医资格的、正式批准的医务人员。而一些非法行医、无证行医、江湖游医,这些都不属于医务人员的范围,与患者所发生的纠纷也不属于医疗纠纷。因非法行医造成严重后果的,应依法承担刑事责任。

需要特别指出的是,近年来发生的医疗美容纠纷问题。实践中,许多没有医疗美容资质的普通美容店请医务人员做美容手术,因未达到美容的目的,或出现了感染、疤痕、畸形甚至事故差错,引发的纠纷很多,但这类纠纷不属于医疗纠纷,只能依据《民法通则》、《刑法》或《消费者权益保护法》来处理。因为这些普通美容店不属于医疗机构,没有获得从事医疗美容的许可证,不具备医疗的条件,所有从事的医疗活动都应该是禁止之列的。依据我国有关法律规定,具有医疗美容资质的医疗美容医院,在其执业许可范围内因从事医疗美容活动而与患者之间发生的美容纠纷才属于医疗纠纷的范畴。

(三) 医疗纠纷的原因一般发生在诊疗护理过程中

医疗纠纷必须是针对诊疗护理所产生的不良后果而提出,因此医疗纠纷一般发生在诊疗护理过程中。诊疗护理过程所致的医疗纠纷,系指患者在医疗单位或诊所接受诊断治疗和护理,发生不良后果,并因此与医方在不良后果产生的原因、性质以及因果关系等方面的认识产生分歧或争议,需经过法律途径解决的医患行为,是医疗纠纷中最常见的一种类型。

(四) 医疗纠纷中发生侵权与违约责任的竞合

医疗纠纷是双方履行合同中因对服务质量(技术的和服务态度方面的)发生争议面形成的纠纷,具体表现在提供医疗服务的过程中,医疗机构及其工作人员有违反诊疗护理操作常规的行为,是否因医疗过错导致就医者死亡、残废、组织器官功能障碍或其他不应当产生的损害,包括精神上的损害。可见医疗服务虽为合同行为,医疗纠纷发生在合同履行中,但其发生的原因如果在于医疗机构及其工作人员在履行合同过程中未尽到一个勤勉谨慎的同业者应尽到的注意义务,以致发生了就医者非医疗必需的损害的后果,未能达到合同约定(明示或习惯性)目标,侵害了就医者的生命健康权,可以归结为一种侵权行为。

对于医疗活动定性为合同关系,并不与医疗纠纷归结于侵权行为矛盾。医疗行为的复杂性、医疗服务方式的多样性,决定了在医疗纠纷中,违约责任与侵权责任并存不悖,但根据我国法律的规定,请求权人只能择其之一行使请求权。在某些场合,当事人选择侵权责任,对其主张权利有利。在另一些场合,选择违约责任可能对其主张权利更为有利。但是,从医疗服务自身性质而言,完全符合契约行为的性质特点。其契约性质属于委任契约或服务契约,契约的标的即双方的权利义务客体直接指向医疗行为及其结果。在医疗活动全过程中,会产生多个子合同或从合同,如手术协议、输血协议及其他口头合同,可以说,整个医疗活动是建立在医患双方的说明与承诺基础上的。因此,在界定医疗行为的法律关系性时,应归结为契约关系,即合同关系。至于因履行合同中发生的损害赔偿责任,如果与侵权责任发生竞合,根据《合同法》第122条的规定,由当事人择其一选择之。

第二节 非医疗纠纷

一、非医疗纠纷概念

非医疗纠纷是指发生在医患双方之间,对诊疗护理服务本身没有争议的其他纠纷。也就是说医务人员没有侵犯病人的生命健康权,而是有损于健康权以外的其他民事权益。主要有医疗欠费纠纷、医方侵犯名誉权、肖像权的医患纠纷、因产品不合格产生的医患纠纷(例如某医院使用了具有合格证书且使用前经过检测正常的不合格心脏起搏器而致人损害就不是医疗纠纷)等,它们的案由分别属于债务纠纷、名誉权纠纷、肖像权纠纷和产品质量纠纷。

二、非医疗纠纷种类

(一)非法行医引发的纠纷

医疗纠纷的主体一方是医疗机构或个体开业医师,不论是医疗机构还是个体开业医师,都必须经批准,获得医疗机构开业许可证或开业执照才能从事医疗服务,也只有医疗机构或个体开业医师在提供医疗服务过程中,与患者或其家属之间发生的争议才属于医疗纠纷。

《医疗机构管理条例》第24条规定,任何单位或个人,未取得执业许可证,不得开展诊疗活动。因此,未获得执业许可证而从事医疗活动的,即构成非法行医或称无证行医。非法行医行为不仅指无医师资格的人员从事医疗活动的行为,也包括具有医师资格的人但未取得执业许可而擅自开展医疗服务的行为。构成非法行医应具备以下条件:(1)行为人无从事医疗活动的执业许可;(2)行为人实施了医疗行为,并以此为业,即所谓"行医";(3) 行为人行医的目的是为了谋取非法利益。如不具备这些条件,不宜以非法行医对待。

非法行医必须承担相应的法律责任。由于非法行医的主体一方,不符合医疗纠纷的特征要求,由此造成的患者人身损害事件,不属于医疗纠纷,更不构成医疗事故。《医疗事故处理条例》第61条规定,非法行医,造成患者人身损害,不属于医疗事故,触犯刑律的,依法追究刑事责任;有关赔偿,由受害人直接向人民法院提起诉讼。就民事责任而言,非法行医不适用《医疗事故处理条例》承担赔偿责任,而应适用《民法通则》关于人身侵权损害赔偿的有关规定承担赔偿责任。除了民事责任外,非法行医者还要承担行政责任和刑事责任。就行政责任而言,《医疗机构管理条例》第44条规定,未取得《医疗机构执业许可证》擅自执业的,由县级以上人民政府卫生行政部门责令其停止执业,没收非法所得和药品、器械,并可以根据情节处以1万元以下的罚款。此外,卫生其中也规定了取缔、打击非法行医的财产处罚方法,即没收非法收入和药品、器械,并可处罚款。关于非法行医的刑事责任,我国《刑法》第336条规定:"未取得医生执业资格的人非法行医,情节:严重的,处3年以下有期徒刑、拘役或者管制,并处或者单处罚金;严重损害就诊人身体健康的,处3年以上10年以下有期徒刑,并处罚金;造成就诊人死亡的,处10年以上有期徒刑,并处罚金。""未取得医生执业资格的人擅自为他人进行节育复通手术、假节育手术、终止妊娠手术或者摘取宫内节育器,情节严重的,处3年以下有期徒刑、拘役或者管制,并处或者单处罚金;严重损害就诊人身体健康的,处3年以上10年以下有期徒刑,并处罚金;造成就诊人死亡的,处10年以上有期徒刑,并处罚金。"

(二) 利用医疗犯罪而引发的纠纷

如果医疗行为导致病人出现不良后果是医务人员故意所为,且不良后果达到一定的程度则构成故意犯罪。在实践中,利用医疗实施犯罪的案件时有发生,案件的种类也有不同。例如,某医生为了报复负心女子在为其实施阑尾手术时,将其双侧卵巢切除,构成故意伤害罪。利用医疗进行犯罪主要有以下类型:利用医疗实施杀人,构成故意杀人罪;利用医疗故意伤害他人身体,构成故意伤害罪;利用医疗进行诈骗,构成诈骗罪;利用医疗生产、销售假药、劣药,构成生产、销售假药、劣药罪;利用医疗敲诈勒索财务,构成敲诈勒索罪;利用医疗职权作伪证,构成伪证罪;利用行医行贿受贿,构成行贿受贿罪。对于利用医疗的犯罪行为,必须按照《刑法》的规定,对行为人追究刑事责任。

(三) 因美容等非治疗疾病目的而引发的纠纷

医疗法律关系的标的是医疗服务,只有以诊疗疾病为目的的行为才能称为医疗行为,因而也只有基于疾病诊疗以及与疾病诊疗有关的事项(如医疗费)而发生的纠纷才属于医疗纠纷。那种为追求形体美而进行文眉、隆胸等美容手术不属于医疗行为,当事人因美容手术而发生的争议也不属于医疗纠纷。实践中那种把因美容而引起的纠纷称为医疗纠纷,纳入医患关系调整的做法是不能成立的。

此外,某些行为虽具有强身健体的功效,但不是以治疗疾病为目的,如民间常见的点痣,单纯配近视老花眼镜,传授内功和道术方法,或单纯的拔火罐,单纯的推拿按摩。当事人因这些行为而发生争议,也不属于医疗纠纷。

（四）语言不严谨而引发的纠纷

在医疗过程中,医务人员随时都需要运用语言与患者及其家属进行交流。医护人员不良的刺激性语言,会迅速激起患者的不满,甚至怒火冲天或愁容满面。或者因为语言的不严谨而给患者家属带来错误的信息,如对病情估计过重,会增加患者的心理负担,对预后评估的过轻,又会使患者及其家属期望值过高。最后的结果一旦与事实不符,常引发纠纷。

（五）侵犯肖像权而引发的纠纷

肖像权是指公民对自己的肖像及所体现的利益为内容的权利。肖像通常是指通过绘画、摄影、录像、雕塑、电影等视觉艺术,使自己的外貌、特征再现的作品。肖像权具有特定性和专属权,除了法律另有规定或签约之外,任何人不得随意地使用。近年来,在医疗实践中,医务人员常常由于缺乏法制意识,自觉不自觉地侵犯患者的肖像权,如医务人员利用患者肖像以收集典型病例,积累临床资料,用于科研宣传或教学等。一般性的记载作为资料保存勉强可以,因为没有传播,没有以此获得新的利益。但是如果未经病人的同意,在医务人员的专著或发表的论文中,公开发表,或作为宣传教育的资料在公开的场合播放或张贴,这就侵犯了病人的肖像权,病人可以以此而提出诉讼。

思考题：

1. 简述医疗纠纷概念及其特征。
2. 简述常见的非医疗过失引起的医疗纠纷。
3. 试述产生医疗纠纷的原因。

第十章 医疗鉴定制度

【内容提要】 医疗纠纷处理中,最为核心的环节是对医疗损害进行鉴定,医疗鉴定是处理医疗损害责任中的一项重要工作,对认定事实,分清责任以及医疗损害的赔偿起着重要作用。本章将结合我国医疗鉴定的发展历程,重点介绍医疗事故鉴定的内涵、组织、程序、基本原则等内容。

第一节 医疗鉴定的意义与选择

医疗鉴定是处理医疗损害责任的一项不可或缺的重要工作,从宏观的立场观察,鉴定是人类对事物本质进行的科学探索和科学证明活动。鉴定是指鉴定者行使这一职责的支配力量,是国家通过有关法律法规赋予鉴定主体的一种权利,属于国家权力的一部分。

一、医疗鉴定的意义

(一) 医疗鉴定是正确处理医疗纠纷案件的必要手段

医疗鉴定形成于医疗纠纷的诉讼活动中,为解决诉讼活动中的专门性问题而设立的,其本质是医疗纠纷的处理机构在行使其执法功能的过程中,为了弥补其医学特别是临床医学知识的不足,聘请专业技术人员,运用他们的知识和经验,进行分析得出结论,并向司法机关报告而进行的一种特殊的证据调查程序,在诉讼活动中有着不可忽略的作用。根据埃·梅茨格尔的观点,在整个鉴定中,鉴定人起着传达医学科学技术知识的一般原则,根据医学知识,传达从诉讼的具体事实中所得出的推论。因此,客观科学地分析鉴定对法庭正确认识案件本身,公平、公正处理案件,是必不可少的。

(二) 医疗鉴定是处理医疗纠纷的重要证据之一

医疗鉴定是对医疗纠纷案件中,在医患双方对医疗损害产生争议时所做的鉴定。根据《医疗事故处理条例》的规定,医疗事故鉴定的主要内容是:(1) 医疗行为是否违反医疗卫生管理法律、行政法规、部门规章和诊疗护理规范、常规;(2) 医疗过失行为与人身损害后果之间是否存在因果关系;(3) 医疗过失行为在医疗事故损害后果中的责任程度;(4) 医疗事故等级;(5) 对医疗事故患者的医疗护理医学建议。简单地说,就是要利用专业知识,对有关材料进行科学分析,回答医疗机构的此次诊疗活动是否构成了医疗事故,是何种医疗事故以及医疗事故的等级。这些问题往往是医患双方争执的焦点,也是判定是否应给予行政处罚、是否赔偿、赔偿额等处理意见的根本依据。因此,医疗鉴定有着非常重要的证据价值。

二、医疗鉴定的选择

(一)《侵权责任法》实施前的医疗鉴定

《侵权责任法》实施之前,根据最高人民法院《关于参照〈医疗事故处理条例〉审理医疗纠纷民事案件的通知》第1条规定,医疗事故损害赔偿纠纷,应按照《医疗事故处理条例》的规定进行审理;非医疗事故损害赔偿纠纷,应适用《民法通则》的规定。无疑,这里体现的法律适用的"二元化",不是法律适用依据不统一,而是法律、法规在适用范围上分工配合的体现。同时可知,不同种类的医患纠纷应当适用不同的法律规定,进而适用不同的赔偿标准。《医疗事故处理条例》规定的因医疗事故引起的损害赔偿标准,比《民法通则》及最高人民法院《人身损害赔偿司法解释》等相关司法解释规定的损害赔偿标准要低,患者一般会以非医疗事故损害赔偿纠纷为由起诉,以适用《民法通则》得到更多的赔偿;而医院则要求适用《医疗事故处理条例》以尽可能地减少赔偿额。从而在诉讼中出现患方要求进行医疗过失鉴定以确定医院是否有过错,而医院则会要求进行医疗事故技术鉴定,以确定是否构成医疗事故。因此,不论是患者起诉还是医院抗辩,在案由的选择上至关重要。

鉴于此,医疗鉴定亦分为两种:一是医疗事故技术鉴定,即医学会组织根据卫生行政部门移交鉴定或医患双方共同委托鉴定两种方式,组织医疗事故鉴定专家组对医疗纠纷中医患双方争执的专门性问题进行分析、评定的一项科学诉讼活动;二是医疗过失鉴定,即在审理医疗纠纷案件过程中,人民法院为查明案件事实,依据职权或者应当事人及其他诉讼参与人的申请,指派或委托具有专门知识的人员,对患者所诉医疗损害结果与医疗方过错有无因果关系等进行分析、评定和判断,从而为诉讼案件的公正裁判提供科学依据的活动。根据最高人民法院《关于参照〈医疗事故处理条例〉审理医疗纠纷民事案件的通知》第2条的规定:"人民法院在民事审判中,根据当事人的申请或者依职权决定进行医疗事故司法鉴定的,交由条例所规定的医学会组织鉴定。因医疗事故以外的原因引起的其他医疗赔偿纠纷需要进行司法鉴定的,按照《人民法院对外委托司法鉴定管理规定》组织鉴定……",可见,医疗事故损害赔偿纠纷,应进行医疗事故技术鉴定;非医疗事故损害赔偿纠纷,可以选择医疗过失鉴定。但是,当患者以非医疗事故损害赔偿纠纷为由起诉后,医院进行抗辩并申请进行医疗事故技术鉴定时,医疗事故技术鉴定是否具有优先地位呢?针对这一问题,最高人民法院民一庭负责人曾明确作答,"鉴于人身损害赔偿司法解释对赔偿的标准做了一些调整,赔偿的数额比《医疗事故处理条例》规定的赔偿数额高,所以因医疗事故受到损害的患者,可能会以一般的医疗纠纷向法院起诉。在这种情况下,如果医疗机构提出不构成一般医疗纠纷的抗辩,并且经鉴定能够证明受害人的损害确实是医疗事故造成的,那么人民法院应当按照《医疗事故处理条例》的规定确定赔偿的数额,而不能按照人身损害赔偿司法解释的规定确定赔偿数额",可见在这一特殊侵权纠纷中,在选择鉴定方式出现不同时,医疗事故技术鉴定具有优先地位。

(二)《侵权责任法》实施后的医疗鉴定

随着《侵权责任法》的实施,上述情况有所变化。《侵权责任法》中"医疗损害责任"一章的调整范围涵盖了医疗事故和非医疗事故,患者在诊疗活动中受到损害的,都统一适用该章的各项规定,可以说有利于消除这种二元化现象。2010年6月30日最高人民法院发布的《关于适用〈中华人民共和国侵权责任法〉若干问题的通知》对医疗损害鉴定的有关问题提出了原则要求,规定:"人民法院适用侵权责任法审理民事纠纷案件,根据当事人的申请或者依职权决定进行医疗损害鉴定的,按照《全国人民代表大会常务委员会关于司法鉴定管理问题的决定》、《人民法院对外委托司法鉴定管理规定》及国家有关部门的规定组织鉴定。"有的省区也为了做好《侵权责任法》实施后的医疗损害鉴定工作,根据最高院的通知精神而结合本区域实际情况做了具体规定。如江苏省高级人民法院2010年7月发布的《关于做好〈侵权责任法〉实施后医疗损害鉴定工作的通知》第1条就明确规定,"医疗损害鉴定仍应委托医学会组织专家进行,统称为医疗损害鉴定;当事人均同意委托其他司法鉴定机构进行医疗损害鉴定的,应予准许。"第2条规定:"人民法院委托医疗损害鉴定的,可根据案件审理需要,要求鉴定机构对涉案医疗行为有无过错、医疗过错行为与损害后果之间是否存在因果关系、医疗过错行为在医疗损害后果中的原因大小及伤残等级作出明确认定。医疗损害鉴定结论未明确作出上述认定的,人民法院可以要求其作出补充鉴定或出具相应的意见。"据此我们可以理解为,医疗损害的鉴定不再区分医疗事故与非医疗事故鉴定,而统一为医疗损害鉴定,法律适用的二元化现象也逐渐消除,医疗损害的鉴定工作也不再为医疗事故鉴定机构所垄断,医疗事故鉴定机构和其他司法鉴定机构都可以进行医疗损害鉴定工作。但也有理由相信,医疗损害鉴定作为一项科学性、技术性很强的工作,医疗事故鉴定机构相对而言所具有的优势是明显的。

第二节 医疗损害鉴定的种类

处理医疗纠纷民事案件的关键在于医疗鉴定,鉴定结论决定着整个案件的责任认定和赔偿计算。根据我国现行法律法规和司法实践,医疗损害鉴定包括医疗事故鉴定机构所做的医疗损害鉴定和其他司法鉴定机构所做的医疗损害司法鉴定。这两种鉴定结论都属于医疗纠纷民事诉讼中的证据,甚至直接被人民法院采认为定案依据,但二者在鉴定程序和实体审查方面存在明显区别。

一、医疗损害医学鉴定

(一)医疗损害医学鉴定概述

医疗损害医学鉴定是指由医学会根据有关法律规定,组织有关临床医学专家和法医学专家组成的专家组,运用医学、法医学的知识和技术,对涉及医疗损害争议处理的有关专门性问题进行检验、鉴别和判断并提供鉴定结论的活动。其主要特点如下:

1. 医疗损害医学鉴定的目的不仅是为医疗纠纷案件提供医疗损害鉴定结论,而且也是为卫生行政部门处理医疗事故时遇到的专门性问题提供专业技术服务。包括:

(1)判断医疗行为是否具有违法性,即是否违反了医疗卫生管理法律、行政法规、部门规章和诊疗护理规范、常规;

(2)判断医疗过失行为与人身损害结果之间是否存在因果关系;

(3)确定医疗过失行为在人身损害后果当中的责任程度;

(4)确定医疗事故等级;

(5)对患者提出医疗护理医学建议。

这些专门性问题是卫生行政部门处理医疗事故争议的前提与基础。

2. 鉴定机构选择具有高度的专属性。

根据《医疗事故处理条例》第20条的规定,卫生行政部门接到医疗机构关于重大医疗过失行为的报告或者医疗事故争议当事人要求处理医疗事故争议的申请后,对需要进行医疗事故技术鉴定的,应当交由负责医疗事故技术鉴定工作的医学会组织鉴定;医患双方协商解决医疗事故争议,需要进行医疗事故技术鉴定的,由双方共同委托负责医疗事故技术鉴定工作的医学会组织鉴定。由此可见,要进行医疗事故技术鉴定,只能由医学会组织的医疗事故技术鉴定专家组来完成,绝对不存在选择其他鉴定机构的可能。

3. 鉴定结论以医学会的名义发出,不实行鉴定人个人负责制。

由于鉴定结论以医学会的名义发出,不实行鉴定人个人负责制,因此,一般难以追究鉴定人的法律责任。最高人民法院《关于民事诉讼证据的若干规定》第 29 条规定,审判人员对鉴定人出具的鉴定书,应当审查其是否有对鉴定人鉴定资格的说明、鉴定人员及鉴定机构签名盖章。从这点上讲,医学会出具的医疗损害事故技术鉴定书并不符合我国《民事诉讼法》所规定的鉴定结论的形式要件。

4. 医疗损害医学鉴定对证据要求较为宽松。

表现为缺乏鉴定资料和材料严谨的保全、固定与保存制度,原始鉴定材料与资料被涂改、遗失、毁损的情况时有发生。

5. 严格的程序规定。

医疗损害医学鉴定有严格的鉴定程序,具体可以表现在以下几个方面:

(1) 由中立性强的医学会负责。依据《医疗事故处理条例》医疗损害事故技术鉴定工作由医学会负责,医学会是一个中立性的民间组织,遵循客观公正原则作出鉴定结论。

(2) 明确规定了鉴定的启动程序和再次启动程序。

(3) 建立了专门的专家库和专家鉴定组。

(4) 规定了回避制度。

(5) 细致的规定了通知和送检材料的内容和程序。

(6) 对鉴定期限和鉴定书的内容作出了明确规定。

二、医疗损害司法鉴定(法医学鉴定)

(一) 医疗损害司法鉴定的概念

医疗损害司法鉴定是由法医学鉴定人根据司法机关的要求或当事人双方委托,运用法医学和医学的理论与技术,对刑事案件和民事案件中的活体、尸体、物证以及文证进行检验和审查,根据检验结果作出科学结论。医疗损害司法鉴定属于司法鉴定的一种,是专门用于医疗纠纷的一种司法鉴定,是为法律服务的。

(二) 医疗损害司法鉴定的范围

1. 法医病理学

法医病理学是法医学鉴定当中最常见、最主要的内容,其检验对象主要是尸体,也就是尸体检验。尸体检验的具体内容主要包括尸表检验、尸体解剖、组织学检查、微生物学检查以及组织化学检查。而尸体检验的目的主要是推断或明确死亡原因、推测损伤时间和死亡时间、推断致伤物、判断死亡方式、个人识别以及其他问题。

2. 临床法医学

临床法医学以活体为主要研究对象,也就是通常说的活体检验,它是运用临床医学的理论和技术来研究并解决与法律有关的人身损害程度、残疾状况、劳动能力丧失程度、受伤与治愈时间、生殖及性功能和精神状态与责任能力等问题。在医疗纠纷当中,涉及活体的鉴定案件主要在临床医学范围内进行。其中,精神状态的鉴定实际上就是司法精神病学鉴定。

3. 法医物证学

物证是指对案件的真实情况具有证明作用的一切物品和痕迹。法医物证检验的主要对象包括人体的组成成分,如血液、指甲、指甲、骨骼、毛发及组织碎块等;人体的分泌物和排泄物,如精液及精斑、唾液、尿液等;凶器、工具及其上的人体附着物,如斧头、菜刀及其上面所黏附的人体组织等;有些时候还会涉及其他动物的组织或体液,如鸡、猪等动物的血液或其他组织等。

4. 法医毒理学

法医毒理学是主要研究以自杀、他杀为目的和意外、灾害事故引起中毒的一门科学;同时它也研究药物滥用、环境污染和医疗过程中发生的引起法律纠纷的中毒。医疗纠纷案件当中,特别是尸体检验中,一般把系统排除毒物列为常规,以排除中毒死亡。

除了以上基本的四大分支学科外,医疗损害司法鉴定还包括法医毒物分析、法医人类学以及法医精神病学等一些特殊的分支学科,由于它们在鉴定中所具有的学科专业性特点,逐渐从以上四大学科当中分离出来,形成独立的分支学科。

三、医疗损害医学鉴定和医疗损害司法鉴定之联系

(一) 医疗损害医学鉴定和医疗损害司法鉴定的共同点

(1) 鉴定对象都是医疗纠纷,两种鉴定都是医疗损害鉴定的形式。

(2) 聘请医学专家,并以医学专家的意见为主,都需要医学专家的权威性意见。

(3) 鉴定手段都是通过专家讨论的方式。目的就是保证鉴定结论能够在最大程度上的准确性和公正性。

(4) 鉴定均控制在医学范围内,不超出此范围。虽然两种鉴定的目的都是解决法律问题,但是具体的鉴定工作则仅限于运用专业的医学知识和理论为证明法律问题提供医学依据而已,因此,鉴定都是控制在医学范围之内。

(5) 都是在追求最大程度上的公正。两种鉴定的宗旨都是还真相以本来面目,因此二者都极其强调鉴定工作和鉴定结论的客观性和公正性。

(6) 两种鉴定均需努力完善操作性。二者所谓的"鉴定",其实质是一种评定,因而容易受到干扰并产生不同意见,所以两种鉴定都需要努力完善实际工作当中的操作性。

(二) 医疗损害医学鉴定和医疗损害司法鉴定的区别

1. 服务对象不同

医疗损害医学鉴定不仅服务于医疗损害民事案件的审理,也服务于医疗损害案件的行政处理;而医疗损害司法鉴定由法院委托或双方当事人共同委托引起,其主要为法庭审判服务。

2. 鉴定性质不同

医疗损害医学鉴定主要是为医疗事故定性。如未定性为医疗事故,可以"但书"作为补充;而法医学鉴定则是一种过失鉴定,即过失和后果有无因果关系的一种鉴定。

3. 鉴定程序复杂程度不同

医疗损害医学鉴定的鉴定程序复杂,因此考虑程序方面的公正多一些;而医疗损害司法鉴定的鉴定程序则相对简单,它追求实质上的公正多一些。

4. 对医学专家意见的适用程度不同

医疗损害医学鉴定以医学专家意见为主;而医疗损害司法鉴定对于医学专家的意见,法医有权衡和裁量的权利。

5. 涉及责任性质不同

医疗损害医学鉴定主要是为医疗事故定性,如果定为医疗事故,医院要负行政责任,所以不太受医院欢迎;而医疗损害司法鉴定只涉及民事赔偿,并不涉及医疗事故的行政责任。

6. 鉴定主体的责任方式不同

医疗损害医学鉴定采用的是集体负责制,鉴定书只加盖鉴定专用章,鉴定人并不签名;而医疗损害司法鉴定则实行的是个人负责制,即法医鉴定人签名负责。

总之,两种鉴定只要依法进行,其公平性和公正性并没有区别。所不同的,只是医疗损害医学鉴定偏重于对医疗规范、技术方面的认定,而医疗损害司法鉴定则着重于使医学与法律的结合点更为妥当。本章主要重点介绍医疗损害医学鉴定制度。

第三节 医疗损害医学鉴定制度

目前,医学会的医疗损害鉴定工作仍以《医疗事故处理条例》作为其法律依据。

一、鉴定机构

根据《医疗事故处理条例》的规定,医疗事故的技术鉴定工作由医学会负责。医学会是按照 1998 年 10 月 25 日发布的中华人民共和国国务院第 250 号令《社会团体登记条例》的规定,经县级以上人民政府民政部门审查同意,成立登记的医学社会团体。医学会是由医学科学工作人员、医疗技术人员等中国公民自愿组成,为实现会员共同意愿、按照其章程开展活动的非营利性医学社会组织。国家机关(包括卫生行政机关以外的医学科研组织、医疗机构等)可以作为单位会员加入医学会。医学科研人员和医务人员可以作为个人会员加入医学会。

医学会具备法人资格,有规范的名称和相应的组织机构,有固定的活动住址,有与其业务活动相适应的专职工作人员,有合法的资产和经费来源,有独立承担民事责任的能力,但并不从事营利性的经营活动。

《医疗事故处理条例》规定医疗事故技术鉴定工作由医学会负责,绝不是说所有的医学会都可以作为医疗事故技术鉴定的主体,进行医疗事故技术鉴定的医学会必须具备相应的鉴定资格。根据《医疗事故处理条例》第 21 条的规定,从事医疗事故技术鉴定工作的医学会,可分为以下三种:

第一,设区的市级地方医学会,负责组织本地区内医疗事故争议的首次鉴定;

第二,省、自治区、直辖市直接管辖的县或者县级市地方医学会,负责组织本地区内医疗事故争议的首次鉴定;

第三,省、自治区、直辖市医学会,负责本行政区域内当事人因对医疗事故争议首次鉴定不服而提起的再次鉴定。

二、鉴定人

(一)医学会专家库的建立

医疗事故技术鉴定的具体鉴定人是专家鉴定组。而专家鉴定组则由医学会内部设立的专家库中抽取的专家组成。通常能够进入专家库的医疗卫生专业技术人员都应当是德才兼备的高职称医学专家。根据《医疗事故处理条例》和《医疗事故技术鉴定暂行办法》的规定,医学会所建立的专家库必须由具备下列条件的医疗卫生专业技术人员组成其具体条件包括:

(1)具有良好的业务素质和职业品德;

(2)受聘于医疗卫生机构或者医学教学、科研机构并担任相应专业高级技术职务 3 年以上;

(3)健康状况能够胜任医疗事故技术鉴定工作。另外,符合前款第 1 项和第 3 项规定条件并具备高级技术任职资格的法医也可以受聘进入专家库。

总的来说,符合条件的鉴定人必须具备相关专业的高级技术任职资格,工作单位必须是医疗卫生机构、医学教学机构或者科研机构,其中包括法医在内。这些受聘的医疗卫生专业技术人员和法医进入专家库,原则上是聘请本省、自治区、直辖市范围内的专家,但是当不能够满足实际需要的时候,也可以不受行政区域的限制。

(二) 医学会专家鉴定组的产生

医疗事故技术鉴定是由双方当事人从医疗事故技术鉴定专家库中随机抽取若干名专家组成专家鉴定组,由专家组来完成鉴定工作的,因此只有专家鉴定组才具备医疗事故技术鉴定的实施权。专家鉴定组是由医患双方在医学会的主持下从专家库中随机抽取的相关专业的专家组成的,是一个临时性的小组,其成员也是非固定的。根据《医疗事故处理条例》的规定,"专家鉴定组"按照以下程序产生:

首先,医学会应当根据医疗事故争议所涉及的学科专业,确定专家鉴定组的构成和人数。专家鉴定组组成人数应该是3人以上的单数,医疗事故争议涉及多学科专业的,其中主要学科专业的专家不得少于专家鉴定组成员的1/2。

其次,专家鉴定组的构成和人数确定之后,由医学会提前通知双方当事人,在指定的时间、指定的地点,从专家库相关学科专业组中随机抽取专家鉴定组成员。若现有专家库成员不能满足实际鉴定工作需要时,医学会应当向双方当事人说明,并经双方当事人同意,可以从本省、自治区、直辖市其他医学会专家库中抽取专家;若这样仍然无法满足实际鉴定需要,还可以从其他省、自治区、直辖市医学会专家库中抽取。

最后,随即抽取结束后,医学会当场向双方当事人公布所抽取的专家鉴定组成员和候补成员的编号并记录在案。这样,医疗事故专家鉴定组正式产生。

三、医疗损害医学鉴定程序

(一) 鉴定的启动

鉴定启动权,指当事人或法律规定有鉴定权的行政、司法部门发起医疗事故鉴定活动的权利,是鉴定权付诸实施的法律前提,也是委托鉴定的法律依据。根据《医疗事故处理条例》及其配套文件《医疗事故技术鉴定暂行办法》的相关规定,启动医疗事故技术鉴定程序有三种方式:

1. 医患双方发生医疗事故争议,在双方当事人愿意协商解决的情况下,如果需要进行医疗事故技术鉴定,则由双方当事人共同书面委托医疗机构所在地负责首次医疗事故技术鉴定工作的医学会进行医疗事故技术鉴定。此种方式启动鉴定须同时具备四个条件:(1) 对医疗事故争议,当事人不提请卫生行政部门处理,而是双方当事人协商解决;(2) 由医患双方共同提出医疗事故技术鉴定的申请;(3) 医患双方按照鉴定机构的要求提供鉴定所需要的病案资料、实物等;(4) 配合鉴定机构的调查,如实提供相关情况。

2. 由卫生行政部门移交医学会鉴定。若县级以上地方卫生行政部门接到医疗机构关于重大医疗过失行为的报告,或者医疗事故争议当事人提出处理医疗事故争议申请的情况下,如果需要进行医疗事故技术鉴定,则应该由该卫生行政部门将医疗事故争议书面移交负责首次医疗事故技术鉴定工作的医学会进行医疗事故技术鉴定。这里具体分为两种情况:

(1) 卫生行政部门在医疗机构发生重大医疗过失行为后的移交鉴定。《重大医疗过失行为和医疗事故报告制度的规定》第3条规定,医疗机构发生重大医疗过失行为的,应当在12小时内向所在地卫生行政部门报告,卫生行政部门在接到报告后应当立即组织人员进行调查。《医疗事故处理条例》第36条规定,在调查核实的基础之上,对于无法判定是否属于医疗事故,或者无法认定重大医疗过失行为与患者人身损害之间是否存在因果关系以及损害程度和医疗方的责任程度的,卫生行政部门应当交由负责组织医疗事故技术鉴定工作的医学会组织鉴定。在这种情况下,卫生行政部门的移交鉴定是履行监督管理职权的主动行为,这种启动方式可以防止或减少医疗机构规避医疗事故技术鉴定以掩盖医疗事故情形的发生。应当注意,重大医疗过失行为是指《医疗事故处理条例》第14条规定的三种情况之一:① 导致患者死亡或者可能为二级以上的医疗事故;② 导致三人以上人身损害后果;③ 国务院卫生行政部门和省、自治区、直辖市人民政府卫生行政部门规定的其他情形。根据卫生部颁布的《重大医疗过失行为和医疗事故报告制度的规定》第4条规定:重大医疗过失行为导致3名以上患者死亡、10名以上患者出现人身损害的,医疗机构应当立即向所在地县级以上卫生行政部门报告,地方卫生行政部门应当立即逐级报告至卫生部;中医、中西医结合、民族医疗机构发生上述情形的,还应当同时逐级报告至国家中医药管理局。

(2) 医患双方当事人要求卫生行政部门处理的移交鉴定。这里说的当事人,是指医患双方的一方或双方,即要求移交鉴定的申请可以是患方提出的,也可以是医方提出的,还可以是医患双方共同提出的。患方不仅包括患者本人,若患者死亡或者为无民事行为能力、限制民事行为能力人时,其近亲属和单位也可以提出申请。卫生行政部门经审查予以受理后,对于需要进行医疗事故技术鉴定的,应当自作出受理决定之日起5日内将有关材料交由负责医疗事故技术鉴定的医学会组织鉴定。在这种情况下,只要医患双方对争议的事实或应属的医疗事故等级认识不一致,或者有任何一方提出要求鉴定的,卫生行政部门就应当移交医学会鉴定。

总之,上述两种情况,都要求具备一个条件,即卫生行政部门认为需要进行医疗事故技术鉴定。只有对医疗纠纷无须经过专家鉴定,平常人即可作出正确结论时,亦即对事实清楚、情节简单、争议不大、不涉及判定残疾程度和医疗行为在医疗损害后果中责任程度的,可以自行判定是否属于医疗事故,才不需要移交医学会进行鉴定。负责移交鉴定的"卫生行政部门",则是医疗机构所在地的县级人民政府卫生部门,医疗机构所在地是直辖市的,由医疗机构所在地的区、县人民政府卫生行政部门负责移交医学会进行鉴定。

3. 协商解决医疗事故争议涉及多个医疗机构时,由这些医疗机构同患者共同委托其中任一所医疗机构所在地负责首次医疗事故技术鉴定工作的医学会进行医疗事故技术鉴定。在这种情况下,当事人申请卫生行政部门处理的,只可以向其中一所医疗机构所在地的卫生行政部门提出处理申请。

(二) 鉴定的具体程序

1. 鉴定申请

医患双方协商解决,需要进行医疗事故技术鉴定时,由双方当事人向医学会提出书面申请;卫生行政部门接到医疗机构关于重大医疗过失行为报告时,或者当事人提出处理医疗事故争议申请时,由卫生行政部门移交相应的医学会进行鉴定。医学会不接受单方面的申请。

2. 缴纳鉴定费

提出申请医疗事故鉴定的当事人,在提出申请的同时要根据当地医学会规定的收费标准预先缴纳鉴定费;若双方共同提出,则由双方协商缴纳。实际缴纳时,预交的鉴定费大多由医疗机构缴纳。鉴定结束后,属于医疗事故的,鉴定费用由医疗机构支付;不属于医疗事故的,鉴定费用由提出医疗事故处理申请的一方支付。如对首次鉴定结论不服,提出鉴定的,须另行缴纳鉴定费。不缴纳鉴定费的,鉴定申请视为无效。

3. 受理立案

当鉴定委托人提出书面申请并缴纳鉴定费后,医学会应立即受理案件,并应在受理的当日或最快的时间内封存所有病历资料、相关物证及其他材料。同时,自受理鉴定之日起 5 日内,医学会应通知双方当事人提交鉴定所需材料,当事人应在接到通知之日起 10 日内提交材料。

对于鉴定的受理,《医疗事故技术鉴定暂行办法》第 13 条规定了医学会不受理的几种情况:

(1) 当事人一方直接向医学会提出鉴定申请的;
(2) 医疗事故争议涉及多个医疗机构,其中一所医疗机构所在地的医学会已经受理的;
(3) 医疗事故争议已经人民法院调解达成协议或判决的;
(4) 当事人已向人民法院提起民事诉讼的(司法机关委托的除外);
(5) 非法行医造成患者身体健康损害的;
(6) 卫生部规定的其他情形。

除此之外,《医疗事故技术鉴定暂行办法》第 16 条还规定,医学会遇到下列情况之一时,可以终止组织鉴定:

(1) 当事人未按规定提交有关医疗事故技术鉴定材料;

(2) 提供的材料不真实;

(3) 拒绝缴纳鉴定费;

(4) 卫生部规定的其他情况。

4. 调查取证、收集材料

医学会受理案件后,即具有调查取证、收集材料的权利。医学会根据工作安排,指定人员进行鉴定前必要的资料收集和调查核实工作,使所有资料尽可能的完整、准确、可靠。双方当事人要积极配合鉴定委员会的调查取证工作,不得干扰、阻碍和提供伪证。医学会进行调查取证的人员不得少于 2 人,调查取证结束后,调查人员和调查对象应当在有关文书上签字,调查对象拒绝签字时应记录在案。

5. 听证会

医疗事故技术鉴定 7 日前,医学会应当将鉴定的时间、地点、要求等书面通知当事人,双方当事人也应当按照通知参加鉴定。医学会也应当在医疗事故技术鉴定 7 日前书面通知专家鉴定组成员,专家鉴定组成员因回避或其他原因无法参加医疗事故技术鉴定的,医学会应当通知相关学科专业组候补成员参加;特殊情况下,如不可抗力因素等,医疗事故技术鉴定可以延期举行。

鉴定会由专家鉴定组组长主持,组长由专家组成员推荐产生或者由医疗事故争议所涉及专业具有最高技术职务任职资格的专家担任。具体会议程序为:

(1) 双方当事人在规定的时间内分别陈述意见和理由,陈述顺序为先患方,后医疗机构;

(2) 专家鉴定组成员根据需要进行提问,当事人应如实回答,同时,对患者进行现场活体检查;

(3) 双方当事人退场;

(4) 专家鉴定组对事件进行讨论,包括双方当事人提供的书面材料、陈述及答辩;

(5) 经合议,根据半数以上专家鉴定组成员的一致意见形成鉴定结论,全体专家在鉴定结论上签名。对结论有不同意见,应当注明。

6. 签发医疗事故技术鉴定书

医疗事故技术鉴定书根据鉴定结论作出,文稿由鉴定组组长签发,加盖医学会医疗事故技术鉴定书专用章。

7. 通知鉴定结束

由卫生行政部门移交的鉴定,医学会应将规范的医疗事故技术鉴定书送交卫生行政部门审核,对符合规定作出的鉴定结论,及时送达双方当事人;由双方当事人共同委托的,直接送达双方当事人。医学会应当注意留取收到文件的签收依据和时间。

（三）确定事故责任

根据医疗事故损害后果与医疗过失的程度确定事故责任：

（1）完全责任,指医疗事故损害后果完全由医疗过失行为造成。

（2）主要责任,指医疗事故损害后果主要由医疗过失行为造成,其他因素起次要作用。

（3）次要责任,指医疗事故损害后果主要由其他因素造成,医疗过失行为起次要作用。

（4）轻微责任,指医疗事故损害后果绝大部分由其他因素造成,医疗过失行为起轻微作用。

（四）再次鉴定和重新鉴定

所谓医疗事故技术鉴定的再次鉴定,是指收到首次医疗事故技术鉴定书后,医疗事故争议双方的任何一方当事人对首次医疗事故技术鉴定结论不服,在法定的期限内（自收到首次医疗事故技术鉴定书之日起15日内）,向原受理医疗事故争议处理申请的卫生行政部门提出再次鉴定的申请,申请由省、自治区、直辖市医学会组织的鉴定;或由医疗事故争议的双方当事人共同委托省、自治区、直辖市医学会组织的鉴定。而所谓重新鉴定则是因原有鉴定违反程序性规定被推翻而需要重新鉴定。由此可见,再次鉴定和重新鉴定的区别就在于:再次鉴定是对鉴定的实体内容不服而提起的鉴定;而重新鉴定则不涉及鉴定的实体内容,只是因原有鉴定违反法定程序而需要重新按照法定程序进行鉴定。

可以说,提请再次鉴定是医疗事故双方当事人共同享有的权利。《医疗事故技术鉴定暂行办法》第40条规定,提起再次鉴定的途径有二：

（1）一方当事人向原受理医疗事故争议处理申请的卫生行政部门提出；

（2）双方当事人共同委托组织再次鉴定的医学会；

那么当事人不服首次医疗事故技术鉴定,申请再次鉴定是否存在实质性条件呢？这个问题其实涉及的就是医疗事故技术鉴定的效力终极制度。所谓事项处理的效力终极制度,就是指特定事项的处理经过几级在法律上即为终局,当事人不得再提异议的制度。根据《医疗事故处理条例》的规定,我国实行的是两极鉴定制度,即"两鉴终鉴"制。具体地说,就是《医疗事故处理条例》第21条的规定:"设区的市级地方医学会和省、自治区、直辖市直接管辖的县（市）地方医学会负责组织首次医疗事故技术鉴定工作。省、自治区、直辖市地方医学会负责组织再次鉴定工作。必要时,中华医学会可以组织疑难、复杂并在全国有重大影响的医疗事故争议的技术鉴定工作。"《医疗事故处理条例》第22条的规定:"当事人对首次医疗事故技术鉴定结论不服的,可以自收到首次鉴定结论之日起15日内向医疗机构所在地卫生行政部门提出再次鉴定的申请。"按照上述规定,市级地方的医学会、省级直管的县(市)级地方的医学会负责组织首次医疗事故技术鉴定,当事人不服首次医疗事故技术鉴定结论的,在法定期限内向法定部门申请再次鉴定的应予受理。

关于重新鉴定和再次鉴定的效力问题。根据《医疗事故处理条例》的规定,重新鉴定后,原鉴定自然无效,重新鉴定结论有效。一般来讲,卫生行政部门对发生医疗事故的医疗机构和医务人员进行行政处理时,应当以最后的医疗事故技术鉴定结论作为处理依据。因此,在行政处理时,再次鉴定的效力高于首次鉴定。

四、医疗损害医学鉴定人资格与回避

(一) 鉴定人资格

鉴定人是指根据自己的专业知识对有关问题作出结论性判断的人士。对医疗事故进行技术鉴定的人必须是具有医疗事故技术鉴定资格,并持有医疗事故技术鉴定专家执业证书的自然人。由于医疗活动是一项专业技术要求高、具有高度风险性的工作,因此医疗事故技术鉴定的专业性、技术性很强。为了保证医疗事故技术鉴定组织独立完成鉴定、公正准确地作出鉴定结论,所以根据《医疗事故处理条例》的规定,医学会应当建立专家库。医疗事故技术鉴定,由医学会组织从专家库中选取的专家鉴定组进行。而作为鉴定组成员的每个鉴定人当然要符合鉴定人的一般要求。从而既能够保证鉴定人的专业技术水平,又因其采用合议制而避免个人专断,使鉴定结论的合理合法性有所保障。

一般来讲,不具备医疗事故技术鉴定主体资格的医学团体主要包括以下两种情况:

第一,不是依法成立登记的医学社会团体,不具备医疗事故技术鉴定的主体资格。如机关、团体、企业事业单位内部经本单位批准成立、在本单位内部活动的医学团体;

第二,县或者县级市地方医学会。虽然这种地方医学会也是经县级以上地方人民政府民政部门审查同意、依法成立登记的医学社会团体,但是其所在的县或县级市不属于省、自治区、直辖市直接管辖,所以不具备医疗事故技术鉴定的主体资格。

(二) 鉴定人回避制度

医疗事故技术鉴定当中的回避,是指参加鉴定工作的专家鉴定组成员如果与医患双方当事人有利害关系或者有其他关系,可能影响到鉴定工作的客观公正时,应当自动申请或者依照医患双方中任何一方当事人的申请,退出专家鉴定组鉴定工作的一种制度。

回避的方式有两种:一种是鉴定组成员自行回避,即专家库中的鉴定专家在被当事人抽取作为专家鉴定组成员后,如果认为自己同被鉴定案件的当事人有利害关系或者有其他关系,应当主动要求退出鉴定组,不参加对该案件的鉴定工作。另一种是当事人申请回避,即医患双方当事人认为已经被抽取作为专家鉴定组成员的鉴定专家与案件当事人之间有利害关系或者有其他关系,可能影响对案件的公正鉴定而提出申请,要求其退出该案鉴定组。在实践当中,提出回避申请的往往是患方。

按照《医疗事故处理条例》的规定,专家鉴定组成员有下列情形之一的,应当回避,当事人也可以申请其回避:

(1)是医疗事故争议当事人或者当事人的近亲属的。如果专家鉴定组成员是医疗事故争议的当事人或者近亲属,应当回避。首先这里的当事人是指因发生医疗事故争议的双方,既包括医疗机构,也包括患者。由于医疗机构是法人组织,因此专家鉴定组成员作为医疗机构这一方的当事人,则可以理解为是医疗机构的员工。其次,这里的近亲属是一个法定概念,一般指最高人民法院《民通意见(试行)》第12条规定的近亲属,包括配偶、父母、子女、兄弟姐妹、祖父母、外祖父母、孙子女、外孙子女。

(2)与医疗事故争议有利害关系的。这里说的与医疗事故争议有利害关系,一般是指医疗事故技术鉴定的结论可能直接或者间接地损害专家鉴定组成员的经济利益、学术地位、名誉声望等,包括参加过引发医疗事故争议的医疗行为的会诊、医疗事故争议初级鉴定等。

(3)与医疗事项事故争议当事人有其他关系,可能影响公正鉴定的。这里说的其他关系,是指上述两种关系以外的其他比较亲近或者密切的关系。

五、医疗损害医学鉴定结论的效力

医疗损害医学鉴定的法律效力是一个影响医疗纠纷的关键问题。医疗损害医学会鉴定按其法律属性而言,是医疗事故鉴定委员会对医疗部门在医疗行为中是否存在重大过失的一种结论,是医疗行政部门对医疗单位进行行政处罚的主要依据,但并非法院审理医疗纠纷案件的唯一依据,法院有权就鉴定结论进行审查。

因此,法院在这类案件审理过程中应明确:(1)医疗损害医学会鉴定结论是民事诉讼证据的一种,经过当事人质证、认证,由法院确定其效力,其结论并不必然为法庭采纳;(2)医疗损害医学会鉴定结论不是处理医疗纠纷的唯一依据,医院可以以其他证据形式证明自己的医疗行为和损害后果无因果关系或自己的医疗行为无过错。

思考题：

1. 什么是医疗事故技术鉴定？其特征有哪些？
2. 什么是医疗损害司法鉴定？
3. 医疗损害司法鉴定的范围有哪些？
4. 医疗损害医学会鉴定和医疗损害司法鉴定有何不同？

第十一章 医疗纠纷的处理

【内容提要】 医疗纠纷发生后,如何依法处理医患双方的矛盾,维护双方的合法权益,采用合理合法且有效的处理方式,是当前我国医务界面临的重要课题。本章探讨处理医疗纠纷应遵循的一般原则,提出构建我国解决医疗纠纷的有效机制和方式。

第一节 医疗纠纷处理概述

一、我国现行医疗纠纷处理机制

我国现行医疗纠纷处理机制包括行政处理和司法救济两种基本方式。包括医疗鉴定、事故处理、对患者和家属的赔偿,以及对责任者的处分等。

根据《医疗事故处理条例》,医疗事故的处理程序包括:发生医疗事故的,医疗机构应当按照规定向所在地卫生行政部门报告。卫生行政部门接到医疗机构关于重大医疗过失行为的报告后,除责令医疗机构及时采取必要的医疗措施,防止损害后果扩大外,应当组织调查,判定是否属于医疗事故;对不能判定是否属于医疗事故的,应当按照本条例的有关规定交由负责医疗事故鉴定工作的医学会组织鉴定。发生医疗事故赔偿等民事责任争议,医患双方可以协商解决,不愿意协商或者协商不成的,当事人可以向卫生行政部门提出调解申请,也可以直接向人民法院提起民事诉讼。卫生行政部门接到医疗机构关于重大医疗过失行为的报告或医疗事故争议当事人要求处理医疗事故争议的申请后,对需要进行医疗事故技术鉴定的,应当交由负责医疗事故技术鉴定工作的医学会组织鉴定。医疗机构发生医疗事故的,由卫生行政部门根据医疗事故等级和情节,给予警告;情节严重的,责令限期停业整顿直至由原发部门吊销执业许可证,对负有责任的医务人员依照刑法关于医疗事故罪的规定依法追究刑事责任;尚不够刑事处罚的,依法给予行政处分和纪律处分。

二、我国医疗纠纷处理机制存在的问题

医疗纠纷属于典型的民事纠纷,因此解决民事纠纷的方式都可以适用于医疗纠纷的解决。但从目前情况看,医疗纠纷的解决实际上只有诉讼、卫生行政部门调解及当事人协商这三种方式。这些方式在处理医疗纠纷以及相互之间的衔

接上存在不少问题。

1. 在医疗纠纷解决方式的选择上,当事人(特别是患者一方)对诉讼过分倚重,甚至认为是唯一的途径。从我国现行纠纷解决机制来看,在医疗纠纷解决中诉讼无疑占据着核心地位,这诚然是由诉讼自身的特点及其所承担的社会功能所决定的。然而,由于医疗领域的专业性特征,法院在审理时更多时候只能依靠医疗事故鉴定结论,医疗事故鉴定结论几乎成为法院认定事实和责任的唯一依据,这不能不说是一种"外行的悲哀"。不仅如此,专业性过强,也使得案件的审理往往耗时耗费,造成诉讼在处理医疗纠纷上效率低下。在诉讼固有的弊端以及难以克服的压力被广泛认识的今天,是否仍然坚持全部或者主要通过诉讼来解决医疗纠纷是存在疑问的。

2. 医疗纠纷解决方式的种类较少。尽管现代法治国家把纠纷解决集中于公权力的管辖下,并尽量限制私力救济,但是这并不意味着当事人不能对现有纠纷解决方式作出自由选择。在我国,目前医疗纠纷的解决方式较少,当事人可选择的余地不大,一些在解决其他民事纠纷上发挥明显作用的方式(比如仲裁)在医疗纠纷的解决中没有得到运用。因此,应增加医疗纠纷的解决方式,以便当事人根据自己的意愿与判断选择最合适的医疗纠纷解决方式。

3. 医疗事故责任竞合时刑事侦查、行政干预和民事纠纷解决之间衔接不够合理。在发生医疗事故情况下,医疗机构或医务人员可能需要同时承担民事责任、行政责任乃至刑事责任,此时就发生了医疗事故的责任竞合问题。《条例》规定了医疗事故的行政责任,但对在医疗事故可能构成医疗事故罪的情况下如何与刑事侦查衔接,缺乏详细的规定。同样,在关于医疗事故赔偿的民事诉讼中,如何追究责任人员的行政责任与刑事责任也没有合理的衔接。这些问题都有待于通过改革医疗纠纷处理机制来予以解决。

三、医疗纠纷处理应当遵循的原则

(一)以事实为依据、法律为准绳的原则

以事实为根据,以法律为准绳是我国法制建设的基本原则,它是指国家机关及其公职人员在适用法律规范处理具体案件时,必须以案件的客观事实为依据,把对案件的处理建立在符合客观事实的基础上,而不是以任何主观想象分析和判断作为依据。

所谓以事实为根据,就是通过大量的客观证据,在实事求是的详尽、公正调查的基础上,弄清事实真相,进行医学科学的鉴定,查明造成病人不良后果的原因、性质、程度及其间的因果关系,分清责任性质,并在正确划分直接责任和间接责任、主要责任和次要责任的基础上作出处理。

（二）以医学科学理论和临床实践为重要依据的原则

很多医疗纠纷的发生是因病人或家属缺乏对医学科学基本知识的了解甚少，导致不良后果造成误解，因此，医务人员要重视对病人及其家属进行医学知识普及，同时，也不得迁就病人家属的激情要求和人情相托而放弃原则，作出违反医学科学原理的结论。医疗鉴定必须遵循医学科学理论和临床实践作出科学、合理的结论。

（三）以维护医患双方合法权益为原则

在医疗纠纷的处理中，首先考虑的是保护病人的合法权益和医务人员应尽的义务与责任，其次也要考虑维护医疗单位和医务人员的合法权益，这种服务与被服务的关系不能颠倒，否则在医疗纠纷处理中将会出现与"以病人为中心"、"病人至上"等办院根本宗旨背道而驰的错误做法。

（四）以诚信、公平为原则

诚信、公平原则是民事活动的基本原则，引用其解决医疗纠纷符合法律规定。诚信、公平原则具有以下几种含义：(1) 民事主体在民事活动中应依诚实信用的方式行使权利和履行义务；(2) 民事活动中以利益均衡作为价值判断标准，用来衡量民事主体之间的物质利益关系，确定民事主体的民事主体的民事权利义务及民事责任的承担等。诚信、公平原则是法律赋予司法人员的一定自由裁量权，使其在法律规定不足时，从民法的目的出发，依诚实信用原则，公平地解决纠纷。

（五）以有利于医院健全制度和严格管理为原则

医疗单位的领导和有关职能部门要充分认识到正确处理医疗纠纷的过程就是医院健全规章制度和严格科学管理的建设过程，也是将医院置身于社会监督之下促进和提高医院管理水平的过程。因此，在处理医疗纠纷时，首先要立足从医院管理本身的质量方面来找原因、找差距、找办法，对问题不能忽视，对缺点不能回避，对错误不能放任，要坚持几十年来行之有效的"三不放过"的经验（问题没有查清不放过，当事人没有吸取教训不放过，整改措施未落实不放过），坚持将处理医疗纠纷和防范纠纷发生相结合的原则。

（六）以国家利益和个人利益相统一为原则

在医疗纠纷的调查、定性、结论和善后处理的全过程中，始终要坚持国家利益和个人利益相统一的原则，这包括几个含义：

（1）要注意防止医务人员、科室和医院为了个人和本单位的利益而不择手段"包丑"，以各种理由来搪塞甚至欺骗病人或家属。

（2）实行事故责任人或医疗缺陷行为人要承担一定经济补偿金额的制度，做到与行为人的个人利益挂钩，这将会有利于纠纷的处理和防范。

（3）要防止在经济补偿问题上，迁就病人或家属的放弃原则的错误做法。

第二节 医事诉讼

一、医事诉讼的概念和特征

医事诉讼是指在医患法律关系主体之间,因医事法中所确定的权利与义务发生争议,而诉至法院,请求人民法院予以解决,或对行为人造成重大医疗事故,需确定是否构成犯罪处以刑罚,依法提起公诉,由人民法院予以审理作出判决的活动。医事诉讼具有如下特征:

(1) 医事诉讼是国家司法机关,行使国家赋予的司法权利的一种专门的规范的活动。

(2) 医事诉讼的内容和对象,主要是解决医事法律关系主体权利与义务争议,确认医事法律责任和是否构成刑事犯罪,以及如何承担法律责任。

(3) 医事诉讼是保障医事法律实现的一种具体的程序活动,是医事法律实现的一种过程。

(4) 医事诉讼必须由符合法定条件的医患法律关系主体和国家公诉机关,向有管辖权的人民法院提起诉讼,并由人民法院受理,依法予以审理。

(5) 医事诉讼是由人民法院主持,当事人与其他诉讼参与人参加,依照法定程序充分申明各自的主张,提出相应的证据,特别是医方承担举证责任。由人民法院审理,最终作出裁决的活动。

二、医事诉讼的分类

由于具体医事诉讼所要解决的争议或案件的性质不同,涉及的权利义务内容不同,因此,所应适用的实体法和程序法也不同。法律根据诉讼活动要解决的争议和案件的性质,将医事诉讼分为行政诉讼、民事诉讼和刑事诉讼三大类。

(一) 医事行政诉讼

医事行政诉讼是指医事行政相对人(患者或患者家属)对行政主体(卫生行政主管部门)的具体行政行为不服,依法向人民法院提起诉讼,人民法院据此在诉讼当事人及其他诉讼参与人的参加下,对被诉具体行政行为进行审理和裁判的司法活动,以及由此而产生的各种诉讼法律关系总合。

(二) 医事民事诉讼

医事民事诉讼是指解决平等主体即患者或患者家属及医疗机构之间,与医事相关的权利、义务相关的诉讼活动。医患双方不服卫生行政主管部门的行政裁决向人民法院进行民事诉讼,也可以直接向人民法院起诉。医患双方因医疗纠纷引起民事诉讼,诉由包括违约之诉和侵权之诉。

（三）医事刑事诉讼

医事刑事诉讼是指人民法院、人民检察院和公安机关，在当事人和其他诉讼参与人的参加下，依照法定程序，查明案件事实，应用刑法解决被告人是否有医事犯罪和是否应受刑事处罚所进行的侦查、起诉和审判活动。

无论是医事行政诉讼，还是医事民事诉讼、医事刑事诉讼，由于它们都是医事诉讼，所以它们有以下共同点：

（1）诉讼的发生、发展都是因为有可以通过诉讼解决的某种事实存在。如：患者或家属对卫生行政主管部门的行政决定不服，患者在发生医疗纠纷后认为构成医疗事故，直接向人民法院起诉，国家司法机关认为由于医疗人员的过失，造成患者死亡或严重的残疾等需追究医务人员的刑事责任等。

（2）都是患者在诊疗过程中，患者、患者家属或国家司法机关认为，医疗单位的行为引起患者死亡、残疾、重要器官损伤或造成严重的功能障碍。医疗单位或责任人应负民事责任或刑事责任。

（3）诉讼必须有国家司法机关的参加、主持进行和对案件作出裁决。没有司法机关就没有诉讼。任何事件或诉讼，如果不是经司法机关并按照特定程序调查处理的，就不能称之为诉讼。所以，经过司法机关，要由司法机关主持进行和对案件作出裁决，这也是任何诉讼得以成立的一个基本条件。

（4）诉讼也要有其他诉讼参与人参加。其他诉讼参与人包括：证人、鉴定人。不管是医事行政诉讼、医事民事诉讼还是医事刑事诉讼，除司法机关和当事人之外，一般也都会有其他诉讼参与人参加。

（5）任何医事诉讼都是依法进行。任何诉讼过程，都应该是执行法律、应用法律的过程。

三、医事诉讼的基本内容

（一）医事行政诉讼

1. 医事行政诉讼的概念

医事行政诉讼，是指医事行政相对人（患者或患者家属）对行政主体（卫生行政主管部门）的具体行政行为不服，依法向人民法院提起诉讼，人民法院据此在诉讼当事人及其他诉讼参与人的参加下，对被诉具体行政行为进行审理和裁判的司法活动以及由此而产生的各种诉讼法律关系总和。

2. 医事行政诉讼的受案范围

根据《行政诉讼法》的规定，结合医事工作的实际，医事行政诉讼的受案范围主要有以下几类：

（1）不服卫生行政机关行政处罚的案件。如不服卫生行政机关对医疗事故、事件作出的处理决定，可以提起行政诉讼。

（2）不服卫生行政机关强制措施的案件。如对卫生行政机关限制人身自由或者对财产查封、扣押等强制措施不服的可以依法提起行政诉讼。

（3）对卫生行政机关不作为的案件。当公民申请卫生行政机关履行保护人身权、财产权等法定职责而卫生行政机关拒绝履行（卫生行政机关拒绝对医疗事故、事件做行政处理）时，卫生行政管理相对人就有权依法向人民法院提起行政诉讼。

3. 医事行政诉讼的参加人

医事行政诉讼的参加人，是指参加医事行政诉讼的当事人和与当事人地位相似的人。包括：原告、被告、诉讼第三人和诉讼代理人。

（1）原告

医事行政诉讼的原告，是指认为卫生行政机关及其工作人员的具体行政行为侵犯了其合法权益，并以自己的名义，依法向人民法院提起诉讼而引起医事行政诉讼程序发生的公民、法人和其他组织。

（2）被告

医事行政诉讼的被告，是指因医事行政诉讼的原告不服其做出的具体行政行为而提起行政诉讼，人民法院通知其应诉的行使国家行政职权的组织。

医事行政诉讼的被告有以下几种：一是做出具体行政行为的卫生行政机关；二是具体行政行为经复议机关复议被维持的，做出具体行政行为的卫生行政机关为被告；三是具体行政行为经复议机关复议，被复议机关改变的，复议机关是被告；四是由法律法规授权组织做出的具体行政行为，该组织是被告；五是由卫生行政机关委托的组织做出的具体行政行为，做出委托的卫生行政机关是被告；六是两个以上卫生行政机关共同做出的具体行政行为，共同做出具体行政行为的机关是共同被告。

（3）诉讼第三人

医事行政诉讼的诉讼第三人主要指在对卫生行政机关处理医疗事故或事件的行政处理意见不服，而提起行政诉讼案件。因为卫生行政机关对医疗事故或事件的行政处理行为，涉及患者家属和医疗单位的权利和义务，任何一方不服提起行政诉讼，人民法院撤销该具体行政行为与否将影响另一方的权利义务，因此可以作为第三人参加诉讼维护自己的合法权益。

（4）诉讼代理人

医事行政诉讼代理人，是指依照代理权，以当事人的名义代为实施或接受行政诉讼的行为，从而维护当事人利益的行政诉讼参加人。

在医事行政诉讼中除了包括当事人和诉讼代理人之外，还包括诉讼参与人即证人、鉴定人、翻译和勘验人员等。

4. 医事行政诉讼的起诉和受理

起诉是指公民、法人或其他组织,认为卫生行政机关的具体行政行为侵犯了其合法权益,请求人民法院给予法律保护的诉讼行为。受理是指人民法院对公民、法人或其他组织提起的医事行政诉讼请求进行初步审查,决定是否立案受理的活动。

(1) 起诉条件

起诉必须符合一定条件:① 原告必须是卫生行政处罚或其他处理决定的相对人,或者是行政处罚、处理决定的利害关系人;② 要有明确的被告,被告可能是卫生行政机关,也可能是法律、法规授权的组织;③ 有具体的诉讼请求和事实根据,并以书面的形式向人民法院提出诉讼请求;④ 诉讼请求属于人民法院受案范围和受诉人民法院管辖。

(2) 起诉方式

起诉方式当事人具有选择权。即当事人对医疗事故的具体行政行为不服,可以不经过复议直接向人民法院起诉,也可以通过复议解决。

(3) 起诉期限

医事行政诉讼一般有 15 日和 3 个月两种期限:(1) 经过行政复议的案件应当在接到行政复议决定书或行政复议期满之日起 15 日内起诉;(2) 卫生法律没有明确规定,也不属于复议前置的一般起诉期限为 3 个月。

5. 医事行政诉讼的审理和判决

(1) 开庭审理

开庭审理是人民法院在诉讼当事人和其他诉讼参与人的参加下,依照法定程序对具体行政行为的合法性进行审查并作出裁判的活动。医事行政诉讼案件一律由合议庭审判,不存在独任审判的例外。合议庭组成人员一般 3 人以上的单数。人民法院应当在立案之日起 5 日内将起诉状副本和应诉通知书发送被诉行政机关。医事行政诉讼一律开庭审理。

(2) 审理的内容

人民法院对卫生行政案件的审查,主要是审理具体行政行为的合法性,包括审查卫生行政机关做出的具体行政行为的职权和行使职权的性质、种类、方式等是否合法;审查具体行政行为的内容是否合法,即具体行政行为所依据的事实是否真实存在,适用法律法规是否正确。

(3) 行政判决结果

行政判决是人民法院在审理行政案件终结时根据事实和法律,就行政案件的实体问题所做的处理决定。行政判决的结果分为以下几种:

① 判决维持卫生行政机关的具体行政行为。人民法院经审查认为卫生行政机关的具体行政行为证据确凿、适用法律法规正确、符合法定程序,依法作出

维持判决。

② 撤销或部分撤销卫生行政机关的具体行政行为。人民法院经审查认为，卫生行政机关的具体行政行为，主要证据不足、适用法律法规有错误，违反法定程序，超越职权，滥用职权五种情形只要存在一种，就必须撤销具体行政行为。部分撤销是在肯定部分合法的基础上，只撤销不合法的部分，合法的部分仍然有效。人民法院在判决撤销被诉具体行政行为时，可以判决卫生行政部门重新做出一个具体的行政行为，但不得以同一事实和理由做出与原具体行政行为基本相同的行政行为。

③ 判决卫生行政机关履行法定职责。即人民法院经审查，确认卫生行政机关不履行或拖延履行法定职责的行为存在，从而责令卫生行政机关在一定期限内履行法定职责。

④ 判决变更卫生行政机关的具体行政行为。即人民法院认为被诉行政处罚显失公正，从而改变行政处罚结果的判决形式。

⑤ 判决确认卫生行政机关具体行政行为合法或有效以及违法或无效。人民法院经审查一类为卫生行政机关的具体行政行为合法、但不适宜判决维持或驳回诉讼请求的情况；另一类是确认被诉行为违法或者无效的判决形式。

⑥ 驳回诉讼请求。驳回诉讼请求判决，即人民法院经审查，不支持原告的诉讼请求，从而对诉讼请求予以驳回。

⑦ 情况判决。情况判决，即人民法院经审查，确认被诉具体行政行为违法，本应予以撤销，但考虑到公共利益需要而不撤销，责令行政机关做其他补救的判决。

（二）医事民事诉讼

1. 医事民事诉讼概述

医事民事诉讼，是指解决平等主体即患者或患者家属与医疗机构之间，与医事民事权利、义务相关的诉讼活动。医患双方因医疗纠纷引起民事诉讼，诉由包括违约之诉和侵权之诉。目前我国对医疗民事诉讼并没有特别规定，与其他民事诉讼案件一样，依法适用民事诉讼普通程序和简易程序。医事民事诉讼与其他普通民事诉讼相比具有以下特点：

（1）诉讼当事人多为患者、患者家属。在医事民事诉讼中，原告多为患者、患者家属和未成年患者的法定监护人。被告是医疗机构或个体医生。

（2）诉讼请求为赔偿经济损失。在医事民事诉讼中诉讼请求一般为要求医方赔偿由于医方过失而给患者及家属带来的经济损失。

（3）案情涉及多种领域和学科。医事民事案件的案情具有一定的复杂性，涉及多种领域和学科。涉及医学、法医学、法学等，很难以一般的诉讼程序来解决。

（4）诉讼证据是特定的并具有排他性。医事民事纠纷的证据必须是原始的、直接的、特定的并具有排他性。例如，病人的就医病历、各种检查的记录以及医学会的医疗纠纷鉴定具有法定性，而且是排他的。

（5）医事纠纷的实体判决采用一般法和特别法相结合。审理医事民事纠纷案件，适用法律要充分考虑特别法律、法规的规定，不能简单地适用一般民事法律规定。需要依据《民法通则》、《侵权责任法》或者《医疗事故处理条例》以及相关司法解释，还会参照地方的医疗事故处理条例实施细则。

2．医事民事诉讼的诉讼参加人

（1）医事民事诉讼的当事人

医事诉讼当事人是指因医事民事权利义务关系发生争执或受侵害，并以自己的名义进行诉讼，接受人民法院的裁判或者调解书约束的人。当事人包括：在第一审程序中，向人民法院起诉的一方当事人的原告；同时也包括应诉的一方当事人被告，以及具有独立请求权的第三人和无独立请求权的第三人。作为当事人在医事民事诉讼中必须具备民事权利能力和民事诉讼行为能力，并能够独立地承担民事义务，享受民事权利。

在医疗损害赔偿案件中，由于双方在医疗关系中的职责和作用不同这一特定的现实情况决定，原告只能是患方，包括患者或者其家属，被告只能是医方即医疗机构。当然在实践中可能由于患方拖欠医疗费，医方向法院起诉进行追索而成为原告，但此时医患双方的纠纷已经不再是医疗损害侵权而成为普通的债权债务纠纷了。

（2）共同诉讼人

共同诉讼人是指在医事民事诉讼中人民法院处理涉及多数当事人民事争执的一种诉讼制度。共同原告或者共同被告的复数一方的当事人都称为共同诉讼人，是以自己的名义参加诉讼，并受人民法院裁判约束的人，而不同于诉讼代理人。

（3）诉讼代表人

诉讼代表人，是指众多当事人的一方，推选出代表，为维护本方的利益而进行活动的人。当共同诉讼的当事人一方人数众多，由本群体的全体成员推选出其中的一人或数人，代表众多当事人起诉或应诉。如果当事人一方人数众多且起诉时人数尚未确定，但诉讼标的属同一种类，也可由权利人推选或人民法院与权利人商定代表人选，由其代表和代表人起诉或应诉。诉讼代表人代表全体诉讼主体，其法律后果由全体诉讼主体承担。

3．医事民事诉讼的证据

在医事民事诉讼中凡是能够证明医事民事案件的客观真实材料就是医事民事诉讼的证据。人民法院要想正确处理医事民事诉讼案件就必须充分掌握证据和真实的材料,做到情况明事实清,了解案件的全部情况。因此,证据是正确处理医事民事案件的前提。医事民事证据具有:客观真实性、关联性和合法性。

根据我国民事诉讼法的规定,医事民事诉讼证据包括:书证、物证、视听资料、证人证言、当事人陈述、鉴定结论、勘验笔录七种法定证据种类。

(1) 书证

所谓书证,是指以书面文字、符号、图案等内容和含义来证明民事案件事实的证据。书证在医事民事案件中占有突出的位置,起着非常重要的作用。

医事民事诉讼中常见的书证包括:门诊病历、住院志、体温单、医嘱单、化验单(检验报告)、医学影像检查资料、特殊检查同意书、手术及麻醉记录单、病理资料、护理记录以及国务院卫生行政部门规定的其他病历资料。特别是门诊病历是患者来医院最原始的证据材料,上面记载病人的主述、医生的查体、诊断及最后的处理意见等。从该病历手册中,可以看出病人来医院就诊的主要原因、来院时的基本病情,以及医生对患者进行了那些体检、处置等。这对于医方和患者一方在形成诉讼时找出医生的过失或者证明自己无过错都是非常重要的。

在医疗纠纷案例鉴定中,原始的病例资料是病情发展的真实记录,从病历记载了解诊治是否正确、处理是否恰当、及时,是判断医疗事故、医疗差错以及医疗意外最重要的原始证据之一。

(2) 物证

物证是指能够证明医事民事案件事实的物品及其痕迹,它是以自己存在的形态、质量、规格、特征等来证明某种法律事实存在或不存在。医事民事诉讼的物证包括:输液、注射用物品和血液、药物等实物、手术中切除组织等。下面介绍几个重要的物证:

① 药品及药品包装袋

由于用错药或发错药而发生的医疗事故虽然在整个医疗事故中所占比例不大,但后果往往是非常严重的。对于这样的医疗事故医院是要承担责任的,因此,取得这种证据的最好办法是留好处方的底方(或复印件)、剩余药液及药品包装袋。处方可以证明医生是否用错了药,而剩余药品及包装袋可证明是医生没开错药而是药房发错了药。

② 手术中的切除组织

一般情况下,手术过程中,术者都要把术中切除的组织展示给病人或家属看。由于所切除的大多是病变组织,在外观上产生不愉快的感觉,因此,很多患者和家属都往往不细看,再加上是外行,对究竟是否该切并不清楚,所以术后过目大多数是走过场。但是,手术切除组织在发生医疗纠纷的时候,它确是关键的证据,即便医院做了手脚对切除组织进行了掉包,但利用DNA技术就可以发现是否为自己的组织。因此,对有可能发生纠纷的切除组织患者或家属最好用一个容器把切除组织存放好,防止万一。

③ 输液器及残余液体

因输血、输液而发生的医疗事故在实践中占有相当大的比例。这种纠纷最重要的证据就是残余的液体。所以当患方在输血和输液时发生反应后,必须保存输液的残余液和残余血液。

(3) 视听资料

视听资料,是将现代化的科学技术成果运用到民事诉讼中来的一种新的证据。它是将电子计算机技术、激光技术、核能技术等与案件事实相结合的一种证据形式。主要通过电子计算机的贮存资料和数据、录音、录像的资料等。现在世界各国搞的网上会诊,就是将病人的各种病历资料和各种客观检查上网,然后,由各位专家进行诊断的过程,这个过程都被记录下来,今后可以当做证据使用。另外,现在有的医院对手术的全过程进行现场电视转播,录像资料也同样可以作为视听资料当证据使用。

(4) 证人证言

证人是由于了解案件的真实情况,依法被人民法院传唤作证的人。证人对案件事实所做的陈述称为证人证言。这是在民事证据中经常运用的一种证据。

(5) 当事人陈述

当事人在民事诉讼中,对案件的事实情况所做的叙述叫做当事人陈述。原告在起诉中和被告在答辩中所提出的事实理由和根据,双方争执的问题和焦点等都是当事人的陈述。他们之间了解得最清楚,知道得最详细。因此,认真研究当事人的陈述,对人民法院全面查清案情,搞清事实真相,正确、合法、及时地处理民事案件,是十分必要的。

(6) 鉴定结论

鉴定人对专门性问题所作出的书面结论叫鉴定结论。我国民事诉讼法规定:人民法院对专门性问题认为需要鉴定的,应当交法定鉴定部门鉴定;没有法定鉴定部门的由人民法院指定的鉴定部门鉴定。医疗事故鉴定结论,可以在鉴定书中表明构成医疗事故或不构成医疗事故,也可以明确表明现有的客观材料和技术无法确定是否构成医疗事故。无论如何,鉴定书必须表明自己的立场,为此,鉴定书不能用大概、可能字样,鉴定结论不能模棱两可,必须忠于科学的观察和判断。

(7) 勘验笔录

勘验笔录是司法部门依法制作的反映物品、现场状况和实地检查过程与结果的法律文书。由于勘验笔录以书面形式反映现场和物品的客观情况,而不是以物品本身的形状、特征直接表明案件事实,所以既非书证,也不是物证,而是一种独立的诉讼证据,经查证属实,可以成为定案的证据。

勘验笔录由现场文字记录和现场绘图两部分组成。前者是指记载现场实地勘验结果的文字材料,后者是运用制图学的原理和方法,固定和反映现场情况的一种记录形式。

(三) 医事刑事诉讼

1. 医事刑事诉讼概述

医事刑事诉讼,是指人民法院、人民检察院和公安机关,在当事人和其他诉讼参与人的参加下,依照法定程序,查明案件事实,应用刑法解决被告人是否有医事犯罪和是否应受刑事处罚所进行的侦查、起诉和审判活动。

2. 医事刑事诉讼的主体

在医事刑事诉讼法律关系中,其主体是指在医事刑事诉讼中依法享有司法职权的机关和依法享有诉讼权利并承担义务的当事人和诉讼参与人。人民法院、人民检察院、公安机关、被告人等是医事刑事诉讼的主要主体;证人、鉴定人、翻译等属于非主要医事刑事诉讼的主体。

我国医事刑事诉讼中的当事人是指在医事刑事诉讼中处于追诉或被追诉的地位,执行控诉或辩护职能,并同案件事实和案件处理结果具有切身利害关系的诉讼参与人。包括:

① 被害人

被害人是指直接遭受医事犯罪行为侵害的人。在医事刑事诉讼中被害人是在医疗过程中由于医护人员的过失,从而给其造成死亡、身体严重残疾或器官严重功能障碍的人。被害人有权向公、检、法机关报案或控告;对不立案不服可以申请复议等权利。

② 犯罪嫌疑人

犯罪嫌疑人是在侦查起诉阶段,被认为犯有某种医事犯罪,并被依法追究刑事责任的人。犯罪嫌疑人有权拒绝回答与本案无关的提问;有权在侦查机关第一次询问后或采取强制措施之日起,聘请律师为其提供法律帮助。

③ 被告人

被告人是指被有起诉权的机关指控犯有某种医事犯罪,并起诉到人民法院的当事人的称谓。被告人在医事刑事诉讼中处于被追诉的地位。被告人有权获得辩护;有权参加法庭调查和辩论;有权对已生效的裁判进行申诉等。

医事刑事诉讼的诉讼参与人除以上以外,还包括:法定代理人、诉讼代理人、辩护人、证人、鉴定人和翻译人员。

3. 医事刑事诉讼的附带民事赔偿

医事刑事附带民事诉讼,是指司法机关在追究被告人刑事责任的同时,附带解决被害人的医事犯罪行为而遭受的物质损失方面进行的诉讼活动。我国《刑事诉讼法》第77条第1款规定:"被害人由于被告人的犯罪行为而遭受物质损失的,在刑事诉讼过程中,有权提起附带民事诉讼。"

医事刑事附带民事诉讼必须符合下列条件:

(1) 医事刑事案件的成立

医事刑事案件是否成立,是能否提起附带民事诉讼的先决条件。如果被告人的行为没有构成犯罪,或者情节显著轻微,不认为是犯罪的,就不能对他提起附带民事诉讼。如果行为人的行为确实给被害人造成了物质损失,被害人可以提起单独的民事诉讼而不是提起附带民事诉讼。具体到医疗事故中的刑事附带民事诉讼,必须是义务人员违反规章制度的行为构成医疗事故罪。首先,此处讲的医疗事故必须是因不负责引起的,而不是技术失误。其次,构成犯罪的罪名必须是医疗事故罪。但并非是医疗事故就构成犯罪。

(2) 必须是在医事刑事诉讼过程中提起附带民事诉讼

所谓在医事刑事诉讼过程中提起附带民事诉讼,是指被害人要在刑事案件立案后,结案之前提起刑事附带民事诉讼。具体到医疗事故中的刑事附带民事诉讼,通常是在法院接受了检察院对医疗事故罪的起诉后,被害人才提起附带民事诉讼。也就是说,并不是具备了"严重不负责,并造成严重损害后果"就当然可以提起附带民事诉讼。换言之,仅受害人自己认为医务人员"严重不负责"是不够的,只有司法机关认为是不负责并达到了严重程度,决定追究刑事责任时,受害的患方才可以实际提起附带民事诉讼。

三、医疗民事诉讼中的举证责任

(一) 举证责任及举证责任规则

举证责任是指当事人对自己提出的主张有收集或提供证据的义务,并有运用该证据证明主张的案件事实成立或有利于自己的主张的责任,否则将承担其主张不能成立的危险。

民事诉讼中举证责任分担的情况比较复杂,由于民事活动中双方当事人是地位平等的,他们都具有相同或者相近的条件了解案件事实的真相,在收集证据、调查证据、提供证据等方面,双方当事人面临着同样的机遇。因而,在有的案件中,可能主要由原告负举证责任,而在有的案件中,可能主要由被告负举证责任,或者有的案件,原告和被告承担相等的举证责任。

我国民事诉讼举证责任分配的规则是:第一,凡主张权利或法律关系存在的当事人,只需对产生该权利或法律关系的法律事实负举证责任,不必对不存在阻碍权利或法律关系发生的事实负举证责任,存在阻碍权利或者法律关系发生的事实的举证责任由对方当事人负担。第二,凡主张原来存在的权利或法律关系已经或者应当变更或消灭的人,只需就存在变更或消灭权利或者法律关系的事实负举证责任,不必进一步对不存在阻碍变更或者消灭权利或法律关系的事实负举证责任,这类事实的存在也由对方当事人主张并负举证责任。

(二) 医疗民事诉讼中的举证责任

医疗侵权纠纷发生后,究竟是患方还是医方负责举证,这既是能否公平合理解决问题的关键,也是医患双方最大的利益冲突点。过去,由于医疗纠纷案件没有实行举证责任倒置,患方在调查取证的过程中,往往遇到医疗机构不配合的情况,使取证的难度增大,证据的不足使患方难以胜诉,造成患方有理说不清事实上也无法说清的情形。因此,最高人民法院于2002年4月颁布的《关于民事诉讼证据的若干规定》(以下简称《规定》)第4条第1款第8项规定,"因医疗行为引起的侵权诉讼,由医疗机构就医疗行为与损害结果之间不存在因果关系及不存在医疗过错承担举证责任。"虽然没有法律明确规定,但该司法解释被广泛理解为医疗诉讼适用"举证责任倒置",并在司法实践中广泛适用。法律的制定是各方博弈的结果,并都有其特定的历史背景,举证责任倒置的出现也不例外。但承认该法条具有积极意义的同时,其在实施过程中产生的弊端也无法忽视。举证责任倒置适用八年多来,对举证责任倒置的理解和应用似乎越来越违背立法者的本意。过错与因果关系推定一直是医疗诉讼中的重点与难点,两者都加给了医方,确实过分加重了医方的责任和压力。

2010年7月1日《侵权责任法》正式实施。医疗侵权诉讼举证责任分配出现了新的变化。《侵权责任法》第54条规定:"患者在诊疗活动中受到损害,医疗机构及其医务人员有过错的,由医疗机构承担赔偿责任。"在患者因诊疗活动受到损害而与医疗机构发生损害赔偿纠纷的诉讼中,原告患者须就"医疗机构及其医务人员有过错"进行举证,并承担举证不能的后果。也就意味着医疗侵权诉讼实行"谁主张,谁举证"的原则,患者不仅要证明医方存在医疗过失,同时还需要证明医疗过失行为与其所受损害之间具有因果关系,否则将承担举证不能的后果。第58条规定:"患者有损害,因下列情形之一的,推定医疗机构有过错:(一)违反法律、行政法规、规章以及其他有关诊疗规范的规定;(二)隐匿或者拒绝提供与纠纷有关的病历资料;(三)伪造、篡改或者销毁病历资料。"这些规定确定了附条件的推定过错责任原则。这种"推定"过错实际上与原来的举证责任倒置有很大的不同。原来是从"损害"直接推定"过错",从现在的规定来看,必须要符合"违反法律、行政法规、规章以及其他有关诊疗规范的规定",一定程度上实现了有条件的过错推定。

第三节 非诉讼解决机制

医疗纠纷除通过诉讼解决之外,还存在非诉讼纠纷解决方式,主要包括:协商解决、行政调解和行政处理。而且非诉讼医疗纠纷解决方式在解决医疗纠纷,维护广大患者和医疗单位的合法权益方面起到重要作用。

一、医事和解

(一) 医事和解的概念

所谓和解即协商解决,是当事人双方或通过第三者在友好的气氛中,不经法律部门解决的一种方法。协商解决具有一定的法律效应,并且可以达到司法处理的效果。《医疗事故处理条例》第 46 条规定:发生医疗事故赔偿等民事责任争议,医患双方可以协商解决。同时,在《医疗事故处理条例》第 47 条中又规定了协商解决的方式和方法,指出:双方当事人,协商解决医疗事故的赔偿等民事责任争议时应当制作协议书,协议书应载明双方当事人的基本情况和医疗事故的原因,双方当事人共同认定的医疗事故等级以及协商确定的赔偿数额等,并由双方当事人在协议书上签字。

(二) 医事和解协议

医事和解为医疗纠纷的解决提供了低成本、高效率的方式。医事和解必须按照一定的法律程序,必须在双方友好协商的基础上进行。任何一方都不能勉强进行,更不能采取欺骗对方的形式。对事件的性质、原因、损害程度、赔偿额等方面双方要真正得取得一致。在达成一致后,要按照法律程序双方签订处理协议。最后签订的协议对双方当事人都有法律的约束力,双方当事人应当按照协议享有民事权益,同时也承担民事义务。没有正当的原因任何一方都不能随意地变更协议和不履行协议的有关义务。

协商解决虽然是双方当事人经过友好协商,尽快平息纠纷的一种方法,但是在签订解决协议时,就必须以《侵权责任法》、《医疗事故处理条例》等法律、法规为依据,特别是赔偿的额度协商解决更利于实际履行。

二、医事调解

医事调解也是医疗纠纷解决的途径之一。通常是在协商解决未达成协议的,如一方不同意协商,或者双方协商解决的结果未达到双方一致时,提出的由卫生行政部门解决的一种方法。也可以是双方直接申请行政调解。

(一) 医事调解的提出

医事调解是在行政协商解决双方未达成一致的情况下,医患双方当事人提出的另一种解决方法。医患任何一方在协商解决不能达成一致的情况下,都可以向卫生行政部门提出行政调解的申请。也可以在未进行协商解决的情况下,直接申请医事调解的方法。

（二）医事调解的法律性质

医事调解的基本要求是：必须双方当事人同意。如果有一方当事人不同意这种方法，调解不能成立。因为，有一方当事人不同意，即使调解也难有好的结果，也许最终无法达成协议，也就失去了调解的意义。从调解的过程来讲，医事调解不失为一种好的调解方法，因为有卫生行政机关的介入，可以加大调解的力度，优于双方当事人的自行调解。调解行为以及法律规定的仲裁行为，不属于人民法院行政诉讼受案范围。因此，当事人对行政调解不服的，向人民法院提起的是民事诉讼，而不是行政诉讼。

行政调解，虽然是由卫生行政主管部门参加的医事调解，但是在应用这一解决途径时，必须是双方自愿，任何一方都不能勉强对方进行调解，更不能采取欺骗、胁迫的方式。由于行政人员的参加，行政人员又是医院的上级主管部门，这容易使对方发生误解。因此，在调解的过程中，卫生行政人员必须坚持实事求是的原则，要尊重事实，尊重科学，对纠纷的调解和处理，都必须符合相关法律法规的规定。

（三）医事调解的内容

在用行政手段解决医疗纠纷时最主要是明确事件的性质和真相，作出恰当的结论。因此，在行政调解时，主要围绕以下内容进行：一是事件纠纷本身是不是医疗事故。如果已经构成了医疗事故，就应当按照《医疗事故处理条例》规定的程序，对医疗事故组织鉴定，以明确事故的等级及责任人，然后按照事故的等级进行赔偿补偿。但是，如果双方认为事件性质比较明确，又有行政部门的参与可以认定是否为事故，也可以免去组织鉴定的程序。二是事件责任的分担。从目前大多数案件的处理的实践来看，无论什么样的医疗纠纷，其焦点在于责任的分担方面，最终的结果是要落实到赔偿方面，包括赔偿的数额、方式及时间的限制。这是需要协商的，也可以说是纠纷解决的核心。三是与医疗事故赔偿有关的其他问题。如患者已经死亡，有善后处理问题，包括子女生活、老人照料等，如伤残，有生活补贴问题、子女问题等，这些问题都要按照《医疗事故处理条例》执行。

（四）协议书的签订

对医疗纠纷不管是双方自行和解还是卫生行政机构的调解，最终的调解结果必须签订协议。按照协议双方各自履行各自的责任和义务。协议书包括以下内容：(1) 医疗机构、患者的基本情况，如医疗机构的名称、法定代表人（负责人），患者的姓名、年龄、性别、籍贯、住址、职业、所患疾病等。(2) 医疗事故的原因、医患双方共同认定医疗事故的等级。需要说明的是双方认定的医疗事故的等级是指双方对等级没有争议。这个结论可以是通过鉴定的，也可以是双方判定的。

三、行政处理

行政处理主要是针对医疗事故争议,即医患双方对于所发生医疗纠纷是否属于医疗事故所发生的争议,可以申请卫生行政部门处理。根据《医疗事故处理条例》规定,医疗事故的行政处理的基本程序和内容:

(一) 申请

发生医疗事故争议的当事人可以申请卫生行政部门处理。提出申请的可以是医方,也可以是患者方。当事人的申请应当采取书面形式,申请书应当载明申请人的基本情况,有关事实、具体请求和理由。当事人申请卫生行政部门处理的,应当自知道或者应当知道其身体健康受到侵害之日起 1 年内,向卫生行政部门提出医疗事故争议申请。

(二) 受理

当事人申请卫生行政部门处理医疗事故争议的,由医疗机构所在地的县级人民政府卫生行政部门受理。医疗机构所在地是直辖市的,则由医疗机构所在地的区、县人民政府卫生行政部门受理。有下列情形之一的,由县级人民政府卫生行政部门自接到医疗机构的报告或者当事人提出医疗事故争议处理申请之日起 7 日内移送上一级卫生行政部门处理:(1) 患者死亡;(2) 可能为二级以上医疗事故;(3) 国务院卫生行政部门和省、自治区、直辖市人民政府卫生行政部门规定的其他情形。

卫生行政部门应当自收到医疗事故争议申请之日起 10 日内进行审查,作出是否处理的决定。对符合《医疗事故处理条例》的申请,予以受理,需要进行医疗事故技术鉴定的,应当自作出受理决定之日起 5 日内将有关资料交由负责医疗事故技术鉴定工作的医学会组织鉴定并书面通知申请人;对不符合《医疗事故处理条例》规定,不予受理的,应当书面通知当事人并说明理由。

(三) 处理

卫生行政部门收到负责组织医疗事故鉴定工作的医学会出具的医疗事故技术鉴定书后,应当对参加鉴定人员资格和专业类别、鉴定程序进行审核;必要时可以组织调查,听取医疗事故争议双方当事人的意见。经审核,发现医疗事故技术鉴定不符合《医疗事故处理条例》规定的,应当要求重新鉴定。

卫生行政部门经审核,对于符合《医疗事故处理条例》规定的医疗事故技术鉴定结论,应当作为民事赔偿调解的依据,同时对发生医疗事故的医疗机构和医务人员作出行政处理的。根据《医疗事故处理条例》第 55 条规定,医疗机构发生医疗事故的,卫生行政部门应当根据医疗事故等级和情节,分别给予警告、责令停业整顿直至吊销执业许可证的处理;对于负有责任的医务人员,卫生行政部门依法给予行政处分或者纪律处分,并可责令暂停 6 个月以上 1 年以下执业活动,情节严重的吊销其执业证书。

四、行政复议

(一) 医事行政复议的概述

医事行政复议,是指公民、法人或其他组织不服卫生行政主管部门的具体行政,依照法定的条件和程序,向上一级卫生行政部门或法定的其他机关提出申诉,受理机关依法对引起争议的具体行政行为进行审查并作出裁决的一种法律制度。医事行政复议应遵循以下原则:

(1) 合法原则。即要求复议机关必须严格按照法定的权限、程序和时限,以事实为依据,以法律为准绳,对具体行政行为的合法性、合理性、公正性进行审查。主要内容包括:履行复议职责的主体要合法;审理复议案件的依据必须合法;审理复议案件的程序要合法。

(2) 公正与公开原则。公正原则是指复议机关在行政复议时应当公正地对待争议双方当事人、不能有所偏袒。公开原则是指医事行政复议活动要公开进行,复议案件的受理、调查、审理、决定等一切活动都应该尽可能地向当事人、公众及社会舆论公开,使社会各界了解医事行政复议活动的基本情况。

(3) 及时与便民原则。医事行政复议应当保证行政效率,及时作出决定。医事纠纷涉及公民的生命安全和身体健康,便民是及时原则的具体体现,也就是要尽可能地给当事人带来便利的方式。

(4) 不调解原则。卫生行政部门的行政行为,是依据法定职责作出的,行政机关的职责既是权力更是一种法定的义务,因此,行政机关无权任意处分自己的职责。行政复议不可以以调解的方式解决争议案件。

(二) 医事行政复议的管辖

医事行政复议的管辖是指不同层次的卫生行政机关之间,在受理医事纠纷方面的分工和权限,是医事行政复议案件受案范围的具体化。主要内容有:(1) 对县以上卫生行政机关具体行政行为不服的,申请人可以向卫生行政机关的本级人民政府申请行政复议,也可以向上一级卫生行政机关申请行政复议。(2) 对卫生行政机关依法设立的派出机构依照法律法规或者规章规定,以自己的名义做出的具体行政行为不服的,向设立该派出机构的卫生行政机关或者该机关的本级人民政府申请复议。(3) 对法律法规授权的组织的具体卫生行政行为不服的,可以直接向该组织卫生行政机关申请行政复议。(4) 对两个卫生行政机关或卫生行政机关与其他机关共同做出的行政行为,向其共同上一级卫生行政机关申请行政复议。

(三) 医事行政复议的参与人

医事行政复议参与人包括:(1) 申请人,即认为卫生行政部门的行政行为直接侵犯了其合法权益的公民、法人或其他组织;(2)被申请人。即做出引起申请人不服的具体行政行为的卫生行政机关或法律法规授权的组织;(3)第三人。即与申请人复议的具体行为有利害关系,为维护自己的合法权益,经复议机关同意参加复议的公民、法人或其他组织。

(四)行政复议的机构和期限

医事行政复议机关是指依法承担并履行医事行政复议职责的行政机关。医事行政复议机关负责法制工作的机构具体办理行政复议事项,履行相应职责。

医事行政复议期限也是时效问题。公民、法人或其他组织认为卫生行政机关的具体行政行为侵犯其合法权益的,可以自知道该具体行政行为之日起60日内提出行政复议申请,但是法律规定的申请期限超过60日的除外。因不可抗力或者其他正当理由耽误法定申请期限的,申请期限自障碍消除之日起继续计算。

(五)复议决定

医事行政复议机关以事实为依据,以法律为准绳,对行政争议作出结论。作出书面处理,即是复议决定。复议书一经送达,即具有法律效力。(1)具体行政行为事实清楚,证据确凿,适用依据正确,程序合法,内容适当的,决定维持;(2)被申请人不履行法定职责的,决定其在一定期限内履行;(3)具体行政行为有下列情形之一的,决定撤销、变更或者确认该具体行政行为违法:主要事实不清,证据不足;适用依据错误的;违反法定程序的;超越或滥用职权的;具体行政行为明显不当的。决定撤销或者确定该具体行政违法行为的,可以责令被申请人在一定期限内重新做出具体行政行为。医事行政复议机关责令被申请人重新做出具体行政行为,被申请人不得以同一的事实和理由做出与原具体行政行为相同或基本相同的具体行政行为。

当事人对医事行政复议不服的,可以依照行政诉讼法的规定向人民法院提起行政诉讼。如申请人在法定期间不提起诉讼,又不履行行政复议决定,卫生行政机关可以向人民法院申请强制执行。

五、医事仲裁

(一)医事仲裁的优越性

医事仲裁是指医患双方当事人自愿将其在诊疗过程中由于医疗纠纷而发生的争议交给仲裁机构,由仲裁机构依法作出裁决,并约定自觉履行该裁决所确定的义务的一种制度。

医事仲裁的医事仲裁同医事诉讼、医事调解一样,都是解决医事争议的重要方式,但是,通过医事仲裁解决医疗纠纷,既不同于医事司法诉讼,又不同于医事行政调解,它具有其他解决方式不可替代的作用,具体地说,医事仲裁具有以下几个优越性:

1. 医事仲裁更加高效、简便、快捷

为了保障仲裁的快捷和经济，医事仲裁应当根据案件的难易程度，既可以开庭审理，也可以书面审理，而且实行一裁终局制度。仲裁机构在对医患双方当事人提交的案件作出裁决后，即产生终局的法律效力，双方当事人必须主动履行仲裁裁决，而不得要求原仲裁机关和其他仲裁机关再次仲裁或向法院起诉。这样大大加快了案件的审理速度，提高了案件审理的效率，同时为当事人节约了大量诉讼成本。

2. 医事仲裁具有较强的专业性

医事仲裁委员会的主任、副主任以及仲裁员都是由卫生行政部门、医疗领域的专家（医学会的专家）、法学家、法医学家等具有医学、法学专业知识的人士担任。其中为保障公平，还可邀请消费者学会的患者代表参加，这样完全克服了法院法官不懂医学，委员全是业内人士的弊病，较好地将医学与法学有机结合，切实维护医患双方的合法权益。

3. 医事仲裁具有保密性

为了保障仲裁的简便、高效，仲裁采取不公开审理的原则，即仲裁庭审理案件一般不公开进行，案情不公开，裁决也不公开。开庭时没有旁听，审理中仲裁庭和仲裁机构的秘书处不接受任何人采访。既保护了患者的隐私权，又不使医院因医疗纠纷造成社会评价的降低，切实保障院方的合法权益。

4. 医事仲裁机构具有独立性和公正性

医事仲裁机构具有独立性、民间性和中立性等特点。仲裁委员会独立于行政机关，与行政机关没有隶属关系，同一个仲裁庭的每一个仲裁员彼此也是独立的。他们凭借自己的学识和经验作出分析和判断，不受任何人的影响。因此，医事仲裁不受行政机关、社会团体、个人的干涉，依法独立进行仲裁。

5. 医事仲裁具有强制性

同传统的仲裁制度相比，医事仲裁制度具有强制性的特点，传统的仲裁都是由双方当事人自愿达成仲裁协议，对仲裁地点、仲裁机构、仲裁员和是否开庭和公开审理进行选择。而医事仲裁制度的当事人双方在争议以前并没有订立任何仲裁的约定，而是国家通过立法的形式或法院指定医患双方的纠纷通过仲裁的形式来解决，当事人对争议的解决方式没有任何选择的余地。

（三）医事仲裁程序

1. 申请

当患者、医疗机构因医疗合同或医疗侵权行为而发生的纠纷时，根据医事仲裁协议由医患当事人向其共同选定的医事仲裁委员会提交仲裁申请，请求医事仲裁委员会就争议的事项进行裁决。医事仲裁申请是医患当事人实施的重要法律行为，也是我国仲裁法赋予医患当事人的重要权利。当事人一经向医事仲裁委员会提起医事仲裁申请,就意味着医事仲裁程序即将开始。但是当事人提交医事仲裁申请时,必须符合仲裁法规定的条件,否则,医事仲裁机构将不予受理。依据我国《仲裁法》第 21 条的规定,医患当事人向仲裁机构提交仲裁申请应当满足以下几个条件:(1) 医患当事人已经达成仲裁协议;(2) 有具体的医事仲裁请求和客观事实理由;(3) 符合医事仲裁机构依法设定的受案范围。

2. 受理

医事仲裁委员会对于医患当事人提交的仲裁申请进行审查,认为符合法定条件和要求,决定予以立案受理,医事仲裁程序就此启动。医事仲裁受理一般要经过两个步骤:一是医事仲裁委员会对当事人的仲裁申请进行认真全面的审查;二是审查后作出是否予以立案的决定。

3. 审理

医事仲裁庭成立后,就进入了医事仲裁的实质阶段——审理和裁决。审理和裁决是医事仲裁庭对医患双方的纠纷案件进行仲裁决断,以保护当事人合法权益的专门活动,其任务就是通过对医疗纠纷案件的调查,搞清案件的真实情况,明确医患当事人之间的权利义务关系,在确定事实的基础上,正确适用法律,以解决医患当事人之间的争议。医事仲裁审理在整个仲裁程序中关键的环节,也是医事仲裁过程中的基础性环节,医事仲裁裁决是否公正合理,裁决结果是否正确,直接关系到医患当事人的合法权益能否得到保障和实现,因此,仲裁裁决的关键就在于庭审中能否查清案件事实,做到事实清楚,证据充分,适用法律恰当。

4. 裁决

医事仲裁裁决是由依法组成的医事仲裁庭,对医患当事人提交仲裁的争议事项进行审理后,根据查明的诊疗护理事实和认定的合法证据,正确适用法律,就案件中的权利义务所作出的对医患双方当事人都具有约束力的权威性决定。

第四节 民间机构介入医疗纠纷的解决机制

尽管医疗纠纷有协商、行政调解、诉讼等多种解决机制,但这些机制均没能很好地发挥出其应有的作用,如何建立医患双方都认可的医疗纠纷调处机制? 近年来,社会上逐渐出现了专门处理医疗纠纷的民间机构,这些组织在医疗纠纷处理中的显著作用引起了社会各界的广泛关注,各地纷纷引入第三方民间机构介入医疗纠纷的解决,甚至成为医疗纠纷处理的主要力量。民间机构介入医疗纠纷解决机制是指在诉讼外由中立性的第三方民间机构来解决医疗纠纷。

一、独立民间机构介入医疗纠纷的必要性和可行性

（一）独立民间机构介入的必要性

医疗纠纷是医患双方对医疗机构的医疗、护理行为和结果及其原因、责任在认识上产生分歧而引发的各种争议。它可能发生在诊断、治疗、护理以及康复的全过程，且内容涉及诊疗护理行为、结果、原因以及责任等方面，因而争议的范围相当广泛。实践中，构成医疗事故的医疗纠纷并不占多数，更多的是非医疗事故纠纷。而《医疗事故处理条例》中针对医疗事故的解决方法显然对于所有医疗纠纷来讲并不适合。医疗纠纷范围的广泛性内在要求灵活多样的解决方法出现。

（二）独立民间机构介入的可行性

1. 独立民间机构介入有利于医疗纠纷的顺利解决。独立社会民间机构具有非官方、中立的特点，因此在解决纠纷时更可能做到公正，结果更容易被双方接受。在目前医疗信息严重不对称、医患双方地位不对等、医患关系紧张而医疗事故又无法进行"中立鉴定"的情况下，对医疗纠纷的解决而言，不失为一种良好的出路。

2. 独立民间机构介入有利于社会和谐。通过民间机构的调解，医患双方易于达成共识，从而自愿遵守承诺，履行调解结果。这种机制长期发挥效用，可以大大减少医疗纠纷发生后医患双方的过激行为，使社会归于和谐。与对抗性很强的诉讼相比，民间调解更富人性化，更有人情味，"成则双赢，不成也无输方"，因此更受到当事人的青睐。

3. 独立民间机构解决医疗纠纷更实用和高效。由于民间机构解决医疗纠纷没有程序上的繁琐要求，不受时限的限制，手段灵活、方式便捷、成本低廉，且当事人可依据自身情况自愿达成调解结果，因此解决纠纷的效果将更加明显。

二、独立民间机构介入机制的立法与实践

从立法上看，医疗纠纷民间调解的相关规范已经存在。2002年最高人民法院颁布了《关于审理涉及人民调解协议的民事案件的若干规定》，2002年司法部又通过了《人民调解工作若干规定》。此外，一些地方性的法律文件也为医疗纠纷的民间调解提供了法律保障。例如2004年，北京市卫生局起草了《关于北京市实施医疗责任保险的意见》，规定于2005年1月1日起北京市所有非营利性医院开始统一实施医疗责任保险，在医疗纠纷后，由保险公司委托的调处中心出面调解医疗纠纷。宁波市政府在2008年3月施行的《宁波市医疗纠纷预防与处置暂行办法》共6章39条，内容包括总则、预防、报告、处置、罚则和附则，以政府规章的形式，建立严密的医疗纠纷预防与报告制度，明确了政府相关部门的职

责,规范了医疗纠纷的处置程序和处置办法,并创新性地设立了医疗纠纷人民调解委员会,以专门解决医疗纠纷。此外,天津市政府也于 2008 年 12 月通过了《天津市医疗纠纷处置办法》并于 2009 年 2 月 1 日起施行,在办法中确立了医疗纠纷的人民调解委员会制度。2010 年 8 月 28 日第 11 届全国人民代表大会常务委员会第 16 次会议通过了《中华人民共和国人民调解法》,其中第 8 条规定:"村民委员会、居民委员会设立人民调解委员会。企业事业单位根据需要设立人民调解委员会。"同时规定了人民调解委员会的组成及具体工作程序。

目前,民间机构介入医疗纠纷的形式多种多样,司法局、居委会、医疗保险公司或纯民间性质的第三方机构介入医疗纠纷充当调解人的例子均有存在,各种机构各有特色,但实践中反映出的问题也不少。以下就将主要的独立民间机构介绍以下:

1. 保险公司医疗责任险委托调处中心

2007 年 7 月,国家保监会、卫生部、中医药管理局曾联合发布通知,在全国范围内推广医疗责任险。北京、上海、山东、深圳等地纷纷推行。这种"医责险"大多是由医疗机构和医护人员共同购买,一旦发生医疗意外,将由保险公司负责理赔。由于保险公司委托专业性机构(调处中心)对医疗纠纷的事实进行认定,因而受托的调处中心实质上成为了医疗纠纷的"鉴定人"。对于构成医疗事故的医患纠纷,由保险公司向患者赔付。对于不构成医疗事故的医患纠纷,调处中心可以在医、患自愿的基础上直接进行调解,从而较为及时地化解了矛盾。实践中,这种调处中心多是中立的民间机构,由于避免了与医疗机构产生联系,因而调解结果较为公正,易于为患方接受。例如,按照《关于北京市实施医疗责任保险的意见》的规定,这种调解机构是"经保险公司委托、从事医疗责任争议的调查、调解处理、诉讼及防范指导等工作"、"能够依法独立承担民事责任"的"卫生法律服务的社团组织或者社会中介机构"。而实际承担调解工作的是北京卫生法研究会医疗纠纷调解中心和北京医学教育协会医疗纠纷调解中心,他们分别承担人保、太平两家保险公司参保医院与患者之间"医疗纠纷"的调解工作。北京自从推行医疗卫生保险以后,调处中心调解了大量的医疗纠纷,大大减少了群众的越级上访。但这种民间机构在履行职责时也存在着问题。由于保险公司既作为"医责险"代理机构,又作为调解的"第三方",在调解时会涉及自己的赔付数额,很难做到"一碗水端平",有时还会站在医疗机构一方说话,难免有失公平、公正,因此还不能算作真正意义上的"第三方"。

2. 医疗纠纷人民调解委员会

在全国范围内,人民调解委员会作为医疗纠纷解决机构的情形较多。由于人民调解委员会与与卫生行政部门无隶属关系,因此从体制上保证调解结果的公正性。又由于这种机构通常要求由具有医疗、法律等专业知识的人员组成,因此纠纷的解决更加专业和公平。并且这种机构采取无偿服务的方式,因而对于患方而言成本低廉却快速有效。以山西省医疗纠纷人民调解委员会为例,这个机构是在山西省科协主管、山西省心理卫生协会领导之下成立的民间组织,自该委员会成立以来,调解成功的案件满意率达100%。但这种调解机构在实践中也暴露出一些问题,由于提供的调解服务是免费的,因而经费成为制约人民调解委员会发展的最大问题。

3. 提供医疗信息的咨询服务公司

尽管咨询公司提供医疗信息服务并不是真正意义上的调解服务,但却为我们提供了一条思路。那就是由纯民间性质的机构甚至是商业性公司来充当医疗纠纷的调解机构。实践中,以咨询公司形式出现的调解机构也有存在。例如2003年底江苏南京成立的医疗纠纷第三方调解机构——南京民康健康管理咨询服务有限公司就是这样的一种机构。

三、独立民间机构介入机制的模式选择

独立民间机构介入医疗纠纷借鉴了我国长期以来的民间调解机制,具有良好的实践基础,容易被群众接受。医疗纠纷的民间调解通过对纠纷双方的沟通和协调,为医患双方提供了医学技术支持、法律支持、政策支持和社会支持,在进一步澄清事实,消除隔阂,促进理解以及达成共识方面有较大优越性,因此发展独立民间机构介入机制是一种符合我国国情、适合社会需要的良好机制。

综合实践中主要几种民间调解机构的运作模式,对比各自的特点,我们发现建立一种人民调解委员会和保险公司联合调解的模式有助于发挥民间机构在解决纠纷中的优势,同时也可以避免经费紧张的难题。宁波市的医疗纠纷理赔处理中心和人民调解委员会和天津市的医疗纠纷调解委员会为我们提供了可借鉴的模式。

根据《宁波市医疗纠纷预防与处置暂行办法》,医疗机构应按规定参加医疗责任保险,承担医疗责任险的保险公司设立医疗纠纷理赔部门,接受医疗机构委托参加处理医疗纠纷。同时市和县、区设立医疗纠纷人民调解委员会专门负责医疗纠纷的人民调解工作。一方面,保险公司对经过医疗事故技术鉴定和法院判决的医疗事故纠纷直接进行赔付;另一方面,人民调解委员会对于非医疗事故纠纷依据当事人自愿的原则进行调解。理赔中心和调委会各司其职,前者负责对医疗事故的赔付,后者负责对非医疗事故纠纷的解决。而调解处理完全基于自愿,不愿调解或者认为调解机构有失公正的,随时可以通过行政处理或者诉讼程序解决纠纷。而在协商解决方面,该办法虽然以自愿为原则,但作为协商一方的医院无权任意赔偿。如果患方索赔金额超过1万元的医疗纠纷,应由保险公司介入,由专家负责调查、分析、评估、协商、鉴定和应诉后给予理赔补偿,医疗机

构无权私下承诺与给予。这一做法有效地制止了赔偿结果不公平以及医疗机构隐瞒医疗事故情况,逃避卫生行政部门处罚情况的发生。

天津市的做法与宁波市相似,而在调委会职责、调委会的技术保障和资金保障方面较《宁波市医疗纠纷预防与处置暂行办法》更加具体明确。依据《天津市医疗纠纷处置办法》,天津市建立医疗责任保险制度,其中二级以上各类公立医疗机构必须参加医疗责任保险,其他医疗机构自愿参加医疗责任保险。同时设立市医疗纠纷人民调解委员会,履行下列职责:

(1) 调解医疗纠纷,防止医疗纠纷激化;

(2) 通过调解工作宣传法律法规、规章和医学知识,引导医患双方当事人依据事实和法律公平解决纠纷;

(3) 向医疗机构提出防范医疗纠纷的意见、建议;

(4) 经调解解决的医疗纠纷,按照医患双方当事人要求,制作书面调解协议;

(5) 向患者及其家属或者医疗机构提供医疗纠纷调解咨询和服务;

(6) 向政府有关部门反映医疗纠纷和调解工作的情况。

发生医疗纠纷后,索赔金额未超过1万元的,可以协商解决或诉讼解决;索赔金额超过1万元的,当事人不得协商解决,但可以向调委会申请调解或向法院提出诉讼。调解协议确定的赔偿数额,应当作为医疗责任保险承保公司的理赔依据。调委会隶属于市司法局,其工作经费和人民调解员的补贴费用由财政予以保障。调委会由具有临床医学、药学、法学等方面资质的人员组成,和卫生局没有隶属关系。调委会调解医疗纠纷不收取费用。

思考题:

1. 试述医疗纠纷处理的一般原则。
2. 我国医疗纠纷处理机制存在的问题是什么?
3. 协商解决医疗纠纷的益处有哪些?
4. 试述行政调解的利弊。
5. 医事仲裁的优越性是什么?

第五篇 医疗合同

第十二章 医疗合同概述

【内容摘要】 医疗合同是医方提供医疗服务与患方支付医疗费用的合同。根据医疗内容不同,可以分为一般医疗合同、特殊医疗服务合同、健康检查合同和强制医疗合同。医疗合同是一种独立的、综合的合同形态,不同于承揽、雇佣、委托和技术服务合同。医患双方的权利和义务是研究医疗合同的关键,也是确定医方在医疗活动中的行为准则、患方在医疗活动中享有的合法权益,以及明确法律责任承担和减少医患纠纷的重要途径。其中,医方权利是指医方在医疗合同中所享有的权利以及依照法律享有的权利,包括与医务人员自身利益密切相关的权利和与患者利益密切相关之权利。患方的权利是指患方应该行使的权利和享受的利益,包括合同权利和法定权利。具体包括患者享有的基本权利和患者享有的专有权利。医方和患方的义务实际上形成了主给付义务、从给付义务和附随义务的义务体系。

第一节 医疗合同的概念和特征

一、医疗关系的合同属性

医疗关系是否是合同关系一直存在争议。《中华人民共和国合同法》(下称《合同法》)未对医疗合同加以规定。《医疗事故处理条例》作为我国处理医疗纠纷的主要依据,将医疗纠纷作为侵权案件处理,在立法上确认了医疗纠纷为侵权法律关系,实际上否认了医疗关系的合同性质。实践中,有关部门出于对本部门利益的保护,更是否认医疗关系的合同属性,反对适用《民法通则》、《合同法》、《消费者权益保护法》等民法规范调整医患关系。然而这种认识和做法上的偏差带来了一系列问题,其中最突出的一点是,否认医疗关系的合同属性直接导致了医、患双方权利义务的不明确,从而引发了较多的医疗纠纷。目前,患方维权意识的空前高涨和医方自我保护意识的不断增强,反映出社会迫切要求明确医、患双方的权利义务关系,而要做到这一点,仅凭卫生领域部门规章的零散规定是不够的,根本出路在于承认医疗关系的合同性质,从而围绕医疗合同架构医患双方的权利义务体系。

官方对医疗关系的合同性质讳莫如深,原因在于社会主义国家的医疗服务具有公益性。可事实上,我国的医疗服务充其量只能叫做准公益性。由于医疗服务不完全纳入国家经济财政计划全面支出的范畴,因此医疗机构必须获取经济利益才能够维持医疗服务的运行。尽管在预防医疗和保健、计划生育等涉及国家发展和稳定的医疗服务方面公益性特点突出,但大部分医疗服务是有偿服务甚至是高额有偿服务。在目前的市场经济社会中,医疗机构已经转变为盈利性部门的事实是不容置疑的。[1] 因此,承认医疗关系为平等民事主体之间的服务合同关系,不仅是缓解医患纠纷的重要出路,也是医疗机构依法行医从而预防和减少医疗纠纷的重要保障。近年来,我国一些地方也逐渐迈出思想的禁区,重新界定医疗关系,大胆尝试解决医患纠纷的新思路。例如,2000年11月浙江省人大常委会就通过了地方性法规《浙江省实施〈消费者权益保护法〉办法》,其中明确规定医患关系属于消费者权益保护法调整的范围,患者享有知情权、查阅资料权、请求赔偿权,规定负有医疗机构的告知义务。该办法成为我国第一个把医患关系纳入《消费者权益保护法》保护的地方性法规。而从世界范围来看,各国均将医疗关系作为合同关系来处理。我们认为,医疗关系不仅是合同关系,而且是一种特殊的合同关系,它具有自身的特点,是一个需要独立研究的合同形态。

二、医疗合同的概念和分类

医疗合同常又被称为医疗服务合同,是指服务供方(医疗机构或个体从医者)以医学理论知识和技术、信息、经验及可调动的其他医疗资源,依照国家有关法律、法规、规定和行业技术规范等,为患者解决特定健康干预的技术问题而与患者签订的协议。简单来讲,就是医方提供医疗服务与患方支付医疗费用的合同。医疗服务合同范围包括疾病的诊断、治疗和护理,此外有关疾病的预防接种以及根本不存在疾病场合的医学美容、变性手术、组织和器官的移植等,都属于医疗服务合同的范围。根据医疗内容不同,医疗合同可以分为以下几种类型:

(一) 一般医疗合同

所谓一般医疗合同,是指患者因感觉健康欠佳发生问题或身体显然患疾病

---

[1] 何颂跃:《医疗纠纷与损害赔偿新释解》(第2版),人民法院出版社2002年版,第37页。

或受伤,委托医师治疗疾病或伤害而成立的契约而言。① 一般医疗服务合同是以疾病的诊断、治疗为目的,医患双方明确双方权利、义务而达成的协议。在我国,由于医药未分业经营,医方因治疗疾病,开处方,同时提供药物,该提供药物的行为应包括在医疗服务合同之中,不宜视其仅为单纯药物买卖合同。此外,在住院治疗场合,医院还为患者提供住宿、伙食等服务,这些也是医疗服务合同的内容。②

（二）健康检查合同

健康检查合同,是指以疾病的发现而非诊治为目的,不包含治疗行为,仅就身体状况进行诊查而成立的医疗合同。目前国内常见的健康检查主要包括为考试、入学、工作、参加保险以及观测胎儿发育等进行的检查。

（三）特殊医疗服务合同

特殊医疗合同,是指身体并无疾病或创伤,而因特别关系,与医师成立的医疗合同。此类合同目前社会比较常见,例如无痛分娩、美容整形、妊娠中断、人工授精、变性手术、器官移植等。

（四）强制医疗合同

强制医疗合同,是指国家或地区因公共卫生及维护一般国民健康上之需要,强制国民接受医师检查而成立的医疗关系。强制医疗合同在日本屡见不鲜,通常以结核病、精神病或其他传染病为主要对象。我国台湾地区亦制定有种痘条例、传染病防治条例、麻风预防规则、海港和交通检疫等法规对传染病等疾病进行强制治疗。③

在我国同样存在强制医疗的情形,例如《传染病防治法》规定,发现甲类传染病必须进行隔离、强制治疗。但不少人认为这种情况下患者与医疗机构之间不是医疗合同关系,而是一种在患者与国家之间成立的行政法律关系,如因隔离、强制治疗造成患者损害的,应属于国家赔偿的范围。本书认为,强制医疗具有双重属性,一方面为了公共利益的需要对患者进行强制治疗,是国家行政权力作用的结果,患者与国家之间成立行政法律关系当无疑义。另一方面,患者与实施强制医疗行为的医疗机构之间仍然存在医疗合同关系,医患双方同样享有和承担与普通医疗合同中一样的权利和义务,尽管医疗机构的医疗行为获得了国家强制力的保障,但这并不意味着医疗机构的行为可以不受任何制约,患者不享有任何的权利。因此,承认强制医疗情形下医患双方之间的合同关系,对于明确医方责任、保护医患双方的权利均有重要意义。

---

① 黄丁全:《医事法》,中国政法大学出版社 2003 年版,第 171 页。
② 谢家银:《论医疗服务合同》,广西大学 2004 年硕士学位论文。
③ 黄丁全:《医事法》,中国政法大学出版社 2003 年版,第 171 页。

三、医疗合同的特征

医疗合同是在医、患之间形成的具有特定内容的合同形式,与其他民事合同相比,具有突出的特点。

(一) 医疗合同的内容具有高度专业性

医疗合同的内容,具体来讲就是医方实施医疗行为而患方给付医疗费用。就医方的医疗行为而言,具有高度专业性。医务人员必须具备医学专业知识和技术,并拥有长期诊断和治疗的经验,在必要的技术设施保障的条件下才能对患者的疾病进行正确的诊和护理。因此,医疗行为的实施不完全受患方的指示,也无须完全征得患方的许可。

(二) 医疗合同具有诊疗债务的抽象性和手段性

患者个体差异和疾病的复杂性所导致的诊疗行为的不确定性,使得在诊疗全过程中所进行的各个具体的诊疗行为,在一开始都不是具体预定的。因此,在缔结合同时,医患双方就该合同所达成的意思表示仅限于进行诊疗这一抽象的内容,对于诊疗过程中具体的权利义务的内容则只能依患者的情况在诊疗过程中逐步明确,这就是医疗合同的抽象性特征。而诊疗债务的手段性是指虽然医疗合同是以诊断治疗疾病为目的的合同,但其债务并非是要达成某种特定的结果。债务是否如约履行的关键在于医师所实施的医疗行为是否适当,而不以疾病的完全治愈与否为判断标准。这是因为一方面诊疗行为具有不确定性,另一方面现代医学还不能征服所有的疾病。①

(三) 医疗合同中医患双方信息不对称

由于医方是拥有专业知识和技能的专家,而患方通常对医学知识缺乏了解,所以医患之间存在信息不对称这样一种不可避免的现象。患者很难对医疗行为的正确与适当与否以及其优劣程度作出自己的判断,在整个合同的履行过程中只能基于对医师的信赖,期待医师依其技能而对患者作出适当的治疗,以求实现订约目的。② 也正是因为信息方面的不平等,使患方处于"弱势",极易受到医方的侵害,因此保证患方的知情权和医方履行告知义务对于保护患方权利而言非常重要。

(四) 医疗合同要受到公法上的限制

医疗合同作为私法上的一种合同形式,理应体现民法私法自治的精神,遵从合同自由的原则。就订立合同而言,合同的当事人有选择对方当事人、决定合同

---

① 艾尔肯:《论医疗合同关系》,载《河北法学》2006年第12期。
② 王敬毅:《医疗过失责任研究》,载《民商法论丛》(第9卷),法律出版社1998年版,第679—680页。

的内容及形式、变更和解除合同以及约定责任承担等方面的自由。但是,由于医疗事业涉及民众的生命和身体安全,是关系国家稳定发展的重要方面,因而国家对医疗合同当事人的意思自由进行了诸多限制。体现在医疗合同中,合同对方当事人的选择自由权受到了限制。例如,医疗机构负有强制缔约义务,即没有正当理由不得拒绝为前来就医的患者诊治。

第二节 医疗合同的性质

一、关于医疗合同性质的学说

医疗合同究竟属于何种性质,理论界有委任契约说、准委任契约说、雇佣契约说、承揽契约说等。

(一) 委托合同说

此说我国台湾地区通说。该学说认为,医疗合同为劳务给付合同,医疗行为是事实行为,其不以有偿为必要,且以诊治的持续已无必要为合同的终止期。[①]

(二) 准委托合同说

此为日本法通说。该说认为,医疗合同是患者委托医师以医治其伤病为目的,医师给予患者谨慎的注意义务以及实施适当的诊疗行为这种手段债务为内容的合同。日本学界之所以将医疗合同称为准委托合同,是因为日本民法将委任合同所处理的事务限于法律行为,对所处理的事务不是法律行为的,则另称准委任。医疗行为大多是事实行为,所以称之为准委任。[②]

(三) 雇佣合同说

此为德国通说。雇佣合同乃当事人约定一方于一定或不定期间内,为他方服劳务,他方给付报酬的合同。由于德国民法规定,委任为无偿合同,而医疗合同大部分都是有偿合同,因而无法归为委任合同,同时医疗合同并不以疾病的治愈为合同的内容,也不适用承揽合同的规定。因此,德国法将绝大部分为有偿合同的医疗合同视为雇佣合同。在英美法上将医疗合同视为雇佣合同的观点也占主导地位。[③]

(四) 承揽契约说

承揽是以完成一定工作为目的,工作完成后,给付报酬的合同。由于医疗契约要以疾病的治疗为内容,待治疗完毕,患者给付酬劳,因而医疗契约为承揽契约。此种性质在美容整型等情形最为明显。

---

① 黄丁全:《医事法》,中国政法大学出版社2003年版,第165页。
② 艾尔肯:《论医疗合同关系》,载《河北法学》2006年第12期。
③ 同上。

(五) 无名合同说

此种学说认为,从患者委托医师完成适当诊疗事务这一目的来看,将医疗合同视为准委任契约似乎是恰当的,但具体分析医疗合同的特征,就会发现医疗合同与典型的委托合同存在很大差异,很难说医疗合同是一种典型合同。因此将它视为一种独立的无名契约更为合理。①

二、对医疗合同性质的认识

在我国医疗合同是一种无名合同。既不能完全适用委任合同的规定,也与承揽合同和雇佣合同相区别。

(一) 医疗合同不同于委托合同

1. 医疗合同中医方的注意义务高于委托合同中受托人的注意义务。

医疗行为以治疗疾病,挽救生命,维护患者身体健康为目的,因而无论医患双方是否约定支付报酬,医方都要尽善良管理人的义务。而委托人对受托人的注意义务因有偿与无偿不同,若为有偿受托人应尽善良管理人的注意;若无偿受托人应与处理自己事务为同一注意。

2. 民法上的委托是以社会上经济活动为对象,而医疗行为的对象为人的身体。

因此患者不但是医疗合同的当事人,还是医疗行为的对象。这在委托合同中是不常见的。

3. 医疗合同中患方不能对医方的医疗行为随意进行指示。

这是因为医疗行为具有高度的专业性。而在委托合同中,受托人则必须按照委托人的指示处理委托事务。

4. 医疗合同中医方不得随意解除合同。

医疗合同由于涉及的是患者的生命和健康,通常只有在患方同意或要求的情况下才能解除合同,医方不得随意解除。而在委托合同中,委托人或受托人可以随时解除合同。

(二) 医疗合同不同于承揽合同

承揽合同是承揽人按照定作人的要求完成工作,交付工作成果,定作人给付报酬的合同。但两者仍有很大区别。

1. 医疗合同中医方义务属于手段债务而非结果债务。

由于疾病的治愈具有一定的不确定性,因此患者很难期待通过医疗行为达到确定的效果。且医疗合同订立后,无论患者的疾病是否治愈,患者均有义务支付费用。而承揽合同则是以定作人要求作为履行结果的合同,只有在加工人完

---

① 艾尔肯:《医疗损害赔偿研究》,中国法制出版社2005年版,第35页。

成的工作完全符合定作人要求的情况下,才可以向定作人要求支付报酬。两者相比较,前者属于手段债务而后者属于结果债务。

2. 承揽要以社会经济活动为对象,而医疗行为的对象是人的身体。

3. 尽管个别的医疗合同具有承揽合同的特征,例如医疗美容合同,但并不能认为所有的医疗合同均可以以承揽合同加以概括。

(三) 医疗合同不同于雇佣合同

雇佣合同中受雇人必须依照雇佣人的指示从事活动,而医疗合同中患者应当服从医师的安排,这种差别决定了两种合同存在质的区别。

(四) 医疗合同不同于技术服务合同

技术服务合同是指当事人一方以技术知识为另一方解决特定技术问题所订立的合同。由于医疗合同也是利用医务人员的特殊知识和技能为患者提供医疗服务为主要内容,因而与技术服务合同具有相似点。但二者仍然有差别,体现在:技术服务合同具有与医疗服务合同明显不同的特点。这些特点是:(1) 技术服务合同标的是解决特定技术问题的项目;(2) 技术服务合同的履行方式是完成约定的专业技术工作;(3) 技术服务合同的工作成果有具体的质量和数量指标;(4) 技术服务合同有关专业技术知识的传递不涉及专利和技术秘密成果的权属问题。①

技术服务合同与医疗服务合同的区分,大致可以借用学者所做的"经济性服务"和"非经济性服务"区分,即技术服务合同的标的属于经济性服务,而医疗服务合同的标的属于非经济性服务。医疗服务合同的法律适用,无须向技术服务合同方面"找法"。②

三、医疗合同是一种独立的、综合的合同形态

综上可知,医疗合同不同于现行《合同法》中任何一种有名合同,而是一种具有自身特性的独立的合同形态。医疗合同与现行《合同法》中的委托合同最为相近,但委托合同不能完全涵盖医疗合同的全部内容。实际上,医疗合同不仅包含了委任合同的内容,还与买卖、租赁、雇佣等关系有相似之处,因此,医疗合同其实是一种综合性的合同。正因如此,有人称医疗合同为混合合同。在目前尚无专门法律对医疗合同关系进行规制的情况下,医疗合同可以被认为是多种合同形式的结合。例如,医方除了对患者进行检查、诊断、治疗等医疗行为外,还向患者提供医疗器材、药品,对住院患者提供住宿、饮食等服务,对一些特殊的

---

① 谢怀栻等:《合同法原理》,法律出版社1999年版,第553页。

② 韩世远:《医疗服务合同的不完全履行及其救济》,http://www.privatelaw.com.cn/new2004/shtml/20060228-122107.htm,2010-05-20访问。

患者(如糖尿病患者)还要提供营养餐,这其中就包括了委托合同、买卖合同、租赁合同。因此,如果将医疗合同作为混合合同看待的话,医疗机构提供医疗服务与患者支付服务费用作为医疗合同的主要部分,原则上可视为委托合同;医疗机构向患者转移药品或某些器械所有权与患者支付价款部分应视为买卖合同;医疗机构为患者提供病床、病房和其他辅助器械使用权与患者支付价金应适用租赁合同的规定。这样做徒增麻烦,因此法律有必要将其作为一种独立的合同在相关的法律法规中加以规定,以明确双方的权利义务关系,进一步界定医患双方的责任承担,这才是处理医患法律关系、解决医疗纠纷的根本途径。

第三节 医疗合同的内容

合同的内容即合同当事人的权利和义务,具体表现为合同的条款。医疗合同的内容即是指医患双方所享有的权利和负担的义务。

一、研究医患双方权利和义务的意义

医患双方的权利和义务是医疗合同法律关系的内容,研究医疗合同从根本上说是要明确医、患双方的这些权利和义务,从而分别确定医方在医疗活动中的行为准则、患方在医疗活动中享有的合法权益,明确医患纠纷中法律责任的承担,减少和预防医患纠纷的发生。作为医疗合同内容的医患权利和义务是对等的,法律不仅要保护患方的利益,也要维护医方的合法权益,只有这样才能促进医患关系的和谐发展,在保障人民身体健康和生命安全的前提下促进公共卫生事业的发展。而医患双方的权利和义务是多样的,即包括了基于法律规定的权利和义务,还包括医患双方基于平等自愿基础而协商议定的其他权利和义务。这种多样化的权利义务体系体现了医疗合同的两面性,即公共性和自由性。而其中法定的权利和义务是最基本的,它们对于保障医患双方合法权益、维护人民身体健康、促进公共卫生事业发展起到了重要作用。此外,基于医患双方的合同关系,医患之间也会产生一系列的合同权利和义务,它们对于合同目的的实现以及双方当事人合法权益的保障同样具有重要意义。因而研究这些权利和义务是学习医疗合同最主要的任务。本书第十三章和第十四章就要对医患双方的这些法定和约定的权利和义务进行主要论述。

二、医方的权利

本节所谈之医方权利,是指医方在医疗合同中所享有的权利以及按照法律的规定医方享有的权利。这里医方包括医师和医疗机构。

医患关系中,患者处于的弱势地位使人们过多地关注患方权益的保护,而忽

视了医方的权利。然而患方权利和医方权利是相辅相成的,保障医方权利是维护患方权益、促进医学事业发展以及和谐医患关系的重要途径。因此不能顾此失彼,应当公平合理地看待医患关系。而实践中,由于种种的原因,医方的权利被淡化了,侵害医师人身和财产安全的现象屡见报端。例如,2004年,成都病人家属杀死华西医科大学附属医院医生李某,迫使医院为本院重点医生配备保镖,在全国范围内引起了很大反响。2005年,各大媒体又相继报道了福建患者杀死"国医堂"名医戴某的事件。然而这些只是众多暴力事件中的一件,单就湖北省1999年1月到2001年7月间,全省一共发生围攻医院、殴打医务人员的暴力事件568起,有398名医务人员被打,其中32人致残。[①] 这些事件凸显了我国目前医患纠纷频仍、医患矛盾不断升级的社会现实,从一个侧面也反映出公众对医师权利的淡忘和漠视。

医方的权利可以分为两大类,即与医务人员自身利益密切相关的权利和与患者利益密切相关之权利。其中,前者主要包括医师获得奖励的权利、进行医学研究和交流的权利、参加培训和接受继续教育的权利、获得工资、津贴和福利待遇的权利以及提出意见和建议的权利;后者则主要有治疗权、拒绝治疗权、费用支付请求权、对患方的管理权以及人格尊严和人身安全等权利。由于与患者利益密切相关的医师权利是明确医方责任、解决医患纠纷的重点,因此本书只对后者进行探讨。

三、患方的权利

患方的权利也包括患方根据医疗合同享有的权利和依据法律享有的权利两大类。在一些著作以及国际性文件中,更多地被称为病人权利。对此我们认为,这样的叫法并不确切,有时一些权利并不仅仅是病人自己的,还可能是患者家属的。例如,我国有的卫生行政规章就将知情同意权规定为病人及其家属享有。因此,这里的患方包括患者和患者家属,患方的权利也包括患者的权利及其家属的权利。患方的权利主要涉及两个方面:一是患方的专有权利,如知情同意权等;二是患方的基本权利,包含生命健康权、肖像权、名誉权等。对患方权利的尊重既是患方的要求,也是我国医疗事业不断发展的要求,更是广大医务人员必须履行的法定义务。

患方权利的发展经过了一个长期的过程。18世纪末19世纪初,英国认可了患者有权在治疗中了解和选择有关治疗措施,医生实行手术治疗必须取得患者的知情和同意。20世纪开始,很多国家接受了一条原则,即未取得患者或当事人在自由意志下的知情和同意前,不允许进行任何人体医学试验。1946年通

---

① 谢钧:《湖北省医疗纠纷状况调查》,载《健康报》2002-01-05。

过的《纽伦堡法典》,更加强调和确认了患者的权利。1963 年,英国成立了患者协会,参与维护患者的权利。1972 年,美国医院协会制定了《患者权利章程》,规定了病人 12 个方面的权益,并相继有 16 个州以法律的形式制订和实行了这一章程;而且还产生了"患者权利保护人"的制度;成立了"患者权利代理人协会"。美国《病人权利法案》中指出的病人的十二项权利包括:(1)病人有权利接受妥善而有尊严的治疗。(2)病人有权利要求自己或其亲友能得到:(以病人所能理解的方式)有关自己的诊断、治疗方式及预后的情况。病人也有权利知道为其医疗的人员的名字。(3)病人有权利在任何医疗开始前,了解并决定是否签写同意书,除了紧急处理外,一般同意书的内容应包括以浅显易懂的文句介绍医疗程序的本质、预期的危险性及益处、不同意时的后果、有无其他可选择的医疗方式、且同意是其自愿的。(4)病人有权利拒绝治疗。(5)病人有权利保持其隐私。(6)病人有权利使其沟通及纪录保持机密。(7)病人有权利要求医院在能力范围内对其所要求的服务作出合理的响应。(8)而医院在紧急时,必须提供评估、服务及转诊。在情况允许下,转诊之前,病人有权利得到其全部的病历资料及解释。(8)病人有权利获知医院之间的关系及治疗其医疗人员的专业资料。(9)病人有权利被告知,其被进行人体试验或临床研究,且其有权利拒绝。(10)病人有权利要求合理的持续照顾。(11)病人有权利知道其账单,并检查内容或要求院方解释。(12)病人有权利知道医院的规则以及病人的行为规范。对于病人应有的权利,你可以主动争取而不被忽略。1975 年,欧洲共同市场议会呼吁各国医院要坚持人道,保证充分地尊重患者的人格;医患之间应经常医患关系法律问题研究及时的互相通气;诊疗措施必须得体;医生要尽可能为患者减轻痛苦。[①]

患方权利是维护病人利益的根本保障,体现了医患关系的平等和自由,是实现医患关系信任的重要保障。由于医疗行为具有专业性特点,医师客观上较患者掌握更多的信息,这使患者常常在医患关系中处于"弱势"地位。保护患者权利对于平衡医患双方利益、促进医患沟通以及缓解医患矛盾有重要作用。特别是当前医患矛盾突出、医疗纠纷增多,医患纠纷已成为社会关注的焦点问题的情况下,重点加强对患者权利的保护对于构建和谐的医患关系具有现实的紧迫性和深远意义。

四、医方的义务体系

医疗合同关系作为一种民事法律关系,医方的义务是正确地诊断患者所患的疾病、并对其实行尽可能妥当的医疗诊治行为,促使病人恢复身体健康。合同

---

① 邱祥兴主编:《医学伦理学》,人民卫生出版社 1999 年版,第 58 页。

义务体系中存在着主给付义务、从给付义务和附随义务之分,在医疗合同中同样存在这样的义务体系。

所谓主给付义务是指合同关系所固有的、必备的,并用以决定合同类型的基本义务,例如买卖合同中卖方交付标的物,并转让其所有权的义务,买方支付价款的义务,均是给付义务。对于医疗合同中医方的主给付义务,我们只能注重给付行为而不能强调给付结果,因为要求医师治好每一位病人并不可能,我们只能合理要求医师尽最大努力救治。这种主给付义务具体表现为医方的诊疗护理义务,即医师运用医学知识和技术,正确诊断患者所患的疾病并施以适当治疗的义务。它包括诊断、治疗、麻醉、手术、输血等具体的诊疗过程。

所谓从给付义务,又称从义务,是指不具有独立的意义,仅具有补助主给付义务的功能,其存在的目的不在于决定合同的类型而在于确保债权人的利益能够获得最大满足。医方的从给付义务包括:(1)转诊义务;(2)制作、保存病历的义务。

附随义务是在合同履行过程中,为了确保合同目的的实现并维护债权人的利益,债务人遵循诚实信用原则,依据合同的性质、目的和交易习惯而应履行的给付义务以外之通知、协助、保密等保护义务。附随义务是为维护当事人的利益,依社会的一般交易观念而应由当事人负担的义务。附随义务的理论基础是民法中的诚实信用原则。在医疗合同中,医方的附随义务包括保密义务、安全保护义务、告知或疗养指导义务、协助义务等。

五、患方的义务

医患关系是医务人员与患者在医疗过程中产生的特定关系。随着人们健康意识、权利意识、法制观念的日益增强,患者权利保护越来越深入人心,但患者的权利绝不会是孤立的,它除依赖医务人员的义务履行之外,也与自己所负担的义务相统一。而我们恰恰只重视了患者权利和医务人员义务的关系,却常常忽略患者自身权利、义务的统一。实际上,患者义务的缺失,必然导致患者对自己权利理解的片面性和诉求的绝对化。[①] 从而造成患者往往片面地强调自己的权利,不愿承担相应的义务,在诸多方面拒绝与医务人员合作,导致医患关系紧张。不得不承认,患者义务意识的缺失是当前医患关系紧张的原因之一,而和谐医患关系不仅要依靠医方的努力,尚需患者的密切配合才能实现。

患者的义务是指患者在医疗过程中应当履行的义务。在医疗合同中,患者的义务包括给付义务和附随义务。其中,患者的给付义务主要是医疗费用的给付义务,这种义务在患者不履行时得请求司法机关强制履行,并可发生损害赔偿

---

① 李晓明、郭梅:《医患关系:不应忽视患者的义务》,载《中国卫生事业管理》2007年第5期。

的问题。患者的附随义务体现为协助医方的义务、遵守院规的义务等。

思考题：
1. 医疗合同的一般分类有哪几种？并请举例说明。
2. 请解释医疗合同诊疗债务的手段性特征。
3. 强制医疗合同中参与人之间的法律关系如何？
4. 列举国内外关于医疗合同性质的学说。
5. 你认为医疗合同的性质是什么？
6. 列举医疗合同中医方的主给付义务、从给付义务、附随义务。

第十三章 医方的合同权利和义务

【内容摘要】 医方的权利是指医师和医疗机构所享有的权利。主要有诊疗权、医疗费用支付请求权、对患方的管理权以及人身权和财产权等。医方的义务主要包括诊疗和转诊义务、告知与保密义务以及病历制作与保管义务。其中，诊疗义务是医方应患方的请求，正确运用医学知识和技术手段，诊断患者病因，制订治疗方案并实施的义务；对于急危患者，采取紧急措施及时诊治的义务。转诊义务是指由于特定原因致使医疗机构无法对患者救治的，应将患者转至其他有条件的医疗机构进行救治的义务。告知义务是指医方应将治疗过程中的相关情况对患者进行说明的义务。保密义务是指医方在医疗过程中所知悉的有关患者的隐私不得泄露和利用的义务。此外，医方还负有按照规定制作和保管病历的义务。

第一节 医方的合同权利

本节所探讨的权利既包括医师的权利也包括医疗机构的权利，由于有些权利既属于医疗机构享有，同时又是医师个人的权利，因而这里不做具体的划分，而是统称为医方的权利。

一、诊疗权

（一）诊疗权的根据和性质

医生诊疗权的含义比较广泛，其内容包括医生在治疗过程中享有诊断、处方、处置等权利，有权询问患者的家族病史、患者个人生活等情况，有权要求患者做各项检查，有权决定针对患者的治疗和处置方案等方面的权利。诊疗权是执业医生最基本的权利，也是医师执业必需的权利。由于医师执业的目的就是利用专业知识和技能对患者的疾病进行诊治，因而诊疗权是执业医师当然享有之权利。这种权利来源于两个方面：一是医疗合同中患方的授权，二是相关法律的规定。我国《执业医师法》第 21 条就是对执业医师诊疗权的规定：执业医师在注册的执业范围内，可以进行医学诊查、疾病调查、医学处置、出具相应的医学证明文件，选择合理的医疗、预防、保健方案。因此，医师的诊疗权从性质上讲具有两面性，它不仅是一种约定的权利还是一种法定的权利，这种权利的行使和范围原则上可以由医患双方加以约定,但无论如何不能超越法定的范畴。此外必须强调,诊疗权具有专属性,是执业医师的专有权利,只有依法取得执业医师资格或者执业助理医师资格并经注册在医疗、预防、保健机构中执业的专业医师人员才能享有。

(二) 诊疗权的基本内涵

诊疗权从其权能上看可以分为以下权利:

1. 疾病调查权

疾病调查权是指在医疗机构和医务人员为就医者提供医疗服务或执行国家医疗保健活动中,医师有权对患者与疾病有关的所有情况进行询问、身体检查以及居住环境检查等,并可以建议对于患者生活密切相关人员进行调查与检查的权利。[①] 疾病调查权是医师完成治疗工作的前提,也是正确诊断和合理治疗的保障。患者有义务配合医师对疾病进行调查,医师有权利要求患者配合做各项检查。但医师因实施了疾病调查权而获悉的患者及其家属的隐私不得在治疗以外的活动中泄漏,也不得为了非治疗目的而使用这些信息。

2. 自主诊断权

在经过临床医学调查和其他必要的调查、检查之后,医师有权对患者的健康状况和疾病情况进行自主判断。任何人不得妨碍、阻挠、指示和命令医师作出与自己诊断相违背的判断。诊断的方式可以是口头的,也可以是书面的,但口头诊断必须在事后补充记录。诊断权是医师诊疗权的核心,诊断结果直接关系到后续的处置,对于患者的身体健康、生命安全以及人格尊严等有着重要意义。因而诊断必须尽可能正确,如有疑难应当经会诊讨论。一旦诊断失误或者虚假,诊断医师和医疗机构将可能承担相应的责任。

3. 医学处方权

医学处方权包含对患者疾病进行治疗的一切医学方法与措施,如药物治疗、物理治疗、手术治疗、人身自由限制等。[②] 处方权是医师行使调查权、诊断权的结果,因而处方应该在调查、诊断的基础上作出。这就决定了处方权必须由对患者病情进行调查和诊断的医师即经治医师行使,经治医师不得将处方权交由其他未参与亲自诊治的医师或非执业医师行使。

(三) 诊疗权的特殊形态——强制诊疗权

通常情况下,诊疗权是在患者自愿接受的前提下才能获得实现,但在特殊场合医师可以不必经过患者许可或同意而强制对患者实施治疗。这种权利被称为强制诊疗权。强制诊疗权是为了维护国家、社会的安全与稳定,保障人民生命安

---

① 何颂跃:《医疗纠纷与损害赔偿新释解》(第 2 版),人民法院出版社 2002 年版,第 129 页。
② 同上。

全和身体健康,根据我国法律法规由医疗机构对相关人员进行的强制治疗的权力。从本质上讲,强制医疗是医师的一种权力,它基于法律的授权而取得,也有人称它为"行政性医疗权力"。在我国,许多法律法规涉及了医师的强制诊疗权,具体种类包括:(1)强制隔离诊疗权;(2)强制性戒毒权;(3)强制推行计划免疫接种权;(4)强制进行体格检查权。强制治疗并不重视病人的承诺,医疗行为的实施不需要在病人的同意前提下进行,指定医院收治病人和管理病人的权限在于医疗卫生行政部门,因而具有浓厚的行政权色彩。[①] 所以,强制诊疗权并非医疗合同之内容,本节不做重点论述。

二、医疗费用支付请求权

医方提供医疗服务后,有权要求患者方支付相应的医疗费用的权利。医疗合同是在自愿平等基础上成立的双务有偿合同,患者有交付与医疗相关费用的义务,经催要患者仍然拒绝的,医院有权解除合同,拒绝对患者治疗。可以说,医院收取医疗费是维持医疗机构正常运作的保障,所以明确医疗机构的医疗费用支付请求权非常必要。至于现实中存在的乱收费、高收费等现象则属于另一个问题。这里的医疗费用具体包括挂号费、诊疗费、住院费、手术费等费用。

三、对患方进行管理的权利

医疗行为的完成和医疗目的的实现不仅要依靠医务人员专业的诊断和治疗,而且需要患者及其家属的密切配合。这就要求患者有义务遵医嘱行事,遵守院规,服从医院管理。此外,医院还是一个公共场所,某一个患者的行为极可能影响到其他患者和医师,因此服从医院管理也体现对他人的尊重。医院的管理不仅限于来院就诊的患者,还包括患者的家属以及其他在医院停留的人。

四、人身权和财产权

近年来,医疗纠纷中不断出现病人因对医务人员不满而侮辱、谩骂医务人员的事件,有些患者为了报复甚至对医务人员采取暴力,直接威胁到医务人员的生命安全。而我国部分地方出现的职业"医闹"更是破坏了医疗机构的正常秩序。所有这些一方面反映了患方维权意识的不理性,另一方面也反映了人们对医疗机构以及医务人员基本权利的漠视和践踏。我国宪法规定,国家保障公民的人权,公民人身自由和人格尊严不受侵犯。作为医务人员,同样享有生命健康、人格尊严、自由等权利。尽管引发医患矛盾的原因很多,其中不乏医务人员的因素,但无论如何,矛盾的解决不能采取侵害他人人身权和财产权的报复手段,否

---

① 何颂跃:《医疗纠纷与损害赔偿新释解》(第2版),人民法院出版社2002年版,第130页。

则加害人应承担相应的法律责任。

第二节 医方的合同义务

一、转诊义务

(一) 转诊义务的概念和特点

转诊义务,是指由于特定原因致使医疗机构无法对患者救治的,应将患者转至其他有条件的医疗机构进行救治的义务。我国《医疗机构管理条例》确立了医师的转诊义务。该《条例》第 31 条规定:"医疗机构对危重病人应当立即抢救,对限于设备或者技术条件不能诊治的病人,应当及时转诊。"《条例》第 30 条也规定:"对限于设备或者技术条件不能诊治的病人,应当及时转诊。"具体来讲,转诊义务包括转院和转科、换医生以及提供资料四项义务。属于医方在医疗合同中应承担的从给付义务,该义务的履行对于合同目的的实现具有辅助作用。转诊义务具有以下特点:

1. 转诊是医疗机构的强制性义务,不同于患者主动转诊。当由于特定原因造成医疗机构无法对患者进行诊治时,医疗机构必须将患者转诊,这是医疗机构的法定义务,具有强制性,医疗机构违反的要承担法律责任。而在患者行使转诊权的情形,医疗机构不一定发生了不能诊治的情事,因此医疗机构没有转诊的义务。

2. 只有在医疗机构设备缺乏、技术不足,不能为患者完成必需且有益的检查和处置时,医疗机构才负有转诊义务。

3. 由于各个医疗机构的技术、设备条件不同,医疗水平有别,转诊义务在不同的医疗机构之间具有差别性。因此,是否必须转诊,需要通过对特定医疗机构的技术设备情况以及医疗水准程度进行具体判断,而没有一个统一的判断尺度。如果医疗机构不具备条件,却不主动为患者办理转诊或故意拖延,构成对转诊义务的违反。

(二) 转诊事由

根据我国《医疗机构管理条例》第 31 条规定,医疗转诊的情况主要为:(1) 医疗设备有限。(2) 医疗条件有限。(3) 医疗人员有限。(4) 特定疾病的治疗如精神疾病、烈性传染病等。

实践中,医疗机构因为上述原因以外的事由建议患者转院治疗的,不属于履行转诊义务。而患者主动要求转院治疗的,自不受上述事由的限制。

(三) 转诊义务的履行

尽管《医疗机构管理条例》规定了医疗机构的转诊义务,但该规定较为原则和抽象,缺乏具体的操作规则,这使得医疗机构如何履行转诊义务成为问题,再加上没有法定依据,有关机关在判定医疗机构是否履行转诊义务以及履行是否适当的问题上存在困难,成为实践中引发医疗纠纷的重要诱因。因此,对条例的规定加以细化,进一步明确转诊义务的履行原则和履行方法,具有十分重要的意义。

1. 急救先行的义务

当医疗机构接诊病人后,发现本单位医疗条件无法胜任救治工作的,应及时告知患者转诊。如果病人处于危急状态,必须马上采取急救措施才能转诊,否则就构成转诊义务履行不适当,而应承担相应的法律责任。

2. 及时联系转诊医院

医师的专业知识及其工作经验使之更加熟悉各地医疗机构的情况,因而在需要转诊时,接诊的医师及其医疗机构应当及时为患者提供转诊医院的信息并联系转诊医院。如果转诊的医疗机构具有可选择性,应告知患者并由患者选择,医师有义务提供转诊医院的有关信息。坚决抵制医师为谋求个人私利而联系不具有接诊条件的转诊医院。在联系转诊医院的同时,医疗机构还负有告知转诊医院患者的状况、转诊的原因、转出的时间,以使转诊医院做好接收准备。

3. 安全运送

对于危重患者,在转移过程中,转出的医疗机构应当派救护车护送,并有医护人员陪同,以防备和及时处置路途中的意外情况。对于由于病情、身体状况,无法承受舟车劳顿的病患,应当先留院观察,待病情稳定或者危险期过后,方行转诊。[①]

4. 提供病历资料

医疗机构有义务在转诊的同时将转诊病历摘要以及各种检查报告资料交由患者,提供给转诊医院。

二、告知义务

(一)告知义务的目的、地位和必要性

医师的告知义务,又称说明义务,是在 20 世纪 60 年代"患者自己决定权"的法理基础上产生的,它随着国外法官的司法实践而逐步确立起来。[②] 1957 年加利福尼亚州上诉法院对 Salgo 事件的判决中首创医师的告知义务。此案中,医生对一名男性患者施行胸部大动脉造影,从其背部向大动脉注射了造影剂,结

---

① 戴园园:《转诊义务设置与医疗机构风险控制》,载《医学与社会》2007 年第 3 期。
② 段匡、何湘渝:《医生的告知义务和患者的承诺》,载梁慧星主编:《民商法论丛》(第 12 卷),法律出版社 1999 年版,第 160 页。

果造成该患者两下肢瘫痪。这一检查方法在当时是非常先进的,但是由于医院及医生没有提供任何情况说明,患者以及他的妻子对于这一检查可能带来的风险完全处于一无所知的境地。虽然医疗意外出现的几率可以说非常小,但即使在当时也不能说医学对此处于未知的状态。在判决中,裁决官首次导入了说明与同意这一词汇。[①] 1960 年,美国堪萨斯州地方法院对 NatansonVs. Kline 案及密苏里州地方法院 MotehellVs. Robinson 案中正式使用说明原则,这标志着说明原则在判例法上得到了确立。在我国,随着人们对患者自决权意识的不断增强,医方的告知义务也越来越受到社会各界的强调。确立告知义务的目的在于提高患者在治疗中的地位,尊重患者意愿,协助患者作出与其个人权利密切相关的决定。它的确立,有利于平衡医疗合同当事人之间的利益关系,有利于医患沟通和医患双方相互尊重,对于减少医疗纠纷和实现医患和谐都有重要作用。在我国,告知义务不仅是医方的法定义务,也是医疗合同中医方的诚信义务。医方违反告知义务造成患者损害的,患者可以请求损害赔偿。而因告知义务的违反而发生的医疗损害赔偿在 20 世纪 90 年代早已得到广泛承认。

医师告知义务的必要性体现在以下方面:首先,医疗服务的专业技术特性使患者很难理解诊断治疗的方法、程序和后果,而所有这些患者有权利知悉,并根据医方的说明作出决定。其次,对诊疗中所使用的专业性术语进行的说明,是患者理解医疗过程的重要途径。再次,对诊疗方法以及药物所具有的侵袭性和危险性的告知,是患者作出同意治疗决定的基础。最后,患者所享有的身体权和生命健康等权利,客观上要求医师进行诊疗护理时应当尊重患者意愿,取得患者同意,而这些必须建立在医师对患者进行充分告知的基础之上。

(二) 告知义务的法律依据

我国现行法律法规对医师告知义务有明确的规定。《执业医师法》第 26 条规定:医师应当如实向患者或者其家属介绍病情,但应注意避免对患者产生不利后果。医师进行实验性临床医疗,应当经医院批准并征得患者本人或者其家属同意。《医疗事故处理条例》第 11 条规定,在医疗活动中,医疗机构及其医务人员应当将患者的病情、医疗措施、医疗风险等如实告知患者,及时解答其咨询。此外,《侵权责任法》第 55 条也对医生的告知义务进行了规定:"医务人员在诊疗活动中应当向患者说明病情和医疗措施。需要实施手术、特殊检查、特殊治疗的,医务人员应当及时向患者说明医疗风险、替代医疗方案等情况,并取得其书

---

① 段匡、何湘渝:《医生的告知义务和患者的承诺》,载梁慧星主编:《民商法论丛》(第 12 卷),法律出版社 1999 年版,第 152 页。

面同意；不宜向患者说明的，应当向患者的近亲属说明，并取得其书面同意。医务人员未尽到前款义务，造成患者损害的，医疗机构应当承担赔偿责任。"此外，鉴于医疗合同属于服务合同，因此也应当受《民法通则》、《合同法》以及《消费者权益保护法》的调整。上述法律中关于服务提供者的说明义务的规定同样适用于医疗合同。

（三）告知义务的主体

患者有权得知必要的信息，医生有义务作出必要的说明，至于具体由哪些医生承担告知义务，现行法律并没有给出明确规定。

美国的大多数法院认为，告知义务主要由实施治疗程序或提供治疗、诊断检查或其他治疗的医生来承担。在有多个医生参与治疗的情形，通常只有提供专家意见的医生承担此义务。而在两个医生均参与治疗的情形，医师是否负担告知义务，很大程度上取决于他的治疗行为实际起到的作用。如果只起辅助作用，则不承担告知义务，如果是负责治疗程序的一个独立的方面，则应承担此义务。而在医生指派护士代行告知义务的情形，应由医生对护士的行为承担责任。但是在护士自身负有告知义务的情形，自然应由护士自己对其行为负责，这在家庭护理中表现得最为明显。

（四）告知义务的判断标准

关于告知义务的判断标准，各国学说与判例不尽一致，其中有"合理医生标准说"、"合理患者标准说"、"具体患者标准说"、"折衷说"等学说。

1. 合理医师标准说

该说认为，医师根据当时医学水准来判断是否对患者作出说明。其理由是，在具体情况下究竟应该对患者告知什么，告知的程度如何，受到患者症状、人格态度、理解能力等因素的影响，因此要求医师具有高度的医疗专门知识，因此，应依据合理的医疗水准判断医师是否有必要告知，即将合理的医疗水准作为判断医师有无违反告知义务的标准。

但该说存在的问题是：(1) 医师遵从职业惯例履行说明，但医师职业惯例本身经常是模糊不清的；(2) 患者知情是患者的基本权利，仅凭医师通过惯例来决定是否告知，必将导致对患者知情权的侵犯。(3) 即使存在医师职业惯例标准，但这种标准主要从医师角度出发制定的，不能充分满足患者的知情权，因而有违说明与同意原则的目的。(4) 对于患者而言，判定医师是否作出符合职业惯例的说明相当困难，这给患者举证带来了不利。

合理医师说反映了父权主义医患模式的影子，间接承认医师比病人自己更了解病人需要什么样的信息。

2. 合理患者标准说

该说主张,一切可能影响合理性患者决定的危险均应予告知。

但该说也存在缺陷:"合理性患者"本身是一个抽象的概念,以这种抽象的概念作为判断的标准,就如同对假定的问题作推测的回答。尤其是它以抽象性的一般人作为判断的标准而不考虑患者的个体差异,其结果只能使患者具体的自我决定权无法实施。

"合理的患者说"强调病人自知,正如"如鱼饮水,冷暖自知"一样,该说认为只要是处于该位置上的意识清醒的人均希望了解的情况,医生就应该对此作出告知。

3. 具体患者标准说

此说认为,医生应否负告知义务,应就个别患者而定,凡依据患者的年龄、人格、信念、身心状态,可确知某种医疗资料与患者的利益相结合而为患者所重视,当医生有预见可能时,医生对该情况即有告知之义务。

该说最能贯彻患者的自我决定权,但其弊端是:(1)医师必须掌握每位患者的具体情况,造成了医师过重的工作负担。(2)完全根据患者个人的主观性来决定医师的告知义务,实际上剥夺了医师就该医疗行为进行裁量的可能性,这对治疗疾病反而不利。(3)具体的患者标准说将医生的行为规范与患者的主观意志联系在一起,造成医生对其行为准则进行预测的情况。

4. 折衷说

折衷说为合理患者说与具体患者说之折衷。折衷说认为,告知义务是医师的行为规范,为了达到这个目的,医师必须在考虑一般患者的态度的同时,重视具体的患者,医师有义务最大限度地探究个别的具体的患者的主观意思,在判明情况下履行告知义务。此说不仅重视患者的自我决定权,同时没有加重医师的责任。在医师与患者进行相互信赖的对话中,医师能掌握具体患者的整体状况,从而达到医疗的目的。①

美国大部分地区采用了"合理的医生标准",少数地区奉行"合理的患者标准"。澳大利亚采用的是"谨慎的患者标准"。英国采用的是"合理的医生标准"。在我国,"合理的医生说"和"合理的患者说"两学说为主流的观点。纵向来看,医师告知义务正在以往昔的"合理医师说"逐渐朝向"合理患者说"并继而移向"具体患者说"的趋势。

(五)告知义务的种类和内容

告知义务可以从三个方面理解,因而产生了以下分类:

1. 作为承诺的有效要件的告知义务

医疗行为都具有侵袭性,未经患者同意实施的医疗行为等同于侵害。为使

---

① 李茂年:《医患关系法律问题研究》,厦门大学2001年硕士论文。

医疗行为合法,医方必须事先取得患者的同意,而同意之前提就是对患者进行必要和充分的告知。通常,医方应对医疗行为的侵袭范围、程度以及可能造成的危害后果对患者进行告知,否则就会造成病人的承诺(即同意)无效;医疗行为缺乏患者同意这一违法性的阻却要件,就有可能构成伤害行为。

2. 作为结果回避的告知义务

这种义务主要包括对疗养方法的指导义务以及转医劝告义务。违反此种义务,构成通常意义上的医疗过失。

3. 报告义务

医生作为受任者应对患者负有病情报告义务,该报告义务对于病人而言主要具有减轻其心理压力以及不安情绪的作用。违反该义务,仅可能发生患者的精神上的损害,因此可能发生精神损害赔偿请求权。[1]

具体来讲,医师告知义务包括以下内容:

(1) 就患者病症的诊断结果进行全面、详细告知的义务;

(2) 对预定实施的医疗行为以及内容、预想的成果、危险性进行全面告知的义务;

(3) 对不实施该项医疗行为可能带来的后果加以告知的义务;

(4) 依据病情需要继续治疗的,将此情形告知患者的义务;

(5) 告知患者有关对于治疗疾病有利或不利情形的义务;

(6) 告知患者转诊的义务;

(7) 告知患者转院或向患者推荐治疗该疾病的专家的义务;

(8) 人体试验的告知义务;

(9) 药品交付时的药名、剂量和用法的告知义务;

(10) 病理检查结果的告知义务;

(11) 侵入性检查或者治疗方法的告知义务;

(12) 手术或麻醉的原因、成功率、可能的并发症及危险的告知义务等。[2]

此外,具体到个案中,医师的告知义务还有不同,上述情形不能涵盖所有医师应当告知的情形。司法实践上,可以按照"善良管理人"的注意义务来具体判定医师是否履行了告知义务。

(六) 告知义务的免除

对患者决定权的尊重,客观上要求医师对那些与患者生命、身体和健康有重大影响的医疗行为进行全面、真实和有效的说明,同时在取得患者同意的前提下实施医疗行为。但是在有些情形,医师客观上无法履行此项义务,或者虽然可以

---

[1] 转引自张跃铭:《试析医疗合同法律关系》,载《法律与医学杂志》2007年第2期。
[2] 高向华、卢祖洵:《医师告知义务若干法律问题分析》,载《中国高等医学教育》2007年第3期。

履行,但将造成医疗进程繁琐和时间延误,可能影响到患者安全,此时即可免除医方的告知义务。这些情形是:

(1) 情况紧急,为抢救患者而无法先行告知;

(2) 低危险性,没有告知的必要的;

考虑到医生告知与患者获取信息皆要付出一定的时间等成本,如果事无巨细一一道来,难免舍本逐末,忽视治疗这一主要矛盾。

(3) 法律有特别规定者,如对于精神病人;

(4) 对于患者可能产生不利后果的;

(5) 患者明确表示放弃;

知情同意是患者的个人权利,个人对于自身权利的处置,在不违背公共利益的情况下应该得到尊重。

(6) 生活常识,被人们所广泛熟知的内容无须告知;

(7) 由于病员的体质特殊,无法预测病情变化或不能控制的其他情形,所导致的各种危害后果,因其难以预料,所以无法告知。如病原对无过敏试验要求或未注明、报道有过敏副作用的药物过敏,发生过敏反应,即属于病员体质特殊,事先无法预料,自不必告知。①

(七) 告知义务违反的法律后果

医师未能正确履行告知义务应承担法律责任,这在各国已受到普遍认同。在美国,医师为获得患者有效的知情同意,在进行医疗行为时必须履行告知义务,否则构成对"患者身体的不法接触",造成损害者应承担损害赔偿责任,未造成损害者也可能基于对人格尊严的伤害而承担过失赔偿责任。此规则在 1957 年 Salgo 案和 1960 年 Natanson 案中得以确立。日本昭和 46 年"乳腺症判决"医院方也被判败诉,原因是医师为防止癌症转移,未对患者加以告知,即使为医学上必要之手术,鉴于非紧急状态情况下医师未履行告知义务,因而应当承担责任。

我国学者一般认为,考虑到医疗行为的专业性,患者一般不会清醒地认识到医疗行为本身所具有的风险,所以医院治疗时,应当尽到告知义务。如果医院没有尽到告知义务,即使患者作出了同意治疗的表示,也不应当认为是患者的真实意思表示。②

医师不履行告知义务,可能构成对从给付义务或附随义务的违反。此外,按照《侵权责任法》第 55 条的规定,医师不履行告知义务对患者实施一定医疗行为,造成患者损害的,还是一种侵权行为。患者可以根据责任竞合的原理要求医

---

① 何颂跃:《医疗纠纷与损害赔偿新释解》(第 2 版),人民法院出版社 2002 年版,第 115 页。
② 高向华、卢祖洵:《医师告知义务若干法律问题分析》,载《中国高等医学教育》2007 年第 3 期。

方承担民事责任。此外,医师还有可能因其未加告知的行为承担行政责任,根据《医疗事故处理条例》第56条的规定,医疗机构及其医务人员,未如实告知患者病情、医疗措施和医疗风险的,由卫生行政部门责令改正,情节严重的,对负有责任的主管人员和其他直接责任人员依法给予行政处分或者纪律处分。

三、保密义务

(一)保密义务的含义和性质

医方保密义务是指医方在医疗过程中所知悉的有关患者的隐私不得泄露和利用的义务。医疗行为实施过程中,医生经常会掌握患者的一些隐私,基于医患之间的忠诚及信赖关系,医生不得揭露所获知的信息,否则极可能使患者身心受到伤害,因此医师必须为患者的隐私进行保密。

保密义务不仅是医方的道德义务,还是一种法律义务。早在2000年前,《希波克拉底誓言》就明确了:"凡我所见所闻,无论有无业务关系,我认为应守秘密者,我愿保守秘密。"世界医学会1949年采纳的《日内瓦协议法》规定:"凡是信托于我的秘密,我均予以尊重。"同年底,《国际医学伦理学准则》也规定:"由于病人的信任,一个医生必须绝对保守所知的病人的隐私。"这两个文件至今仍然作为全世界医务工作者的职业伦理准则。

以相互尊重和信任为基础的医师保密义务既维护了患者的权益,也促进了医患关系的良性发展。从法律的角度看,保密义务属于医方在医疗合同中负担的附随义务,也是消极的不作为的义务,它是基于诚实信用原则而派生出来的一种义务,这种义务与患者的隐私权利相对应。可以说,医师的保密义务的履行就是要实现对患者隐私权的保护。现代,随着患者权利意识的加强,患者隐私越来越受到人们的关注,客观上使人们对医师保密义务的要求不断提高。而医师保密义务不仅是医师所负担的合同义务,还是一项法定义务,违反该义务不但会使医师承担合同责任,还可能承担行政责任。

(二)保密义务的法律依据

我国《执业医师法》第22条第3项明确规定医师履行的义务中包括"关心、爱护、尊重患者,保护患者的隐私"。第37条还规定了侵犯患者隐私权的处罚:泄漏患者隐私,造成严重后果的,要承担相应的法律责任。可以由县级以上人民政府卫生行政部门给予警告或者责令暂停6个月以上1年以下执业活动;情节严重的,吊销其医师执业证书;构成犯罪的,依法追究刑事责任。《侵权责任法》第62条规定:"医疗机构及其医务人员应当对患者的隐私保密。泄露患者隐私或者未经患者同意公开其病历资料,造成患者损害的,应当承担侵权责任。"此外,根据《合同法》的规定,医方也应遵循诚实信用原则,根据医疗合同的性质、目的和交易习惯履行为患者保密的义务。

（三）保密义务的例外

医师的保密义务不是绝对的,片面强调医师的保密义务也可能会损害患者权益,或者损害他人利益以及社会公共利益,因此医师保密义务也存在例外:

第一,为治疗疾病或者为了学习、研究进行交流。

为了更好地治疗患者的疾病,医师常常需要与同行交换患者的信息,听取同行的意见,这些讨论对患者的治疗往往是至关重要的,同时,有的医师还担任教学工作,对患者病情的讨论也是学生学习不可缺少的一部分。这些都会导致知道患者秘密的人员范围扩大,这时就要求每一个知情的医师或学生遵循诚实信用的理念,以善良的心态、善意的方式限制无关的人员听到或者看到患者不愿与他人共享的秘密。[1]

第二,保守秘密可能给他人造成重大损害。

如果绝对地保守患者秘密可能会造成他人的重大损害,而第三人获知该信息的就可以免受重大伤害,那么应该优先保护他人的利益而无须再为其保密。最著名的是美国的一个案例。某一个有杀人意念的精神病患者将其杀害某人的计划告诉了医生,在这种情况下,医生泄露患者计划应不能认为违反保密义务。

第三,保守秘密会损害社会公共利益。

当患者的利益与社会公共利益产生冲突时,医师要根据诚实信用的原则进行平衡考虑,为了保护大多数人员的安全,适当泄露患者秘密应不违法,也无须向患者承担合同责任。例如,患者患有传染性疾病,就可能会对在餐馆进餐的顾客造成损害,医师出于对大多数人生命健康权的保护,应当披露患者的疾病。

四、病例记载与保管义务

（一）病历的概念、范围和种类

根据我国《医疗机构病历管理规定》,病历是指医务人员在医疗活动过程中形成的文字符号、图表、影像、切片等资料的总和,包括门急诊病历和住院病历。

由于医疗行为的特殊性,医师在诊疗疾病时,应对患者疾病的诊断、病情变化、诊疗意见、治疗过程和效果以及实行特殊处理的方法和时间等做详细的纪录。而病历就是对这一过程中的有关情况全面、真实的记录。因此,病历的范围相当广泛,包括了手写资料、电子记录、医疗专家的诊疗意见、实验室报告、放射学或其他影像学记录、监测仪器的打印输出结果、照片、录影带以及电话会诊的录音等。

病历可以分为两大类:客观性病历资料和主观性病历资料。前者是指记录患者的症状、体征、病史、辅助检查结果、医嘱等客观情况的资料,还包括为患者

---

[1] 程宏:《论保密义务与诚信原则》,载《医学与哲学》2005 年第 3 期。

进行手术、特殊检查及其他特殊治疗时向患者交代情况、患者及近亲属签字的医学文书资料。后者是指医疗活动过程中的医务人员通过对患者病情发展、治疗过程进行观察、分析、讨论,并提出诊治意见等而记录的资料,多反映医务人员对患者疾病及其诊治情况的主观认识。[①] 其中,客观性病历应包括门诊病历,住院志、体温单、医嘱单、化验单、医学影像检查资料、特殊检查同意书、手术同意书、手术及麻醉记录单、病理资料、护理记录等。而主观性病理资料应包括死亡病历讨论记录、疑难病例讨论记录、上级医师查房记录、会诊意见、病程记录等。

(二) 病历的意义、特点和法律属性

病历按照时间顺序记录了患者病情的发生、发展和转归以及医务人员为病人提供的各种医疗服务,因此它是医疗质量、医疗技术水平和医疗机构管理水平综合评价的依据。同时,病历也是医学科学教学、交流及科研的第一手资料,对医学的发展和医疗管理的完善有极其重要的价值。[②] 此外,病历记载既记录了患者的疾病状况,又记录了医疗处置的过程,另外还反映了医护人员的诊断,所有这些成为判断医护人员有无违反操作常规行为的证明,因而在医疗纠纷案件中充当了证据的作用。

从病历的自然属性上看,病历是一种重要的医疗文书。而从法律的角度上看,病历是以文字、图像、数据等内容来证明某种医疗行为事实的依据,因此属于书证。病历作为书证具有以下特点:第一,病历资料的内容直接反映了医疗行为的全过程和事件的真相,因此对于医疗纠纷争议的焦点具有很强的针对性。第二,病历资料记载是医疗机构的日常业务,因此作为证据的病历具有原始性,很多情况下可以直接用来证明案件事实。例如,病历资料中的各种检验报告和影像照片是相对客观的,对于案件真实具有直接的证明力。第三,病历资料中有相当一部分是医务人员记载完成的,因而难免带有主观性,这就决定了作为证据使用的病历资料必须剔除主观的成分。例如,病历资料中的入院病历、病程记录、护理记录、手术记录等是医护人员通过询问、观察和相关检验报告结果完成的记载,因此上述资料难免带有主观性,作为证据必须进行甄别。

在医疗纠纷诉讼中,病历资料的重要意义不仅体现在它可以证明医患之间诊疗关系的存在,还可以证明整个医疗过程。一份内容真实完整,形式规范的病历可以很大程度地还原客观事实,真实地反映医疗行为的对与错,人民法院也可据此依法作出公正的判决。[③] 而病历无疑是一把双刃剑,它既可以证明医疗行为的适当和正确,也能够充分暴露医疗行为的失误和偏差,既可以作为医方的证

---

① 医疗事故处理条例起草小组:《医疗事故处理条例释义》,中国法制出版社2002年版,第32页。
② 周晓蓉、常云峰、邓振华等:《医疗纠纷中篡改病历相关法律责任研究》,载《法律与医学杂志》2005年第2期。
③ 张闻武:《医疗纠纷中病历存在瑕疵问题之研究》,载《西南政法大学学报》2006年第5期。

据来使用,也是患方的有力武器。

(三)病例记载与保管中存在的问题

1. 病历记载中存在的问题

关于病历记载问题,早在1982年卫生部就公布了《医院工作制度》,对病历书写进行了详尽的规定。1986年,卫生部又发布了《中医医院工作制度》,该制度根据中医的特点,做了较《医院工作制度》为简洁的规定。在上述两个工作制度的基础上,我国《执业医师法》第23条作出了以下规定:医师必须按照有关规定及时填写医学文书,不得隐匿、伪造或者销毁医学文书及有关资料。从法律上明确了医师记载和保管病历的义务。此外,《病历书写基本规范(试行)》和《医疗机构病历管理规定》也对医疗机构和医务人员针对病历资料的保存、修改问题提出了具体要求。实践中,病历记载和保管中存在很多问题,致使案件事实因缺乏证据而无法确认。更严重的是,病历记载和保管中存在的问题还是引发医患纠纷,以及导致医疗机构举证不利和承担法律责任的重要因素。病历记载中存在的主要问题是:

第一,病历书写字迹潦草。不仅患者不能识别,即使是医疗机构的其他医务人员也不能够识别,甚至书写病历的医务人员事后也不能辨认清楚。这就使病历的证据作用大打折扣。

第二,病历书写不及时。实践中常常发生事后补写病历的情形。由于事情早已经过,医务人员很难回忆其中的细节,造成病历内容的缺失、不连贯甚至自相矛盾。

第三,病历书写过于简单。表现为,病史描述不能反映疾病的演变过程;查体漏项较多;病程记录呈流水账,不能及时反映病情变化;上级医师查房记录不能反映讲述内容的真正含义;更改治疗方案、增减药物剂量也未从病情变化和药理学方面给予分析记录等。

第四,病历书写不真实。如果病历暴露了医护人员的过失或者偏差,病历将是患者的最好证据,因此为了逃避责任,实践中不少医护人员对病历进行篡改。由于病历记载以及住院病历的保管均由医疗机构负责,因此更改病历对于医方而言较为容易。这是病历不真实的最主要原因。除此以外,由于记录人员的疏忽、不专业、没有经验等原因,病历记载也常常出现与真实情况相违背的现象。

2. 病历保管中存在的问题

对于病历的保管问题,法律有明确的规定。卫生部在1994年8月29日发布的《医疗机构管理条例实施细则》的第53条中规定:"医疗机构的门诊病历的保存期不得少于15年;住院病历的保存期不得少于30年。"卫生部的医院工作制度第6项便设立了《医案管理制度》对病案管理做了具体规定。《医疗事故处理条例》第8条规定:"医疗机构应按照国务院卫生行政部门规定的要求,书写并妥善保管病历资料。因抢救急危患者,未能及时书写病历的,有关医务人员应当在抢救后6小时内据实补记。"第9条规定"严禁涂改、伪造、隐匿、销毁或者抢夺病历资料。"

关于病历保管方面的问题,主要集中在两个方面:

第一,病历权利的归属。病历究竟为患者所有、医疗机构所有、国家所有还是医患双方共有?目前并无定论。

第二,病历使用权的问题。《医疗事故处理条例》第10条对病历使用进行了较明确的规定:"患者有权复印或复制其门诊病历、住院志、体温单、医嘱单、化验单(检验报告)、医学影像检查资料、特殊检查同意书、手术同意书、手术及麻醉记录单、病理资料、护理记录以及国务院卫生行政部门规定的其他病历资料。"这就在法律上承认了患者对于客观性病历的使用权。但是诸如患者对主观性病历的知情权以及复印病历能否启动医疗事故鉴定程序等问题仍需进一步明确。

(四) 医患双方对病历的权利和义务

1. 医方对病历的权利和义务

除门(急)诊病历外,住院病历由医院保管。但这并不意味着患者对病历不享有任何权利,也不意味医院可以随意对病历进行处分。

医方依法享有的权利包括:一是病历管理权。除特定条件下门(急)诊病历可以由患者保管外,住院病历和门(急)诊病历依法由医疗机构保管。医疗机构保管病历达到规定年限和病历已经不具保存价值时,可以决定销毁,无须征得患者同意。二是病历使用权。包括将病历用于疾病诊断和医学研究的权利。病历从内容上看,记载的是患者的信息,但它同时属于医疗机构的医务技术档案,尤其是其中的主观性资料是医师医学经验的积累,属于医师的智力成果,医疗机构对此具有知识产权。运用病历反映出来的主客观信息进行医学研究是医师的应有权利,也是提供医师经验交流、促进医学事业发展的重要资料。

医方承担的义务是:一是制作病历的义务。病历的制作必须是具有相应资格的医务人员依职务行为所为。医方制作病历应保证病历的客观、真实、准确、及时和完整,并符合卫生行政法规和规章的规定。具体来讲,即医务人员应当真实详细地记录患者的病情变化和诊断治疗过程,不可遗漏和空缺,不能为掩盖原病历的真实性而违背客观事实进行涂改、更换、事后补充和伪造。病历的书写应该在法定期限内完成并在时间上有连续性。二是告知和协助查阅的义务。医方不仅需要制作病历,还需将记载内容如实告知患者,当患者依法对病历进行查阅或复印时,医方应当予以协助。三是保密和妥善保管义务。对于病历中反映出来的患者信息,医方必须保密。在未得到患者许可的情况下,病历中的信息都属于患者隐私,非具正当事由不得泄露、传播和使用。此外,作为法定保存诊疗档案的机构,医方应妥善保管患者的病历资料。保管期间不得伪造、涂改隐匿,不到法定销毁期限的不得销毁。

2. 患方对病历的权利和义务

患方对病历的权利主要体现在对病例查阅、复印的权利。

《医疗事故处理条例》第 10 条明确规定,患者享有复印或复制其病历资料的权利。《侵权责任法》第 61 条也规定,医疗机构及其医务人员应当按照规定填写并妥善保管住院志、医嘱单、检验报告、手术及麻醉记录、病理资料、护理记录、医疗费用等病历资料。患者要求查阅、复制前款规定的病历资料的,医疗机构应当提供。但这种权利也不是绝对的,在以下情形患者的权利也会受到限制。

首先,患方的查阅、复印权限于客观性病历资料。按照《医疗事故处理条例》和《侵权责任法》的规定,这些资料是门诊病历、住院志、体温单、医嘱单、化验单(检验报告)、医学影像检查资料、特殊检查同意书、手术同意书、手术及麻醉记录单、病理资料、护理记录以及国务院卫生行政部门规定的其他病历资料。

其次,当查阅病历资料可能对患者产生不利后果的,医疗机构有权拒绝向其提供。我国《执业医师法》第 26 条规定,"医生应当如实向患者或者其家属介绍病情,但应注意避免对患者产生不利后果"。《医疗机构管理条例实施细则》第 62 条规定,"因实施保护性医疗措施不宜向患者说明情况的,应当将有关情况通知患者家属"。《医疗事故处理条例》第 11 条也强调,医疗机构及其医疗人员在履行告知义务时,"应当避免对患者产生不利后果"。

再次,患者享有控制病历资料的权利。所谓控制病历资料的权利,是指患者有权自主决定是否使用、如何使用其记载于病历资料上的、可识别的个人健康信息;若未经患者同意,他人不得非法获取、披露、使用或允许第三人使用上述信息,否则将构成对该项权利的侵害。①《医疗机构病历管理规定》第 5 条规定,"医疗机构应当严格病历管理,严禁任何人涂改、伪造、隐匿、销毁、抢夺、窃取病历";同法第 6 条第 1 款确定,"除涉及对患者实施医疗活动的医务人员及医疗服务质量监控人员外,其他任何机构和个人不得擅自查阅该患者的病历",由此肯定了患者控制病历资料的权利。但这项权利同样不是绝对的,基于患者的利益、或者为了避免或防止犯罪公安、协助司法机关取证、或为了公共卫生安全、医学研究和教学以及配偶或其他家属利益考虑②,患者对病历的控制权也要受到限制。

患者的病历义务主要指协助医方保证病历完整性的义务,即在查阅、复制病历过程中,严禁涂改、伪造、隐匿、销毁或者抢夺病历资料。

---

① 丁春艳:《论患者对病历资料享有的权利》,载《法律与医学杂志》2007 年第 4 期。
② 同上。

思考题：

1. 分析诊疗权的内涵。
2. 谈谈诊疗义务的履行应遵循的原则。
3. 医方告知义务的判断标准。
4. 谈谈医方告知义务的主体。
5. 思考违反告知义务的法律后果。
6. 谈谈医方和患方对病历分别享有的权利和负担的义务。

第十四章　患方的合同权利和义务

【内容摘要】　患方的权利主要包括知情同意权和患者隐私权。患者的知情同意权是指病人了解自己的病情,并对医疗决定所依据的信息有足够充分了解,最终自主决定自己医疗事宜的权利。患者隐私权是患者对于其不为或者不愿为他人知悉的包括其疾病、身体隐秘部位在内的个人信息享有的不被他人知悉,禁止他人干涉的一种权利。患者的义务包括如实告知义务、接受强制治疗的义务、支付医疗费用的义务和遵守医院规定的义务。患者的如实告知义务,是指患者在医疗机构为其提供医疗服务或者执行国家医疗保健的过程中,应将与自身疾病或自身状况相关的信息告知医务人员,并对医务人员所提出的有关疾病治疗和保健服务的询问进行如实答复的义务。接受强制治疗义务是指患有特殊疾病或具有特殊状况的患者所负担的接受人身自由方面的限制并接受专门性隔离治疗的义务。

第一节　患方的合同权利

一、患者的知情同意权

(一) 患者知情同意权的概念和产生

知情同意权是指行为人在社会行为中特别是民事行为中,要求对相关信息了解和知悉,并在此基础上选择是否同意对方行为的权利。患者知情同意权就是病人了解自己的病情,并对医疗决定所依据的信息有足够充分的了解,最终自主决定自己医疗事宜的权利。表现在临床上,就是当医生对病人作出诊断或推荐一种治疗方案时,要求医生必须向病人提供充分的病情资料,在病人对病情充分了解的基础上形成对治疗方案的益处、危险性以及可能发生的意外情况的充分认识,从而自主作出接受或不接受治疗的决定。

从古到今,随着医患关系模式的发展变化,患者知情同意权也经历了一个从无到有的过程。在古希腊,患者参加医疗决定的过程,是不被允许的。在《希波克拉底誓言》中,就有"进行治疗时,必须让患者不知何事而冷静处理,不给予患者不安"和"纵使有关治疗结果,亦不可告诉患者致身恐惧之事"的内容。随着商品经济的发展,医患之间的信赖关系被逐渐淡化,到了20世纪,伴随着消费者权利运动和人权运动的发展,患者的自主权利上升到特别的高度。患者的知情同意权在这样的背景下产生了。最早"知情同意"概念的提出,源自对二战时纳粹医师强迫受试者接受人体实验这一做法的否定。《纽伦堡法典》规定:"人类受试者的志愿同意是绝对必要的","应该使他能够行使自由选择的权利,而没有任何暴力、欺骗、欺诈、强迫、哄骗以及其他隐蔽形式的强制或强迫等因素的干预;应该使他对所涉及的问题有充分的知识和理解,以便能够作出明智的决定。这要求在受试者作出决定前,使他知道实验的性质、持续时间和目的;进行实验的方法和手段;可能发生的不方便和危害;他的参与对他的健康和个人可能产生的影响"。在现代,患者的知情同意权不仅是病人在诊疗过程中享有的基本权利,还是最重要的一项权利,它体现了患者的自主决定权,是维护患者生命健康权的具体要求。最早将患者知情同意权运用于司法判例的实践,源于 1957 年美国加州上诉法院在 Salgo V. Leland Stanford Jr. University Board of Tnustees 一案的判决。在该案中,医生对一名男性患者施行胸部大动脉造影从其背部向大动脉注射了造影剂,结果造成该患者两下肢瘫痪。这一检查方法在当时是非常先进的,但是由于医院及医生没有提供任何情况说明,患者以及他的妻子对于这一检查可能带来的风险完全处于一无所知的境地。虽然医疗意外出现的几率很小,但当时的医学对此并非处于一无所知的状态。在法院的判决中,法官首次导入了说明与同意,认为:"如果医生未能将患者就所建议的治疗方案作出明智的同意所依赖的、必需的事实告知患者的话,他便侵犯了对于患者的义务,并应承担法律责任。"由此,"患者知情同意权"理论在判例法上得以确立。① 1973 年美国《病人权利法案》更以成文法的形式明文规定了病人知情同意的权利。而在 1981 年在葡萄牙召开的第 43 届世界医学会大会上,通过了包括知情权在内的六项病人权利的《病人权利宣言》。

在我国,最早涉及知情同意权的相关案件,是在 1996 年 6 月,陈某因左眼复发性结膜囊肿手术摘除,术后发现左眼睁不开。经医疗事故委员会鉴定为:提眼上肌损伤所致,为手术并发症,医院并无过失,不构成医疗事故。陈某起诉到法院,法院以医院没有告知可能引起的并发症,侵害了其知情权为由,判决医院承担 80% 的赔偿责任 6 万元,并负担继续治疗费用。该判决开创了我国以侵犯知情同意权作为判决依据的先河。②

(二)患者知情同意权的内涵

对患者知情同意权内涵的理解目前存在多种认识。其中最主要的观点认为,知情同意权应包括知情和同意两个要素。其中,知情是同意的前提,同意是

---

① 林妍霏、赵平:《患者知情同意权产生及发展的回顾》,载《医院院长论坛》2006 年第 5 期。
② 同上。

知情的结果。没有知情的同意,患者的同意就不是真正的同意。也有人主张知情同意权是由知情、理解、同意三个要素构成,并且理解是知情同意权实施的最重要的因素。① 此外,还有人主张知情同意包括了五个要素,即信息披露、表意能力、充分理解、自愿和同意决定。②

我们认为,知情同意权应当是在告知、理解、同意三要素的基础上成立的。告知是同意的前提,即要求医生对医疗行为相关的事实进行充分的说明;告知后真正的理解才能叫做知情,因此理解是知情同意的核心要素;而在理解的基础上由患方进行选择才是同意权。

可见,患者的知情同意权内含了医师的告知义务,没有医师告知义务的支撑,患者的知情同意权就失去了存在的前提。因此患者的知情同意权永远与医师的告知义务是捆绑在一起的,医师对患者的充分说明是患者知情同意的前提。至于医师的说明程度如何,前文已有讨论,应以具体患者的标准来判定医师说明义务的履行。而患者真正理解是知情同意权行使的基础,但怎样才能达到真正理解的效果呢？不无疑义。由于理解属于个人主观方面的范畴,很难被外人察知,即使真正理解了,外人也很难作出判断。尤其是在医疗领域里,医疗行为的专业性和患者理解能力的差异,使每一个患者都达到真正理解的效果,其难度非比寻常。综合这种情况下,我们认为对患者知情的要求不能绝对化,即不能以每一位患者的具体情况做针对性的判断,而应当从一个客观的角度判断患者是否"理解"。这一标准应当是"社会理性人"标准,即如果被医师告知的情况下,一个社会理性人一般能够理解,那么就认为患者已经理解。真正的同意就是在被告知和理解的基础上成立的,同时必须强调,这种同意应当是自愿的同意。

综上所述,患者的知情同意权可以表述为:患者在知晓并理解医生提供其医疗决定所必需的足够信息的基础上自愿作出的医疗同意的权利。

(三) 患者知情同意权的法律依据

在我国,患者知情同意权在法律上早有规定,其所涉及的法律法规有:

(1) 1982 年卫生部所颁布的《医院工作制度》中,我国就确立了签署手术同意书制度,其中第 40 条附则(施行手术的几项规则)第 6 项规定:"实行手术前必须由病员家属或单位签字同意(体表手术可以不签字),紧急手术来不及征求家属或机关同意时,可由主治医师签字,经科主任或院长、业务副院长批准执行。"

(2) 1994 年国务院的《医疗机构管理条例》第 33 条规定:医疗机构实施手术、特殊检查或者特殊治疗时,必须征得患者同意,并应当取得其家属或者关系

---

① 何颂跃:《医疗纠纷与损害赔偿新释解》(第 2 版),人民法院出版社 2002 年版,第 82 页。
② 林妍霏、赵平:《患者知情同意权产生及发展的回顾》,载《医院院长论坛》2006 年第 5 期。

人同意并签字;无法取得患者意见时,应当取得家属或者关系人同意并签字;无法取得患者意见又无家属或关系人在场,或者遇到其他特殊情况时,经治医师应当提出医疗处理方案,在取得医疗机构负责人或者被授权负责人员的批准后实施。

(3) 1994年卫生部制定的《医疗机构管理条例实施细则》第62条规定:医疗机构应当尊重患者对自己的病情、诊断、治疗的知情权利。在实施手术、特殊检查、特殊治疗时,应当向患者做必要的解释。因实施保护性医疗措施不宜向患者说明情况的,应当将有关情况通知患者家属。

(4) 1998年全国人大常委会的《执业医师法》第26条规定:医师应当如实向患者或者其家属介绍病情,但应注意避免对患者产生不利后果。医师进行实验性临床医疗,应当经医院批准并征得患者本人或其家属同意。

(5) 2002年国务院的《医疗事故处理条例》第11条规定:在医疗活动中,医疗机构及其医务人员应当将患者的病情、医疗措施、医疗风险等如实告知患者,及时解答其咨询。但是,应当避免对患者产生不利后果。

(6) 2000年卫生部的《临床输血技术规范》第6条规定:决定输血治疗前,经治医师应向患者或其家属说明输同种异体血的不良反应和经血传播疾病的可能性,征得患者或家属的同意,并在《输血治疗同意书》上签字。《输血治疗同意书》入病历。无家属签字的无自主意识患者的紧急输血,应报医院职能部门或主管领导同意、备案,并记入病历。

(7) 2001年卫生部的《人类辅助生殖技术管理办法》第14条:实施人类辅助生殖技术应当遵循知情同意原则,并签署知情同意书。涉及伦理问题的,应当提交医学伦理委员会讨论。

(8) 2005年卫生部的《麻醉药品、精神药品处方管理规定》第3条:具有处方权的医师在为患者首次开具麻醉药品、第一类精神药品处方时,应当亲自诊查患者,为其建立相应的病历,留存患者身份证明复印件,要求其签署《知情同意书》。病历由医疗机构保管。

(9) 2006年卫生部的《人体器官移植技术临床应用管理暂行规定》第24条:实施人体器官移植前,医疗机构应当向患者和其家属告知手术目的、手术风险、术后注意事项、可能发生的并发症及预防措施等,并签署知情同意书;第27条第2款:医疗机构用于移植的人体器官必须经捐赠者书面同意;第30条:医疗机构在摘取活体器官捐赠者所同意捐赠的器官前,应当充分告知捐赠者及其家属摘取器官手术风险、术后注意事项、可能发生的并发症及预防措施等,并签署知情同意书;第34条:医疗机构开展试验性人体器官移植应当履行告知义务,征得患者本人和其家属书面同意。

尽管我国法律法规对患者知情同意已有规定,但仍然存在以下问题:

第一,上述法律法规均未明确使用"知情同意"这一名词,并极少使用"权利"这一字眼,使得患者知情同意权仍然游离于医事法学的理论中。尽管从司法实践来看,法院也在依据这一法理原则进行判案,但我们认为,只有通过立法的形式对该权利加以确认,才能足以引起医患双方的重视,也才能真正达到设定知情同意权的目的。

第二,现有法律法规的规定偏重于患者作出同意,而忽视了患者的知情,尤其缺乏知情同意权受到侵害时的救济措施,法律也未对医疗机构侵犯患者知情同意权应承担的责任给予规定。

第三,上述规定不仅笼统,而且相互冲突(如知情同意权的权利主体在上述9部法律文件中并不相同),对于保障患者知情同意权的具体程序和方法缺少规定,尤其对医方履行说明义务的标准没有界定,这就造成了实践中缺乏衡量医方告知义务履行适当性的尺度。

《侵权责任法》出台后,对患者的知情同意权进行了重申,其第55条规定:"医务人员在诊疗活动中应当向患者说明病情和医疗措施。需要实施手术、特殊检查、特殊治疗的,医务人员应当及时向患者说明医疗风险、替代医疗方案等情况,并取得其书面同意;不宜向患者说明的,应当向患者的近亲属说明,并取得其书面同意。医务人员未尽到前款义务,造成患者损害的,医疗机构应当承担赔偿责任。"该条不仅规定了医生的告知义务,同时规定了患者享有的知情同意权。其突出贡献在于:它明确了医生侵犯患者知情同意权的法律救济措施,即医务人员未尽到告知义务造成患者损害的应当承担赔偿责任,此外它还明确了知情同意权的权利主体首先是患者本人,其次才是患者的近亲属。

(四)患者知情同意权的行使

权利行使是实现合法民事权益的手段。民事权利行使过程,也就是权利主体民事权益实现的过程。

1. 行使的主体

关于谁是知情同意权的行使主体,我国现有的法律法规存在不同的规定,这在一定程度上体现出知情同意权在法律上的不确定和不完善,也是未来立法必须解决的问题。考察各部法律的具体规定,大致有以下几种立法态度:

第一种为《医院工作制度》:仅患者家属或单位得行使知情同意的权利。

第二种为《医疗机构管理条例》:由患者和家属或关系人共同行使知情同意的权利。

第三种为《执业医师法》和《临床输血技术规范》:由患者或者家属行使知情同意的权利。

第四种为《医疗机构管理条例实施细则》、《医疗事故处理条例》、《麻醉药品、精神药品处方管理规定》、《人体器官移植技术临床应用管理暂行规定》"仅患者得行使知情同意的权利"。

虽然各部法律的规定各异,但是依据法律效力等级的相关规则,高阶位的法律效力优于低阶位的法律,同阶位的法律之间新法优于旧法、特别法优于一般法;因此,由全国人大常委会颁布的《执业医师法》的规定具有最高的法律效力,即在法理上而言,有同意能力的患者或者其家属均可行使知情同意权。①

然而,由患者和家属行使知情同意权的规定在实践中也存在一些问题。当患者不具备同意能力的情形,由亲属代行知情同意权体现了对患者利益的保护,但是当患者自身具备同意能力,医方究竟应该取得谁的同意呢? 实践中常常出现患者与家属的决定矛盾的情形,此时医方便会无所适从。从实践的做法来看,即使患者具有同意能力,医方也常常要求患者亲属知情同意,患者本人的决定反而被忽视。这种结果的发生存在着诸多原因。② 但不得否认的是,实践中的这种做法存在诸多弊端。首先,对于有同意能力的患者而言,患者本人是自身利益的最佳决定人,由家属代行知情权尤其是同意权有时并不符合患者利益,在有些情形下,患者的利益与家属的利益还可能发生冲突。其次,医生在治疗过程中获知的有关患者的信息,患者可能并不愿意向自己的亲属透露,因此在患者有同意能力的情形,让亲属代行知情同意权可能会侵犯患者的隐私。因此,本书认为对于有同意能力的患者而言,患者所作的同意表示才具有知情同意的法律效力。只有在某些特殊的情形下,家属才有权代行知情同意权。这些情形是:有同意能力的患者明确委托某一家属代理行使知情同意权;当向患者告知相关信息将会对其造成伤害时;患者不具有同意能力(包括患者为无民事行为能力人、限制行为能力人、神志不清的患者以及其他永久和暂时丧失同意能力的情形)。此时自然可以由患者的特定家属行使知情同意权。患者也可委托亲属以外的具有同意能力的人代行知情同意权。

尽管法律没有规定其他人可以行使知情同意权,但根据民事行为的代理规则,由患者授权家属以外的人行使权利,是符合《民法通则》委托代理的规定的。

2. 行使的方法

知情同意权重点在于患者的同意,该同意如何行使,现有法律的规定并不完善。从现行规定中我们可以得到结论是,对于实施手术、特殊检查或者特殊治疗以及输血治疗、实施人类辅助生殖技术为患者首次开具麻醉药品、第一类精神药品处方和进行器官移植时,需要患者签署同意书,作为患者行使同意权的方法。可是,实践中医疗行为具有广泛性的侵袭性,需要取得患者同意的情形并不仅限

---

① 丁春艳:《由谁来行使知情同意的权利:患者还是家属》,载《法律与医学杂志》2007年第1期。
② 目前认为这些原因包括:我国儒家文化的家庭观念的传统做法;向患者披露信息可能不利于疾病的治疗;患者缺少一定的文化素质和理解能力;保障家属支付患者医疗费用;防止被家属缠讼等。

于此，如何行使知情同意权就成为问题。

同意，有明示同意和默示同意之分。由于医疗行为普遍具有侵袭性，因此为了保护患者权益，本书认为患者的同意权只能采取明示的方式行使，不得推定患者默示同意，即不得认为只要患者未表示拒绝就是同意。而为了举证方便，医方在一些对患者有较大影响的事项上应尽可能采取患者书面同意的方式。对于其他情形，可以采取患者口头同意方式，但也应进行记录，并应由患者认可或者有其他人员证明。

3. 行使的条件

（1）患者及其亲属应当具有同意能力

同意能力是指患者在理解医方提供的有关医学信息的基础上，自主权衡利弊得失并行使选择权的行为能力。对于患者同意能力的判断，主要有三种学说：其一是以民法上行为能力为标准；其二是以刑法上责任能力为标准，其三是以有无识别能力为标准。其中，所谓识别能力，是指患者能够理解治疗的性质和目的，包括例如若接受治疗将对身体所做的处置、不治疗可能带来的后果、理解医生对其说明的各种危险及副作用等的能力。无论哪种判断标准均存在一定缺陷。例如，一个具有民法上完全行为能力的人或刑法上责任能力的人，在特定情况下也可能作出不理智的决定，而识别能力标准的具体内容是什么，仍未达成统一认识。

目前英、美等国的立法和判例中多采用有无识别能力为标准判断患者的同意能力。而德国相关判决中亦不采用年龄、行为能力这些民法上的明确判断标准，而注重于患者本人的判断能力、理解能力这些最本质的部分，且具体判断中依靠的是法官的自由心证。①

无论那一个国家，都没有一个精确的衡量标准。实际上患者的同意能力则取决于患者理解治疗的性质（nature）和目的（purpose）的能力，包括如接受治疗将对身体所做的处置、不治疗可能带来的后果、理解医生对其说明的各种危险及副作用等。理解的水平必须与所做决定的重要性成适当的比例，决定的重要性越大，能力应越高。所以，必须根据个案的具体情况来具体分析。一般认为，精神状况健全的成年患者具有自己决定的能力，但这并不等于头脑不健全的成年人和未成年人都没有自己作出医疗决定的能力。②

（2）自愿同意

自愿同意，是指患者作出同意的决定时，不受他人不正当的影响或强迫。这

---

① 龚赛红：《医疗损害赔偿立法研究》，法律出版社2001年版，第234页。
② http://www.hbvhbv.com/forum/viewthread.php?tid=299377，2010年8月15日访问，李燕：《国外的患者自己决定权研究（节选）》。

个决定是患者自由的选择,是根据自己的独立判断作出同意与否的决定。自愿同意体现了患方对医疗信息的认知和理解,也体现了患方对医疗风险的预知,同时还反映出患方对所实施的医疗措施的认可。自愿同意要求医生要充分尊重患者个人的意愿,不能对患者施加任何影响或者暗示;当患者意见与亲属意见不一致时,应首先考虑患者意见;即使是在患者不具有同意能力,或者授权他人作出同意决定的情形,医师也应保证这种同意是基于行为人的自愿,否则不应实施医疗行为。自愿同意的作用,就在于是使医方的医疗侵袭行为具有阻却违法性,并最大限度地减少了医疗纠纷的发生。

(五)患者知情同意权的例外

患方对知情同意权在特定情形也应受到一定限制,具体表现为:

1. 违反公序良俗,损害公共利益和他人合法权益

知情同意权的行使必须遵守社会公共秩序,尊重社会公共道德及风俗习惯,不得损害他人合法权益。例如,患方在行使有关的知情同意权时,不得采取暴力、威胁、利诱、殴打医护人员等方式干扰医院正常的诊疗活动。

2. 医方行使法定权利

当医方行使法律赋予的特定权利时,将限制患方权利的行使。例如在医方行使紧急治疗权、强制治疗权或者干涉权时,无需取得患者的知情同意。

3. 医师合理行使自由裁量权

在诊疗活动中,医疗行为具有高度专门性,这使医生的高度自由裁量权成为必要。通常情况下,医生不需要按照患方的要求和指示履行义务,但该项权利的行使必须在合理限度内,否则极有可能成为医师滥权的工具。

4. 不利于疾病的治疗

当医方向患者披露信息将不利于疾病的治疗时,基于"不伤害患者"的医学伦理原则,医生有权在未取得患者知情同意的情况下实施医疗行为。例如,对于绝症患者或者某些心理脆弱、情绪不稳定的患者,向其如实和全面地告知病情,可能对其健康产生负面作用,并且妨碍治疗的效果,严重的还可能导致患者采取自残、自杀的过激行为。但是,不利于疾病的治疗并不是患方知情同意的绝对例外。因为按照我国法律的规定,在这种情况下应当向家属告知,其实质是取得家属的知情同意。因此仅仅在患方只有患者一人的情形,不利于疾病的治疗才应当是免除知情同意的例外。

二、患者隐私权

(一)患者隐私权的概念和特点

患者隐私权是指患者在医疗机构接受医疗服务时所表现出的,涉及患者自身因诊疗服务需要而被医疗机构及医务人员合法获悉,但不得非法泄露的个人

秘密。① 是患者对于其不为或者不愿为他人知悉的包括其疾病、身体隐秘部位在内的个人信息享有的不被他人知悉,禁止他人干涉的一种权利。患者隐私权的主要表现形式,就是患者对整个就医过程中病历上记载的部分资讯或信息享有支配权。具体表现在两个方面:积极方面的权利和消极方面的权利。积极方面的权利包括:对病情、诊断结论、治疗方法及后果的知悉权;要求医生对错误信息进行修改的权利(如医生将患者的性别、病史等写错);要求医疗机构或医生对患者患有某种疾病的信息予以保密的权利;对本人患病情况的公开权(患者同意公开病历,意味了对这部分隐私权的放弃,这也属于患者对自己信息的支配)。消极方面的权利表现为禁止他人(主要是医护人员、医院)未经允许擅自公开,披露、利用患者病历档案中的个人信息。

患者隐私权具有以下特性:

第一,患者隐私权的客体侧重于个人信息。这些信息主要包括:一是患者的一般信息如家庭住址、电话号码、工作单位、出生年龄、籍贯、经济状况等。二是患者身体存在的生理缺陷或影响其社会形象、地位的身体特殊缺陷。三是患者既往史如疾病史、家族史、生活史、婚姻史、生育史等。四是特殊疾病如传染病、遗传病、及死亡原因等。五是各种特殊检查报告单,如血液、精液、血型等检查报告单等。

第二,患者隐私权更容易受到侵犯。患者出于对医生的信任和治愈疾病的愿望,愿意向医生透露与自己疾病相关的信息。这就决定医务人员非常容易了解患者的隐私。②

第三,患者的义务主体具有特定性,仅指医疗机构及其医务人员。

(二) 患者隐私权的立法现状

一直以来,隐私权在我国并不是一项独立的人格权,在最高人民法院的司法解释中,侵犯隐私权造成名誉权损害的,认定为侵害名誉权。例如《关于贯彻执行〈民法通则〉若干问题的意见》中规定:以书面、口头等形式宣传他人的隐私应当认定为侵害公民名誉权。2001年最高人民法院《精神损害赔偿司法解释》出台,其中第1条第2款规定:"违反社会公共利益、社会公德侵害他人隐私或者其他人格利益,受害人以侵权为由向人民法院起诉请求赔偿精神损害的,人民法院应当依法予以受理。"从而在立法上确立了隐私利益受法律保护。具体到患者的隐私权,医疗卫生领域中一系列的法律法规规定的可谓具体详细。这些规定是:

《执业医师法》第22条第3项:"医师在执业活动中,要关心、爱护、尊重患

---

① 史瑗:《论患者隐私权》,载《市场周刊·理论研究》2007年第1期。
② 李莉、赖嫦媛:《浅析患者隐私权的法律保护》,载《商场现代化》2005年第10期(下)。

者,保护患者的隐私。"《医务人员医德规范及实施办法》第3条第5项规定:"为病人保守医密,实行保护性医疗,不得泄漏病人隐私与秘密。"《传染病防治法实施办法》第43条规定:"医务人员未经县级以上政府卫生行政部门批准,不得将就诊的淋病、梅毒、麻风病、艾滋病人和艾滋病病毒携带者及其家属的姓名、住址和病史公开。"《母婴保健法》第43条规定:"从事母婴保健工作的人员应严格遵守职业道德,为当事人保守秘密。"《传染病防治法》第43条规定:"医务人员未经县以上政府卫生行政部门批准,不得将就诊的淋病、梅毒、麻风病、艾滋病病人和艾滋病病原携带者及其家属的姓名、住址和个人病史公开。"此外,《侵权责任法》第62条规定:"医疗机构及其医务人员应当对患者的隐私保密。泄露患者隐私或者未经患者同意公开其病历资料,造成患者损害的,应当承担侵权责任。"该条是对患者隐私权的重申,也是对患者隐私权民事救济的直接规定。

(三)患者隐私权的例外

1. 患者隐私权与公共利益发生冲突时的例外

当一些信息既涉及个人隐私,同时又可能危及公共利益时,便发生了患者隐私权与公共利益的冲突,由于患者隐私权涉及的只是个人权利,因而应以保护公共利益和公共安全为重。例如患者患有严重的传染病如 Sars 或艾滋病等。在这种情况下,及时发现和控制传染病,是大众健康的利益,也是社会公共利益的需要,因此医师在诊疗时,发现患者属于传染病或疑似传染病时,向有关部门报告不构成对患者隐私权的侵害。这是隐私权对社会公共利益所做的让步。例如,《执业医师法》第29条规定:"医师发现传染病疫情时,应当按照有关规定向所在机构或卫生行政部门报告。"《传染病防治法》第21条第1款规定:"任何人发现传染病或者疑似传染病病人时,都应当及时向附近的医疗保健机构或者卫生防疫机构报告。"但必须强调,保护公共利益并不意味着患者隐私可以任遭践踏,而应当在维护公共利益的前提下尽可能保护患者的隐私利益不受侵害。

2. 患者隐私权与医方疾病调查权发生冲突

医务人员为确诊患者所患疾病,有必要获得患者相关信息,这些信息中很多属于患者不愿公开的个人隐私,难免会发生患者隐私保护与医方疾病调查权的冲突。医方的疾病调查权是医方治疗权的内在要求,是医方治疗权的具体体现,表现在临床上就是要依法对患者的有关情况和信息探知和了解,以便达到正确诊治的目的。在这种情况下,我们认为疾病调查权的合理行使是实现医疗合同目的的必然要求,因此只要目的正确、手段合理,患者隐私权应让位于医方的治疗权。

3. 紧急诊疗权与患者隐私权的冲突

当患者出现危重病情或者在发生突发事件的紧急情况下,患者一般病情严重,且往往所处的治疗环境恶劣,医务人员有限、技术设备缺乏。在此种情况下,医护人员应以拯救生命为最高宗旨,即使存在侵犯患者隐私权的状况,也因医护人员的全部行为围绕着抢救生命这一目的进行而具有了阻却违法性。

此外,当患者隐私涉及第三人利益时,医方是否可以泄露患者隐私将更加复杂,仍有深入探讨的必要。

第二节 患方的合同义务

一、如实告知义务

(一) 如实告知义务的含义和本质

患者的如实告知义务,是指患者在医疗机构为其提供医疗服务或者执行国家医疗保健的过程中,应将与自身疾病或自身状况相关的信息告知医务人员,并对医务人员所提出的有关疾病治疗和保健服务的询问进行如实答复的义务。正确、及时和主动地披露患者的病史、病情以及疾病变化信息有利于医方掌握病情,制订治疗方案。由于患者不进行告知或者告知不实而造成的损害只能由患者自己承担。比如,患者提供假检验结果并由此导致不良医疗效果的,医方不承担责任。

如实告知义务与医方治疗权相对应,是医方治疗权的内在要求。医方行使治疗权的目的,在于通过自己的专门知识和技能为患者的疾病恢复和健康维持提供治疗行为。要完成这项行为需要经过三个阶段:疾病调查——自主诊断——医学处方。其中对患者疾病进行调查是医方行使治疗权的前提,是治疗权的首要权利部分。没有疾病调查,就无法作出诊断,更谈不上医学处置,因而如实告知义务是医方进行治疗的内在要求和保证。

(二) 如实告知义务的内容和原则

如实告知的内容应当是与患者疾病以及自身状况相关的信息,这种信息原则上以能够满足医方调查需要为已足,可以认定患者履行了完整的告知义务。但这并不妨碍患者将医生询问以外的有关自身状况的信息主动向医护人员提供。

至于告知的原则,应坚持真实、连续、完整和及时四项原则。所谓真实,即患者应当按照客观事实向医务人员陈述与自身相关的信息,不故意陈述虚假信息,不诱导医务人员作出不符合客观事实的判断。所谓连续和完整,即患者陈述的信息应遵从一定的时间、空间顺序,尤其是对于病情的陈述应当符合时间顺序,并尽可能将一切相关信息都予以说明。所谓及时,就是指患者应当在医务人员作出诊断之前将可能的相关信息提供给医务人员。

(三) 患者如实告知义务与医方治疗权的冲突

患者告知义务与医方治疗权存在对立统一的关系。一方面,患者告知义务与医方治疗权具有内在的一致性。为了治疗疾病,医务人员希望尽可能多地了解与疾病有关的患者的信息,一般情况下,患者也希望医务人员能尽可能全面掌握自己的病情,以便作出正确的诊断。因此患者通常能够配合医师,患者的告知义务和医方的治疗权相互协调统一。但另一方面,医方希望得到的信息有可能并不是患者愿意透露的,而医方行使诊疗权就必须了解患者的相关信息,这些信息的范围相当广泛,包括疾病症状、病因、既往病史甚至家庭病史,必要时还要对患者身体检查以及对患者的组织、分泌物以及排泄物等进行检验,难免触及患者隐私,因此又时常发生医方治疗权与患者告知义务之间的冲突。

我们认为,基于治疗的需要,医方必然要接触到患者的隐私,医方为调查之目的而正当行使治疗权,阻却了侵犯患者隐私的违法性。但治疗权行使的范围必须以治疗疾病所必要为原则,对于疾病以外的与治疗不相关联的信息,医方不得主动探知。而医方在诊疗过程中主动和被动获知的一切患者的隐私在未经患者同意的情况下,不得泄露、传播、利用甚至出卖,以换取不当利益。除非在涉及公共利益或者行使强制治疗权、紧急治疗权的情形,患者隐私不受侵犯。

二、接受强制治疗的义务

(一) 接受强制治疗义务的目的和本质

强制性治疗是针对就医者患有医疗法律法规规定必须对患者的人身自由加以限制,进行专门性隔离治疗的一种特殊行为,其目的是为了保证社会的安全与社会生活的有序稳定。[1] 此项义务的承受者通常是被确诊或疑似患有危害社会公共利益的疾病的患者,例如:鼠疫、霍乱、严重精神疾病、肺炭疽及艾滋病患者等。由于这些疾病存在严重的社会危害性,为防止危害的发生和蔓延,患者有义务接受强制治疗。这项义务属于患者必须履行的法定义务,与患者负担的其他义务不同,对该义务的违反不单是要承担法律责任,还必须要接受医疗机构的强制性治疗。从本质上讲,患者接受强制治疗是个人权利让位于公共利益的体现,是保证社会安全稳定的需要。

(二) 接受强制治疗法律关系的义务人

接受强制治疗的义务人理应是患有法定的严重疾病,已经影响到社会安全和公共利益的患者。但这种理解显然较为片面,不利于该义务的执行。尽管现行法律均将接受强制治疗的义务人定性为患有某种疾病的"病人",但在接受强制治疗的法律关系中,确实还存在着其他义务人。综合看来,接受强制治疗法律关系中的义务人包括:

---

[1] 何颂跃:《医疗纠纷与损害赔偿新释解》(第2版),人民法院出版社2002年版,第106页。

1. 患有法定特殊疾病的患者

这些患者主要是《传染病防治法》所规定的甲类传染病病人和病原携带者，乙类传染病中的艾滋病病人、炭疽中的肺炭疽病人；病情状况严重的艾滋病病人、炭疽中的肺炭疽病人以外的乙类、丙类传染病病人；《结核病防治管理办法》规定的肺结核病人和疑似结核病的病人；《国境卫生检疫法》规定的检疫传染病染疫人员和《强制戒毒办法》规定的吸食、注射毒品成瘾人员等。

2. 疑似严重传染病的患者

为了预防和控制疾病，防止疾病的大面积扩散，对于可疑患有严重传染病的人及人群，也负有接受强制检查、诊断与治疗的义务。我国《传染病防治法》第24条第3项即规定："对疑似甲类传染病病人，在明确诊断之前，在指定场所进行医学观察。"

3. 家属、有关单位和组织

对于防止疾病危险的发生，任何公民都有义务配合和协助。而这种协助和配合义务在严重传染病患者以及疑似严重传染病患者的亲属身上体现最为深刻。患者必须接受强制治疗的，患者家属应当积极配合患者履行该项义务，并且有义务协助有关机构采取控制措施。我国《传染病防治法》第24条第4项的规定体现了这种义务："传染病病人及其家属和有关单位以及居民或者村民组织应当配合实施前款措施。"

(三) 接受强制治疗的义务内容

1. 患者的义务内容

对于患者而言，接受强制治疗的内容主要是在患者明知自己患病并确知该疾病具有传染性时，患者应不扩散、不传播疾病以及接受强制治疗。否则患者需对其造成的社会危害后果承担相应的法律责任。但如果患者主观上不知情或不知该疾病具有较强传染性时，则无须承担此种责任。

2. 疑似患者的义务内容

对于疑似患有某种法定严重传染病的患者，他所承担的义务是接受强制检查、诊断与治疗。违反者，如果造成了危害后果，同样要承担相应的法律责任。

3. 家属、有关单位和居民、村民组织的义务内容

家属、有关单位和居民、村民组织的义务内容就是协助与配合。具体讲，家属有义务配合患者履行强制治疗和接受强制检查、诊断的义务，有义务协助有关机构对患者以及疑似患者采取控制措施。

三、支付费用的义务

医疗合同是以有偿服务行为为标的的合同关系。患者支付医疗费用是患者在医疗合同中所负担的主给付义务。医疗费用包括诊疗、处方、检验、药品、手

术、处置、住院等各种费用的总和。需要强调的是，医疗合同中医方债务具有手段债务的特性，因此患者接受诊疗后，不论效果如何，都应支付医疗费用。由于医疗合同具有委托合同的特点，因此医疗费用的给付原则上应类似于委托报酬的给付，即适用劳务报酬的后付方式。但实践中患者医疗费用均采用预先支付事后结算的方式，这一点也体现出医疗合同与委托合同之不同。因此，在医疗合同中同时履行抗辩权应无适用的余地。但患者的这种义务在医师实施强制治疗权时存在例外，即使患者未付报酬，医师也不得拒绝治疗。

四、遵守院规的义务

患者有遵守医院各项规章制度的义务。患者遵守院规是保证医院正常医疗秩序，提高医疗质量的有力措施，也是维护患者就诊安全，促进患者疾病恢复的重要保障。为此，患者应该自觉地遵守医院各项规章制度，包括遵守门诊挂号制度、探视制度、卫生制度陪护制度、按时交纳医疗费用的规定等。

遵守院规的义务人不仅包括患者，还包括患者的家属以及进入医疗机构场所内的一切人员。这在卫生部和公安部联合发布的《关于维护医院秩序的联合通知》中得以体现，其中第1条规定：禁止任何人利用任何手段扰乱医院的医疗秩序。2001年，在卫生部和公安部发布的加强医疗机构治安管理《通告》第1条中规定：医疗机构是履行救死扶伤、保障人民生命健康的重要社会公共场所。禁止任何单位和个人以任何理由、手段扰乱医疗机构正常诊疗秩序，侵害就医者合法权益，危害医务人员人身安全、损坏医疗机构的财产。《通告》同时规定了扰乱正常诊疗秩序的行为将按照《治安管理处罚条例》受到处罚，构成犯罪的还可能承担刑事责任。

思考题：

1. 论述患者知情同意权的本质和内涵。
2. 思考患者知情同意权的行使主体。
3. 阐述患者知情同意权的行使条件。
4. 谈谈患者如实告知义务与医方治疗权的冲突与解决。
5. 试述接受强制治疗法律关系中的各方义务人及其义务。

第六篇　医疗侵权

第十五章　医疗侵权概述

【内容提要】 医疗侵权是医事法重要的调整对象之一。实践中绝大多数的医疗纠纷都是由于医疗侵权所引起的,因此,解决医疗纠纷及其损害责任承担的关键在于认定医方是否存在医疗侵权行为,并在医疗侵权责任归责原则的指引下,依据医疗侵权责任的构成要件,从而确定医疗侵权责任的承担。本章主要介绍医疗侵权的基本概念和性质、医疗侵权责任的归责原则,并简要分析了医疗侵权责任的构成要件。最后分析了我国医疗侵权的法律适用问题并提出相应的完善建议。

第一节　医疗侵权概述

一、医疗侵权概念界定

从民法角度上,多数学者把医疗侵权作为一种特殊侵权来研究,对医疗侵权的含义可以有三种理解:一是指医疗侵权行为;二是指医疗侵权行为之债;三是指医疗侵权责任。

（一）医疗侵权行为的概念

各国法律都把侵权行为看做是有过错的、不正当的行为,但基本没有对侵权行为有概括的定义,很多国家基本上是在法律条文中采取列举式的方式确定其侵权行为,如法国、德国。我国《民法通则》基本上也是采取列举式:"公民、法人由于过错侵害国家、集体的财产,侵害他人财产、人身的,应当承担民事责任。"《侵权责任法》也规定,"行为人因过错侵害他人民事权益,应当承担侵权责任。""民事权益,包括生命权、健康权、姓名权、名誉权、荣誉权、肖像权、隐私权、婚姻自主权、监护权、所有权、用益物权、担保物权、著作权、专利权、商标专用权、发现权、股权、继承权等人身、财产权益。"学者认为侵权行为是因过错不法侵害他人的人身和财产等受法律保护的利益,而就所生损害负担赔偿义务的行为。

医疗侵权行为是民事侵权行为中的一种,因此,医疗侵权行为是指医疗服务过程中,因医疗机构及其医务人员的过错,不法侵害患者受法律保护的利益,而导致患者遭受人身及财产损失的行为。根据《医疗事故处理条例》第2条的规定,医疗机构及其医务人员在医疗活动中,违反医疗卫生管理法律、行政法规、部门规章和诊疗护理规范、常规,过失造成患者人身损害的事故,称为医疗事故,是医疗侵权行为的一种。依照《民法通则》及《侵权责任法》规定,在医疗过程中,医疗机构及其医务人员由于故意或过失造成患者人身损害但不构成医疗事故的损害或者其他损害的行为,也应属于医疗侵权行为,如过失造成患者治疗期限延长、额外增加患者的经济负担和身体上的痛苦等其他损害的行为。

(二) 医疗侵权责任

侵权的民事责任简称侵权责任。将侵权行为产生的损害赔偿定性为一种责任,是强调侵权法对违法行为的制约功能,将侵权的民事责任又称侵权损害的民事责任,它是指侵权行为产生的法律后果,即由民法规定的侵权行为人对其不法行为造成的他人人身或者财产损害所应承担的法律责任。[①]

对于医疗侵权纠纷中的产生的民事责任,用哪个概念表示,存在不同意见。《医疗事故处理条例》使用医疗事故责任的概念;在最高人民法院的司法解释中使用过医疗侵权责任的概念。[②] 多数学者使用医疗事故责任,或者医疗事故损害赔偿责任的概念;还有一些学者适用医生专家责任的概念。[③]我们认为,应当统一采用医疗侵权责任或医疗损害责任的概念,《侵权责任法》用专章规定了医疗损害责任,其中第54条规定:"患者在诊疗活动中受到损害,医疗机构及其医务人员有过错的,由医疗机构承担赔偿责任。"可见,医疗侵权责任或医疗损害责任可以准确地涵盖,医疗活动中所有因医疗机构及其医务人员的医疗过错行为所致患者的损害,而应依法承担的侵权责任。

也有一些学者提出使用医生责任的概念。实际上,医生责任就是专家责任。毫无疑问,医疗侵权责任在侵权行为的性质上,就是专家责任,将医疗侵权责任称为专家责任并无不可。但医生责任的范围过于狭窄,只能涵盖医疗事故责任,无法涵盖其他医疗侵权责任,因此,将一般的医疗侵权责任的性质界定为医生责任即专家责任是可以的,但在称谓上,不宜采用医生责任的表述。

---

① 郑立、王作堂主编:《民法学》,北京大学出版社1994年版,第567页。
② 参见最高人民法院《民事诉讼证据规则》第4条第8项的规定。
③ 张新宝:《侵权责任法原理》,中国人民大学出版社2005年版,第224页。

二、医疗侵权责任的特征

除具一般侵权责任的共性外,医疗侵权责任有其特殊性:

(1) 侵权主体具有特定性。侵权主体只能是医疗机构及其医务人员,其他主体不构成医疗侵权责任。

(2) 发生的场合具有有限性。医疗侵权责任发生的场合是在医疗服务过程中,在其他场合不能发生医疗侵权责任。

(3) 医疗侵权责任具有平衡性。医疗侵权责任是保护患者的侵权责任,同时也必须协调医疗机构和患者之间的利益关系,保护好医疗机构和医务人员的合法权益,避免过分的赔偿责任损害医疗机构及其医务人员的利益。

(4) 医疗侵权责任具有复杂性。医疗侵权责任分为两种:一是医疗事故责任,二是其他医疗侵权责任。医疗事故责任者除承担民事侵权责任外,还可能依据《医疗事故处理条例》承担相应的行政责任。

三、医疗侵权责任的性质

(一) 关于医疗侵权责任性质的学说

关于医疗侵权责任的性质,学者多有不同主张。概括起来,主要有以下几种观点:

第一种观点认为,患者与医疗单位之间可以认定为存在一种事实上的合同关系。但是从我国现行法律有关规定来看,与其把医疗侵权的民事责任看做是违反合同的民事责任,勿宁看做是侵权的民事责任。因为医疗侵权所损害的权利是人身权这种绝对权。它不仅可以发生在合同的履行之中,也可以发生在合同订立过程中,如对急、重、危病人拒绝诊治等,在这种情况下,依照合同责任处理,就不利于对患者权利的保护,也不适合采用合同责任。因此将其作为一种特殊侵权行为,更为合适。[①]

第二种观点认为,从请求权竞合的角度看,医患之间的医疗关系具有双重属性,既表现为一般的权利义务关系,又表现为特定的权利义务关系。由于发生医疗过失并造成患者人身损害的法律事实,在法律上就同时构成了一般意义上的侵权和医疗合同的违约,受害人同时取得基于违约和侵权两个并存的损害赔偿请求权。但受害人不能同时兼有两项请求权,也不能就该两项请求权选择,只能以《民法通则》的规定为依据,就侵权损害赔偿请求权为行使。[②]

第三种观点认为,医疗侵权责任是一种综合性的责任,包括几种不同的民事

---

① 郭明瑞等:《民事责任论》,中国社会科学出版社1992年版,第273页。
② 张西建:《医疗过失致人损害的民事责任初探》,载《中国法学》1988年第2期。

责任:第一种是基于合同的民事责任,因为我国国家机关或其他公有制单位工作人员因病就诊实行公费医疗制度,对公有制企事业单位的职工及其供养家属实行劳动保险制度。医务人员及医院其他职工的来源是根据人事、行政法规的调配或依劳动法规的规定予以聘用或雇用的。所以,他们的一般民事责任和其他企事业单位职工一样,仅依劳动法及其他行政法的规定对医院负责,而由医院承担合同责任。私人开业医生与病人的关系,一般也基于合同关系产生,也应承担合同责任。第二种是合同以外的责任,包括无因管理所产生的债务责任和侵权行为所致的债务责任。[1]

(二)国外关于医疗损害责任性质的认定

在美国,处理医疗损害(Medical Malpractice)引发的民事责任问题的方法,经历了一个从医疗者承担对公众的责任到承担对患者个人的默示合同责任,进而到现在对受害患者承担侵权责任的演变过程。在现代合同法原则发展之前,医生的职业被认为是公共性的,在其从事专门职业的过程中,由于未能运用合理的技能应承担的是对公众的责任,而不是对患者个人的责任。后来,随着现代合同法的演进,法庭开始认为,医生的服务应遵循有效的合同并依据合同条款承担责任。此外,医师若违反注意义务还要对患者个人承担默示合同责任。到了19世纪初,过失侵权被作为一种独立的侵权类型获得了法院的明确肯定。从此以后,医生拥有并运用适当的专业技能及对病人负有适当审慎注意的义务。总之,在美国随着过失侵权作为一项侵权之诉的基础的发展,医疗损害的受害人享有两个独立的诉讼基础,即默示合同责任与过失侵权责任,他们可以从中加以选择。此外,医生也可能会因为他担保治疗成功而承担明示的合同责任。现在美国几乎所有的医疗损害纠纷案件都被认为是过失侵权,并以过失侵权作为诉因。

在德国,目前多采请求权竞合说,允许当事人自由选择违约之诉或侵权之诉。在契约责任中,判例虽通过扩张财产损害的概念达到保护非财产损害的目的,但契约责任并未明确承认抚慰金制度,而医疗损害以人身损害为中心,故目前在德国大多依侵权行为法处理医疗纠纷。在德国法与日本法上,同样存在美国法上的情况,即医疗损害的受害人考虑到自己诉讼的实际情况,在发生以人身损害为中心的医生与有契约关系的患者之间的损害赔偿责任问题时,大半依据侵权行为责任处理。由于日本民法在契约责任的损害赔偿中加入了精神损害赔偿的内容,将共同侵权行为者的连带责任的规定在契约责任中加以类推适用、并将侵权行为法上的过失相抵的规定扩大适用于契约法、在损害赔偿范围上也使两法实现趋同,这些变化已经使得契约责任与侵权责任的差异不断缩小。

法国法实行禁止竞合制度。医疗损害赔偿原则上应提起契约之诉,而且法

---

[1] 张国炎:《医务工作者的民事责任》,载《政治与法律》1990年第3期。

国民法将契约分为手段债务与结果债务,医疗契约为手段债务,以过错为归责原则,法国民法还承认契约中的非损害赔偿,适用契约责任对受害人并无不利。然基于以下理由,在实务中追究侵权责任的判例也不少:(1) 专家责任的依据不是违反了当事人的合意,而是违反了作为专家的地位而被课以法律上和判例上的义务;(2) 侵权责任在以下几点比契约责任对受害者更为有利:不适用限制损害赔偿范围的规定,否定关于减免责任特约的效力,为得到迟延损害而不需附迟滞的程序等;(3) 专家义务在多数场合为手段债务,即使追究契约责任,也不得比侵权行为减轻受害者的举证责任。

综上可见,美国、德国以及日本这些法治发达国家基本上都倾向于将医疗损害责任的性质认定为侵权责任,这样对于保护患者的权益显然更为有利。

(三) 我国医疗侵权责任性质的分析

我们认为,医疗关系是一种非典型的合同关系,即无名合同关系,是指医疗机构与患者之间就患者疾患的诊察、治疗、护理等医疗活动形成的意思表示一致的民事法律关系[①],一般称之为医疗服务合同。在学说上虽有认其为委托合同、承揽合同等性质的不同看法,但将其性质作为合同来认定,则是一致的。患者到医院的挂号或求诊行为构成要约,医方接受挂号或同意给予诊疗构成一项承诺,医疗服务合同就此成立,在医院和患者之间产生相应的权利义务关系。就医疗机构方面而言,其权利主要为收取患者支付的医疗费用,其义务在于按照法律及医疗规章制度,遵守医疗程序,按照患者要求提供约定的医疗服务活动。如果医疗过程中,因医疗机构或医务人员的过错医疗行为,使患者的人身或财产受到损害,可以构成违约行为而应承担违约责任。但从过错医疗行为侵害患者健康权、生命权的角度看,医疗侵权无疑又是一种侵权行为,应当承担侵权责任。换句话说,医疗机构及其医务人员的过失医疗行为既侵害了患者的合同预期利益,也侵害了患者方的固有法益,构成侵权责任与违约责任的竞合。按照我国《合同法》第122条的规定,"因当事人一方的违约行为,侵害对方人身、财产权益的,受损害方有权选择依照本法要求其承担违约责任或者依照其他法律要求其承担侵权责任",受害人及近亲属可以选择有利于自己的方式要求行为人承担相应的责任。

就实际情况而言,发生医疗损害按照医疗侵权责任处理对受害人的保护更为有利。这是因为一方面医疗服务合同与一般合同毕竟有别,我国《合同法》也并未将之规定在有名合同之列;另一方面,医疗损害的对象是人身权,包括生命权、身体健康权和其他人格权,应属绝对权的范畴。因而一般情况下,对医疗损害赔偿责任应当选择确定为侵权责任更有利于保护患者的合法权益。依侵权行为法理论,医疗损害行为属一种典型的民事侵权行为,应归于侵权领域;而且在

---

① 杨立新:《疑难民事纠纷司法对策》(第2辑),吉林人民出版社1994年版,第138页。

我国长期的司法实践中,也都是作为侵权责任来处理的。《侵权责任法》已经明确将医疗损害责任作为特殊侵权责任用专章列入其中。根据我国目前医疗机构的体制和性质,医疗侵权责任可以进一步分为三种类型:

第一种是公立医疗机构的医疗侵权赔偿责任。这种类型的医疗单位具有法人资格,在我国,大部分医务人员供职于该类型医疗机构,与医疗机构成立雇佣关系,发生医疗侵权时,医疗行为主体与医疗责任主体并不同一,医疗行为主体为医疗机构及其医务人员,医疗责任主体是医疗机构。可见,医疗侵权绝大多数情况下应属于特殊侵权行为中的一种类型——"职务侵权行为"。①此时,医疗机构对其医务人员的医疗侵权行为致患者损害承担的是一种替代责任。

第二种是私立医院的医疗侵权责任,其医务人员属于雇佣制,若因医务人员的医疗侵权行为致患者损害,则由该私立医院负赔偿责任,因而属于雇佣人赔偿的替代责任即雇主责任。

第三种是个体医生的医疗侵权责任,即个体诊所医生依法从事医疗活动发生医疗侵权时,如属个体医生本人所致,医师及其个体诊所同为医疗责任的主体,即为一般侵权责任。按照《医疗事故处理条例》规定,非法行医造成患者人身损害,不属于医疗事故;触犯刑律的,依法追究刑事责任;有关赔偿,由受害人直接向人民法院提起诉讼,不能按照医疗侵权的规定处理。

四、医疗侵权责任的构成要件

医疗侵权责任的关键问题是要弄清该责任的构成要件。医疗侵权责任的构成要件,即行为人承担医疗侵权损害赔偿责任的条件,换言之,即判断行为人是否应负医疗侵权损害赔偿责任的标准。行为人的某一行为只有具备了相关要件,才可能承担相应的责任。反之,缺乏任何一个构成要件,行为人无须承担责任。

关于医疗侵权损害赔偿责任具备什么样的要件才能构成,各国或地区立法和学界概括不一,主要有如下三种不同的主张:一是"三要件"说。该说源于法国民法,主张医疗侵权损害赔偿责任的构成要件包括损害事实、因果关系和过错三个条件。②我国台湾地区学者史尚宽先生又提出了一种不同于法国民法的三要件说,即:(1)须有归责之意思状态;(2)须有违法性之行为;(3)须有因果律之损害。③但仔细观察便不难发现,这只是德国民法中四要件说的另一种表述方式,是将因果关系及损害事实合并表述为一个要件。二是"四要件"说。此学说

---

① 张俊浩:《民法学原理》(下册),中国政法大学出版社2000年版,第918页。
② 参见张新宝:《中国侵权行为法》,中国社会科学出版社1998年版,第75页。
③ 参见刁荣华主编:《中国法学论著选集》,台北汉林出版社1976年版,第403页。

认为医疗侵权损害赔偿责任的构成要件按照侵权责任的一般构成要件要求，包括行为的违法性、损害事实、因果关系和过错四个条件。①该说源于《德国民法》，我国台湾地区和日本的民法也是采用此种观点。三是"五要件"说。此学说针对医疗侵权的特点，认为其赔偿责任的构成要件包括：主体必须是经过考核和卫生行政机关批准或承认取得相当资格的医务人员、有医疗过失违法行为、须给患者造成一定的损害后果、违法行为与损害后果之间有因果关系、主观上有过错等五个条件。②

通过对比分析，可以看出这几种主张并没有原则上的分歧，几种学说都承认过失、因果关系和损害三个要件，只是在两个问题上存在着争议：

（1）违法性是否应当与过错相区分而成为侵权责任的独立构成要件。这一争议一直是侵权系国内为法领域中众说纷纭的问题。其根本原因在于对过错性质认识的差别：肯定说认为过错是主观的是一种心理状态，因而与行为无关，在归责时根据违法性要件确定行为人的行为是否合法；而否定说则认为过错并非在于加害人的主观心理状态具有非难性，而在于其行为应当具有非难性，实际上，客观过错说是将行为人的主观心理状态与客观行为合并起来考察，强调从客观方面判断行为的可归责性，弱化对加害人心理状况的要求。③正如有学者认为的那样，"随着过错概念的客观化，以及违法推定过失的发展，对客观的行为违法和主观的心理状态，已经很难进行区分，因而在过错中应当吸收违法。"④

尽管理论界对是否应当区分过错与违法性存在很大争议。但是，从司法实践来看，不仅最高人民法院的一些司法解释明确将违法性作为侵权责任的一项构成要件，而且不少法院赞许区分的做法。

（2）主体条件是否作为该责任的构成要件。医疗损害赔偿责任的主体当然是医方。医方的组织形态纷繁复杂，如医院有公立医院和私立医院，国有医院和个体诊所，教学医院和社会医院等不同形态，需要作出一定的区分。并且医疗损害赔偿责任区别于一般民事责任的特殊性也体现在其主体的特定性上，即主体只能是医疗机构。似乎，基于以上两点原因，主体条件应作为医疗损害的责任要件。我们认为不然，医疗损害责任的主体为医方，如同道路交通事故的发生场所需在道路上一样，仅为该责任的一个特征，而不能称其为要件。

综上所述，对于医疗侵权损害赔偿责任的构成要件，从既容易掌握又便于叙述的原则出发，我们仍以传统的"四要件说"来研究医疗侵权责任的构成，并进

---

① 参见王利明主编：《民法·侵权行为法》，中国人民大学出版社1993年版，第532页。
② 参见杨立新主编：《疑难民事纠纷司法对策》（第2辑），吉林人民出版社1994年版，第144—146页。
③ 参见张新宝：《中国侵权行为法》，中国社会科学出版社1998年版，第76页。
④ 王利明：《侵权行为法研究》（上卷），中国人民大学出版社2004年版，第347页。

行表述。"四要件说",即医疗违法行为、损害事实、医疗过失和因果关系。之所以称之为医疗过失而非医疗过错,是因为:过错当然包括故意和过失。对于医务人员的故意行为在追究其刑事责任的同时,医方当然也要承担民事损害赔偿责任。但由于医疗损害主要是医方的过失行为造成的,因此,这里所说的医疗损害责任构成要件之一的医疗过错,主要指医疗过失。

（一）医疗行为违法

医疗违法行为是指医疗机构及其医务人员在医疗活动中实施的,违反医疗卫生管理法律、行政法规、部门规章制度、诊疗护理规范、常规等要求的业务上必要的注意义务,从而引起他人生命、身体伤害的行为。应从以下几方面理解这一构成要件：

（1）医疗违法行为的主体只能是医疗机构及其医务人员,医疗侵权责任的主体是医疗机构。

（2）医疗违法行为必须发生在医疗活动中。

（3）医疗机构的医疗行为须具有违法性。

（4）医疗违法行为可以是作为,也可以是不作为。

（二）医疗损害事实

医疗侵权责任构成中的损害事实,是医疗机构及其医护人员在医疗活动中,造成患者的人身损害事实。

（三）医疗机构及其医务人员具有主观过错

构成医疗侵权责任,医疗机构及其医务人员必须具备主观过错。这是对医疗机构违法性医疗行为中的主观因素的谴责,正因为医疗机构具有过错,才对其医疗违法行为课以侵权责任,以示对医疗机构过失的法律谴责。医疗行为造成患者损害,如果医疗机构和医务人员没有过错,医疗机构就不应承担侵权责任。这一问题将在免责事由中详细说明。

（四）医疗违法行为与损害事实之间的因果关系

现代法制的基本原则是责任自负,要求每个人对自己的行为负责。因果关系是任何一种法律责任的构成要件,它要求行为人的不法行为与损害结果之间存在因果关系,唯有如此,行为人才对损害结果负责。同理,构成医疗侵权责任,医疗过失行为与患者人身损害后果之间必须具有因果关系。即在医疗事故赔偿中,具有违法性的医疗行为与患者人身损害后果之间必须具有因果关系,医疗机构只有在因果关系存在的情况下,才就其过失行为负损害赔偿之责。关于医疗损害因果关系在以下章节有详细论述,在此恕不赘述。

第二节 医疗侵权责任的归责原则

一、研究医疗侵权责任归责原则的意义

侵权责任的归责原则是侵权责任构成要件的基础,是侵权责任法的统帅和灵魂。我国侵权责任归责原则主要以过错责任原则为主,无过错责任为例外,公平责任为补充的归责原则体系。研究医疗侵权责任问题,首先就要确定其适用何种归责原则。

确定医疗侵权责任归责原则的重要意义在于:第一,现代法律的价值呈现多元化的样态,其中秩序、公平与自由被认为是三个最基本的法律价值。侵权行为法中的归责原则往往能够有效地协调这些法律基本价值。通过归责原则的确定,将法律的基本价值贯彻到具体的法律规范中,法官运用这些规范解决案件的过程就是实现法律基本价值的过程。医疗侵权也不例外。第二,归责原则是侵权责任法的核心规则,侵权责任法的一切规则都建立在归责原则的基础之上,医疗侵权责任作为一种侵权责任,当然也是建立在归责原则之上的。确定医疗侵权责任的归责原则,就是确定医疗侵权责任立法的基本点。第三,归责原则对侵权责任法律规范起到了统帅的作用,因此,医疗侵权责任的理论研究,也必须首先研究其归责原则,没有搞清楚医疗侵权责任归责原则,就没有掌握医疗侵权责任理论的钥匙,就不能打开医疗侵权责任的理论大门。第四,司法实务工作者正确处理医疗侵权纠纷案件,首先必须确定其归责原则,才能够对这种侵权责任适用法律。第五,对于受到医疗侵权损害的患者而言,掌握医疗侵权责任的归责原则,有助于保护自己的合法权益,对受到损害能够保证及时得到赔偿。同样,对于医疗机构和医务人员而言,也有利于保护他们的合法权益,依法确定其应当承担的责任。

二、医疗侵权责任的归责原则

（一）基本含义

医疗侵权责任的归责,就是将医疗侵权行为所造成的损害后果归属于对此损害后果负有责任的医疗机构。医疗侵权责任归责原则就是确定医疗侵权行为人承担侵权损害赔偿责任的一般准则,它是在受害患者的人身损害事实已经发生的情况下,为确定医疗侵权行为人对自己行为所造成的损害是否需要承担赔偿责任的原则。同时,医疗侵权责任归责原则也是司法人员处理医疗侵权纠纷的基本准则。

（二）医疗侵权责任归责原则适用过错责任原则

根据《侵权责任法》第54条的规定,患者在诊疗活动中受到损害,医疗机构

及其医务人员有过错的,由医疗机构承担赔偿责任。因此,《侵权责任法》对医疗损害责任实行的是过错责任原则,也就是医疗机构承担民事责任是需要患者证明医务人员存在过错的。但是在实践中患者证明医务人员存在过错比较困难,由于医疗机构具有专业知识和技术手段,掌握相关的证据材料,具有较强的证据能力,患者则处于相对弱势的地位。依据举证责任分配的一般规则,往往因举证不能而无法获得相应的赔偿。因此,为了平衡医患双方的利益,《侵权责任法》第58条列举了三种应当推定医务人员存在过错的情况。

1. 违反法律、行政法规、规章以及其他有关诊疗规范的规定

法律、行政法规、规章以及诊疗规范是医疗机构及医务人员在从事相关诊疗业务过程中必须遵守的行为指南。从实践看,违反了法律、行政法规、规章及其诊疗规范的规定,是判断医疗机构和医务人员存在过错的最直接的标准。如果出现了医务人员违反上述法律法规及诊疗规范的情况,即应推定医疗机构在医疗行为过程中存在过错。

2. 隐匿或者拒绝提供与纠纷有关的病历资料

根据《侵权责任法》第61条的规定,医疗机构及其医务人员应当按照规定填写并妥善保管住院志、医嘱单、检验报告、手术及麻醉记录、病理资料、护理记录、医疗费用等病历资料。患者要求查阅、复制前款规定的病历资料的,医疗机构应当提供。因此,医疗机构有保管病历资料的义务,患者有查阅、复制病历资料的权利。如果医疗机构隐匿或者拒绝提供与纠纷有关的病历资料,可以推定医疗机构有过错。

3. 伪造、篡改或者销毁病历资料

伪造、篡改或者销毁病历资料的行为性质比第二种情况下的行为性质更为恶劣,应当推定医疗机构存在过错。《执业医师法》第23条规定:"医师事实医疗、预防、保健措施,签署有关医学证明文件,必须亲自诊查、调查,并按照规定及时填写病历资料,不得隐匿、伪造或者销毁病历资料及有关资料。"第30条规定,医师在执业活动中,隐匿、伪造或者擅自销毁病历资料及有关资料的,由县级以上人民政府卫生行政部门给予警告或者则责令暂停6个月以上1年以下执业活动;情节严重的,吊销其执业证书;构成犯罪的,依法追究刑事责任。根据《侵权责任法》及《执业医师法》的规定,如果医疗机构存在伪造、篡改或者销毁病历的行为,则推定医疗机构的医疗行为存在过错。

第三节 医疗侵权责任的类型

医疗侵权责任从不同的角度或层面看,存在着多种类型划分的标准。从过

错划分的层面看,可以区分为医疗中的故意侵权责任和过失侵权责任;从行为的外观层面看,又可分为医疗中的作为侵权责任与不作为侵权责任;从是否存在契约关系的角度看,又可分为医疗中的有因侵权责任与无因侵权责任。当然,上述划分也只是为了方便我们从不同的角度来认识问题、解决问题。

一、医疗故意侵权和医疗过失侵权

(一) 医疗故意侵权

在法律上,故意是指行为人明知自己的行为会发生危害社会的结果而希望或者放任这种结果的发生。故意是行为人在实施某项行为时对可能发生后果所持的心理态度。

医疗故意侵权行为是医疗机构及其医务人员在医疗活动中,故意违反法律法规、规章给患者造成人身、财产和精神损害的行为。所谓故意有两点:明知其行为会产生损害后果而希望其发生的直接故意和放任发生的间接故意。医疗故意损害多为间接故意。

医疗故意侵权行为可以被划分为医疗中的冒犯性接触、医疗威吓、医疗中对行为自主权的侵犯以及医疗中的精神伤害等几大类。

1. 医疗中的伤害性接触与冒犯性接触

在医疗侵权的场合,故意的、未经患者同意的、有害或冒犯性的对患者实施接触的行为,理应被认为是一种医疗故意侵权行为。在《美国侵权法重述》(第二版)中就有此类规定。

(1) 医疗侵权中的故意,并非是指医生伤害患者身体的故意,而仅仅是作为伤害性或冒犯性接触行为的故意。这一特征在医疗故意侵权责任的认定中尤为重要。事实上,医生伤害患者的故意,理应是刑法中对于动机的考察范畴,因此我们在这里来探讨这样的问题意义不大。医生伤害或冒犯性行为的故意,才真正应当是我们在医疗故意侵权责任的认定中所要解决的问题。比如说,医生并非基于工作的需要,非常规地触碰患者的隐私部位;医生明知患者患有心脏病,仍然用尖刻的语言刺激患者的情绪等。

(2) 人身的概念在这里不仅仅局限于患者的身体,而应当笼统地概括为:每一个患者作为一个独立的社会实体而拥有法律上所有的在保证身体安全、精神独立、行动自由以及维护人格尊严等方面各种广泛而抽象的权利。

(3) 所谓的伤害性或冒犯性,并非是指医生或患者任何一方的主观心理状态,而是一种对医生行为所表现出的主观意图的客观认定,也就是说,法院要通过对医生行为外观的分析才能得出客观的认定结论,其应当是一种事后的评价标准。

2. 医疗中的威吓

医疗中的威吓是指因医疗机构及医务人员的行为而造成的一种患者对于危险的惊恐及警觉,而不是产生于医生对患者身体的触碰当中。

(1) 患者的这种警觉必须是基于对医生行为合理的判断,而不是出于自身的臆想或者是对某种行为的过分敏感层面。比如,医院中的患者甲突然发现一直陪护自己的护士乙竟然是一个艾滋病病毒携带者。

(2) 患者的警觉必须要具有法律上要求的特定性,这里主要包括两层含义:一是患者所警觉的对象即医生应当是针对该名患者本人所实施的行为,而不是针对任何其他患者或该名患者的家属所实施的行为;二是患者所警觉的必须是即将发生的危险,而不是将来可能的侵害。

(3) 患者的警觉必须是建立在自身意识的基础之上的,也就是说,患者应当是主动地感受到了医生即将对其实施伤害的危险。在这里患者是否具备判断的能力是关键,比如患者处在昏迷或是熟睡的状态下,无论如何都不可能具备意识上的清醒状态,因而也就更谈不上能够接收到威吓伤害的可能等。

3. 医疗中对于行为自主权的侵犯

概括而言就是指,在欠缺合法理由的情况下,违背患者本人意志地将其行动限制在一块特定的区域内。构成医疗中对行为自主权侵犯的方式是多种多样的。医生既可以通过一定的行为举止比如把患者非法隔离在房间里,也可以凭借某种针对患者本人或其家属的威胁性的言语,迫使患者不得离开指定的区域,还可以用扣留患者财物的方式使得患者无法自由地行动等。对患者行为自主权构成侵犯的医疗行为不一定要是主动的,有时候医生的不作为也可以造成此种后果。其中一种情况是"该放人的时候却不放人",比如医生发现隔离的对象错误后仍然出于某种个人目的拒不放人。另一种情况就是表面上放了人,却在暗地里造成患者无法离开的事实,比如医生告知患者可以出院,却以某种借口迟迟不把患者的证件返还给患者,导致其在客观上无法离开等等。通常如果医生不是采用威胁、诱骗等非法手段,而是选择了某种说服教育的方法使患者自愿地留在医院或某地,则不会被认为是一种非法监禁行为。

要构成有效的在医疗中对行为有自主权的侵犯,至少应该在形式上能体现出是一个完整的控制行为。也就是说,要在主观上隔绝或者隐瞒患者所有可能逃脱的合理途径,或是通过种种手段断绝患者离开或逃脱的想法。再者,如果患者知道有途径离开,但使用此途径包含着极大的风险或者行动上的不便,例如患者的身份证件被医院扣留等情形,也不应当被认为是一种合理的逃脱途径,因为患者并没有义务强冒风险。

患者在充分认识到自己是处在行为自主权受到侵犯的现实情况下,医疗故意侵权行为当然成立。总之,构成医疗中对行为自主权侵犯的两个关键要件在于医生在违背患者自身意志的条件下限制其行动自由和这种限制是非法的。医生既可以通过一定的行为,也可以借助某些使患者感到害怕的言语来完成对患者行动自由的限制。

4. 医疗中的精神伤害

精神伤害一直以来就被广泛地附带于各种医疗侵权案件中而得到法律的确认,只不过医疗中的精神伤害作为一种独立有效且可诉的医疗侵权责任出现还是最近三四十年的事情。由于精神伤害是一种无形损害,在实务中认定应慎重。首先,医生的行为不仅要符合故意侵权中对于故意的一般要求,而且必须是一种医生有意识的直接针对患者或是于患者在场的情况下做出的行为。其次,医生的行为和对于患者的伤害都必须达到一种极端的程度。再有,患者的特殊身体状况往往也会成为最终进行医疗侵权责任认定的依据,比如,医生明知患者患有严重的心脏疾病,还仍然用言语来刺激患者等。

5. 其他医疗故意侵权

医疗机构的其他医疗故意损害多由下列行为造成:(1)使用其私自生产未经国家检验批准的药物;(2)故意购买使用不合格的医疗器械。(3)明知药品不合格而购买或配制使用。(4)违反强制诊疗义务,故意不作为。(5)故意泄露传染病病人、病原携带者、疑似传染病病人、密切接触者涉及个人隐私的有关信息、资料等。

医疗人员的医疗故意损害通常由两类行为产生:(1)基于某种原因,故意伤害患者的生命与健康。(2)基于经济原因,故意将无病当有病医治或者采取不应有的医疗行为,严重背离医疗适度原则。

医疗故意损害在民事责任上,应依民法侵权赔偿的规定,不受医疗事故赔偿项目、标准与上限的限制,但它属于医疗侵权行为,应适用举证责任倒置原则。医务人员造成的,因其在职务活动中,仍应由医疗机构对外承担责任,但其对行为人享有追偿权。

(二) 医疗过失侵权

医疗过失侵权是指医疗服务过程中,因医疗机构及其医务人员的过失,不法侵害患者受法律保护的利益,而导致患者遭受人身及财产损失的行为。医疗过失侵权责任与医疗故意侵权责任不同,人的行为的客观不特定性的本身就决定了过失责任很难像故意侵权责任那样能够划分出较为具体的责任形态。不过,基于医疗行业的特定性,我们还是可以从医生注意义务的层面将其划分为一般的注意义务和特殊的注意义务两大类,从而最终形成了完整的医疗过失侵权类型。这一问题将在下一章医疗过失中详细论述。

依据损害后果的严重程度,医疗过失侵权分为医疗事故侵权和非医疗事故过失侵权。医疗事故侵权是指医疗机构及其医务人员违反法律、行政法规、规章、规范、常规,过失造成患者明显人身损害故的行为。非事故性医疗过失侵权是指除医疗事故之外的医疗过失侵权行为,它别于非事故性医疗故意行为在于损害的发生是医疗机构及其医务人员的过失行为所造成。过失包括疏忽大意的过失和过于自信的过失。它有别于医疗事故在于造成人身损害的程度不达法定标准。此外,它包括未造成人身损害,但造成了患者其他利益的损害。

医疗过失侵犯患者其他(非生命健康)权益的情形有:(1)因误诊侵犯患者人格权的,患者可依法提起精神损害赔偿;(2)因误诊为有病造成就医人员财产损失的,依照《民法通则》,受害人可以提起损害赔偿;(3)延误诊疗造成患者财产和其他权益损害的,可依照《民法通则》主张赔偿,也可以依照《合同法》的规定,提出违约损害赔偿;(4)婚前医学误诊的。

二、作为医疗侵权与不作为医疗侵权

作为的医疗侵权是指医疗机构及其医务人员违反不得侵害他人合法权益的不作为义务而致人损害的行为,也称积极医疗侵权行为;不作为的医疗侵权行为是指医疗机构及其医务人员违反对他人应负有的作为义务,未履行或为正确履行该义务而致人损害的侵权行为,又称消极医疗侵权行为。

(一)不作为医疗侵权

前文谈论的几乎都是作为的医疗侵权行为的具体表现形态。随着时代的发展和社会的进步,世界各国的立法都逐渐地将不作为侵权问题纳入到理论与现实的关注视野当中。在美国的司法实践中,医生与患者之间基于身份的特殊关系即可构成此种不作为侵权责任的生成基础。

1. 不作为医疗侵权的生成

(1)基于医疗合同关系所负作为义务而不作为

基于医疗合同关系,医生负有对患者的告知义务、保密义务和忠实义务等。一旦医生没有向患者履行告知义务或是告知的不充分;抑或医生没有履行结果回避义务,由此造成了患者的严重伤害等情况,医生就应当基于契约关系中所体现的信赖原则的主旨,向患者承担不作为的医疗侵权责任。

(2)基于医疗立法或行业惯例所负作为义务而不作为

我国《执业医师法》中对于医生的作为义务提出了如下规定:第22条"遵守法律、法规,遵守技术操作规范";第24条"对急危患者,医师应当采取紧急措施进行诊治";第26条"医师应当如实向患者或者其家属介绍病情,但应注意避免对患者产生不利后果"等等。医生在临床的医疗实践中一旦没有按照上述规定而积极地作为,从而造成了患者的现实损害,这种不作为就当然地应当被视为是一种对医生注意义务的违反而最终导致医疗责任的承担。

(3) 基于社会安全保障所负作为义务而不作为

所谓安全保障义务,是指行为人如果能够合理预见他人的人身或者财产正在或者将要遭受自己或者与自己有特殊关系的他人实施的侵权行为或犯罪行为的侵害,既要承担合理的注意义务和采取合理的措施,预防此种侵权行为或者犯罪行为的发生,避免他人遭受人身或者财产的损害。作为专业人士的医生,在为患者诊断治疗的过程中,其最有可能触碰到患者的隐私,一旦医生在通过与患者的交流中能够合理的预见到患者本人或者其他第三人将会面临着人身或财产方面的损害,医生就有义务采取积极的防范措施,对此种后果的出现加以避免。

从安全保障义务的角度来看,医生承担的安全保障义务主要表现在如下几个层面:医生对家庭暴力的受害人承担的安全保障义务;医生就其心理病人或者精神病人的行为对社会承担的安全保障义务;医生基于病人的病情对第三人承担的安全保障义务以及医生就其处方药的副作用对患者承担的安全保障义务。在上述情况出现时,医生除了有义务采取积极的防范措施避免结果的发生之外,更有一种上报的义务或者称之为披露的义务,因为即便是患者隐私,在不得已的情况下也还是要向公共安全作出让渡的。

2. 医生承担不作为侵权责任的几种情况:

(1) 最初的危险由医生引起

由于医生的疏忽大意而主动引发了患者所处的此种危险境地,医生就有义务采取积极的弥补措施使患者再重新回复到最初的安全状态中来。比如,在医生手术失败而导致的患者失血过多的情况下,该医生有义务来积极地组织后续的抢救行为等等。

(2) 成文法中规定的救助义务

在美国的一些成文法当中,就规定有专业人士比如医生在急救的时候要承担起比普通人更多的救助责任。如果医生在此种情况下,只是做到了与通常人一样的注意即便不是在医院的范围内,则也可以因此而追究其不作为的侵权责任。

(3) 医生主动承担了任务

对医生而言,一个内科医生在通常情况下,可能原先并没有义务去为一个外伤患者进行一种全面且系统的治疗,然而如果该内科医生主动承担了此项救助义务,他就没有理由再半途而废,只可以善始善终地做完这个工作。因为在这个时候,医生的放弃很可能会将患者推到一个更加危险的境地。

(4) 医生的许诺

医疗合同使患者对于医生的行为产生了合理的信赖,因此,医生有义务保证患者在医院得到最善的诊疗和救治,一旦医生基于契约关系而产生的作为义务没有履行并因而造成了患者的人身或财产损害,医院和医生就要对由此而带来的消极后果承担责任。

(5) 医生有责任控制患者的行为而没有控制

所谓医生对患者的控制,是指医生对病人在住院期间的一切与疾病康复有关的行为,都有善尽监督、指导的义务。当然这里所说的控制必然存在着一个范围和限度的问题,并不是病人所有的行为都属于医生的控制之列,同时这也不意味着医生可以借此来干涉患者的隐私权、行为自主权等相关权利。我国医事相关立法中对医生的不作为侵权责任并没有作出清晰的表述,也仅仅是在医生注意义务的层面进行了一定的概括性说明,可见,对于医生的不作为侵权责任的研究,我国现行立法还是处在一个空白的状态,尚有待各方学者进一步地展开深入研究。

(二) 医疗中的作为侵权责任与不作为侵权责任之比较

医疗中的作为侵权责任与不作为侵权责任从责任的本质而言,并不存在什么区别,无外乎是在行为的外观层面,二者呈现出了不同的表征,前者以积极的行动表达了某种内心的意图,而后者则以消极的沉默即外观无表示,也同样暗示了一种特定的心理状态。事实上,无论是从作为的故意与不作为的故意角度,还是从对注意义务违反的角度,医疗中的作为侵权责任与不作为侵权责任在程度和性质上都不存在任何差异,也仅仅只是行为外观上的不同而已。

三、医疗有因侵权与医疗无因侵权

(一) 医疗无因侵权

即所谓对医疗事务的无因管理,是指医生在没有约定义务和法定义务的情况下,为避免患者的生命健康利益受到损害,而自愿为患者提供医疗服务的行为。不过有时这种无因管理也完全有可能会演变为一种最终的侵权结果。医生在为无因管理行为的过程中,如何确定其注意义务的限度,一直以来颇具争议。根据我国民法中有关无因管理的规定,管理人对所管理的事务应予以为管理自己事务同样的注意。事实上,考虑到对社会良好风尚的鼓励,对这种注意义务的要求并不严格,管理人只要尽到了与管理自己事务为同样的注意,就有权要求受益人支付必要的费用。对于医生而言,出于对医疗行业设立目的的特殊考虑,医生更应承担最善的注意义务。

然而在美国的司法实践中,为了避免医生由于害怕承担责任而放弃救治的情形,许多州都相继制定了"主动急救法"以鼓励医生的救助行为。其内容主要是,医生在紧急救护的状况下,仅对因其故意或重大过失而导致他人人身损害的结果承担责任。但在各州的立法中,大都排除了医院中急诊室医生在急救中只承担故意或重大过失责任的情形。上述规定,对我国未来医事立法与司法的完善也同样有着一定的借鉴意义。

（二）医疗中的有因侵权责任与无因侵权责任之比较

根据是否存在合同关系，才划分出了医疗侵权责任中的有因侵权责任与无因侵权责任这样两种责任类型。事实上，前者系建立在医疗合同关系基础之上的侵权责任类型。也就是说，患者基于医疗合同关系，而后可以再根据自身的实际情况去选择诉讼的种类。违约责任与侵权责任的最大差别就在于，在侵权诉讼中可以提起精神损害赔偿，不过在证明责任的构成要件方面要相对复杂一些。然而在现实医疗纠纷案件中，医疗行为对于患者构成的人身伤害本身往往都会伴有相当程度的精神痛苦，因此说，医疗中的有因侵权责任产生的几率相对较高，反而，医疗中的无因侵权责任类型却并不多见。

四、医疗事故侵权与非医疗事故侵权

这是根据《医疗事故处理条例》的规定，以医疗侵权所产生的损害后果所进行的分类。

根据《医疗事故处理条例》的规定，所谓医疗事故侵权是指医疗机构及其医务人员在医疗活动中，违反医疗卫生管理法律、行政法规、部门规章和诊疗护理规范、常规，过失造成患者人身损害事故的侵权行为。非医疗事故以外的侵权行为也即其他医疗侵权行为，是指在医疗过程中，医疗机构及其医务人员由于故意或过失造成患者人身损害但不构成医疗事故的损害或者其他损害，应负担损害赔偿义务的侵权行为。

医疗侵权虽然是作为一种特殊的侵权类型而存在，然而其与一般侵权行为相比，在责任类型的划分层面并不存在多大差别。特别是《侵权责任法》中并未区分医疗损害后果的严重程度，而规定所有医疗过错造成患者损害的都构成医疗侵权，应承担相应的医疗损害责任。就目前而言，这种分类的意义在于，发生医疗事故的医疗机构及其责任人，除承担民事侵权责任外，还应依据《医疗事故处理条例》和《刑法》决定其应当承担的行政责任和刑事责任。

五、药品药械致害侵权

（一）医疗过程中药品、药械致害侵权责任的性质

近年来，医疗中药品药械致害的侵权纠纷不断发生，但对于这种侵权纠纷的案件性质的如何认定却争议不断，究竟是医疗侵权损害赔偿责任，还是产品侵权责任，众说纷纭，莫衷一是。如果将这种纠纷案件的性质认定为是医疗侵权纠纷，应当适用过错推定责任，而不是无过错责任，因此要进行医疗事故鉴定，根据医疗事故鉴定，确定是否构成侵权责任。如果认定是产品侵权责任，就应当适用无过失责任，不论药品器械的使用者即医疗机构以及药品或者医疗器械的制造者是否有过失，都应当按照无过失责任的要求承担责任。

产品侵权责任制度产生于 20 世纪上半叶,是在加害给付理论和实践的基础上发展起来的。在最早的债法理论和实践中,对于标的物品质的保证责任无论是明示担保责任,还是默示担保责任,都有明显缺陷,只能解决合同标的物的品质瑕疵责任问题,而无法解决有瑕疵的标的物造成债权人固有利益损失的赔偿问题。为此,加害给付理论应运而生。因标的物有瑕疵而受损害的债权人,依据加害给付理论,产生损害赔偿请求权,既可以请求赔偿合同的预期利益损失,也可以请求赔偿固有利益的损失。加害给付理论和规则进一步扩大适用范围,不仅交付的标的物有瑕疵造成损害要承担加害给付责任,而且其他履行债务的行为造成债权人固有利益损害的,也要承担加害给付责任。医疗侵权损害赔偿从这个意义上说,也是加害给付责任,因为是在合同基础上,债务人未尽适当注意,造成了债权人固有利益的损害,应当承担的就是加害给付责任。

加害给付理论解决了违反合同履行义务的行为损害债权人固有利益的赔偿问题,但在现实中,尤其是在现代科技高度发达的商品社会中,缺陷产品在流通、使用中,不仅造成买卖合同债权人的损害,也会造成大量的第三人的损害。第三人受到缺陷产品的损害,无论如何是无法依加害给付规则请求赔偿的。为了解决缺陷产品致合同关系以外的第三人受到损害的赔偿问题,美国侵权行为法创造了产品侵权责任理论。这就是,缺陷产品造成他人损害,无论受害人是否为合同当事人,都可以依据侵权行为制度请求损害赔偿,补偿自己受到的损害。

在医疗过程的药品、药械侵权损害赔偿责任中,尽管不存在第三人的损害救济问题,但患者作为医疗合同关系的当事人,其固有利益受到侵害,即构成加害给付责任,同时也构成产品侵权责任。因此我们认为,医疗过程中药品、药械造成患者损害的侵权责任,既是医疗损害赔偿责任,也是产品侵权责任,是兼有两种性质的侵权行为类型。由于医疗中药品药械致害的侵权责任具有产品侵权责任性质,因此,应当就高不就低,适用无过失责任原则,以更好地保护患者的合法权益。

(二) 医疗中药品、药械致害侵权责任的构成

由于医疗中药品、药械致害侵权责任具有产品侵权责任性质,其责任构成要件应当按照产品侵权责任,具备以下构成要件:

1. 药品、药械须为有缺陷产品

构成药品、药械产品侵权责任的首要条件,是产品缺陷。《民法通则》第 122 条曾将其称为"产品质量不合格",1993 年的《产品质量法》采用了通用概念,即产品缺陷。

药品和药械符合产品的要求。《产品质量法》第 2 条第 2 款规定:"本法所称产品是指经过加工、制作,用于销售的产品。"按照这一规定,产品须具备两个条件:一是经过加工、制作,未经过加工制作的自然物不是产品;二是用于销售,

因而是可以进入流通领域的物,按照该法第41条关于未进入流通的产品,生产者不承担赔偿责任的免责规定,产品应进入流通领域。应当区别的是,产品未进入流通领域,是免责的条件,用于销售,是指生产、制造该产品的目的,而不是已经进入流通。药品和药械是经过加工、制作,同时也是用于销售的物,是可以进入流通领域的物,因此,属于产品。

《产品质量法》第46条对产品缺陷做了界定:"本法所称缺陷,是指产品存在危及人身、他人财产安全的不合理的危险;产品有保障人体健康、人身、财产安全的国家标准、行业标准的,是指不符合该标准。"缺陷的具体含义:一是,缺陷是一种不合理的危险,合理的危险不是缺陷;二是,这种危险危及人身和他人财产安全,其他危险不认为是缺陷的内容;三是,判断危险的合理与否或者判断某一产品是否存在缺陷的标准分为一般标准和法定标准,一般标准是人们有权期待的安全性,即一个善良人在正常情况下对一件产品所应具备的安全性的期望,法定标准是国家和行业对某些产品制定的保障人体健康,人身和财产安全的专门标准,有法定标准的适用法定标准,无法定标准的适用一般标准。① 药品和器械造成损害,构成侵权责任,也必须具有缺陷。没有缺陷的药品和器械即使造成了损害,也不是产品侵权责任。

药品和器械的缺陷分为四种:

(1) 设计缺陷

药品和药械的设计缺陷,是指药品和药械在设计时在产品结构、配方等方面存在不合理的危险。考察设计缺陷,应当结合药品和药械的用途,如果将药品和药械用于所设计的用途以外的情形,即使存在不合理的危险,也不能认为其存在设计缺陷。

(2) 制造缺陷药品和药械制造缺陷,是指药品和药械在制造过程中,因原材料、配件、工艺、程序等方面存在错误,导致制作成最终产品时具有不合理的危险性。

(3) 警示说明不充分的缺陷

药品和药械的产品警示说明不充分的缺陷,又其称为经营缺陷,即药品和药械在投入流通时,没有对其危险性进行警示,对其使用方法没有充分说明。我国学者认为,这种情形是指生产者没有提供警示与说明,致使其产品在使用、储运等情形时具有不合理的危险。产品警示说明充分的标准是,对于属于上述情形的产品,本应当进行充分的说明或者警示,但是产品的生产者或者销售者却没有进行说明或者警示,或者虽然进行了说明、警示,但是说明、警示没有达到要求的标准,也就是不充分。说明、警示是否充分的标准,应当根据产品的具体情况确

---

① 张新宝:《中国侵权行为法》,中国社会科学出版社1995年版,第308页。

定,一般的要求是,正确说明产品存在的危险,以及正确使用该产品、避免产品存在的危险,达到使用时合理安全的要求。学者认为,如果产品是为大众所消费、使用的,警示与说明应为社会上不具有专门知识的一般人所能引起注意、知晓、理解;如果产品是为特定人所消费、使用的,警示与说明应为具备专门知识的特定人所能引起注意、知晓、理解。[①] 做到了这一点,就认为说明、警示已经达到了充分的标准,没有做到的,就是说明、警示不充分。这些经验可以作为药品和药械致害责任构成的借鉴。

(4) 跟踪观察缺陷

药品和药械的跟踪观察缺陷,是指在将药品和药械投入医疗过程之中的时候,科学技术水平尚不能发现存在的缺陷,药品和药械的制造者和销售者应当进行跟踪观察,未能及时发现危险,或者发现危险未及时召回,因此造成患者人身损害的,就构成跟踪观察缺陷。按在药品中,处方药和非处方药的区别,就在于非处方药可以在药店自由买卖,而处方药则必须在医嘱的情况下才可以销售。

2. 须有患者人身损害事实

构成药品、药械致害侵权责任,必须具备患者的人身损害事实,这是发生侵权损害赔偿请求权的事实依据。构成这个要件,是将药品给患者服用,或者将药械植入或应用于患者身体,由于药品或者药械的缺陷,造成了患者的人身损害。这种人身损害的特点是,有些损害后果在受害当时即可发现,有的则要在受害之后很长时间才能出现后果,特别是药械造成损害,通常都是经过一段时间才发生。药品和药械致害侵权责任中的人身损害事实,包括致人死亡和致人伤残在造成人身损害的同时,通常伴随精神痛苦的损害。这种损害不是指受害人名誉权等人格权或者人格利益的损害,而是精神遭受痛苦的损害。对于产品侵权责任是否应当包括精神损害,立法没有明确规定。依照最高人民法院《人身损害赔偿司法解释》第18条规定,造成人身损害的,可以请求精神损害赔偿,因此,药品、药械造成患者人身损害的,同时也造成其精神损害,应当予以抚慰金赔偿。

3. 须有因果关系

药品和药械侵权责任中的因果关系要件,是指药品和药械的缺陷与受害人的损害事实之间存在的引起与被引起的关系,药品和药械缺陷是原因,损害事实是结果。确认药品和药械责任的因果关系,要由受害人证明,证明的内容是,损害是由于使用或消费有缺陷的药品和药械所致。使用,是对可以多次利用的药品和器械的利用;消费,是对只能一次性利用的药品和药械的利用。这两者在构成侵权责任时无原则性区别,因此一般称作使用也可以。受害人证明损害时,首

---

① 张新宝:《中国侵权行为法》,中国社会科学出版社1995年版,第312页。

先要证明缺陷药品和药械曾经被使用或消费,其次要证明使用或消费该缺陷药品和药械是损害发生的原因。在证明中,对于高科技药品和药械致害原因不易证明者,可有条件地适用推定因果关系理论,即受害人证明使用或消费某药品和药械后即发生某种损害,且这种缺陷药品和药械通常可以造成这种损害,可以推定因果关系成立,转由侵害人举证证明因果关系不成立。证明属实的,则否定因果关系的存在。

第四节 医疗侵权的法律适用

在我国,医疗纠纷案件依现在的标准被主要划分为两类:一类是医疗事故侵权行为引起的医疗赔偿纠纷案件,另一类是非医疗事故侵权行为或者医疗事故以外的其他原因而引起的医疗赔偿纠纷案件。另外,还有以合同纠纷而提起的医疗赔偿诉讼等,因该种诉讼在实践中较为少见。目前关于医疗侵权纠纷处理的现行实体法规范,主要存在于《民法通则》、《关于贯彻执行民法通则若干问题的意见(试行)》、《关于确定民事侵权精神损害赔偿责任若干问题的解释》、《医疗事故处理条例》及《关于审理人身损害案件适用法律若干问题的解释》等法律、法规和司法解释之中。法官、当事人及代理人面临着是适用《民法通则》、《人身损害赔偿司法解释》和《精神损害赔偿司法解释》,还是适用《医疗事故处理条例》的问题。在《医疗事故处理条例》实施后(人身损害赔偿解释发布前),最高法院于2003年1月6日下发了《关于参照医疗事故处理条例审理医疗纠纷民事案件的通知》(以下简称《医疗纠纷案件通知》)。该通知规定,"医疗事故引起的医疗赔偿纠纷,参照条例的有关规定办理;因医疗事故以外的原因引起的其他医疗赔偿纠纷,适用民法通则的规定"。这个通知确立了法院审理医疗侵权赔偿案件"区分不同类型分别适用法律"的原则。《人身损害赔偿司法解释》发布后,最高法院民一庭负责人在接受人民法院报记者的提问时,就审理医疗纠纷案件的法律适用问题又再次明确了上述原则。因此,我国现阶段医疗侵权赔偿实行的是"双轨制",即医疗事故侵权损害赔偿纠纷适用《医疗事故处理条例》,一般医疗侵权损害赔偿纠纷适用《民法通则》及相关法律和司法解释的有关规定。

实践中医疗纠纷案件适用法律十分混乱,严重影响了该类案件的正确处理。相同或者类似的案件,由不同审级的法院、或者同一审级法院、甚至在同一法院的不同法官进行审理,作出的判决结果迥然不同。这种现象不利于争议正确、合理的解决,也损害了法制的统一,削弱了法律的权威。

一、医疗侵权案件适用法律混乱的主要表现

主要有以下三种：

1. 优先适用《医疗事故处理条例》

持该种观点的人认为，医疗事故处理条例，是审理医疗纠纷案件的特别规定，按照特别法优于普通法的适用原则，应当优先适用医疗事故处理条例。其具体做法是：

（1）只要属于医疗纠纷，都要求当事人做医疗事故鉴定，不区别原告的请求和主张。患者若申辩应当做法医学鉴定，都会遭到拒绝。并认为医疗事故处理条例，是审理医疗纠纷案件的唯一依据。既然属于医疗纠纷，就当然适用医疗事故处理条例，排斥适用其他法律。

（2）只要鉴定为不属于医疗事故，即使因医疗过错造成了损害后果，也要按照条例的规定，不予赔偿；鉴定属于医疗事故的，按照医疗事故处理条例规定的标准进行赔偿。

（3）持该种观点的人，为证明自己的观点言之有理，除了认为医疗事故处理条例是处理医疗纠纷案件的法定依据外，还进一步认为，医学事业是公益事业，也是风险很大的行业，为了促进医疗技术的进步与发展，有必要对医疗机构予以特别的保护。不构成医疗事故，但仍然对患者造成损害后果的，被认为是法律所允许的，也是医学发展所不可避免的，因此，不能按照一般人身损害的法律规定予以赔偿。

2. 应适用《民法通则》及《人身损害赔偿司法解释》

持该种观点的人认为：

（1）医疗侵权属于民事侵权的一种，《民法通则》是调整这一法律关系的基本法律，所以应当适用《民法通则》。

（2）鉴于许多法院审理医疗纠纷案件主要依据《医疗事故处理条例》，且依照该条例处理医疗纠纷对患者十分不利的实际，患者应力求避免提起医疗事故赔偿的请求，也不要申请医疗事故鉴定。如确需鉴定，则应申请法医学鉴定，即医疗过错鉴定。患者的请求应以民法通则为依据，以保证案件处理能适用该法律，避免因请求不当而导致适用对患者不利的法律。

（3）持该观点的人进一步认为，医疗侵权纠纷大量存在，主要原因在于医疗机构对患者缺乏应有的同情心和起码的责任心。绝大部分医疗侵权纠纷，并非是无法预料或者不能防范的，也不是为抢救患者生命而采取的紧急医疗措施而造成的。恰恰相反，医疗纠纷大多发生在理论上成熟、技术上完善、治疗上定型的病例。对这样的病例，只要医务人员对患者更多地倾注一些热忱与关爱，行动上多一些谨慎与注意，相当多的医疗侵权纠纷都是可以避免的。因此，医疗纠纷

案件,在适用法律上对医疗机构不能给予特别照顾,而应当与一般人身损害的赔偿一视同仁,应当适用同样的法律,即民法通则。

3."参照"《医疗事故处理条例》进行审理

该观点的基本依据是最高人民法院发布的《关于参照〈医疗事故处理条例〉审理医疗纠纷民事案件的通知》。他们把医疗纠纷分为两大类:一是因医疗事故引起的医疗赔偿纠纷;一是因医疗事故以外的原因引起的其他医疗赔偿纠纷。

因医疗事故引起的医疗赔偿纠纷,如果案件经过审理,认定属于医疗事故的,则"参照"《医疗事故处理条例》的规定处理。所谓"参照",是一种硬性规定,即在赔偿原则、赔偿范围、赔偿标准、计算方式等方面都按照《医疗事故处理条例》的规定处理。

因医疗事故以外的原因引起的其他医疗赔偿纠纷,适用《民法通则》的规定。即民法通则的适用范围,仅限于医疗事故以外的原因引起的医疗赔偿纠纷。

患者如以一般的医疗纠纷向法院起诉,在这种情况下,如果医疗机构提出不构成一般医疗纠纷的抗辩,并且经鉴定能够证明受害人的损害确实是医疗事故造成的,那么人民法院应当按照《医疗事故处理条例》的规定确定赔偿的数额,而不能按照人身损害赔偿司法解释的规定确定赔偿数额。

患者如果以医疗事故纠纷提起诉讼,经过鉴定,不构成医疗事故,但又已查明医疗过失确实对患者造成了损害后果,那么,到底应当依照民法通则的规定,对患者给予赔偿,还是依据医疗事故处理条例的规定,不予赔偿?该司法解释对此问题的规定并不明确。实践中,有的法院支持赔偿请求,有的则不支持。

二、医疗侵权纠纷法律适用存在的问题及弊端

(一)存在的问题

1. 医疗侵权责任立法存在冲突

这是目前医疗纠纷案件适用法律混乱的主要原因。《医疗事故处理条例》的规定与《民法通则》及最高人民法院《人身损害赔偿司法解释》的相关规定不一致。主要表现在以下几方面:

(1)《医疗事故处理条例》与《民法通则》相抵触

《民法通则》第106条第2款规定:"公民、法人由于过错侵害国家的、集体的财产,侵害他人财产、人身的,应当承担民事责任"。

《医疗事故处理条例》规定,"不属于医疗事故的,医疗机构不承担赔偿责任"。该规定排除了医疗机构对非医疗事故的赔偿责任。医疗事故是医疗行为对患者造成的重大人身损害,它要求医疗行为对患者造成的损害结果达到明显程度。而民法通则所称人身损害,是行为人故意或者过失造成他人身体损害。按照民法通则的规定,只要过错造成他人身体损害,都应当承担民事责任。

(2)《医疗事故处理条例》与最高人民法院《人身损害赔偿司法解释》之间的冲突

二者最主要的冲突表现在赔偿原则、赔偿范围和赔偿标准上。

在赔偿原则上,该司法解释依据《民法通则》所确定的原则规定,只要查明存在过错致人伤害,且无免责的法定理由,就应当对受害人予以赔偿;《医疗事故处理条例》则规定,不属于医疗事故的,医疗机构不承担赔偿责任,即使对患者造成比较严重的损害,只要达不到《医疗事故处理条例》所确定的损害程度,医疗机构也就不承担赔偿责任。

在赔偿范围上,最高人民法院《人身损害赔偿司法解释》有死亡赔偿金的赔偿项目;医疗事故处理条例则无此赔偿项目。

在赔偿标准上,《医疗事故处理条例》规定的赔偿标准比最高人民法院《人身损害赔偿司法解释》要低。比如,前者对精神损害抚慰金的规定为:按照医疗事故发生地居民年平均生活费计算,造成患者死亡的,赔偿年限最长不超过6年;造成患者残疾的,赔偿年限最长不超过3年;后者则无此限制。

残疾赔偿金前者根据伤残等级,按照医疗事故发生地居民年平均生活费计算;后者按受害人丧失劳动能力程度或者伤残等级,按照受诉法院所在地上一年度城镇居民人均可支配收入或者农村居民人均纯收入标准计算。"居民年平均生活费"与"居民年人均可支配收入"二者相差较大。因赔偿标准不一样,导致赔偿数额差距悬殊。

(3)司法解释与民法通则相抵触

最高人民法院《关于参照〈医疗事故处理条例〉审理医疗纠纷民事案件的通知》,以司法解释的形式否认基本法律——《民法通则》在医疗事故纠纷案件中的适用地位,规定:医疗事故引起的医疗赔偿纠纷,参照《医疗事故处理条例》的有关规定办理,并在第3条进一步明确:在确定医疗事故赔偿责任时,参照条例第49条至第52条的规定办理,此处的"参照",并非法律专门术语意义上的"参照",而是一种命令性规范,必须遵照执行。

(4)司法解释之间的冲突

最高人民法院制定《人身损害赔偿司法解释》的目的,是为了统一审理人身损害案件的赔偿标准,即只要属于过错造成人身损害,就按照该司法解释确定的标准赔偿。而最高人民法院《关于参照〈医疗事故处理条例〉审理医疗纠纷民事案件的通知》,却规定因医疗事故引起的医疗赔偿纠纷,诉到法院的,参照《条例》的有关规定办理,即按照《条例》第49条至第52条所确定的赔偿原则、赔偿范围、计算方式、赔偿标准进行赔偿。依据该规定,赔偿的数额比最高人民法院《人身损害赔偿司法解释》所确定的标准要低得多。

2. 鉴定混乱

一是将鉴定性质分为医学鉴定（医疗事故鉴定）和司法鉴定（医疗过错鉴定），两者都是法院认定医疗机构有无过错及过错程度大小的重要依据。二是将鉴定机构分为医疗事故鉴定机构和医疗过错鉴定机构。法定的医疗事故鉴定机构为医学会，法定的医疗过错鉴定机构为司法鉴定机构。三是将鉴定标准分为医疗事故人身损害鉴定标准和一般人体损伤程度鉴定标准。医疗事故人身损害鉴定标准适用于因医疗事故导致的人身损害，一般人身损害鉴定标准适用于一般医疗过错导致的人身损害。

3. 适用了不同的法律

一是法律适用区分为适用《医疗事故处理条例》和适用民事法律、司法解释，即特殊医疗侵权行为——医疗事故适用《医疗事故处理条例》；一般医疗侵权行为——非医疗事故适用《民法通则》等民事法律和司法解释。二是赔偿标准分为医疗事故赔偿标准和一般人身损害赔偿标准。医疗事故适用医疗事故赔偿标准，非医疗事故适用司法解释确定的一般人身损害赔偿标准。

（二）弊端

由于医疗侵权纠纷处理的立法存在的冲突，使得医疗侵权赔偿适用不同的法律，导致医、患双方不同的诉讼追求，出现了违反民法公平、正义原则和精神的悖论。

1. 重大人身损害的赔偿比一般损害少

医疗事故是医疗行为对患者造成的重大人身损害，理应获得较高赔偿。而依据医疗事故处理条例所确定的标准进行赔偿，比依一般人身损害赔偿标准所得赔偿数额要低得多。比如，两名患者因医疗纠纷在同一家法院提起诉讼，都主张医疗事故赔偿，其中一位经鉴定属于医疗事故，另一位不构成医疗事故，但能够认定医疗过失行为对患者造成了损害后果。前者依据医疗事故处理条例获赔4万元，后者依据人身损害赔偿司法解释获赔7万元。

2. 同样的损害后果获赔数额有天壤之别

比如，有两位患同样疾病的患者在同一家医院做同样的手术，医生因过失对两位患者造成了同样的损害。两人同时向某法院提起民事赔偿诉讼，一患者主张医疗事故赔偿，申请医疗事故鉴定；另一患者主张医疗事故以外的医疗侵权赔偿，申请法医学鉴定，前者按医疗事故处理条例规定获赔3万多元，后者根据人身损害赔偿标准获赔13万余元。

3. 同一案件事实，法官怎样判决都正确

比如，虽经鉴定不构成医疗事故，但医疗过失确实给患者造成了损害后果，如果患者在起诉时，其请求定为医疗事故侵权赔偿，那么，法院既可以依据医疗事故处理条例的规定，判决驳回患者的诉讼请求；又可以依据《民法通则》和相关司法解释的规定,判决医疗机构承担赔偿责任,而且能获得比依据《医疗事故处理条例》更多的赔偿。

4. 抗辩方向错位

医疗事故对患者造成的损害程度比非医疗事故对患者造成的损害程度更为严重,依照常理,医疗机构为免除或减轻责任,大多会提出并非医疗事故的抗辩;患者为了获取合理赔偿,通常会主张属于医疗事故。但因现行法律规定的不合理,患者"两利相权取其重";医疗机构则"两害相权取其轻",各自向应有主张的相反方向追求利益。诉讼中,医疗机构为减轻赔偿责任,自认属于医疗事故;患者则常常提出不属于医疗事故的抗辩。这样的尴尬而又滑稽的场面时常出现,使得正常的、理性的抗辩发生扭曲与错位,影响了对抗双方的抗辩质量,不利于法院在双方的对抗中发现问题,查明案件事实。

发生医疗纠纷后,医疗机构往往尽量规避最大赔偿风险,大都会主动提出医疗事故鉴定。而一旦发现自己确实有过错,承担赔偿责任已在所难免,此时,医疗机构的抗辩理由会违反常理,主动承认是医疗事故,并提出不构成一般医疗纠纷的抗辩,希望按照《医疗事故处理条例》所确定的标准赔偿。与此相反,越来越多的患者千方百计要绕开医疗事故处理条例和医疗事故鉴定,直接提起"人身损害"赔偿诉讼。在确定请求的方向上,在法庭调查时,显得格外谨慎,竭力强调自己所主张的是人身损害赔偿,生怕法院把案由确定为医疗事故赔偿。明明知道医疗行为对自己的人身造成了重大损害,构成医疗事故,也决不提属于医疗事故,更不申请医疗事故鉴定。

三、医疗侵权案件法律适用

(一)正确把握适用原则

解决医疗纠纷的现行法律规范存在冲突,是不争的事实。适用法律的基本原则是:上位法优于下位法。上位法有规定的,就应当适用该规定;没有规定的,才可适用低层级的规范。但前提必须是不与上位法相抵触,否则,即使下位法有具体规定,也不能适用。

认为《医疗事故处理条例》是处理医疗纠纷的特别规定,按照特别法优于普通法的适用原则,应当优先适用医疗事故处理条例的观点,是完全错误的。

首先,《医疗事故处理条例》属于行政法规,其效力在《民法通则》、《侵权责任法》之下。按照首先适用上位法的原则,医疗纠纷案件应当适用民法通则和侵权责任法。

其次,特别法与普通法只产生于同一效力等级的法之间,或者同一部法律的原则规定和一般规范之间。《立法法》第83条规定:"同一机关制定的法律、行政法规、地方性法规、自治条例和单行条例、规章,特别规定与一般规定不一致的,适用特别规定;新的规定与旧的规定不一致的,适用新的规定。"《民法通则》与《侵权责任法》是全国人大制定的基本法律,《医疗事故处理条例》只是国务院制定的行政法规,二者制定的机关不同,效力等级必然不同。《医疗事故处理条例》仅仅只是卫生行政部门确认医疗事故的等级及其处理的行政性法律规范,不属于民事实体法律规范,而医患关系是一种民事法律关系,医疗损害赔偿责任是一种民事责任,应当适用民事实体法律规范来调整。它与《民法通则》之间的关系,是上位法与下位法的关系,二者根本不可能产生特别法与普通法的关系。因此,《医疗事故处理条例》不能作为解决医疗纠纷案件的特别规定而优先适用。

再次,医疗事故处理条例有许多规定与《民法通则》、《侵权责任法》相抵触,比如,不属于医疗事故,医疗机构不予赔偿,以及在赔偿的原则、赔偿的范围、赔偿的标准、计算方式等方面都与民法通则的规定相抵触。例如对于因医疗事故造成死亡的,《条例》中没有规定死亡赔偿金的标准,而《侵权责任法》第 16 条规定"造成死亡的,还应当赔偿丧葬费和死亡赔偿金"。这是《医疗事故处理条例》的缺陷。这些规定,应当排除在适用范围之外。

最后,医疗事故处理条例是依行政程序解决医疗纠纷的法律依据,其作用的范围应当仅限于作为行政调解或者行政裁决的依据,以及对医疗机构和相关责任人给予行政处罚的法律依据,而不能让其作用的范围无限制地扩大,甚至凌驾于基本法律——《民法通则》与《侵权责任法》之上。同时,作为依行政程序解决医疗争议的法律依据,医疗事故处理条例仍然应当与民法通则、侵权责任法的规定相一致,而不能与之抵触。

(二) 正确理解"参照"的内涵

"参照"一词作为适用法律的专门术语,有其特定的内涵,不容滥用。否则,不仅造成适用法律的混乱,而且也会破坏专门术语内涵的特定性和稳固性。"参照"不同于"遵照","参照"这一专门术语,其内涵应为:有条件地适用。并非不加分析地适用。具体应包括以下内容:

(1) 上位法有具体规定的,排除适用下位法;上位法没有规定时,才可"参照"适用下位法。比如,《侵权责任法》对人身损害赔偿已有明确规定的,就不能再适用医疗事故处理条例。

(2) 上位法没有规定,但相关司法解释根据其原则规定,作出了符合其立法本意的解释,就应当适用该解释。除非该司法解释已被有权机关宣布无效或被撤销,否则,该解释就与其所解释的法律具有同等法律效力,对各级人民法院的审判活动具有约束力,是人民法院审理案件的法律依据。最高人民法院《人身损害赔偿司法解释》,已对人身损害的赔偿原则、赔偿范围、赔偿标准和计算方式作出了具体规定,审理医疗纠纷案件,应当适用该司法解释。

(3) 对所"参照"适用的法律进行认真分析,以对其有一个正确的估价,决定是否"参照"适用。而不是不加分析,无条件地适用。所"参照"适用的法律,其具体规范是否适宜解决该案?其精神与其上位法的法律原则是否相一致?其内容是否与上位法相抵触?对这些问题都要加以分析。如果所参照适用的法律违背其上位法的原则,与上位法相抵触,那么,即使其对所应解决的争议有具体的规定,也应当坚决排斥适用。

(三) 应当适用民法通则、侵权责任法及相关司法解释

2010年7月1日《侵权责任法》颁布实施。该法对医疗损害责任进行了专章的规定,一定程度上解决了上述存在的问题。

《侵权责任法》第七章规定了医疗损害责任,将医疗损害责任作为民事侵权责任的一类统一于民事侵权责任体系之中。因此,处理医疗侵权案件时也应当适用侵权责任法的一般规定。在具体确定医疗损害责任的范围时,应当适用《人身损害赔偿司法解释》以及《精神损害赔偿司法解释》。

具体步骤如下:

1. 适用《侵权责任法》

不管是医疗事故赔偿纠纷还是非医疗事故赔偿纠纷,只要属于医疗侵权诉讼,凡查明医疗机构过失造成患者人身损害的,无论是否构成医疗事故,都应当按照《侵权责任法》的规定,判决医疗机构承担责任。

2. 适用最高人民法院《人身损害赔偿司法解释》

在依据《侵权责任法》的规定确定医疗机构应当承担责任后,按照最高人民法院《人身损害赔偿司法解释》所确定的赔偿范围、赔偿标准、计算方式进行赔偿。

按照现行的医疗事故鉴定标准,对患者造成了重大人身损害,包括造成患者残疾或者器官组织损伤导致功能障碍的,才可能构成医疗事故。造成如此严重的损害程度,往往已致患者伤残。患者可通过伤残程度鉴定,获得残疾赔偿金;审判机关在判决医疗机构支付患者精神抚慰金时,应当比非医疗事故赔偿标准要高,以体现医疗事故与非医疗事故在赔偿标准上的不同。

3. 参照适用《医疗事故处理条例》

《侵权责任法》及相关司法解释没有规定,《医疗事故处理条例》有规定,且这些规定与《民法通则》的原则不相违背的,可以参照适用。比如,《医疗事故处理条例》关于对医疗机构及医务人员职业操守的规定,关于医疗行为应当遵守的法律法规和诊疗规范、常规的规定,关于病历书写、保管、复印、封存的规定,关于尊重患者知情权,履行如实告知义务的规定等,可以成为判断医疗机构是否尽了法定注意义务,是否存在医疗过错的依据。

思考题：

1. 简述医疗侵权及相关的概念含义。
2. 试述医疗侵权的归责原则。
3. 医疗侵权责任的构成要件有哪些？
4. 医疗侵权有哪些具体类型？
5. 试述医疗侵权的法律适用问题。

第十六章 医疗过失

【内容提要】 医疗过失是医方承担医疗损害赔偿责任的构成要件和核心所在。医疗过失的认定则是确定医疗侵权责任承担的关键。本章从医疗过错的基本概念及特殊性入手,在详细分析医疗过失认定的基础——医疗注意义务的依据及类型的基础上,提出了医疗过失的认定抽象基准。

第一节 医疗过失概念和分类

医疗过失是医方承担医疗损害赔偿责任的核心所在。医疗侵权过错的理论和实践的发展是随着侵权法理论的发展而逐渐备受关注的,医疗过失实际上是一般侵权法上的"过错"在医疗活动这一专业领域的具体体现,有很多学者把医疗侵权作为一种特殊侵权来研究。而医疗过失的专业化和技术性色彩,使其具有一般侵权过错所具有的共性特点外,还具有一些体现自身专业特殊性的特点。

一、医疗过失的概念及分类

(一) 外国医疗过失的概念

医疗过失,在日本被称做"医疗过误",是指医师在对患者实施诊疗行为时违反业务上必要的注意义务,从而引起对患者生命、身体的侵害,导致死伤结果的情形。它作为一个法律术语而存在,是医疗事故的下位阶概念。[1]

在法国,医疗过错是指医疗行为不符合一定的行为规范或行为规则。依照这些行为规范或行为规则来源的不同,医疗过错分为医疗科学上的过错和医疗伦理上的过错两类。前者是指医疗行为不符合医疗专业知识或技术水准上所应遵循的行为规范或行为规则,后者是指医疗行为不符合医疗职业良知或职业伦理上所应遵循的行为规范或行为规则。医疗行为违反其中任何一种行为规范或行为规则,均可认定为具有医疗过错。[2]

德国多数学者认为医疗债务属于手段债务,因此,对客观注意义务的违反即

---

[1] 在日本,医疗事故是指在医疗有关的场合,包括诊断、检查、治疗等医疗全过程中以医疗行为的接受者——患者作为受害人发生的一切人身伤亡事故。它不考虑发生原因及责任所在,是作为一种社会现象的指标。参见龚赛红:《医疗损害赔偿立法研究》,法律出版社2001年版,第125页。

[2] 陈忠五:《法国法上医疗过错的举证责任》,载《东吴法律学报》第18卷第1期,第37页。

为过失,医疗过失亦如是。据此,德国医疗过失是指医院、医师或其履行辅助人在从事医事上的诊断或医疗行为时,违反医学专业知识或技术要求应尽的必要的注意义务,造成对病人身体、健康甚至生命等其他权利的损害。

英美法国家的医疗过失用"Medical Malpractice"表述。《元照英美法词典》对"Medical Malpractice"的解释为:"专业人员失职行为;渎职行为;不端行为。通常指医生、律师、会计师等专业人员的失职或不端行为。专业人员未能按该行业一般人员在当时情况下通常应提供的技能、知识或应给予的诚信、合理的服务致使接受服务者或有理由依赖其服务的人遭受伤害、损失的均属失职行为。包括各种职业上的违法、不道德、不端行为,和对受托事项不合理地缺乏技能或诚信服务。"[①]可见普通法上的医疗过失是以医护人员注意义务的存在和注意义务的违反来衡量的。

(二) 我国医疗过失的概念及分类

目前,我国学界关于医疗过失的含义有不同认识,也常易把医疗过错和其他相关概念之间的关系相混淆,如医疗事故、医疗差错、医疗意外等。因此,有必要将这些称谓加以甄别。根据《医疗事故处理条例》第2条规定,医疗事故,是指医疗机构及其医务人员在医疗活动中,违反医疗卫生管理法律、行政法规、部门规章和诊疗护理规范、常规,过失造成患者人身损害的事故。根据该条例对医疗事故的等级分类[②],医疗过失行为造成明显人身损害后果以上严重程度的情况才构成医疗事故。

医疗意外是指在医疗活动中发生的不能预见或者即使能够预见但无法避免的意外事件。临床实践中,常常由于患者病情异常或者患者体质特殊而发生医疗意外。由于不存在医疗过错,《医疗事故处理条例》明确规定此种医疗意外不属于医疗事故,医方不需要承担医疗损害赔偿责任。

除《医疗事故处理条例》规定的医疗事故外,事实上也存在其他医疗侵权,即医疗差错,也就是说医疗机构及其医务人员在医疗活动中,虽有医疗过失行为,但患者没有明显人身损害后果的发生,实践中可能表现为造成患者治疗期限延长、额外增加患者的经济负担和身体上的痛苦等。可见,医疗差错是属于不构成医疗事故的医疗过失形成的侵权。

可见,医疗事故和医疗差错是对因医疗过错造成患者损害结果的医疗侵权所做的区分。这种区分正是由于《医疗事故处理条例》规定所致,也造成实践中

---

① 薛波主编:《元照英美法词典》,法律出版社2003年版,第888页。
② 《条例》第4条规定:"根据对患者人身造成的损害程度,医疗事故分为四级:一级医疗事故:造成患者死亡、重度残疾的;二级医疗事故:造成患者中度残疾、器官组织损伤导致严重功能障碍的;三级医疗事故:造成患者轻度残疾、器官组织损伤导致一般功能障碍的;四级医疗事故:造成患者明显人身损害的其他后果的。具体分级标准由国务院卫生行政部门制定。"

医疗纠纷案件法律适用的二元化现象。《侵权责任法》专门规定了医疗损害责任一章,消除了这种二元化的现象,规定患者在诊疗过程中,因医疗机构及其医务人员过错而受到的损害,都属于医疗侵权损害,由医疗机构承担赔偿责任。因此,结合《侵权责任法》可以将医疗过失定义为:医疗机构及其医务人员在医疗活动中,违反医疗卫生管理法律、行政法规、部门规章制度、诊疗护理规范、常规等要求的业务上必要的注意义务,造成患者损害的情形。

二、医疗过失对于医疗侵权行为认定的法律意义

过错是侵权责任法中的核心概念。特别是在过错责任的归责原则下,过错既是侵权的构成要件之一,又是过错责任归责的最终要件。因此,医疗过失无疑在医疗侵权责任中有着举足轻重的地位。

1. 医疗过错是医疗侵权的构成要件之一

在医疗侵权中,认定医方承担医疗损害赔偿责任不仅要考察医疗行为与患者损害后果之间的因果关系,而且要考察医方的医疗行为有无过错。如果医方在医疗过程中没有过失,即使其医疗行为直接给患者造成了损害后果,也不承担民事责任。如医生严格遵守手术操作规程将患者确诊为恶性肿瘤的子宫切除,该医疗行为直接造成患者器官缺失,但该损害结果并非医疗过失行为所导致,故医方不承担任何责任。但如若医生在该手术过程中,因疏忽而将纱布遗留在患者腹腔内未及时发现即行关闭术,此时医生只对其疏忽遗留纱布的医疗过失行为所造成的损害后果承担侵权责任,而对其切除子宫的行为,因不存在主观过失而不构成侵权,即使造成了患者器官缺失的后果。可见,医方主观上是否存在过失是决定医疗行为是否构成侵权的关键要素,医疗过失是确定医疗损害赔偿责任的构成要件。当然,在考察医疗行为是否构成侵权时,还需要考察其他因素,以排除医疗行为人免责的事由,如受害人自身过错导致损害结果,医方并无过失,则医方可以免责。

2. 医疗过错是医疗侵权责任的最终归责要件

我国医疗侵权责任中实行过错责任的归责原则,即无过失则无责任。这是现代侵权责任法追究行为人法律责任最基本的归责原则,也是现代法律的文明与进步的具体体现。也就是说医疗过失不仅是医疗侵权的构成要件,也是医疗侵权责任承担的决定性因素和最终条件。通过医疗过失的认定来最终决定医方应否承担侵权损害赔偿责任。

3. 医疗过错是确定医疗侵权损害赔偿责任范围的依据

尽管医疗侵权责任的构成仅以医疗过失为要件,无须进一步要求加害人有更严重的主观过失的可归责性。但在确定医疗侵权行为人责任的前提下,确定医疗损害赔偿责任的大小时,还要考虑行为人的主观过错程度。在司法实践中

处理具体的医疗损害赔偿案件,往往是行为人主观过错越重,则责任越重;过错越轻,则责任越轻。这实际上是将医疗过失的程度作为一个确定责任的考虑因素来对待的。而且完全不考虑过失程度对责任的构成和责任范围的影响的观点,似与实际不相符合的。①因此,医疗过失在确定医疗侵权损害赔偿责任范围层面上有着重要的实际意义。

《侵权责任法》第57条规定,医务人员在诊疗活动中未尽到与当时的医疗水平相应的诊疗义务,造成患者损害的,医疗机构应当承担赔偿责任。可见,《侵权责任法》吸收了现代各国侵权责任法中的注意义务理论,将医疗注意义务的违反作为医疗过失认定的判断基准。我们进一步认为,医疗注意义务的违反应以医师具有注意能力(即可遵守注意义务的能力)为前提,即认定医师是否违反注意义务,必须确定医师注意能力的认定标准,因此,应以何内容作为考量注意能力的标准就成为关键之所在。而目前所谓善良管理人(医师)标准、合理人(医师)标准、医疗水准以及其他考量因素等,本质上是关于医师注意能力的具体考量标准。以下关于医疗过失的论述也将依此逻辑结构展开。

第二节 医疗注意义务的内涵和根据

一、医疗注意义务内涵

(一) 医疗注意义务的概念

注意义务是指为避免有害结果的发生而使意识集中谨慎行事的义务。通说认为,注意义务包括结果预见的义务和结果避免的义务两部分。结果预见的义务是指行为人根据行为时的具体情况,所负有的应当预见自己的行为可能引起的结果发生的义务;结果避免的义务是指行为人所负有的避免因自己的行为而发生危害结果的义务。结果回避的义务以结果预见为前提,预见义务以结果回避为目的。二者统一于注意义务之中,相互发生作用。②

医疗注意义务主要是各国法院在审判实践中创造与归纳的。日本最高裁判所1961年对东大医院输血梅毒感染案的判决中认为:既然"医务人员从事的是管理人的生命和健康的工作,所以根据其工作性质,就应该承担在实验中防止危险发生的最大注意义务"。这一判决对医师注意义务作了"最大的注意义务"一般性的概述,成为以后判例的参照。日本最高裁判所1969年脚癣病放射治疗案判决中对前一判例中最大的注意义务做了进一步阐述:"医师应该充分注意患

---

① 张新宝:《侵权构成要件研究》,法律出版社2007年版,第440页。
② 李大平:《医师注意义务的概念及其与医疗过失行为的关系》,载《法律与医学杂志》2004年第4期。

者的病情,在决定患者的治疗方法的内容和程度时,应当根据诊疗当时的医学知识,综合考虑治疗方法的效果和副作用等情况,在实施治疗时必须尽到万全的注意"。①这两个判决中所谓的"最大的注意义务"和"万全的注意义务"实际上非常近似,日本理论界与实务界通常依此来概括医师的注意义务,从而确立了医师注意义务的一般内容。韩国判例在个别案件中已认定由医师负担"最善的注意义务"和"高度的注意义务"。②在我国台湾地区的医疗法规中使用的是"善良管理人的注意义务"。

本书认为,以上对医疗注意义务的概括不甚妥当。在法律上以"最大"或"万全"表述医疗注意义务,容易被误解为课以医师过重的义务,极有可能造成实践中医疗行为过分谨慎,更多地采取防御性医疗行为。我国《侵权责任法》第57条规定:"医务人员在诊疗活动中未尽到与当时的医疗水平相应的诊疗义务,造成患者损害的,医疗机构应当承担赔偿责任。"这里的"尽到与当时的医疗水平相应的诊疗义务"正是《侵权责任法》对医务人员所要求的医疗注意义务。我们知道,医疗活动的特殊性要求具有医学专业知识的医师对患者具有高度责任心,对医疗行为应保持足够的谨慎,对一切可能发生的损害后果有所认识,并采取措施防止损害的发生,尽到专家应有的注意,以避免医疗行为所带来的损害。因此,我们认为,我国立法所规定的医疗注意义务是指医务人员对患者生命健康应尽到专家注意义务,即要求医疗服务提供者在医疗执业活动中,依据法律、法规、规章制度和诊疗护理常规的要求,保持足够的小心谨慎,以预见医疗行为结果和避免损害结果发生的义务。

(二)医疗注意义务的特征

医疗活动的特殊性决定了医疗注意义务具有其自身的特点。

1. 医师注意义务本质上是方法债务

通说认为医疗关系是一种合同关系,医疗义务不在于确保疾病治愈这一结果,而在于依医疗职业良知、可能的注意及医学既存知识上的各种措施,尽力从事疾病治疗的工作。是否具有医疗过错,不能以"疾病最后并未治愈"本身加以判断,而应以医师在诊疗活动中是否违反良知、注意及医学科学知识上应有的注意义务或行为准则加以判断。医师仅负有治疗疾病的义务,不负有治愈疾病的义务,因此基于医疗合同关系所生的债务在性质上当然只能是一种方法债务,而非结果债务。

---

① 夏芸:《医疗事故损害赔偿法——来自日本法的启示》,法律出版社2007年版,第110页。
② 〔韩〕石熙泰:《医疗过失的判断基准》,金成华译,载梁慧星主编:《民商法论丛》第37卷,法律出版社2007年版,第268页。

2. 医疗注意义务具有医学技术和医学伦理双重性

医疗关系建立在医患双方相互信赖的基础之上,医疗活动不仅具有救死扶伤、治病救人的伦理道德特性,更具有很强的专业性。[1]这就要求医师有高度的伦理道德。因此,医师注意义务应包括医疗技术规范所要求的医学科学上的注意义务,如谨慎诊断、治疗义务,严格遵守手术操作规程义务等;也应包括医疗职业良知或职业伦理上要求的医学伦理上的注意义务,如告知义务、说明义务、保密义务、尊重病患自主决定意愿的义务以及医院组织、管理、监督义务等。

3. 医疗注意义务具有概括性或抽象性

临床上疾病与症状之间的关系往往具有不规则性、不定型化等特点,对疾病的诊断治疗方法会随着疾病和症状关系的变动而呈动态趋势,因此从合同债务的角度来说,医疗注意义务应具有概括性和抽象性。正是这一点使得医疗过失的判断具有一定的难度。

4. 医疗注意水平具有客观性和发展性

人类为维护自身生命和健康需要不断探索并逐步提高医疗技术水平。因此,医疗注意义务应是医师尽其所能能够履行的,且应与客观存在的医疗水准相适应。因此,医疗注意义务必然会随着医疗水准的不断进步而提高。

5. 医师注意义务的要求有时与医师自由裁量权具有一定的矛盾性

医疗行为的高度技术性和专业性赋予了医师一定的自由裁量权或医疗专断权,但医师权利的行使又可能给患者极大危险,因此,赋予医师适度的裁量权始终是医疗注意义务问题中的一大难题。

二、医疗注意义务的根据

目前学界对于医疗注意义务产生的依据存在不同认识,有的主张只能是法律法规;有的则认为还应当包括医疗技术规范,还有的认为还应包括医德、行业习惯、合同约定以及医学文献和医学科技水平等。我们认为,医疗活动的特殊性决定了在研究医疗注意义务产生依据时,应考虑切实保护患者的利益,适当维护医师的利益,以促进医学科学技术的不断发展。

(一)法律、行政法规、部门规章以及诊疗护理规范、常规和管理制度应该是医疗注意义务的依据

医疗行为具有高度专业性、复杂性和裁量性,为了规范医疗注意义务,各国大都制定了专门的法律法规。目前我国除《民法通则》、《刑法》、《合同法》、《侵权责任法》等相关的法律规范外,现已颁布了如《执业医师法》、《母婴保健法》、《药品管理法》、《传染病防治法》、《献血法》、《护士条例》等医疗卫生法律11

---

[1] 各国都规定只有具有专业医学和医疗技术知识并取得执业资格的医师才能从事医疗活动。

部;如《医疗机构管理条例》、《医疗事故处理条例》等30部行政法规;如《全国医院工作条例》、《医院工作制度》、《医院工作人员职责》、《护士管理办法》等部门规章30部;还有众多地方性法规、规章以及医疗技术操作规程和行业标准等。这些规范规定了对医疗机构及医务人员最基本的注意义务。如依法行医义务;遵守卫生法律、法规、规章和技术操作规范义务;保护患者的隐私义务;对急危患者的积极施救义务;依法使用药品、消毒药剂和医疗器械义务;告知并同意的义务等。

但有学者认为诊疗护理规范、常规不应作为医师注意义务依据。[1]我们认为,诊疗护理规范、常规是医疗机构及其医务人员在进行医疗、护理及相关的各项工作过程中所应当遵守的各种标准、工作方法、工作步骤程序的具体规范等[2],是医疗标准的反映,是医疗机构及其医务人员执业活动的基本行为规范。从立法学角度来说,诊疗护理规范、常规与医疗法律法规、医疗行业和医院的各种管理规章制度都属于广义的法律规范范畴,属于事先设定的注意义务,违反这些注意义务自然构成过失。因此,诊疗护理规范、常规等医疗技术规范也应作为医疗注意义务的依据。对此《侵权责任法》第58条已经明确规定,违反法律、行政法规、规章以及其他有关诊疗规范的规定,推定医疗机构有过错。如在注射青霉素之前,应当询问患者有无过敏史,并进行皮试,观察患者的情况。若医师违反该操作规程,致患者损害,当然应承担过失责任。当然,这些规范只是一般要求,如果这些规范落后于现实的医疗水准,应遵循更高的医疗标准,否则视为违反注意义务。

(二)医德和行业习惯原则上不应成为医师注意义务的依据

《医务人员医德规范及实施办法》将医德定义为:"医德,即医务人员的职业道德,是医务人员应具备的思想品质,是医务人员与病人、社会以及医务人员之间关系的总和。医德规范是指导医务人员进行医疗活动的思想和行为的准则。"《执业医师法》第22条明确规定医师在执业活动中应履行遵守职业道德,尽心尽职为患者服务的义务。这些规范并无具体的、可操作的行为规范内容,只是一些抽象性的原则,实践中很难以此来衡量医师是否尽到了注意义务。医德规范是对医师更高层次的要求,将医德规范一律作为注意义务必然会加大医生的负担。因此,原则上医德规范不能直接成为医师注意义务的依据,但当它用具体的、有可操作性的法律形式表现出来时,就可以成为医师注意义务直接依据。

本书认为,医疗行业习惯原则上不应作为医师注意义务的依据,因为行业习惯的形成具有很强的个人因素,而且往往相对陈旧,存在明显漏洞或与医疗水准不适应。因此原则上不应作为依据适用,可以作为医师注意义务的参考遵循因

---

[1] 姚苗:《英美法对医疗过失的判定原则及对我国的启示》,载《法律与医学杂志》2007年第14卷,第1期。

[2] 罗秀等:《医疗侵权责任中的过失——论医师的注意义务》,载《医学教育探索》2007年第6卷,第3期。

素,遵循了这些行业惯行并不一定使医师完全免责。

（三）合同约定

多数情况下医患关系是一种合同关系,故不能排除医患之间协商约定注意义务。但医疗合同约定的注意义务不能一概而论,应根据具体情况判断。如患者对诊疗方法提出特殊要求,只要符合有关规定和操作规程,医师应当尊重,并履行充分说明义务和告知义务;而与患者关于治疗效果的约定一般应认定无效。我国《医疗机构管理条例实施细则》也明确禁止医疗机构使用宣传或者暗示诊疗效果的文字。但实践中如果医疗机构或医务人员通过广告等各种方式宣传或暗示诊疗效果,或者对患者作出诊疗效果的承诺,使患者产生信赖,本书认为,应该认可这种承诺的效力,作为医疗注意义务的依据来判断其医疗过失。

（四）医学文献和医学科技水平

医学文献是指符合医学水准的各种医学书籍、文献或药典等,其中关于治疗规则、药品使用说明、疾病的病理改变等,都可作为医师注意义务的根据。在司法实践中,法院也常常引用医学文献记录,作为判断医师在医疗活动中是否已经尽到了其应尽的注意义务的根据。

三、医疗注意义务的类型

注意义务通常可分为一般医疗注意义务、特殊医疗注意义务和其他医疗注意义务。

一般医疗注意义务是指医疗机构和医务人员从事病情的诊断、治疗方法的选择、治疗措施的执行以及病情发展过程的追踪或术后照护等医疗行为,应符合当时既存的医疗专业知识或技术水平的义务。这是根据诊治过程中的不同医疗行为来确定的不同的具体义务内容,包括检查过程中的注意义务、诊断过程中的注意义务、治疗过程中的注意义务、手术过程中的注意义务、麻醉过程中的注意义务、注射过程中的注意义务、采血输血过程中的注意义务、用药过程中的注意义务、疗养指导过程中的注意义务等。[①] 这里每一种医疗行为中的注意义务都是较为具体的。

特殊医疗注意义务是指医疗机构或医务人员在从事各种医疗行为时,应遵守医疗职业良知或职业伦理上的规则的义务。此类注意义务与当时既存的医疗专业知识或技术水平无必然关系,而是源自于医疗执业良知与职业伦理上必须遵守的行为规范或行为准则,是从一般注意义务中分化出来的,具有特殊内容和特殊意义的义务内容。

---

① 王敬毅:《医疗过失责任研究》,载梁慧星主编:《民商法论丛》第9卷,法律出版社1998年版,第723页。

其他医疗注意义务是指无法用医疗过程加以划分的义务内容,主要包括:真实记载和妥善保管病历资料的义务、不断掌握新的医学知识和技术的义务、医师的监督义务和医疗机构的组织义务等。

(一) 一般医疗注意义务

(1) 诊断过程中的注意义务。要求医疗者在对患者进行周密的问诊、认真检查的基础上,根据患者的症状、检查结果,充分运用医学专业知识,分析推测病名与病状,对患者进行正确的诊断而得出结论。

(2) 治疗过程中的注意义务。广义的治疗指确诊后一是对患者所实施的一切为使患者身体恢复健康的医疗措施,它是从检查诊断结束到患者痊愈或结束求诊的全过程,包括注射、用药、手术、放射线治疗等具体医疗过程。狭义的治疗过程是与注射等具体医疗过程相并列的不包括注射等几项具体的医疗内容。① 此处所指的是狭义的治疗。要求医疗者在治疗过程中注意运用本国当时的医疗水准对患者进行治疗,同时在对不同治疗方法向患者说明的基础上,允许患者对治疗时机、治疗方案的选择、特殊疗法的使用、治疗措施的实施等方面作出自主决定。

(3) 手术过程中的注意义务。要求医疗者在手术前谨慎做好各项准备工作,包括手术是否必要、手术方法和手术时机的选择以及术前人员设备的准备等;严格遵守手术操作规程进行手术;手术后对患者进行必要的持续性观测、检查的义务。

(4) 麻醉过程中的注意义务。一是要求医疗者正确实施麻醉前的准备工作,包括向患者详细询问与检查,以熟悉患者的身体状况,避免因药物副作用给患者造成的损害,并做好必要的意外发生时的紧急救治准备;二是要求正确实施麻醉措施,包括正确调配麻醉剂、使用麻醉工具及其选择麻醉时间等;三是要求医疗者正确进行麻醉后观察和术后观察。②

(5) 注射过程中的注意义务。要求医疗者严格遵守注射操作规程,正确选择注射部位、严格消毒、准确用药,并对特异体质患者尽到谨慎的、必要的注意。

(6) 采血输血过程中的注意义务。要求医疗者严格遵守采血、输血的各项操作规程,以充分的注意,进行正确采血,准确核对血型、血液质量,及时正确决定是否需要输血等医疗措施。

(7) 放射治疗中的注意义务。首先,要求医疗者必须依据疾病的状态与程度对是否实施的必要进行判断,并应对该种方法与其他可用于该种病症治疗的方法进行优劣比较以作出最佳选择。其次,要求医疗者依当时的医疗水准所许可的限度对放射线照射量、放射部位、放射方法等作出正确选择。

---

① 龚赛红:《医疗损害赔偿立法研究》,法律出版社 2001 年版,第 193 页。
② 同上书,第 212 页。

(8) 用药过程中的注意义务。要求医疗者严格遵循用药归则使用药品,并对用药方法、药物的毒副作用向患者详细说明,对用药情况及时观察,发现有特异情况应及时处理。

(9) 疗养指导过程中的注意义务。要求医疗者针对患者病情,告知其在疗养过程中的禁忌,指导患者选择在饮食、睡眠、运动等方面对治疗疾病有利生活方式。

(二) 特殊医疗注意义务

1. 说明义务

说明义务指的是医疗者为病人提供医疗信息及咨询的义务,即告知义务。医务人员在诊疗活动中有义务向病人提供病情、诊断、治疗及治疗所伴随的危险、预后等有关医疗信息。并经患者或其家属同意后而为之,其目的不仅在于使患者知悉病情,配合治疗,更重要的是尊重病人的自主决定权。《侵权责任法》第55条明确规定,医务人员未尽到说明告知义务,造成患者损害的,医疗机构应当承担赔偿责任。

2. 转医义务

转医义务是指医疗者对本领域之外的患者或超出本人治疗能力的患者进行安全、快速转运到有条件加以治疗的医院的义务。

3. 保密义务

医师对其掌握的与诊疗有关的患者病情等私人信息应保守秘密。法律为医疗者设定这一义务的目的在于增强患者对医师的信赖,鼓励患者向医师如实告知所有有助于诊断和治疗的信息,从而最大程度地维护患者的利益。

4. 患者同意上的注意义务

该项注意义务可包括两类:其一,未经患者同意,医疗者不得任意终止治疗的义务;其二,即便在患者要求终止治疗时,应将可能产生的后果加以说明的义务。如患者病情未得到控制,本人强烈要求出院,称后果自负,此时医师应尽充分说明义务,在劝阻无效后可同意其离院。

5. 其他医疗注意义务

(1) 亲自诊疗义务

亲自诊疗义务是指医师每次都必须亲自到医疗场所诊察患者病情,以免误诊的义务。《执业医师法》第23条规定:"医师实施医疗、预防、保健措施,签署有关医学证明文件,必须亲自诊查、调查,并按照规定及时填写医学文书,不得隐匿、伪造或者销毁医学文书及有关资料。医师不得出具与自己执业范围无关或者与执业类别不相符的医学证明文件。"

(2) 不得拒诊义务。

即对急危患者一律不得拒诊。按现代国家之医事法规,大都规定医师负有应诊义务,不得无故拒绝应诊。我国《执业医师法》第24条、《医疗机构管理条例》第31条对此均做了明确规定。显然,这项义务是已上升到法律的道德。

(三)其他医疗注意义务

1. 真实记载和妥善保管病历资料的义务

真实记载和妥善保管病历资料的义务包括保证病历记载应当连续完整、不得涂改的义务;依照规章规定的期限保存病历的义务;应病人要求提供病历资料的义务。《侵权责任法》第61条也明确规定,医疗机构及其医务人员应当按照规定填写并妥善保管住院志、医嘱单、检验报告、手术及麻醉记录、病理资料、护理记录、医疗费用等病历资料。患者要求查阅、复制前款规定的病历资料的,医疗机构应当提供。

2. 不断掌握新的医学知识和技术的义务

医务人员不断掌握新知识和技术主要是两方面原因:一是疾病的复杂性。新的疾病的出现和原有疾病的变异,要求医务人员对疾病有充分的认识,只有这样才能正确认识疾病;二是医学发展的无限性。面对日新月异的医学科学发展,医务人员要不断地掌握新的医学知识和医学科学技术,才能治愈疾病,为患者服务。

3. 医师的监督义务和医疗机构的组织义务

医师的监督义务是指在职责范围之内对护理人员及其他医技人员的工作和药品、医疗设备的质量、使用情况等进行监督的义务。医师在诊疗过程中居于中心位置,但离不开护理人员的协作,药品、医疗设备的质量也对诊疗方案的实施效果有直接影响,故医师当然负有相应的监督义务。

医疗机构的组织义务主要指医疗机构应依有关法律、法规合理地设置科室、配备合格的医务人员、提供合格的医疗器械、建立并严格执行科学的管理制度等,都属医院的组织义务。

第三节　医师注意能力和判断标准

一、医师注意能力的内涵

要确定医师是否违反了注意义务,就不能不涉及医师的注意能力的问题。因为注意能力是医师履行注意义务的前提,法律不可能要求医师去认识、避免自己无法认识或避免的疾病。

医师的注意能力是医师履行内在的注意义务的注意能力,即注意力要保持高度的集中和谨慎,以认识、避免损害结果发生的能力。故医师的注意能力考察的是医师的内在心理。针对结果预见义务,医师应有结果预见的能力,才有履行义务的可能;针对结果避免的义务,医师必须具有避免的能力,才有履行义务的可能。医师的注意能力是这两种能力的统一。故可将医师的注意能力表述为:

医师认识自己的医疗行为可能产生的后果的能力;认识自己究竟采取怎样的措施才能有效地防止损害结果发生的能力和基于上述认识而采取措施、以避免损害结果发生的能力。

就医师的注意义务、注意能力同过失的关系而言,注意义务是过失成立的前提,注意能力是过失成立的条件,二者结合使注意义务具有履行的可能。注意义务是从客观上提供应当预见或应当避免的法律标准;而注意能力是从主观上提供应当预见或应当避免的事实根据。注意义务和注意能力统一于应当预见或应当避免这一大范畴。

有注意能力但无注意义务并不能构成过失。但在医疗行为上,有注意义务而无注意能力往往构成医疗过失。如果行为人明知自己不具备从事特定医疗行为所要求的实际能力,仍坚持冒险从事该医疗行为,表明行为人应该认识或已经认识到自己的行为可能发生的损害结果。他轻率地决定冒险从事该医疗行为,实际上已违反其注意义务,从其行为时起,便具有过失心理,且在临床实践中,这种行为大多是因为行为人自身的利益,因此,应当承担过失责任。

当然,在考察医师的注意能力时,要从医师履行外在注意时的行为来考察。医师从事某种医疗行为时,就认为其具有这种注意能力,并从这种行为是否符合某种标准来判断医师是否违反注意义务。这是医疗行为的本质要求,也即医师注意能力的客观化,从而使医师的注意义务同医师的注意能力趋向一致。从这种意义上来说,医师注意义务的客观化实质上是医师注意能力的客观化。

二、医师注意能力的判断标准

一般认为,医师注意义务的基准也是判断医疗过失的标准,大多数学者认为,医疗水准在医师注意能力或者说在医疗过失认定抽象判断标准上有着举足轻重的地位。《侵权责任法》第57条也明确规定,要求医务人员在诊疗活动中应尽到与当时的医疗水平相应的诊疗义务。

医疗水准是指医师在进行医疗行为时,其学识、注意程度、技术以及态度均应符合具有一般医疗专业水准的医师于同一情况下所应遵循的标准。最早提出医疗水准概念的日本学者松仓丰治教授认为,广义医疗水准可分为"学术上的医疗水准"和"实践中的医疗水准"两种,前者指研究水准或学界水准,其核心由学术界的一致认定而形成;后者指经验水准或技术水准,它是医疗界普遍施行的技术。笔者认为,判断医疗过失的抽象标准应该是实践医疗水准,该医疗水准实际上是医疗领域的"合理人标准",是该医师所在的技术领域中一名普通医师所具有的一般的技术、知识水平,并不是该领域中技术最高、经验最丰富或资格最老的医师所具有的技术水准,也不是该领域中最没有经验的、技术最差的医师所具有的技术水准,因而具有高度抽象性和概括性。我国理论界和实践界已广泛认可。

本书认为,医疗过失的认定以医疗注意义务的违反为判断基准,而医疗注意义务的违反则应以医师具有注意能力为前提,而衡量医师注意能力应以医疗水准为标准。因此,作为医疗过失认定标准的医疗注意义务和"医疗水准",是判断医疗过失的两个步骤。当依法律、行政法规、医疗行业常规或约定,医师负有一定注意义务,即符合"应注意"的前提下,如果医师具备了普通一般合理医师应具有的医疗水准,即具有了注意能力,符合"能注意"的条件;还要求"注意",即医师应以合理人或善良管理人的认真程度进行注意;否则,"不注意"即违反注意义务,构成医疗过失。事实上,医疗过失的判断可以将特定的注意义务所要求的特定的医疗行为(应然医疗行为)与医师的医疗行为(实然医疗行为)进行比较来推断,而医疗水准正是普通医师应然状态下的医疗行为。可见,医疗水准就是医疗领域的"合理人标准",是一个抽象的判断尺度。我国《侵权责任法》第57条也明确规定,要求医务人员在诊疗活动中应尽到与当时的医疗水平相应的诊疗义务,尤其值得一提的是,规定以诊疗行为当时的诊疗水平作为参照,体现了法律的公平。当然,实践中医师的注意能力会受到很多因素的影响,如个人经验、地区差异、紧急因素等。因此,我们认为在实践中运用医疗水准考量医师注意能力,认定医疗过失时,还应综合其他重要因素进行考量。对此,侵权责任法草案曾有过规定,"判断医务人员注意义务时,应当适当考虑地区、医疗机构资质、医务人员资质等因素",但考虑到实际情况过于复杂,便删去了这一规定。

第四节 医疗侵权过失的认定

一、关于医疗侵权过失认定的理论

(一) 外国医疗侵权过失的认定理论

英美侵权法以医疗行为人是否违反了对可预见危险的原告所负有的注意义务来认定医疗过失的存在与否。采用"通情达理人标准",但不是"普通合理人"标准,而是医师职业中的"普通的"(ordinary)职业人员的行为标准而非"平均"(average)标准,来对医疗行为是否违背了其所负有的注意义务进行判断。同时,英美法认为医师和患者之间存在信赖关系,故在医疗过失中确立了"知情后的同意"原则。基于此原则,医生负有告知义务,即如果医生在实施某一治疗方案之前,没有告知患者该治疗方案可能存在的重大风险以及是否有其他替代治疗方案,即使医生事先获得了患者对该治疗方案的同意并且在实施治疗方案时尽到了充分和适当的注意,该医生仍有可能被认定应承担过失侵权责任。

大陆侵权法对医疗过失的认定也采用客观判断标准即"善良家父行为标准",德国法更注重考虑医师的职业、年龄的特点,使客观标准在对医疗过失的衡量过程中更为合理和准确。根据《荷兰民法典》的规定,医师应作为一个"尽心"的健康照护提供者履行医疗活动,应以健康照护提供者的专业照护标准履行义务。①

日本学者就医疗过失认定标准提出的"医疗水准"理论备受关注。20世纪60年代前,日本裁判实践长期将"合理的医师行为"标准用于医疗过失的认定,忽略了法律对临床规范性医疗行为是否应成为医师注意义务的价值判断。"最高裁判所1961年东大输血感染梅毒案判决"揭开了对医师注意义务标准采用"医学水准"还是"医疗水准"的激烈争论。②学者松仓丰治教授首先提出判断医师注意义务违反的标准应该是"医疗水准"而非"医学水准",即认为"诊疗当时临床实践的医疗水平是医师注意义务的内容",该见解被"最高裁判所1982年高山红十字会医院案判决"所采纳,也得到了医学界和法律界的一致赞同。目前"医疗水准"已成为日本学说及审判实务上对医疗过失认定标准的共同见解,并在不断发展完善自身内涵。"医疗水准"是指一种应该尽到医学专业人员应尽的钻研义务、转诊义务、劝说义务、说明义务的水平,是医师在进行医疗行为时,其学识、注意程度、技术以及态度均应符合具有一般医疗专业水准的医师于同一情况下所应遵循的标准。可见,在日本,医师因为其所负有的高度注意义务,而应本着专家的"医疗水准",履行其"最善的注意义务"。如果医师未尽该医疗水准所应尽的注意义务即构成医疗过失,自应承担医疗民事责任。

(二)我国关于医疗过失的认定理论

我国学者对医疗过失认定标准也主张采用客观标准说,主张通过判定行为人对医师注意义务的履行来确定其有无过错,并主要围绕着"医疗注意义务"和"医疗水准"两个核心展开讨论。

王利明教授提出认定过错的客观标准应该采取"中等偏上"的标准,结合医疗行业和职业特点所确定的"中等偏上"标准是作为一个合理的和谨慎的医师应有的注意,这种注意是行为人能够尽到并且应该尽到的注意,未尽到此种注意义务即为过错。③

学者龚赛红认为医方的注意义务是判断医疗过失的具体标准,"医疗水准"是判断医疗过失的抽象标准。在司法实践中认定医疗过失,须结合具体标准和

---

① 王利明主编:《民法典·侵权责任法研究》,人民法院出版社2003年版,第457页。
② 最高裁判所1961年东人输血感染梅毒案判决提出"实验中防止危险发生最大注意义务";最高裁判所1969年脚癣病放射治疗案判决提出"诊疗当时的医学知识是注意义务的内容",即"医学水准说";岐阜地方裁判所1974年早产儿视网膜病案判决提出:即使医疗行为尚未得到医疗界一般承认,医师也应当实施,是医师应尽的最大注意义务。这一判决受到了医学界的强烈批判。学者松仓丰治提出"诊疗当时临床实践的医疗水平是医师注意义务的内容"。
③ 王利明:《论侵权责任中的过错及认定标准》,载王利明著:《民商法研究》(第3辑),法律出版社2001年版,第728页。

抽象标准才能得出适当的结论。在以"医疗水准"作为认定过失的一般标准的基础上,认为还应考虑医疗的专门性因素、地域性因素和紧急性因素对医疗过失判断产生的影响。[①]可以说这为医师注意义务的界定提供了有益的启示。

我国台湾地区学者认为,医疗过失的认定应以善良管理人之注意义务为判断基准,未尽善良管理医生的注意义务,应负医疗过失责任。善良管理医生的注意乃是通常合理人(医生)的注意,即医生应具有其所属职业通常所具有的智识能力。而"对侵害结果的预见性及可避免性(或预防性)构成了注意义务的条件",即医师违反能够预见并回避结果发生之注意义务的行为,即为过失。在认定此项注意义务时还应考量危险或侵害的严重性、行为的效益和防范避免的负担等因素。在具体案件中判断医师有无过失时,则应考量医师的注意能力、医师的自由裁量权以及医学新知等因素。医疗过失的注意程度,应以医疗水准为基准。[②]

如前所述,医疗过失的认定以违反医疗注意义务为判断标准。医疗活动本质上是一种为全体社会成员提供服务的职业性行为,具有高技术性和专门性,这就决定了医患关系只能是建立在高度信赖的基础上。因此,我们认为,医疗过失的认定必须从抽象标准到具体标准两个步骤进行。抽象标准是指以抽象医疗行为人所应具备的注意程度为标准,是对医疗行为人注意能力的判断,达不到该标准要求的注意程度即可认定医疗行为有过失。具体标准则指对某一具体医疗行为考察其是否有过失的标准,它在不同类型的医疗行为中有所不同。抽象判断标准就是医疗水准,即医疗领域的"合理人标准"。在司法实践中运用当时的医疗水平考量医师注意能力,认定医疗过失时,应将上述两个标准相结合,并综合其他因素进行考量,得出适当的结论,以使过失的认定更加公正。需要强调的是具体标准应该以抽象标准为基准。

二、医疗过失的抽象标准认定分析

(一)医疗水准

医疗水准是指医师在进行医疗行为时,其学识、注意程度、技术以及态度均应符合具有一般医疗专业水准的医师于同一情况下所应遵循的标准。我国《侵权责任法》称之为医疗水平。日本松仓丰治教授认为,广义医疗水准可分为"学术上的医疗水准"和"实践中的医疗水准"两种,前者指研究水准或学界水准,其核心由学术界的一致认定而形成;后者指经验水准或技术水准,它是医疗界普遍

[①] 龚赛红:《医疗损害赔偿立法研究》,法律出版社2001年版,第180—188页。

[②] 参见王泽鉴:《侵权行为法(一)》中国政法大学出版社2001年版,第258—261页;黄丁全:《医事法》,中国政法大学出版社2003年版,第323—335页。

施行的技术。判断医师注意义务违反的标准应该是"实践医疗水准[①]"而非"医学医疗水准",即认为"诊疗当时临床实践的医疗水平是医师注意义务的内容",决定医疗水准的因素包括学术界的不断尝试、实践经验的积累及医疗技术设施的改善等。日本司法判例在此基础上加以运用,形成了司法判例中医疗水准的初步理论,并成为医疗过失的抽象判断标准。

本书认为,判断医疗过失的抽象标准应该是实践医疗水准,该医疗水准实际上是医疗领域的"合理人标准",是该医师所在的技术领域中一名普通医师所具有的一般的技术、知识水平,并不是该领域中最有经验、最有技术或最有资格的医师所具有的技术水准,也不是该领域中最没有经验的、技术最差的医师所具有的技术水准,因而具有高度抽象性和概括性。我国理论界和实践界已广泛认可,立法上也有所体现。我国《侵权责任法》第57条规定的"尽到与当时的医疗水平相应的诊疗义务"可以理解为是以临床实践的医疗水准来衡量医务人员的注意能力,即该医疗水准是一般情况下医务人员应具备或能够达到,或者说是具有一般医疗专业水准的医务人员于同一情况下所应具有的标准。与该医疗水准相应的诊疗义务是一般情况下医务人员可以尽到的,通过谨慎的作为或不作为避免患者受到损害的义务。但任何理论和制度都不可能是完美无缺,医疗水准说也是如此。具体说,医疗水准学说在今后的发展中有必要从以下几个方面不断完善:

首先,医疗水准所指的医疗技术水准本身的内涵是模糊的,确定性不够,外延又十分宽泛,具有高度的抽象性和概括性。而且到底"具有一般医疗专业水准的医师于同一情况下所应具有的标准"由谁来确定,其具体内容如何,不同的医师、不同的医学会或不同法官会产生不同看法,都处于不确定状态,更勿论医疗水准会随着医学科学的发展而不断变化更新。这使其在实践中缺乏可预见性和可操作性。

其次,医疗水准随着医学水准的不断进步,而具有动态性特点,有必要正确处理医疗水准与医学科学发展的关系。一般认为,医学科学的发展否定了以前的诊疗方法,并不能依此认为当时采用已达到一般医疗水准的诊疗方法的医疗行为存在过失。只有在医学科学的发展对该治疗方法否定以后,如果仍采用被否定的诊疗方法对患者进行诊疗时,才能认为存在医疗过失。

再次,医疗水准不是平均的医师临床实施的医疗惯例,因此应当考虑医师的工作条件以及专业领域的不同、医疗机构的性质、所处的医疗地域特性等因素。可见,医疗水准不是全国一律性的、绝对的标准,而应是相对标准。如专科医师

[①] 本书称之为狭义医疗水准,简称医疗水准。如没有特别说明,本书中的医疗水准均指狭义医疗水准。

的医疗水准明显不同于全科医师的医疗水准。

最后,以医疗水准作为判断医疗抽象过失的基准可能会导致患者得不到最先进的诊疗方法,因此,有必要正确认识医疗水准与患者期待权之间的关系。患者所享有的希望医疗者采取一切可能的医疗手段治愈自己疾病的权利,一般称为患者的期待权。依照医疗水准说,医疗者的诊疗义务只要符合医疗水准要求的基准即可,没有义务采用超出现实一般医疗水准的治疗方法治疗患者疾病,这有可能使患者因得不到最先进的治疗方法,而失去治愈疾病的机会,这明显不符合医疗期待权所追求的,最大化保护患者利益的价值取向。这时我们应要求医师本着人道主义精神,履行救死扶伤,保护患者生命健康的崇高职责,一方面对于超出自己治疗能力的疾病,应及时向患者或其家属尽说明义务,劝其转医(院)治疗;另一方面对于超出一般水准之上的技术,医方应向患者或其家属尽充分的说明义务,对治疗方法是否存在、治疗方法可能发生的风险、预后效果以及应注意的事项等,应不带有倾向性的进行如实、准确说明,在取得患者或其家属的同意后再实施医疗行为。这样,既保障了患者的期待权和医疗自主权,也避免了过大医疗风险的发生,又有利于医疗科学的进步。

医疗水准理论并非尽善尽美,但目前仍不失为医师注意义务判断基准的最佳选择。医疗水准说的产生使医疗过失问题的认定在法学上形成了自己的理念,为医疗行为确立了统一的水准,比较公正地解决了医患纠纷中的问题。但是不能以医疗水准说作为判断医疗过失的唯一标准,在判断医疗过失时,还需要综合考虑其他因素。

(二) 影响医疗过失抽象标准认定的其他因素

在医疗过失的认定中除采用医疗水准这一抽象判断标准外,还应考虑医疗条件因素、医疗专门性因素、医疗地域性因素、医疗紧急性因素等客观因素。

1. 医疗条件因素

一般来说,医疗机构的规模与技术设备、人员等医疗条件的差异与医疗水准的高低有密切关系。许多国家和地区依其规模、技术设备、功能、任务及医务人员等差异将医疗机构依次分不同等级进行管理,如日本、我国台湾地区和大陆等对于大型医疗机构与小型医疗机构之间的医疗水准是否应有所区别问题,较为认可。我们认为,医疗条件与治疗能力及其注意能力密切相关,等级越高的大型综合性医疗机构往往在技术、设备、人才等各方面大大优于低等级的小型医疗机构,其医疗技术和治疗能力也具有高于小型医疗机构的明显优势。因此,在认定医疗过失时,对这种能力上的差距应当予以充分考虑,但不能完全以此能力的差异来认定其医疗水准的高低。有一点必须明确的是,尽管小型医疗机构的医疗水准的高低不能以大型医疗机构的医疗水准来衡量,但其医务人员仍应具备一般医务人员之注意能力。否则,仍可构成医疗过失。

2. 医疗专门性因素

随着医学科学的发展,医疗行业的分工日趋高度专门化。医院有综合医院和专科医院之分;依其技术内容又有内、外、妇、儿之分;医务工作者又可分为医师、护士、药剂师和医疗技术人员(如检验师、麻醉师)等;还有全科医师和专科医师之分。①这样很难找到任何一项医疗行为都可以适用的统一医疗水准,因此,在运用医疗水准判断医师注意能力时应充分考虑医疗者所具体从事的医学专业以及医疗行业高度专业化的现实情况。可以说对于同一特定医疗领域内的医疗者来说,法律所要求的注意能力应是相同的,即应以该领域内的一般医疗水准为判断标准,若其医疗技术低于其所在领域的一般医疗水准而造成患者损害,则构成医疗过失。而不同类别医师的注意义务的判断自然应有所区别。如专科医师对其专攻领域内的注意义务应高于一般医师的注意能力。至于是否为专科医师,不能以其是否取得该专业的执业证书或同类的资格证书为依据,而要看该医师是否以该专科的形态执业。但如果其能力未能及于专科医师的技术水平而强行为之,则应从保护患者利益的角度出发依专科医师的标准来判断该医师是否有过错。②但专科医师对其专攻领域外的医疗行为的注意能力应不同于所谓的医疗行为领域内的专门医师。需要提醒的是,一般医疗者不应从事自己专攻领域外的医疗行为,但在特殊情况下,医疗者履行了说明义务后也可以对患者实施非其专攻领域的医疗行为,此时对其过失的判断标准应以一般医疗者的医疗水准作为判断医疗过失的标准。

3. 医疗地域性因素

无论是在不同的国家还是在一个国家内的不同地区,医疗水准存在着不同程度的差异。特别是我国医疗技术水平的地域性差异十分明显的情况下,对医疗者可以完全相同的医疗水准是不合理的,也是不现实的。因此针对我国目前的医疗技术状况,在运用医疗水准认定医疗者注意能力时,应充分考虑医疗地域性差异因素对医疗行为的影响,可以先参照美国早期司法实践中的地域差异的注意标准的做法,当医疗技术水平的地域性差异逐步消除后,再实行全国统一性标准。当然,这绝不意味着技术落后地区医疗者的医疗水准可以低于一般医疗水准,普通执业医师所应具有的医疗水准是仍应其最低注意标准。从整体发展趋势来看,医疗者不得以医疗水准的地域性差异作为医疗过失的抗辩。

4. 医疗紧急性因素

通常医疗行为与其他业务活动相比具有紧急性的特点。医疗紧急性因素是

---

① 依我国台湾地区"医师法"第 7 条规定医师有全科医师和专科医师之分,但目前大陆在法律上还没有此分类。

② 关淑芳:《论医疗过错的认定》,载《清华大学学报》(哲学社会科学版)2002 年第 5 期。

指因患者病情紧急而使医疗判断的时间紧促,无法对患者的症状做详细诊查,必须立即采取紧急医疗措施的情况。因此,在以医疗水准判断医疗注意能力时,应考虑紧急因素对医疗行为的影响。在紧急情况下,医疗者的注意能力很难达到与通常情况下相同的注意,对医疗者的注意程度的要求应有所降低,但并不意味着医疗者注意义务的免除。我国《条例》第33条第1项规定,在紧急情况下为抢救垂危患者生命而采取紧急医疗措施造成不良后果的,不属于医疗事故。《侵权责任法》第60条第2项也规定,医务人员在抢救生命垂危的患者等紧急情况下已经尽到合理诊疗义务,患者即使有损害,医疗机构也不承担赔偿责任。如某儿童误吞笔帽卡在喉咙部位,被送到医院时呼吸停止,心跳无法探测到,因情况紧急,来不及进手术室或病房,医生就在地板上进行手术,用一把普通刀片切开孩子喉部,又用一把普通镊子将卡在喉部一个多小时的笔帽取出。经过人工呼吸20分钟后心跳恢复,又经过十几个小时的抢救,患者呼吸才恢复正常。①本案中的情况明显属于医疗紧急因素。医师出于救治患者的利益需要,果断采取紧急措施,虽未遵守手术操作规程,但不应认定其存在过失。

三、医疗过失认定的辅助性规则分析

医学科学不断进步,但仍不能消除医疗行为本身不确定因素的客观存在,许多疾病的成因往往依赖于医师的专业判断即裁量,因此,诊断结论无法做到绝对正确。这就决定了医疗过失的认定不能简单地依医疗水准作为抽象判断,需要结合一些辅助性规则,如发病机理仍不十分明确,医学诊断标准、诊断方法很难统一,诊断和治疗方法难以判断。对此,目前我国法律并未规定。

(一)医学判断规则

医学判断规则是指在判定医师是否存在过失时,不能仅凭诊疗结果错误而认定其违反注意义务,而应看医师在诊疗时是否遵循了当时的专业标准的要求。在诊疗活动中,只要医师的医疗行为符合其当时的专业标准所要求的注意、技术以及学识等,即使诊疗结果不理想,也不能认定医师有过失。但需要注意的是,医师的裁量权一般应受到利益考量的制约,医疗者所采取的某种诊断治疗方法,即便属于医疗水准的范畴,但如果被认为比其他诊断治疗方法更易产生危险或反效果,此时也应认定属于违反注意义务的过失行为。

(二)可尊重少数原则

医师依据其所具有的专业知识和技术为患者进行诊断治疗,各个医师因其教育背景、临床经验等的不同,对同一疾病的诊断治疗方法也可能有不同的见解,故一般容许医师有一定的自由裁量权。因此,当医疗行为导致患者损害发生

---

① 梅新和、尹卓主编:《医疗纠纷损害赔偿案例精选》,法律出版社2005年版,第32页。

时,不能仅因医师所采取的诊疗方法未能被多数人认可而简单认定其有过失,相反,也不能因医师所采取的多数医师认可的诊疗方法而简单认定其没有过失。即所谓"可尊重少数原则"。一般来说,只要医师采取的治疗方法不违反其专业标准,就不能认定其有过失。在美国,这一规则也得到认可,"如果存在各种不同的医学观点流派,医生有权要求依据其所明确遵循的学派原则对其行为加以判断,只要该学派所支持的原则确定,而且至少与该行业里少数权威人士的观点一致。"可见,可尊重少数原则实质上增加了医师的裁量权,在认定医疗过失时可将其作为辅助判断规则。

四、患者承诺对认定医方过失的影响

"患者的承诺"源于英文"Informed Consent",1957年美国加利福尼亚州上诉法院在Salgo案所做的判决中创立了这一原则。该案的判决思想不仅为美国各州所接受,且影响世界各地,使得"Informed Consent"成为法律上的一个理念:从文义上看,患者的承诺是指基于说明的承诺;具体来讲,是指医方在对患者进行手术等医疗行为时,首先要详细说明向患者提出的医疗处置方案,其有关风险以及其他可以考虑的措施等,并在此基础上得到患者的承诺。否则,医方即存有过失。[①]患者的承诺必须符合下列三项条件:

(一)须具有医疗的目的

所谓的承诺即患者允许医师对自己的身体造成某种损害。因此,该损害应当是为了追求一定的医疗目的。医疗目的大致可分为治疗、治疗的临床实验和非治疗的临床实验。前两者可因"承诺"而免责,后者非治疗的临床实验一般认为不能产生免责的效果,一旦实验失败,无论医师有无过失都应当承担责任。

(二)医生须已尽说明义务

对于是医学外行的患者来说,告知其与医疗行为的有关信息是得到承诺的必要前提。任何没有取得患者承诺而对其身体进行的医疗侵害行为不论其成功与否,都不能免责。当然,医生的说明义务也并不是将与医疗行为有关的所有信息都毫无限制地告知患者,这不仅事实上难以执行,而且也不见得对患者有益,一般仍应以"一个有理性之人处于与该患者相同或相似的状况下,所期待被告知之事项"作为范围,同时还要依个别情况具体判断。医生为了取得患者的承诺,通常应该说明的内容有,"诊断的结果及病情、病症;拟采用的治疗方法及其性质、内容及范围;拟采用的治疗方法的治愈率及治疗结果;拟采用的治疗方法所可能伴随的危险性与副作用;如有它种治疗方法可供选择,其性质、内容、可能

[①] 关淑芳:《论医疗过错的认定》,载《清华大学学报》(哲学社会科学版)2002年第5期。

结果、成功率、及危险性等,若不接受治疗可能导致之结果等"。①

（三）患者须有承诺能力

所谓承诺能力,是指患者理解医疗侵害行为的性质、效果及其危险之程度的能力。承诺是患者作为判断自身利益的最佳选择者,针对侵袭性医疗行为本身作出的,而不是对医疗行为结果的承诺。因此承诺是尊重患者自主决定权的体现。应以患者是否具有意思能力为前提,当患者欠缺意思能力时,须由其监护人或法定代理人为患者的健康利益而对是否实施医疗行为作出选择和决定。

我国《侵权责任法》第55条明确规定,医务人员在诊疗活动中应当向患者说明病情和医疗措施。需要实施手术、特殊检查、特殊治疗的,医务人员应当及时向患者说明医疗风险、替代医疗方案等情况,并取得其书面同意;不宜向患者说明的,应当向患者的近亲属说明,并取得其书面同意。医务人员未尽到该说明义务,造成患者损害的,医疗机构应当承担赔偿责任。据此,医师在诊疗活动中,应在向患方充分说明相关信息并得到其承诺后才能实施手术、特殊检查、特殊治疗等医疗行为,否则视为医疗存在过失,造成患者损害的,还应承担相应责任。可见,患者承诺是影响医疗行为是否存在过错的重要因素。

思考题：

1. 简述医疗过失的概念及分类。
2. 试分析医疗过失与医疗注意义务的关系。
3. 试述医疗注意义务的含义、依据及类型。
4. 试分析医师注意能力与医疗过失认定的关系。
5. 如何认定医疗过失。

---

① 关淑芳:《论医疗过错的认定》,载《清华大学学报》(哲学社会科学版)2002年第5期。

第十七章 医疗损害事实

【内容提要】 医疗损害事实是医疗侵权责任的构成要件之一,它不仅是对患者生命健康权的侵害,而且还可能造成对患者隐私、名誉权等的侵害。在医疗损害赔偿责任中,赔偿的适用是以损害的确定为前提的,无损害即无赔偿。患者只有在因医方的行为受到实际损害之时才能获得法律上的救济,而医方也只有在因自己的行为致患者损害时,才有可能承担损害赔偿责任。因此本章在分析损害、医疗损害的基础上,对医疗损害与相关概念进行了辨析,并进一步详细介绍医疗损害的类型。

第一节 医疗损害的概述

一、损害概述

损害一词来源于拉丁文"damnum"。在汉语中,"损"和"害"具有不同的含义,"损"指财产减损的行为和结果;"害"则有侵犯、杀害之意。[①]可见,损害一词包含了人身伤害和财产损失的后果。民法上的损害是指一定行为致使权利主体的财产权、人身权受到侵害,并造成财产利益和非财产利益的减少或灭失的客观事实。损害赔偿就其本质而言,侵害行为的后果具有对于受害人不利益的属性。主要包括财产损失、人身伤亡和精神损害等。

损害赔偿责任的构成,必须以损害事实的存在为其必要条件,这是由侵权责任损害赔偿法的本质和功能所决定的。"损害赔偿法的主要功能就在于它的补偿性,即对受到损害的合法权利和利益给予某种适当的补偿,使其尽可能回复到受损害前的状态。"[②]作为侵权损害赔偿责任的损害,应当同时具备三个条件:

(1) 损害是侵害合法民事权益所产生的后果。受害人所受的损害之所以能够获得法律上的补救,根据在于其合法权益受到侵害。如果行为人的行为所指向的不是相对人的合法权益,即使出现了人身伤害和财产损失的后果,也不构成损害事实。这里所说的"合法民事权益",既包括由法律直接加以规定的民事权利和与之相关的利益,也包括双方当事人约定的并受法律保护的合同上的权益。

---

① 邱聪智:《民法研究(一)》,中国人民大学出版社2002年版,第306页。
② 艾尔肯:《医疗损害赔偿研究》,中国法制出版社2005年版,第84页。

侵害民法以外的其他法律保护的合法权益,则应由其他相关法律调整和补救。这些损害后果不构成侵权损害赔偿责任中的损害。

(2) 损害具有客观确定性。损害是一个客观存在的事实,是一个确定的事实,而不是臆想的、虚构的现象,并且这些事实依据社会一般观念和公平意识能够予以认定,否则,不属于损害的范围。损害的确定性并不要求损害一定是已经发生的事实。如某些间接损失就不是已经发生的损失,而是受害人未来会发生的损失,如对被抚养人的抚养费等。

(3) 损害具有法律上的可救济性和补偿性。从量上看,损害必须达到一定的程度,在法律上才是可以补救的;从质上看,损害是对法律所保护的权利的侵害,受害人请求保护的利益,必须构成权利的内容,或者至少与受法律所保护的权利有密切联系。

二、医疗损害的含义及分类

医疗损害是指在医疗服务过程中,医疗行为对患者所产生的不利益的事实。一般意义上说,医疗损害直接表现为患者的死亡、残疾、组织器官的损伤及健康状况相对于诊疗前有所恶化等情形。这是对患者生命健康权及身体权的侵害。此外,还可表现为对患者隐私权、名誉权的侵害,以及因患者人身伤害给患者或其近亲属带来的财产上的和精神上的损害。因此,广义的医疗损害既包括医疗过错给患者造成的损害,也包括因医疗意外、并发症以及患者或家属不配合等为主要原因所产生的不良后果。但是医疗损害并不一定必然导致医疗损害责任,只有在医疗损害是因医疗过失行为所造成的情况下,才能成立医疗损害责任。

依不同的标准,医疗损害可以有多种分类方式:

其一,根据医疗行为所侵害的客体的不同可将医疗损害分为对生命权的损害、对健康权的损害和对身体权的损害。

其二,根据损害的后果不同可将医疗损害分为财产损害和非财产损害。财产上的损害是指因医疗过失所致的医疗费用的增加或其他可以用金钱进行计算的损失,包括直接损失和可得利益的损失。非财产上的损害则通常不伴有财产上的确定损失,它包括对他人身体健康所致的非财产损害,也包括侵犯他人权利而造成他人精神上的痛苦。例如医生在给一名 8 岁少女做手术时,错将其子宫摘除。当该少女成年后,其所遭受的精神痛苦是可想而知的。因此,对于患者的精神损害,法律上也有必要给予一定的赔偿。2001 年最高人民法院施行的《精神损害赔偿解释》对受害人的非财产性质损害的赔偿问题做了详细的规定,成为法院审理非财产损害赔偿案件的重要依据。《侵权责任法》第 22 条明确规定:"侵害他人人身权益,造成他人严重精神损害的,被侵权人可以请求精神损害赔偿。"这是我国首次用法律肯定了精神损害赔偿。

其三,根据所损害的财产的状态的不同可将损害分为积极损害和消极损害。积极损害是指受害人现有财产上的减少,在医疗侵权损害赔偿责任中通常是指患者为此支付的治疗费、丧葬费、律师费用等;消极损害是指受害人因权利受到侵犯时可能得到的利益未能得到,即受害人所丧失的应得利益,如患者因病情延误导致丧失出国机会等。

其四,根据损害产生的原因可以将医疗损害分为医疗技术损害、医疗伦理损害以及医疗产品损害。

医疗技术损害是指医疗机构及医务人员在医疗活动中,违反医疗技术上的高度注意义务,具有违背当时的医疗水平的技术过失,造成患者的人身损害。[①]此种损害又可分为诊断过失损害、治疗过失损害、护理过失损害、组织过失损害等。医疗伦理损害是指医疗机构和医务人员违背医疗良知和医疗伦理的要求,违背医疗机构和医务人员的告知或者保密义务,具有医疗伦理过失,造成患者人身损害以及其他合法权益损害,包括违反资讯告知、知情同意损害、保密义务及管理规范造成的损害。[②]医疗产品损害是指医疗机构在医疗过程中使用有缺陷的药品、消毒制剂、医疗器械、血液及其制品等医疗产品,造成患者人身损害。[③]

理解医疗侵权损害赔偿责任中的损害事实,还要注意区分哪些是损害后果,哪些不是损害后果。非损害后果有几种情况:一是正当的治疗措施。医疗行为本身带有一定的人身侵袭性,无论是药物治疗、手术治疗或放疗等都会对人体造成一定程度的侵害。这种医疗行为本身的侵袭性,不能作为医疗行为的损害后果。二是疾病的自然转归。对于某些疾病,如末期癌症等,现代医学仍无有效的治疗方法,大部分治疗措施所能做到的,只是延缓病情恶化、减少患者痛苦而已。因此,在治疗过程中,如果患者病情恶化乃至死亡都是无法避免的,与医疗行为本身并无因果关系,而是疾病自然发展的结果。

第二节 医疗损害的具体内容

一般来说,医疗损害事实首先指的是侵害了患者的生命权、健康权或者身体权,其具体表现形式就是生命的丧失或人身健康的损害,如患者死亡、残疾、组织器官损伤及健康状况较诊疗前有所恶化等。这是人身损害事实的第一个层次。其次,是受害人的生命权、健康权受到损害之后所受到的人身损害后果,以及所造成的财产利益损失。再次,是受害人因人身损害所造成的受害人及其近亲属

[①] 杨立新:《医疗损害责任研究》,法律出版社2009年版,第121页。
[②] 同上书,第136—141页。
[③] 同上书,第157页。

的精神痛苦这种无形损害。

一、人身伤亡损害

医疗行为对患者造成的人身伤亡就是对患者生命权、身体权和健康权的损害。

1. 对生命权的侵害

生命权是指自然人能生存与社会、正常维持生命活动、生命安全不受非法侵害和剥夺的人格权。[1] 生命权是自然人最基本的人身权,它以自然人的生命安全为客体,以维护人的生命活动的延续为基本内容。医疗行为对患者生命权的侵害表现为:由于医疗过错而使患者的生命丧失,即导致患者死亡。对于这种导致患者死亡的医疗过失行为,医方在承担其他相应的法律责任的同时,要向受害人家属承担民事损害赔偿责任。

2. 对健康权的侵害

所谓健康权,是指自然人具有的,维护自己生理机能的正常运行和功能正常发挥的人格权。实际广义的健康权的内容包括生理健康权和心理健康权。由于现行有关法律承认精神损害赔偿,因此心理健康权应认为属于这一制度的保护范畴。因此,这里的健康权指的是生理健康权。生理健康权包括健康维护权和劳动能力。健康维护权是指自然人保护自己健康的权利和这项权利受到不法侵害时诉诸法律保护的请求权;劳动能力是指自然人创造物质财富的精神财富活动的脑力和体力的总和,是自然人健康权的一项基本人格权。

医患关系中,医疗行为对患者健康权损害的事实表现为:对自然人生理机能的正常运行和功能正常发挥的损害。由于健康依赖于身体而存在,所以侵害健康权往往也侵害了身体权,因此存在两种权利重合的情况。

3. 对身体权的侵害

所谓身体权,是指自然人维护其身体的完全性并支配其肢体、器官和其他组织的人格权。[2] 我国《民法通则》第98条规定公民享有生命健康权,但没有关于身体权的规定。近年来,很多学者主张应将身体权作为一项独立的人格权做专门保护。最高人民法院在《人身损害赔偿司法解释》中第一次将身体权作为一项独立的权利进行了规定,该《解释》第1条规定:"因生命、健康、身体遭受侵害,赔偿权利人起诉请求赔偿义务人赔偿财产损失和精神损害的,人民法院应予受理。"医疗行为对身体权的侵害表现为,医师违反法律法规、诊疗护理的目的和技术规范,而致患者的身体的完整、完全性受到损害。也就是说,医师对患者

---

[1] 龚赛红:《医疗损害赔偿立法研究》,法律出版社2001年版,第131页。
[2] 王利明、杨立新:《人格权与新闻侵权》,中国方正出版社1995年版,第227页。

身体的完整性做了不必要的处置,如未经患者同意,对患者进行抽血、切除个别器官或移植等行为,都是侵害患者身体权的行为。

二、财产损害

财产损害是指受害人因其财产或人身受到侵害而造成的经济损失。医疗侵权中的财产损害是指因医疗过错行为所致受害人因人身受到侵害而造成的经济损失。医疗过失行为致使患者受到死亡、残疾等损害后果,也必然导致患者及其近亲属支出不必要的财产,因此,财产损害包括给患者及其近亲属的财产损害。

患者因人身损害所造成的财产损失,既包括直接损失,也包括间接损失。直接损失又称为积极损失,是指受害人为了补救受到侵害的民事权益所为的必要支出。主要表现为:不必要的医疗费用、丧葬费,以及住院、转院治疗的差旅费、住宿费、护理费、营养费等。间接损失又称消极损失,是指由于受害人受到侵害,而发生的可得的财产利益的丧失。如因误诊误治使病人治疗时间延长,使其经营业务受损,造成的经营利润的丧失。还包括期待利益的损害,包括如患者丧失最佳治疗时机,最佳治疗方案,以及其他的可预见的利益,最终不得不采取风险性和侵害性更大的治疗手段进行治疗,从而使患者支出额外的治疗费用,承担不必要的精神痛苦。此外,间接损失还包括侵害患者人身权和财产权所造成的其他各种间接财产损失,医疗侵权行为致使受害人丧失全部或部分劳动能力所导致的收入的减少或丧失,或者由于受害人死亡而导致的收入损失。依据《侵权责任法》、《医疗事故处理条例》、《人身损害赔偿司法解释》等有关规定,医疗损害对患者及其近亲属造成的间接财产损失包括误工费、残疾赔偿金、死亡赔偿金、被抚养人生活费等等。

三、患者及其近亲属的精神损害

精神损害是指侵权行为所导致的致使受害人心理和感情遭受创伤和痛苦,无法正常进行日常活动的非财产上的损害。如精神上的悲伤、失望、忧虑等。精神损害包括两种情况,一种情况是因为遭受有形人身损害或财产损害而导致的精神损害;另一种情况是未遭受有形人身损害或财产损害而直接导致的精神损害。精神利益损害包括两种形态:一种是积极的精神损害即受害人可以感知的精神痛苦。另一种是消极的精神损害即受害人无法感知的知觉丧失和心智丧失。①医疗侵害行为给患者带来的死亡或伤残等人身损害必然会导致患者的肉体痛苦和精神创伤,也会使其亲属遭受心理痛苦,他们的精神利益因此而受到损害。《侵权责任法》出台之前,我国立法并没有将精神损害作为一种独立的侵权

---

① 魏振瀛:《民法》(第4版),北京大学出版社、高等教育出版社2010年版,第684页。

损害事实进行确认。如《医疗事故处理条例》只将人身损害作为医疗事故的损害事实,未将精神损害作为医疗事故的损害事实,虽在第五章"医疗事故赔偿"中将精神抚慰金纳入了赔偿范围,但仍体现的是精神损害的派生地位。而在很多医疗纠纷中,医疗行为本身并未损害患者的生命权、身体权、健康权,也未损害患者的名誉权、隐私权,但却给患者造成了精神上的痛苦,且此痛苦的程度还远甚于肉体受到伤害所造成的痛苦。如一女子婚后有了身孕,在医院确诊为怀孕3个月,但医生却误写成6个月。该女子因此被丈夫认为不贞,后被迫离婚。为了证明自己的清白,这位不幸的女子在足月生产时将男方及其家人叫到医院,并当着他们的面将刚出生的男婴送了人。本案是由于医务人员在诊断书写上存在重大过失而引起的,由于诊断行为本身未给该女子的躯体造成任何损害,因而不属于医疗事故,但给其造成的精神痛苦却是非常巨大的,若医院对此后果不承担责任,显然不公平,也不合理。因此,若医疗行为确实给患者造成了精神上的痛苦,医疗机构应对患者承担责任。《侵权责任法》第22条明确规定:"侵害他人人身权益,造成他人严重精神损害的,被侵权人可以请求精神损害赔偿。"这是我国首次用法律形式将精神损害作为一种独立的侵权损害事实加以规定。

四、患者名誉权和隐私权的损害

名誉权是一项内容最为广泛的人格权。医疗行为对名誉权的侵害表现为:在诊断过程中,对一些社会舆论认为有伤风化的疾病的误诊,而且未履行保守秘密的义务致使受害人所处的群体对其社会评价的减损。如一医院误将一患者诊断为性病并未妥善保守好这一秘密,导致患者的配偶要求离婚。

隐私权是自然人所享有的、及于死后的个人信息不被非法获悉和公开,个人生活不受外界非法侵扰、个人私事的决定不受非法干涉的人格权。我国现行立法已经将隐私权作为一项独立的人身权予以保护,如《侵权责任法》第2条。① 同时,该法第62条专门针对患者隐私权保护作出规定,"医疗机构及其医务人员应当对患者的隐私保密。泄露患者隐私或者未经患者同意公开其病历资料,造成患者损害的,应当承担侵权责任"。我国《执业医师法》第22条规定,医师应关心、爱护、尊重患者,保护患者的隐私权。

医师对患者隐私权的侵犯主要表现在两个方面:一是接触或窥视患者的身体。医师检查患者的身体,一般需要得到患者的允许,如果患者不允许,强行检查,就是侵犯了患者的隐私权。二是散布患者的私人信息。主要表现为对患者

---

① 《侵权责任法》第2条明确规定:"侵害民事权益,应当依照本法承担侵权责任。本法所称民事权益,包括生命权、健康权、姓名权、名誉权、荣誉权、肖像权、隐私权、婚姻自主权、监护权、所有权、用益物权、担保物权、著作权、专利权、商标专用权、发现权、股权、继承权等人身、财产权益。"

个人生活信息保密权的侵害。

总而言之,损害事实是确定民事责任的必要条件,也是确定损害赔偿的主要依据。损害事实应包括因医生违反注意义务而给患者造成的全部损害事实。这种损害应该是不分轻重程度的,只要造成损害都应当承担相应的民事责任。这一点我国《民法通则》第 106 条第 2 款有明确的规定,即:"公民、法人由于过错侵害国家的、集体的财产,侵害他人财产、人身的,应当承担民事责任。"《侵权责任法》第 54 条也明确规定,患者在诊疗活动中受到损害,医疗机构及其医务人员有过错的,由医疗机构承担赔偿责任。

五、患者知情同意权的损害

患者知情同意权是指法律上科加医务人员的说明义务(Duty of Disclosure),要求医师应当用患者得以了解的语言,告知患者病情、可能的治疗方案、各方案的治愈率、可能的并发症、副作用,以及不治疗的后果,在得到患者或者家属的同意后,方得进行医疗行为,如果医疗机构及其医务人员违反此种法律上的说明义务,那么他们应该对该医疗行为所产生的任何伤害,不论有无过失,均应负损害赔偿的责任。[①]患者知情同意权是民事主体行使其人身权的主要体现,其核心是病人自主权和自我决定权。因此,患者知情同意权应当是在告知、理解、同意三要素的基础上成立的。告知是同意的前提,要求医生对医疗行为相关的事实进行充分的说明;对说明的真正理解为知情,理解是知情同意的核心要素,不能理解医生所提供的信息,也就不可能是真正自愿的同意;故而在理解的基础上由患方进行承诺和否定的选择才能构成真正意义上的同意。

我国对患者知情同意权的保护在许多法律法规中均有明确规定。《执业医师法》第 26 条规定:"医师应当如实的向患者或者家属介绍病情,但应当注意避免对患者产生不利后果。医师进行实验性临床医疗,应当经医院批准并征得患者本人或者其家属的同意。"《医疗事故处理条例》第 11 条规定:"在医疗活动中,医疗机构及其医务人员应当将患者的病情、医疗措施、医疗风险等如实告知患者,及时解答其咨询,但是,应当避免对患者产生不利后果。"《医疗机构管理条例》第 33 条规定:"医疗机构施行手术、特殊检查或者特殊治疗时,必须征得患者同意,并应当取得其家属或者关系人同意签字;无法取得患者意见时,应当取得家属或者关系人同意并签字;无法取得患者意见又无家属或者关系人在场,或者遇到其他特殊情况时,经治医师应当提出医疗处置方案,在取得医疗机构负责人或者被授权负责人员的批准后实施。"《医疗机构管理条例实施细则》第 62 条规定:"医疗机构应当尊重患者对自己病情、诊断、治疗的知情权利。在实施

---

① 程啸:《以案说法·医疗纠纷篇》,中国人民大学出版社 2007 年版,第 102 页。

手术、特殊检查、特殊治疗时,应当向患者做必要的解释。因实施保护性医疗措施不宜向患者说明情况的,应当将有关情况通知患者家属。"《侵权责任法》第55条也明确规定:"医务人员在诊疗活动中应当向患者说明病情和医疗措施。需要实施手术、特殊检查、特殊治疗的,医务人员应当及时向患者说明医疗风险、替代医疗方案等情况,并取得其书面同意;不宜向患者说明的,应当向患者的近亲属说明,并取得其书面同意。医务人员未尽到前款义务,造成患者损害的,医疗机构应当承担赔偿责任。"同时在第56条明确了紧急情况下患者知情同意权的保护,该条规定:"因抢救生命垂危的患者等紧急情况,不能取得患者或者其近亲属意见的,经医疗机构负责人或者授权的负责人批准,可以立即实施相应的医疗措施。"因此,医疗机构未尽到充分说明义务,给造成患者知情同意权的损害,对此自应依法承担相应的损害赔偿责任。

思考题:

1. 简述医疗损害概念。
2. 简述医疗损害事实的分类。
3. 试述医疗损害事实在医疗侵权责任构成要件中的意义。

第十八章　因果关系

【内容提要】　因果关系是构成医疗侵权责任的必备条件之一，医疗损害发生在医疗活动中，而造成医疗损害的原因常常是由于医疗机构的设施状况、医务人员的医学水平、受害人自身的特殊体质等多种因素综合而成的。尤其是医疗行为具有高度专业性、技术性与主观判断性的特点，因此研究医疗损害责任中的因果关系，找出造成损害结果的全部事实原因，才能正确确认医疗侵权损害的赔偿责任，以实现法律的公正。本章主要介绍在分析民法中因果关系理论的基础上，进一步研究医疗侵权责任中因果关系的构成及认定。

第一节　因果关系概述

一、因果关系的基本理论

因果关系是损害赔偿责任必须具备的条件之一。但因果关系的判断，目前仍是法律上的难题。

（一）大陆法系因果关系的学说

大陆法系对于因果关系的判定持一元论立场，坚持因果关系认定理论在法理逻辑上的和谐统一。但对于因果关系的判定，各国学说纷纭，主要有以下几种：

1. 条件说。条件说是大陆法系有关因果关系认定问题的最古老学说之一。该说认为，所有造成损害的原因都是条件，即无此行为，则必不生损害，则行为与损害之间即可肯定具有因果关系；若无此行为，损害仍会发生，则行为与损害之间无因果关系。其特征在于，一切条件都是平等的、等价的，而不论该条件是单一的还是复数的，是直接的还是间接的，是起主要作用的条件还是起次要作用的。

2. 原因说。原因说是对条件说进行检讨的产物。它把条件说上的所有条件分成两部分：一部分是"条件"，一部分是"原因"，并对二者加以严格区别。依据原因说，认为"原因"与结果之间存在因果关系，"条件"和结果之间不存在因果关系。与结果事实有重要或决定性意义的条件，作为该结果事实发生的"原因"；其他不重要的条件单纯作为"条件"，而不是该结果事实的原因，或者说与该结果间不成立因果关系。

3. 相当因果关系说。相当因果关系说在大陆法系一些国家仍然是支配性的理论,如我国台湾地区的学界和实务界即以此为通说。所谓相当因果关系说,是指"无此行为,必不生此害;有此行为,通常即足以生此损害,则有因果关系。无此行为,虽必无此损害,有此行为,通常亦不生此中损害者,即无因果关系"。即在通常情形,依社会一般见解亦认为有发生该项结果之可能性始得认为有因果关系。

4. 法规目的说。该说为德国学者拉贝尔(Ernst Rabel)所创,在德国目前已替代相当因果关系说成为通说。该说认为行为人对由行为引发的损害是否应负赔偿责任,并非探究该行为与损害之间是否存在相当因果关系,而是探究相关法律法规的意义与目的。这就是说,加害行为与损害发生之间虽有相当因果关系,但在法规目的之外者,仍不得请求损害赔偿。

(二) 英美法系因果关系的学说

英美法系对于因果关系采用两分法,把因果关系区分事实上的原因和法律上的原因。因此,英美法系因果关系的学说包括对事实因果关系认定的学说与对法律因果关系认定的学说。

1. 事实因果关系认定

(1) 若无法则。若无法则又称为必要条件法则,其含义为"若无行为人之行为,损害结果便不会发生,则行为与结果之间有着事理上的因果关系;若无行为人之行为而损害结果仍然发生,行为与结果之间没有事理上的因果关系。"

(2) 实质因素法则。实质因素法则可以表述为,当某一行为是某一结果发生的重要因素或实质性因素时,该行为与结果之间即具有因果关系。实质因素法则是对若无法则的补充,它的功能在于防范和纠正因使用若无法则产生的不公正结果。

2. 法律因果关系认定

(1) 直接结果理论。直接结果理论主张侵权人应当为其侵害行为所造成的直接损害结果承担法律责任。这一理论包含两层意义:第一层为侵权人只为其对损害结果有直接引发作用之侵害行为承担法律责任;第二层为只要侵权人之侵害行为直接导致之损害结果,不论该结果对侵权人而言是否有可预见性,该侵害行为均称为损害结果发生之法律上的原因。

(2) 可预见性理论。可预见性理论是侵权行为归责理论中经常被提及的一个重要观念,即被告仅就其可预见的损害结果,且仅对该损害结果可预期发生的原告,承担赔偿责任。

(三) 我国民法理论中因果关系的学说

我国民法中的因果关系理论来源于苏联民法,主要有必然因果关系说和二分法的因果关系两种理论。

1. 必然因果关系说

必然因果关系说是我国因果关系的传统理论,该说认为,只有当行为人的违法行为与损害结果之间具有内在的、本质的、必然的联系时,才能认为有法律上的因果关系;如果违法行为与损害结果之间是外在的、偶然的联系时,则不能认为二者有因果关系。只有必然因果关系才是法律责任产生的根据。也就是说,一定的损害事实是由该违反民事义务的行为所引起的必然结果,而该违反民事义务的行为就是一定损害事实的原因,如果没有这一行为,就不会发生该损害事实。[①]

2. 二分法的因果关系理论

二分法的因果关系理论是从 20 世纪 80 年代末期开始,有学者针对必然因果关系进行批判而提出的。该理论认为,在认定事实因果关系时,基本上是运用普通法中的事实因果关系理论,即必要条件理论和实质要件理论;在认定法律上的因果关系时,运用的是相当因果关系理论。相当因果关系说认为,某一事实仅于现实情形发生某种结果,尚不能就认为有因果关系,必须在一般情形,依社会的一般观察,亦认为能发生同一结果的时候,才能认为有因果关系。[②] 也就是说,在确定行为与结果之间有无因果关系时,要依行为时的一般社会经验和知识水平作为判断标准,认为该行为有引起该损害结果的可能性,而在实际上该行为又确实引起了该损害结果,则该行为与结果之间有因果关系。在我国法院首先运用相当因果关系理论审判的案件是最高人民法院公报 1989 年第 1 号发表的《张连起、张国莉诉张学珍损害赔偿案》。但是,在司法实践中仍然将必然因果关系说作为确定行为与损害事实之间是否存在因果关系的理论依据。[③]

一般认为,在民法的因果关系理论上应当采取二分法的因果关系理论。在认定某项加害行为与损害后果之间是否存在因果关系时,应首先认定事实上是否存在因果关系,如果事实存在着因果关系,再认定法律上是否存在因果关系。这时主要是运用相当因果关系理论来确定其因果关系是否存在,因为相当因果关系说强调判断因果关系的客观标准是"可能性",而这种可能性取决于社会的一般见解,它要求判明原因事实与损害结果之间在通常情形存在联系的可能性。这种判断要求法官依一般社会见解,按照当时社会所达到的知识和经验,只要一般人认为在同样情况下有发生同样结果的可能性即可;其客观依据在于事实上这种原因事实已经发生了这样的结果。[④]

[①] 参见王利明主编:《民法新论》(上册),中国政法大学出版社 1988 年版,第 465 页。
[②] 参见杨立新:《侵权法论》(上册),吉林人民出版社 2000 年版,第 207 页。
[③] 艾尔肯:《医疗损害赔偿研究》,中国法制出版社 2005 年版,第 122—123 页。
[④] 同上。

二、因果关系的意义

因果关系是任何一种法律责任的构成要件。它是法律责任的归责基础与前提。现代侵权法以自己责任为一般原则，该原则的核心为行为人对且仅对自己的行为所造成的损害结果负责，其基本要求之一就是侵权责任的成立必须以行为和损害之间存在因果关系为前提。侵权行为法上的因果关系乃是侵权损害中原因与结果之间的相互联系，它是存在于自然界和人类社会中的各种因果关系中的一种特殊形式。

因果关系不仅归属于侵权行为法基本规定内容且构成了其他几乎所有赔偿责任构成要件的基础。也就是，在侵权行为法中，无论采取何种归责原则，如果因果关系这一要件不满足的话，都不会产生侵权责任的问题。即使是在无过错责任下，仍需要确认因果关系才能要求加害人承担责任。从侵权法的角度上说，研究因果关系的意义主要体现在以下两点：

(1) 自己责任原则的需要

自己责任原则是侵权行为法中最基本的原则。这一原则意味着，任何人都要对自己的行为负责，他也仅为自己的行为负责。如果受害人所遭受的损害与行为人的行为或其控制下的人或物的行为没有任何事实上的关系，那么该行为人就不应当承担法律责任。通过因果关系即行为与损害结果之间是否存在引起与被引起的关系，将损害的发生指向一定法人行为主体，可以有效地确定承担侵权责任的主体，从而对该主体施加侵权责任，以实现侵权法的补偿功能、威慑功能等多种功能。

(2) 控制责任范围的需要

世界是普遍联系的，事物之间的因果联系可以无限延伸，被告的一个行为所引起的后果是无法预测的，如果不能在权衡维护自由与保护权益这两项相互冲突的利益之后，合理地截取适当的因果关系链条，那么被告为无穷尽的后果负责，这显然是不可能也是不适当的。因此，侵权行为法上的因果关系一个重要的功能就是将被告的赔偿责任限定在一个合理的范围之内。[1]

第二节 医疗侵权责任因果关系的含义及类型

一、医疗侵权责任的因果关系含义

医疗侵权损害责任中的因果关系是指医疗过失行为与医疗损害之间存在引

---

[1] 程啸：《侵权行为法总论》，中国人民大学出版社2008年版，第258页。

起与被引起的关系,即医疗过失行为是医疗损害发生的原因,而医疗损害则是医疗过失行为所产生的结果。

医疗损害责任中的因果关系,是建立在民法因果关系理论基础之上。由于医疗行为的高度专业性特点和医师具有的高度裁量权,使医疗损害因果关系具有不同于其他类型因果关系的特殊性。具体说,主要表现在以下两个方面[①]:

1. 民法因果关系在医疗损害赔偿责任认定中的运用

因果关系是确定医疗损害责任的客观基础。依据民法中的因果关系理论,要确定医疗损害赔偿责任中的因果关系,必须从患者生命权、健康权受到损害前,所有可能产生该损害后果的客观事实中,寻找其造成损害的事实原因和法律原因。这里的事实原因包括医疗行为、第三人的行为(如侵权行为)、患者自身的体质、病情及其亲属自身的原因,以及其他一切可能的原因。在对这些原因事实进行分析时,需要运用医学专业技术知识,对医疗行为人即医疗机构及其医务人员的诊断、治疗、预防、护理和管理各方面的具体行为进行全面考量,来认定是否存在医疗过失,进而判定医疗损害的因果关系。可见,民法因果关系的具体运用到医疗损害赔偿责任中,首先表现为在经过全面的事实因果关系的分析判定后,再依据法律和临床诊疗技术规范,对有无医疗过失行为以及该行为对于患者人身损害事实有无法律上的因果关系进行判断,才能最终确定医疗损害责任是否存在因果关系。这一判断过程会受到很多复杂因素的影响。民法因果关系理论的主观性和相对性,使得法官对因果关系的判定特别是对法律上因果关系的判定上具有相当的自由裁量权。因此,在医疗损害责任因果关系的判定中,更要求法院基于公平正义、公共政策以及科学方法等价值考量因素来判定是否存在民法中的因果关系,从而尽量避免法官因在民法因果关系判定上的主观随意性,而损害医患双方任何一方的合法权益。

2. 医疗损害责任中因果关系的特殊性

在医疗损害赔偿责任的因果关系中,基于医学、医疗行为和人体伤病的特点,其中的事实因果关系被特定化为医学因果关系。同时医学上的诱因,法医学中的事故参与度以及少数人的特异体质等,对于研究医疗损害中的因果关系具有重要的理论和实践意义。

(1) 医学上的因果关系。在判定是否存在民法上的因果关系时,首先要解决的问题是,患者的医疗损害如死亡、残疾、组织器官损伤致功能障碍等不良后果,在医学上是如何形成的,其原因是什么。这一医学因果关系问题实际上就是事实上因果关系判定问题。例如,叶某在某医院产出一男婴,因胎粪吸入综合症转儿科治疗后死亡。医院死亡诊断:胎粪吸入综合症、肺出血、Ⅲ度房室传导

[①] 艾尔肯:《医疗损害赔偿研究》,中国法制出版社2005年版,第124—126页。

阻滞。叶某对死因无异议,并认为医院产科、儿科的诸多过失行为是新生儿患胎粪吸入综合症致死的原因。新生儿死亡72小时后,医院方面以患儿死亡前心电图显示Ⅲ度房室传导阻滞为由,在超过法定的尸体解剖时间后(尸检应在死后48小以内进行),提出患儿的死因可能是先天性心脏病,要求进行剖验。医方的这一要求显然不符合医学原理和法律的规定。因为,一方面严重的胎粪吸入综合症也可发生Ⅲ度房室传导阻滞。根据医学上尽量用一种疾病解释病人所有临床现象的原因,怀疑患儿有先天性心脏病的观点,不仅证据不足,而且不符合医学原理。另一方面在患儿死亡72小时后再提出尸解的要求与法律规定不符,也无法保证尸解结论的准确性,不能同意进行尸解。患儿的死因应以死亡诊断的记载为准。① 因此,医学因果关系的判断,必须以事实上的因果关系的一般原理为指导,依据医学科学知识和临床医疗实践知识甚至更多领域和学科,从死因学研究和病因学研究等方面加以分析,从而找出导致患者医疗损害后果的原因。

(2)诱因。诱因是医学因果关系判断中不容忽视的一个因素。医学因果关系根据各种致病因素对发病的作用力程度,将致病因素分为基本病因和诱因。其中基本病因是对发病产生决定性作用的病因,诱因是指能诱发和促进基本病因发作的内外部因素。例如,慢性心功能不全的基本病因有引起心脏负荷加重和心肌发生病变的各种病因(如高血压、肺气肿、各心瓣膜关闭不全、心肌炎等);其诱因可能是各种感染,过重的体力劳动和情绪激动,严重的心律失常,妊娠与分娩,严重的贫血或大出血,输液过量或过快、摄入钠盐过多等多种情况。关于诱因对医疗损害中因果关系的法律价值,一般认为,诱发或促进基本病因发作引起不良后果的外部因素如果是医疗过失行为造成的,那么这样的诱因在法律上构成医疗过失行为,并且与不良后果有因果关系,医疗机构应当承担相应的责任。例如:输液过量或过快是慢性心功能不全发病的诱因之一。某患有脑梗塞、高血压、冠心病、心肌劳损的老年患者,因脑梗塞发作入院,入院后医师针对脑梗塞做了对症处理,但对该病例系高血压、冠心病、心肌劳损的老年患者的病情欠缺业务上应有的注意,在输液中过量过快,导致患者慢性心功能不全发作死亡。对此,医院应当对输液过量过快诱发病人慢性心功能不全发作死亡,承担其医疗过失行为是患者死亡的诱因的民事责任。应当注意的是,在医疗损害案件中,追求的是个案的公正性和妥当性,只要不良后果的诱因源自医疗过失行为,行为人就要承担相应的法律责任。②

(3)损害参与度。损害参与度是因果关系判定中违反民事义务行为与损害后果之间关系的一种概率表示法,是用量化办法反映违反民事义务行为对于损

---

① 艾尔肯:《医疗损害赔偿研究》,中国法制出版社2005年版,第126页。
② 同上书,第126—127页。

害后果的原因力大小,也称原因力规则。这一概念最早是由日本法医学家渡边富雄提出,主要应用于道路交通事故中伤与病对于争议的损害后果发生原因竞合时的因果关系判断。在医疗损害中,是指医疗损害责任的原因力程度,即在医疗损害责任中,医疗过失行为与其他因素共同结合,导致了同一个医疗损害后果,医疗过失行为与其他因素对这一损害后果的发生各有其不同原因力,其实质就是医疗过失行为对医疗损害后果的因果关系大小问题,在这种情况下,医疗机构仅对自己的医疗过失行为所引起的那一部分损害承担责任,因患者自身原因等引起的损害部分,医疗机构则不承担医疗损害责任。因此,在医疗损害因果关系的判定中,首先应当确定哪些行为和事实是医疗损害结果发生的原因,其次在各种原因中分析确定医疗过失行为是属于何种原因,即直接原因还是间接原因、主要原因还是次要原因、强势原因还是弱势原因;最后,对引起损害后果发生的各种原因所起的作用力大小进行比较分析,进而确定医疗过失行为的具体原因力。例如:吴某因交通事故左股骨裸上T型粉碎性骨折和左胫骨平台骨折,被送往医院救治,该医院因违反诊疗常规导致吴某左小腿发生严重的骨筋膜室综合症,造成胫神经严重损害,骨折部位严重畸形愈合左下肢功能完全丧失的严重后果。对该案确定医疗损害责任时,必须仔细分析医疗损害参与度。

二、医疗侵权责任中因果关系的类型

从理论上确定医疗过失行为与损害后果之间是否存在因果关系并不难,但在实践中这一问题却相当复杂和艰巨,因为现实中,医疗损害的原因和结果之间的因果关系并不是单一的,而常常表现为多种形态,这也体现了哲学上因果联系多样性的共性。

(1) 一因一果关系。即原因和结果均为单数,原因为行为人单个加害行为,结果为受害人单纯的损害后果。在这种一因一果的因果关系形态中,可能承担侵权责任的主体以及该主体可能承担的侵权责任的范围,都相对简明。[1]如患者李某因患糖尿病住院治疗,住院后经治病情有所好转,一天护士误将葡萄糖当做生理盐水给李某静脉滴注,多亏抢救及时,否则引起死亡。该损害是护士的一个过失行为所造成的。

(2) 一因多果关系。即原因为单数、结果为复数(两个或两个以上),原因为行为人的单个加害行为,结果为数个受害人的损害后果或一个受害人的多个损害后果。[2]如某医院仓库管理不善,砒霜丢失标签,而药房临时负责人,对丢失标签的剧毒药品,不经科学检验,便凭印象武断为芒硝,发到中药房使用,致使

---

[1] 参见张新宝:《侵权责任构成要件研究》,法律出版社2007年版,第298页。

[2] 同上。

12人服用,5人中毒,3人死亡。这是由于药房负责人的一个过失行为,导致上述多种医疗损害后果。①

(3) 多因一果关系。即原因为复数,结果为单数,原因为多个行为人的多个加害行为,结果为受害人单一的损害后果。这种类型的因果关系包括数个医疗人员的行为、医疗人员与患者及其家属的行为、第三人与医疗人员的行为、客观原因与医疗人员的行为或上述各种情况结合在一起,共同导致损害结果发生。例如:医师开错药方,药剂师收处方后,未按照规定对处方内容、患者姓名、年龄、药品名称、剂量、剂型、服用方法、禁忌等项目详加审查,便照方发药,致使患者服药后死亡。患者死亡结果的发生是由于医师和药剂师共同的过失行为造成的,他们的共同行为是严重不良后果发生的共同原因,都应当承担相应的法律责任。

在多因一果关系中还包括连锁因果关系、异步因果关系和助成因果关系等类型。连锁因果关系是指原因为多个行为人的多个加害行为,结果为受害人单一的损害后果。但是,这些加害行为不是同时发生而是前后相继发生的。在医疗损害责任中表现为,某一严重不良后果的发生是由于两个以上医师的前后相继的过失行为所致。例如:手术室护士李某错把患者A当做需要做截肢手术的B用车推至手术室,主刀医师乙不问明情况,也未做任何检查,便盲目开始手术,事后才发现有误。护士甲和医师乙前后相继实施的共同过失行为直接造成了患者伤残的严重不良后果。在这种连锁式的因果关系中,前行为者与后行为者对不良后果的发生都存在过失,他们的共同行为是严重不良后果发生的共同原因,都应当承担相应的法律责任。②

异步的因果关系是指严重不良后果的发生是部分行为人在另一部分行为人过失的不良后果的基础上过失造成的,只有部分人的过失行为才是不良后果发生的直接原因。这种因果关系最典型的情况就是交通肇事中的肇事者、受害者和医师三者之间的关系。如某甲驾车行驶,突然一行人在路上横穿马路,某甲急刹车,结果后面驾车的某乙来不及刹车撞在某甲汽车尾部,致使某乙受到冲击伤。某乙当时被送往附近医院抢救,值班医师丙借故推诿,拒绝收治,结果使乙在转院途中死亡。经尸体解剖分析认定,死者送往医院后如能准确判断其伤势并给予及时和适当的治疗,是不会死亡的。本案中交通事故与伤者死亡之间不存在直接的因果关系,某乙死亡的直接原因是值班医师丙拒绝治疗行为贻误了抢救时机。当然不可否认,如果没有这次交通事故,某甲就不会送往医院救治,更不会死亡,但不能就此认定两者之间存在着直接的因果关系。对于这一问题,一般认为,只有在这样的情况下,才能确认交通事故与伤者死亡之间有因果关

---

① 参见定庆云、赵学良:《医疗事故损害赔偿》,人民法院出版社2000年版,第61页。
② 参见梁华仁:《医疗事故的认定与法律处理》,法律出版社1998年版,第56页。

系，即根据当时的医疗水平，伤者所受创伤虽经适当的诊断治疗，但仍不能避免其死亡结果的发生时，作出有因果关系的判断才是科学、合理的。[①]

上述两种因果关系的共同点都是由两个或两个以上的过失行为共同造成损害后果的发生。不同点在于，在连锁因果关系中，前行为者与后行为者对损害后果的发生都存在过失，他们的共同行为造成了损害后果的发生，这种原因和结果之间存在着法律上的因果关系。而异步因果关系中，前行为者与后行为者虽对损害后果的发生都存在过失，但是前行为者的加害行为与最后的损害结果之间不存在因果关系。因此明确区分这两种因果关系，对医疗损害案件的责任认定具有重要的意义。

助成的因果关系是指患者人身损害是由于医患双方共同过失行为所导致。在诊疗活动中，医师依诊疗护理规范进行诊疗时，患者负有诊疗协力的义务，应积极医师配合治疗，否则，将有可能影响医师的正确治疗，导致患者病情恶化甚至发生严重损害。如患者谎称刚用过青霉素，医师对此信以为真，便在未做皮试的情况下给其注射青霉素，致使患者过敏死亡。本案中医师违反了青霉素使用的有关规定，应对此过失所致的不良后果负法律责任。但患者的过失行为助成了医师的过失行为，因此应减轻医师的医疗损害责任。

总之，因果关系问题作为侵权责任的构成要件之一，至今仍是"最困扰法院和学者的问题"[②]。特别是医疗损害责任中因果关系的认定更是一大实践难题。因此，需要法官和当事人，在掌握因果关系基本知识的基础上，了解因果关系在医疗实践中的各种类型以及应当注意的问题，正确认定医疗损害责任，以有效地保护医患双方当事人的合法权益。

第三节 医疗侵权责任因果关系的认定

一、医疗侵权责任因果关系的认定概述

医疗过程的复杂性与人类认识能力的局限性，使得在认定医疗违法行为与损害事实的因果关系时比其他侵权行为更为困难。在医疗过程中，造成损害的原因很多，医生的过错行为、患者体质特异或病情复杂、患者的不配合、第三人因素、医院的设施、医疗器械及药品等等，都可能成为损害发生的原因。因此，医疗违法行为可能与多种因素产生竞合，大致包括三种情形：(1) 医方原因之间的竞合。在转医情形下前医与后医医疗过错的竞合、共同诊疗中多数经治医生之间过错的竞合和经治医师与其他医疗辅助人员过错的竞合、医生过错与医疗器械

---

① 参见定庆云、赵学良：《医疗事故损害赔偿》，人民法院出版社2000年版，第56—57页。
② 参见张新宝：《侵权责任构成要件研究》，法律出版社2007年版，第383页。

或药品质量的竞合等。(2)患方原因与医方原因的竞合。通常有两种情形：① 患者的特异体质或病情；② 患者的不配合与医师的违法行为竞合。(3) 医方行为与第三人因素竞合。如其他事故损害事件与医疗过错行为的竞合。上述各种原因与损害事实形成聚合因果关系，表现复杂，其种因果关系可能是直接因果关系，也可能是间接因果关系，间接原因对结果的发生虽然只具有某种可能性，但其本身仍属于造成结果发生的原因之一，当然不能排除在因果关系之外。因此造成医疗侵权损害责任因果关系的判断面临诸多困难：

其一，在事实因果关系判断上，医疗行为属于高度专业化的技术，一个普通人的经验和知识很难对事实因果关系进行判断。而且医学本身存在许多疑难问题，疾病的发展变化快而复杂、患者个人体质差异等，都为认定事实因果关系的增加了难度。

其二，在法律因果关系判断上，医疗损害的发生因多数原因竞合，如多个医方行为的竞合而构成共同侵权行为，医方原因与患方原因的竞合时，在认定责任范围上，存在较大的困难。

总之，因果关系的认定在很大程度上是一个价值判断过程，医疗违法行为与损害事实之间的因果关系对医疗损害赔偿责任的认定及赔偿数额的确定有着重要意义，它所依据的因果关系理论也在不断完善发展的，这需要将丰富的医学专业知识和法律知识有机结合正确运用，以尊重科学、追求公平的态度来对待，才能正确认定医疗损害责任的承担。

二、医疗侵权损害责任因果关系的认定

因果关系的判断是非常复杂的问题。如前所述，大陆法系与普通法系在这一问上各自建立了一系列的理论。我国民法在因果关系的认定上兼具大陆法与普通法的特征，采用"二分法"，将因果关系分为事实因果关系和法律因果关系。按照这种方法，对因果关系的考察和认定应当分两步进行：首先，确定行为人的行为或者依法由责任人承担责任的事件或行为是否在事实上属于损害事实发生的原因，实际上就是确定医疗过失行为是否属于造成医疗损害结果事实上的原因，即事实上的因果关系。此为客观事实的判断，一般情况下不应该加入法官个人的主观价值判断。单一式因果关系适用必要条件法则即"若无、则不"规则，聚合式因果关系则适用实质因素法则，即医疗侵权行为对于医疗损害的发生必须为一项实质因素。同时要充分运用医学知识和逻辑知识，加以准确认定。如果事实上的因果关系不存在，案件以赔偿权利人的败诉结束。如果已经证明医疗过失行为与损害结果之间存在事实上的因果关系，再由法官判断在法律上是否有充分理由使医方对损害后果承担赔偿责任。其次，确定事实上属于损害事实发生原因的行为或事件在法律上是否能够成为责任人对损害事实承担责任的

原因,或者说是确定构成事实上原因的医疗过失行为是否成为对该损害结果负责的原因。即认定法律上的因果关系,也就是考察在所有的事实原因中,是否有与医方有法律因果联系的事实。医方的过失行为须与患者损害之间有直接的因果关系时,才能认定由医方承担赔偿责任。前者确定责任的成立,后者确定责任的范围。

(一) 事实上的因果关系

判断事实上的因果关系是否成立,基本上是运用普通法中的事实因果关系理论,即必要条件理论、实质要素理论。在探究医疗行为与损害结果因果关系的过程中,也应按照这一一般规则,并将医学科学知识和逻辑知识充分结合起来,准确加以认定。

考察事实上的因果关系也就是考察医疗违法行为对医疗损害后果的发生是否具有原因力,只要这种行为促成了损害后果的发生就认定为具有因果关系。在认定过程中要视具体情况有所区分,在单一因果关系的认定中应适用必要条件理论,即"如果没有违法行为发生,就必然不会有损害发生",详言之:即若没有医疗过失行为则损害将不会发生,则该行为为医疗损害发生的原因;反之,若没有医疗过失行为,损害仍会发生,则该行为为医疗损害发生的原因。如切除阑尾术后发现卵巢缺失,如果没有医师误切卵巢的过错行为发生,就必然不会有卵巢缺失的结果出现,则医师误切卵巢的过失医疗行为与卵巢缺失具有事实上的因果关系;在聚合式因果关系的认定中常适用实质要素理论,即"有违法行为的发生就必然有损害的发生",则该违法行为就被推定是损害结果发生事实上的原因。如医师擅离岗位使得生命垂危的交通事故受害者得不到救治而死亡,患者乙因交通事故而生命垂危,如果医师脱岗不及时抢救肯定会导致患者死亡,所以这种情况下可以推定该医疗违法行为是患者死亡发生的原因。

(二) 法律上的因果关系

法律上的因果关系是考察已确定的事实原因是否与损害结果构成法律上的因果关系。对法律上因果关系的判断,学术界存在不同观点:第一种观点主张只要依据医学原理该不当行为会导致损害后果发生的,该不当行为即与损害后果之间存在法律上的因果关系。这种主张与相当因果关系相同;第二种观点主张,适用直接因果关系。适用直接因果关系的关键,在于确定直接因果关系与非直接因果关系的界限。其含义为:只要行为与损害结果的因果链条中不存在中介的行为或事件,即可认定该行为与损害后果间有法律上的因果关系;行为人便可以"非直接因果"或"间接因果关系"为由免责。如对于患者因中毒或疾病晚期衰竭死亡,医方行为虽有过失但属偶然因果关系时,不能认定由医方承担责任。第三种观点主张,判断医疗行为与损害后果间是否有法律上的因果关系,一般情况下适用可预见性说,即医疗机构及其医务人员仅就其可预见的医疗损害结果,且就该损害结果可预期发生的患者,负赔偿责任。即医务人员是否有违反注意义务的行为,如果有,该医务人员就应承担责任。特殊情况下运用相当因果关系及盖然性加以认定。盖然性说主张,即使受害者无法提出严密的科学证明,但如果可以证明违法的医疗行为与损害后果间存在因果关系的盖然性大于不存在因果关系的盖然性,即可认定因果关系的存在。

我们认为,第二种观点忽略了医疗行为是一种需多方配合的行为,如医生开医嘱,护士执行。若按此观点,护士执行了医师的错误医嘱,医师便可以有护士执行医嘱这一中介行为,而以"非直接结果"或"间接因果关系"为由主张免责,这显然不当。对于第三种主张,由于判断是否有因果关系的依据是行为人的行为是否违法,这无疑把医疗民事责任构成的两个要件作为一个要件来进行审查,从而否认了因果关系在医疗民事责任构成中的必要条件地位。且在有些情况下,医务人员虽实施了违反注意义务的行为,但该行为并不是损害后果发生的原因,行为人也不应承担责任。因此第一种观点更加科学、合理。

总之,在医疗损害赔偿案件中,确定医疗行为与医疗损害之间是否存在因果关系是一个非常复杂的问题,为实现对医疗损害责任判断的公正性,应结合个案的不同情形分别或综合适用各种因果关系理论。

思考题:

1. 简述医疗侵权责任中因果关系的概念及类型。
2. 医疗侵权损害责任中因果关系应如何认定?

第七篇　医事法分论

第十九章　内科诊疗过失的认定

【内容提要】　内科是临床各学科诊疗的重要基础,又与临床各学科有密切的联系。内科学所阐述的疾病诊断原则、临床思维方法和诊疗的特点对临床各学科的理论和实践均有普遍性意义。本章将论述内科诊断过失的认定和治疗过失的认定问题。

内科是医学的基础学科,主要针对各种感染(比如神经系统感染、呼吸道感染、消化道感染)、脑血管疾病、肝胆系统疾病、内分泌系统疾病、消化系统疾病、各种传染性疾病、各种急性中毒、休克等。内科学的知识最重要的是来源于医疗实践,即以前的医学家在治病救人的过程中,经过不断地积累经验,去伪存真、去粗采精,从实践中不断提高认识水平,通过多年的长期积累,逐渐形成有系统的诊治疾病的方法,经过一代又一代的医学家将这些实践得来的知识,经过整理和归纳,并加以系统的研究(包括近年来循证医学的研究),才发展为现在的内科学。

第一节　内科诊断过失的认定

内科诊疗的特点是:整体性较强、涉及知识面较广。一般系统论的创始人贝塔朗菲反对机械地看待人的身体之组成部分,他认为:只有将人体看出是一个系统,才可能很好地认识生命。因为人之各个系统是相互联系、相互影响、相互制约、协调工作的,而非各司其职。各个系统功能正常,人的整体功能才可能正常。而一个系统功能失灵,则可能殃及其他系统,产生所谓继发性疾病,而继发疾病又可能反过来影响原发疾病的发展。于是,以系统的、整体的观点看待疾病和身体、引领诊断和治疗在内科的诊断实践中则显得尤为重要。否则,头痛医头、脚痛医脚必然带来误诊、漏诊的严重过失。而当今,医疗的分科越来越细,医生对本专业的知识往往了解得比较深入,研究得比较透彻,而对其他领域则一知半解。也就是说,医生已经无全面之言,而有专行之实,只有横向联系,互相取长补短才可避免疏漏。因此,提倡讨论、会诊,实为上策。

一、内科诊断过失的概念及分类

内科诊断过失是指医方在内科诊断实践中疏忽大意、过于自信或诊疗水平低下而违反医生应尽的注意义务,表现为违反相关疾病的内科诊断的规范、常规的情形。具体地,它分为责任性内科诊断过失和技术性内科诊断过失两大类:

(一)责任性内科诊断过失

指不遵守诊断常规,疏忽大意所致的过失(如长期低热患者应该做结核菌菌素试验以排除结核的却因疏忽而没有做,结果造成结核的漏诊)或不遵守诊断常规,过于自信而致的过失(如仍为长期低热的患者,已经查出克隆病,虽曾担心是否会与结核共生,但心存侥幸而没有行排除结核的检查,结果造成结核的漏诊)。总而言之,在责任性内科诊断过失中,医生在诊断治疗过程中存在不负责任的行为,例如:不认真询问病史,不详细进行体格检查,不认真分析病情,不完成应该进行的检查项目,盲目自信不听取他人意见,鲁莽行事不向上级医师请示汇报,不顾病情疑难危重不及时会诊、转诊而酿成误诊误治。在责任性诊断过失中,表现最明显的是不认真执行基本操作,对病人不认真进行仔细的体格检查。如,在问诊中不仔细,没有询问患者有无过敏史,致使本可以避免的药物过敏反应最终发生而造成患者的损害。

(二)技术性诊断过失

指由于医疗机构的工作人员的专业技术水平低下,对于某类疾病,如果按照当时一般的医生的医疗水平应该确诊而没有确诊而造成的误诊误治的过失。如:医生不钻研业务,技术水平低下,与其技术职务完全不相称,对可以认识的疾病未能认识,对可以治疗的病人造成误治,使病人疾病不愈,甚至加重。众所周知,医生属于法律上的专家范畴,应以自己的专业知识服务于患者。在患者与医疗机构形成的医患关系中,医疗机构挂牌营业就暗示了医疗合同中或医疗活动中,医疗机构及其医务人员将以合格的专业素质为患者服务。接诊医生专业素质不达标造成误诊,医方当然存在过失,同时造成违约和侵权。

需要说明的是,这里的"一般的医生的医疗水平"是存在地域性因素限制的。具体地,专业水平的地域性影响因素包括两方面:

首先,综合医院与小医院的差别。综合性的大医院在医疗设备和人才等方面条件优越,并在所在地的医疗领域中一般处于领先地位。患者到这些医院就诊都是希望得到医方知名专家良好的治疗和优质的医疗服务。反之，医疗设备和条件比较落后的小医院的治疗水平在一定程度上就低一些。因此，在认定是否存在过失时，应适当考虑大医院与小医院在治疗能力和注意程度上的这种差别。在具体案件中，在患者提出对大医院的治疗效果不满意时，一般通过衡量医方所应具备的具体能力来认定是否存在医疗过失。而对于小医院能力较低的情况，如果医方因医疗条件缺乏而难以对患者进行有效治疗时，应劝告患者转医到具备条件的大医院去就诊，如果没有履行转医说明义务，因条件和能力不足给患者造成损害的，就不能以自己医疗水平有限为由而提出免责。如果医方履行了注意义务，而患者对医院提出过高的治疗要求未得到满足，向医方提出承担赔偿责任时，应依据医方的实际医疗水平来认定是否存在过失。①

其次，经济发达地区与偏远地区的差别。偏远地区的医院在医生的医学知识、技术水平和设备条件上都比不上大城市，对先进医疗设备和药品的引进速度因各种原因也比经济发达地区慢一些。因此，对于偏远地区的医疗水平应结合本地的具体情况来认定。因此，"一般医师的诊断水平"不代表整个世界范围内一般医师的诊断水平，也不代表全国范围内一般医生的诊断水平，它只是指医疗机构所在地域范围内医生的一般水平。因此，在偏远的血吸虫病高发区，如果一个血吸虫病患者没有被正确有效地诊断，则显然医生的诊断水平低于当地医生的一般水平，存在技术性误诊；而血吸虫病患者如果在中日友好医院被漏诊，有可能不被认定为医生的过失，因为此疾病在城市几乎百年不遇。但是，有学者认为，医疗的地域性因素会使医生不求上进，不利于医学科学的发展。尤其是在医学科学迅速发展、医学交流活动频繁和治疗方法日趋一致的情况下，应借鉴美国等国家所采取的全国性标准，即以整个国家的一般医疗人员所具有的医疗水准为依据。但就具体案件来说，医疗设备和客观环境的差异，仍然会影响医生获得对该种病症治疗的相关资料和信息，从而就会影响到对医疗诊断的结果。因此，为了正确认定医生的医疗行为是否存在过失，不能不考虑到地域和环境等地区性的差别因素。②

二、内科诊断过失的表现形态

(一) 完全诊断错误过失

包括完全漏诊过失和完全误诊过失。完全漏诊过失和完全误诊过失包含两种情况：其一，把有病诊断为无病称为完全漏诊过失，把无病诊断为有病称为完全误诊过失；其二，把甲病诊断为乙病，就甲病而言，甲病被完全漏诊，就乙病而

---

① 艾尔肯：《论医疗过失的判断标准》，http://www.civillaw.com.cn/Article/default.asp? id = 40064，2009 年 10 月 18 日访问。
② 艾尔肯：《医疗损害赔偿研究》，中国法制出版社 2005 年版，第 115—116 页。

言,乙病则是完全误诊。如医生因心肌梗塞病人表现有上腹痛、恶心而误认为急性胃炎;诸如这些情况,都是甲病被完全漏诊,乙病被完全误诊。这种完全的漏诊过失和完全的误诊过失可统称为完全诊断错误过失。

（二）延误诊断过失

是指因各种原因导致的诊断时间的延长。如有些疾病,由于病史不清楚,症状、体征不典型,技术设备条件的限制或医生思维方法、经验及知识水平的制约等,一时未能明确诊断,经过较长时间的观察和对症治疗,最后方获得正确的诊断。但是,由于时间拖延太久,在拟诊过程中所选择的治疗方法不利于疾病的好转,甚至促使其恶化,到最后确定诊断时已经失去了有效的治疗时机,这称为延误诊断过失。例如,当前,结核的发病率较以前降低了很多,临床上,很多医生对结核病缺乏警惕性,当接诊一位长期低热的患者时,常常忽略了结核病的可能性而造成延误诊断,最终延误治疗,给患者造成本应可以避免的损害。

（三）漏误诊断过失

是指因各种原因引起的诊断不完全的过失。患者一身同时患有几种疾病,表现出许多症状和体征,医生只对其中某一种疾病作出了诊断,并给予了相应的治疗,而遗漏了同时存在的其他疾病。有时诊断出的仅是居次要地位的疾病,而占主导地位的疾病却被遗漏。如一个全身多处创伤并发出血性休克的病人,医生在诊断时,只注意到四肢创伤所引起的失血,把止血的重点放在四肢伤,而忽视了同时存在的内脏破裂的出血,如此重大的漏诊会给患者的生命带来极大的威胁。

（四）病因判断错误过失

是指对疾病的名称和病变部位及性质作出了正确的诊断,但是对病因却作出了错误的判断,而病因的诊断对疾病的治疗和预防具有重要的意义。病因不明就会明显影响治疗的效果。如炎症可由病毒或细菌引起,如将病毒性炎症误认为细菌性炎症而服用大量抗生素,则不仅对医治疾病无益,还会戕害患者身体;反之,则危害更大,有可能延误治疗,造成严重败血症。

（五）疾病性质判断错误过失

是指对疾病的部位和病因作出了正确的诊断,但是对局部的病理变化却作出了错误的不符合实际判断的过失。由于对病变性质判断的错误,选择了不恰当的治疗方法,同样会对病人造成不良的后果。急性胰腺炎,水肿型多选择保守方法治疗,而出血坏死型常需要急诊手术。如果将水肿型误认为坏死型而选择了外科手术治疗,这显然没有必要;而如果将坏死型误诊为水肿型,采取保守治疗,则死亡率会明显增加。

三、内科诊断过失的原因

（一）多系统疾病的患者因疏于会诊或转诊而造成漏诊

众所周知，当今医学的特点之一便是越来越专业化、细分化，而由此也给医疗带来了很多麻烦。原因在于，虽然医学分科、医生分科，但患者的疾病常常是多系统的，是不分科的。尤其老年患者，常常身患多种疾病，表现为病种夹杂，症状多样，而医生工作稍有不细致或疏懒大意，则有可能放过其他系统的疾患，甚至漏掉患者一系列疾病中最重要、最致命的部分。因此，医疗中的会诊与转诊就显得尤为重要，是必须得到充分重视与践行的。如小儿肺炎的患者，当出现喉炎的典型症状和体征时，必须积极请耳鼻喉科医师会诊，如果内科医师疏忽或懒于会诊，则有可能使患者出现急危情况。

（二）诊疗水平低下、诊断思维狭隘造成的"头痛医头、脚痛医脚"现象

诊疗水平低下、诊断思维狭隘必然会造成对患者的"头痛医头、脚痛医脚"的现象。如顽固性便秘常常发生于甲状腺机能低下；而腹泻常见于甲状腺功能亢进和糖尿病；而胆结石发作出现心绞痛样心电图像（冠胆综合征）等等。临床医生如对疾病的症状和鉴别诊断了解不清，则会被表象牵着鼻子走而漏诊错诊造成患者损害。最典型的，如肺外结核（EPT）的临床表现多样，具备非特异性和隐匿性，尤其在疾病早期，可与多种疾病的表现相类似，极易误诊为其他疾病，如果非专业医师对本病认识不足，患者就诊时不易想到本病，极易误诊。

（三）过分依赖检查报告而忽略基本问诊与查体

在当代医疗实践中，由于诊断越来越依靠仪器设备和化验结果，而出现了诸如"听诊成为摆设"这样的怪现象。但其实，我们必须充分认识仪器检查的局限性，它们的分析和成像结果经常会有失误，其成因可能是仪器设备的造成的，也可能是操作者和解读者的原因所致。以影像诊断为例，无论作为临床医师，还是作为影像诊断工作者，都应充分认识影像诊断各专业的局限性，切勿对之盲目信任，它绝非万能。应认识到：（1）检验报告并不是最后诊断，哪怕是作为黄金诊断的病理诊断也会因为主观或客观的原因而出现这样或那样的误诊；（2）各专业检查方法本身就给诊断带来限制、缺陷和弱点，应清醒地、自觉地认识这一点。影像诊断各专业图像形成的机制复杂，涉及成像的物理学、几何投影学、密度分辨力和空间分辨力。可以异病同影，也可同病异影，经常导致混淆，影像的个性少、共性多、特异性确定诊断的绝对征象极少。

（四）对非典型症状认识不清

所谓"非典型症状"是指较为少见或表现较为隐匿或潜在的症状。非典型症状可出现于特殊症状，也可出现于特殊人群。前者如肺外结核，常因症状不典型，同时，由于发病率低，结核病也淡出了常见病的范围而淡出了很多医生的视

野,常常出现误诊;后者如老年人,他们的感觉退化,常常患病重笃,而自我感觉较轻。此时如果忽略周全的检查,常常放过致命的病患或错过救治机会。例如,胃溃疡的老年患者常缺少胃痛症状,而至胃出血而发生血便才被发现。

（五）问诊不完全

问诊是医患之间就症状发生之过程及目前之病情特征为一问一答之行为。问诊应该采取患者可以理解和配合的语言和态度。同时,应该全面。患者对医疗知识没有了解,自我介绍经常不择要领,这时,就需要医生问诊来起到引领的作用。如医生考虑不够周详,则常常会导致重要的、对诊断有重大作用的症状没有被发现,从而造成漏诊或误诊。如漏问患者低热的迁延时间就有可能漏掉结核的诊断。

（六）工作不负责任

工作不负责任经常是发生重大医疗过失的原因,也是我们最不愿意看到的情况。如某医院常规对一新生儿进行先天性甲低检查收费并采血,但因故未做检验并将检材丢弃,亦未将上述情况向家长说明。患儿以黄疸不断反复就诊,该院仍未警觉,误诊为高胆红素血症,后在其他医院确诊为先天性甲低。由于未能及时诊断治疗,患儿智力及肢体发育明显滞后。

四、不存在内科诊断过失的情况

（一）医疗上的误诊

所谓医疗上的误诊是指医疗机构或医务人员没有主观上的过失,而是由于疾病的复杂性和人类对疾病的认识水平有限而造成的误诊。

医疗上的误诊的特点为:

首先,医疗机构和其医务人员不存在过失,即无诊断过失。也就是说,医疗机构和其医务人员在诊治的过程中,并不存在违反有关诊断规则、常规,疏忽大意或过于自信的不负责任之情形,也不存在医疗机构和其工作人员的诊疗水平低下的情况。

其次,误诊的根本原因是我们人类对复杂的疾病还没有能够完全掌握与认识。也就是说,由于各种疾病,特别是一些非常见病和特殊器官的病变,均具有复杂的发展过程,在其典型症状和体征还没有充分表现出来的时候,或该疾病可以与某些疾病共生的情况下,再高明的医生也难以明确诊断,只有待疾病发展后,各种支持诊断的表现逐渐明朗化,或先后排除共生疾病和其他病变后,才能确定诊断。因此,医疗上的误诊只能说是我们人类的尴尬,而非单个医疗机构或单个医生的尴尬。

再次,在存在医疗上的误诊情况下,医疗机构及其医务人员不必对患者的损失进行赔偿。究其原因:法律不会强人所难。

在法律实践中,我们要严格区分医疗上的误诊和法律上的误诊,做到不枉不纵,才可周全保障医生和患者的利益,促进医疗事业的良性发展。

(二)患方原因引起的诊断错误

患方原因引起的诊断错误是指由于患者或家属故意或过失而提供的病史、过去诊断、药物过敏史等资料错误引起的诊断失准或延误。医方在诊治过程中无过失,因此无须承担赔偿责任。这属于《医疗事故处理条例》第33条所规定的医方免责事宜,即"因患方原因延误诊疗导致不良后果的"情形。如患者误将亲属的肺部X光当做自己的拿给医生看,则必然要造成医生的误诊,而医生无过失,因此并不承担责任。

(三)医方的故意诊断错误

医生因与患者私人恩怨而错误诊断,即医生在主观上存伤害患者人身之故意,此为刑法规制的范围;医生因为金钱、人情或其他利益而为患者出具假诊断证明的情形下,医生应受行政处罚,同样不属"诊疗过失"。比较常见的原因是没有病的"病人"为了到单位请假而找医生开具假的诊断证明或刑事案件中的被告家属找到精神病科医生要求开具假的精神病诊断证明,以期以不正当手段使被告逃脱法律制裁。这些都是医师故意的范畴,非属于医疗过失。

第二节 内科治疗过失的认定

所谓"治疗"是指为了消除疾病减少痛苦恢复健康而采取的各种医疗措施。如因医方违反应尽之注意义务而使所进行的内科治疗中采取之治疗行为不当,致使病人病情加剧,即有内科治疗过失。

一、内科治疗过失的分类

(一)由误诊引起的内科治疗过失

毋庸置疑,正确的治疗必然是在正确的诊断基础上达成的,而错误的诊断是治疗过失最重要的原因。例如,将细菌感染诊断为病毒感染而没有适用抗生素必会延误治疗使病情加重,而将冠心病的非典型症状当做胃炎处理则后果更加严重,因为它会丧失挽救生命的最佳机会。

(二)诊断正确而治疗失误

也就是说,虽然疾病的诊断正确,但由于违背医师的注意义务,疏忽大意、过于自信、或技术欠佳而违背治疗常规造成患者损失。治疗失误同样分为责任性和技术性。

1. 责任性内科治疗过失

指在治疗过程中,不遵守治疗常规,疏忽大意所致的过失或不遵守诊断常规,过于自信而致的过失。如,由于问诊及检查不全常引发治疗错误,如某老年患者,以反复昏迷就诊。既往史虽未记载糖尿病史,但医生未考虑其处于该病高发年龄,也未对其血糖情况进行检测,便用葡萄糖溶液等能量支持,结果造成患者休克。

2. 技术性内科治疗过失

指治疗技术低下,没有达到一般医生的业务水平。当然,考察医生的一般水平要考量医院所处地域的限制。毋庸置疑,医疗是利益性与伤害性风险性兼具的行业,因而,法律对医疗给予特殊规范,目的为减量减低风险和伤害,而使患者得到利益最大化。故而医生的医疗有失水准带来患者损害的情形必然是法律规范的范畴。由于医生医疗技术低下而引起患者严重损害的事例也是多发的。由此可见,医生的无知是患者的灾难!

二、内科治疗过失的表现形态

我们根据治疗是否及时、是否正确有效而将治疗过失的表现形态划分为错误治疗、延误治疗和拒绝治疗。

(一) 错误治疗

所谓"错误治疗"是指医疗机构或其医务人员虽然给予患者及时治疗,但治疗不符合一般治疗常规、方法错误、不对因而效果差强人意,或甚至治疗本身加重患者病情的情形。它是大部分治疗过失的表现形态。如,2002年2月6日,孙先生因感染戊型肝炎到铁路总医院传染科治疗。2002年3月21日,因病情没有明显好转,孙先生被转入被告医院住院治疗。治疗期间,医院连续给孙先生服用自行研制生产的中药汤剂。在孙先生出现过敏反应后,医师不但未采取有效措施进行检查处理,反而继续令其服用该中药汤剂。在患者有发生肝肾综合症的可能情况下,医师超剂量使用甘露醇,导致孙先生肝肾功能异常,病情加重。4月11日,医师又违反基本诊疗常规,未询问患者孙英元过敏史,未做过敏皮试,就草率为患者注射了对患者禁用的药品,致使患者过敏反应加重,生命垂危。不良后果发生后,医师未能及时采取有效抢救措施,一再延误抢救时机,最终导致患者合并发生脑水肿、肝肾综合症、多脏器衰竭,于2002年4月13日死亡。[①]这就是典型的一例医师诊断正确的基础上的错误治疗。

(二) 延误治疗

这里的"延误治疗"是狭义下的解释,指由于医疗机构或医务人员治疗不及时而造成患者损害的情形。延误治疗可能是由于延误诊断造成的,也可能是诊断正确及时,而医方过失造成有效治疗不及时而造成的延误治疗的情形。最常

---

① 《肝炎患者丢命医院过失赔偿》,http://www.dahe148.com/anli/html/newslist2/1174.htm,2010年8月9日访问。

见的情形是疾病没有被及时发现,而当被诊断出时,已经错过了最佳的治疗时机的情形。

（三）拒绝治疗

治疗过失有可能是医院拒绝治疗、推诿病人造成的。如很多地方因为参保患者的自付费用和医保支付费用相加,常常超出社保局为医院设定的平均费用,且超出部分要由医院负担,使得个别医院推诿"超支病人",在这过程中常因延误治疗了对患者造成损害。再如,甲儿童某日在玩耍过程中不慎被烫伤,后被家人紧急送往乙医院,在未进行挂号的情况下,由接待医生简单检查了伤势,但医生并未采取必要的紧急救治的措施,即告知甲的家人该院救治烫伤的能力有限,故推荐甲至其他医院救治,后因延迟救治,甲的病情恶化致其遭受九级伤残。后甲起诉乙医院,要求医院承担赔偿责任。本案中,医院违反了其对急症患者本应承担的强制缔约义务。

后因患者的特殊疾病而在临床上推诿患者也较为常见,尤其一度出现对艾滋病病人推诿不治导致患者病情恶化的情况。据此,《艾滋病防治条例》中明确了艾滋病病毒感染者和艾滋病病人在医疗机构的就医权利。指出医疗机构不得因就诊的病人是艾滋病病毒感染者或者艾滋病病人,推诿或者拒绝对其其他疾病进行治疗。如果因为感染了艾滋病而在医疗机构被推诿或拒绝治疗病人的其他疾病,或者医疗机构对艾滋病病毒感染者、艾滋病病人未提供咨询、诊断和治疗服务,条例同时规定了严厉的处罚措施:县级以上人民政府卫生主管部门将责令限期改正,通报批评直至可以依法吊销有关机构或者责任人员的执业许可证件;构成犯罪的,依法追究刑事责任。由此,保障了艾滋病人的就医权,使他们不致被耽误治疗。

三、内科治疗过失的认定

（1）主体上,内科治疗过失的主体为医疗机构及其医务工作者。具体地讲,为内科诊疗医师、护士。

（2）主观上,在内科治疗过程中存在疏忽大意或过于自信的过失;或治疗水平没有达到当地一般医师的平均标准,致使本应能够避免的患者损害没有避免。

（3）行为外观上,表现为内科治疗中违反治疗的基本常规、规范,出现治疗错误、延迟或拒绝治疗的情况。这些内科治疗的基本规范、常规包括各级卫生主管部门制定的内科相关治疗的规范,也包括本医院、本科室制定的常规,同时还包括内科或护理学的教科书所论述和确立的行业共识与规范。

一般认为,不存在内科治疗过失的情况如下:

其一,为医师在伤害患者人身的主观故意的情况下所做的不当治疗,属刑法上故意伤害甚至故意杀人的范畴。常发生在医师原本和患者存在私人恩怨的情形,如一医师偶然发现自己的一个住院病人正是几年前曾经欺负过自己女儿的男子,故趁为患者治疗的机会以错误治疗的方法故意伤害患者以为自己女儿"出气",如造成患者伤亡,便构成典型的"故意伤害罪"。

其二,因为患方原因造成治疗失当的情形。由于前来诊疗的病人个体差异较大,各种病人及其家属持有不同的心理态度。如果其对医疗结果期望值过高,不配合诊疗,不遵守医院的规章制度、患者或家属拒绝住院、不遵守医嘱、不接受治疗等。又如本来嘱咐其只吃一周药,而患者治愈疾病心切,急于求成,自己决策延迟用药时间,结果造成严重的药源性疾病。这些都不构成内科治疗过失。

其三,内科医疗意外。在诊疗护理过程中,常常会发生一些难以预见或者难以避免并难以克服的客观情况,有些虽然经医务人员百般努力,仍然给病人造成了不良后果。对此病人及其家属由于突遭打击,难以面对残酷的事实,对医务人员合乎科学的解释不能接受,却认为是医务人员未尽职尽责,常常产生医患纠纷。医疗意外的发生,是病人自身体质变异和特殊病种结合在一起突然发生的,不是医务人员和现代医学科学技术所能预见和避免的。由医疗意外引发的医疗纠纷,主要是病人和家属对突然发生的意外病性变化和遭受的不良后果不能接受,也不能理解,常误认为是医务人员存在医疗过失,或把正确的治疗措施当做诱发医疗意外的根源。这种纠纷在无医疗过失纠纷中占相当大的比例。

其四,并发症。并发症是指一种疾病在发展过程中引起另一种疾病或症状的发生,后者即为前者的并发症,如消化性溃疡可能有幽门梗阻、胃穿孔或大出血等并发症。由于并发症引起的医疗纠纷,不像医疗意外引起的纠纷那样激烈。一般情况下,事前医务人员会向病人及其家属进行说明,后者心理上也有一定准备。当发生并发症时,病人和家属也会主动配合医务人员采取有力措施,尽最大努力减少病人遭受的不良后果。但当医务人员事先未向病人和家属说明,事后解释又不够,加之挽救措施不得力,病人出现死亡、残废、组织器官损伤导致功能障碍等严重不良后果时,医疗纠纷的产生就在所难免了。

其五,后遗症。后遗症是指医疗终结后仍遗留某些身体机能障碍,严重者尚存医疗依赖,需靠外源性医疗支持身体机能。多为疾病本身的自然转归造成的,不存在医方的过错,如脑出血或脑梗塞,医疗终结后遗留肢体功能障碍等。

思考题:

1. 内科诊疗的特点是什么?
2. 内科诊断过失有哪些?
3. 内科治疗过失有哪些?
4. 不属于内科诊断过失的内科诊断错误有哪些?
5. 不属于内科治疗过失的内科治疗错误有哪些?

第二十章　手术过失的认定

【内容提要】 手术过失属于外科治疗中出现的过失。本章中,我们将介绍手术前、中、后医疗过失的认定。毋庸置疑,手术过失,无论术前、术中、术后,都会给患者带来不可弥补的损失。因此,医生对待手术必须持有谨慎的态度,严格掌握手术适应症、认真负责,遵守手术规范和治疗常规,以最大限度地避免患者损害。

外科是研究外科疾病的发生,发展规律及其临床表现、诊断、预防和治疗的科学。外科一词源于希腊语 Cheirourgia,意为手(cheiro)的操作(ergon),主要研究损伤、感染、肿瘤、畸形等疾患的发生、发展规律及其预防、诊断,并采取以手术为主的综合措施进行治疗。外科疾病分为五大类:创伤、感染、肿瘤、畸形和功能障碍。这些疾病往往需要以手术或手法处理作为主要手段来治疗。因此,手术就成为外科所特有的一种治疗方法。人们也往往把是否需要手术治疗作为区别内科还是外科疾病的标准。但外科学并不等于手术学,手术只是外科疾病治疗方法中的一种。手术范围扩大到身体各个部位,并且向深、难发展,因此促使外科不得不进行更细的分工,在外科范围内除了普通外科(包括腹部外科)外,分别成立了颅脑、胸腔、心血管、泌尿、矫形、整形、创伤、烧伤、肿瘤、小儿外科、神经外科等,有的还建立显微外科器官移植等专科。临床上常见的外科包括:普外科(甲状腺外科,乳腺外科,肝胆胰脾外科,胃肠肛肠外科等),泌尿外科,骨科,神经外科,整形外科,心胸外科,小儿外科等;眼科,口腔科,耳鼻喉科,妇产科等,等等。

手术的目的是通过切除病变、修补器官、恢复正常解剖位置、植入组织或器官等手段,达到解除患者痛苦并治愈疾病的目的。但是,有时手术也作为一种诊断疾病的手段,例如各种活检术和解剖探查术。[①]

第一节　手术前过失的认定

手术前过失是指医生于术前未尽应尽的谨慎注意义务,疏忽大意、过于自信或诊疗及手术技术低下使得术前准备的各个方面有不足的地方,以致患者损害的情况。

---

① 古津贤:《医疗事故法律问题研究》,吉林大学出版社2007年版,第3页。

一、手术前过失的主体和主观方面

手术前过失的主体是医疗机构和医疗人员,具体地,应该包括主管患者诊疗的医师、护士,主管手术的麻醉师等。主观方面为医务人员知道或应该知道手术前准备的知识、技术与常规、规范,由于疏忽大意、过于自信或医疗水平低下,而使本可避免的患者损害没有避免。

二、手术前过失的表现形态

手术前过失的外观表现为没有遵守法律、行政法规、规章和相关的诊疗护理和手术前常规或规范。这里的"常规"或"规范"既包括卫生部制定的规范,也包括省、市卫生行政部门和本医疗机构、甚至本科室制定的诊疗护理和手术前准备规范,同时包括《外科学》、《麻醉学》、《护理学》等教科书中论及的,医务界已经形成共识的通行规范。具体形态:

(一)手术指征掌握不准确

毋庸讳言,手术是一种侵袭性、伤害性较大的医疗行为,患者是否需要手术取决于医生对患者手术指征掌握的准确程度,如医生对手术指征判断错误,无论是对无须手术的患者实施手术还是对需要手术的患者延误手术,都必然带给患者健康甚至生命的危害。

1. 具体地,手术指征掌握不准确的原因

(1)误诊

因疏忽大意、过于自信的过失或诊疗技术低下形成错误诊断而造成手术指征掌握失误,造成术前过失。如水肿型胰腺炎的患者本无需手术,如误诊为出血坏死型胰腺炎而行紧急胰腺切除术,则造成患者不必要的身体损伤。相反,则有可能危及患者的生命。误诊常造成手术选择、择期、部位等的错误,给患者造成难以挽回的损失。

(2)对患者查体不仔细,对患者手术耐受性掌握错误

在术前对患者的全身检查过程中,因疏忽大意、过于自信的过失或诊疗技术低下,而在术前对患者的身体状况没有全面掌握,造成对患者的手术耐受性估量错误,从而对是否手术、是否延迟手术决策错误。有些身体极端衰弱的患者,如老年人,属手术高危患者,其对手术的耐受性较差,仓促手术容易造成术中突发事件而危及生命。

(3)诊疗水平未达到一般医师的水准或非法行医的情形

指不具备一般医师所应该达到的诊疗水平而对手术指证掌握错误的情形,当然,对诊疗水准的掌握仍然要考虑地区和医院等级的差异;或非法行医,即本不具备医师资格的人却接诊病人或医生及医疗机构的超范围行医,这些都是造

成医师手术指征掌握失准的原因。

（4）工作严重不负责任，推诿病人

此种情况经常发生于假日，由于疏懒，医生不愿接诊病人。也可能由于经济或患者病情复杂等其他原因。由于推诿，使得应该立即手术的患者得不到救治，常造成患者生命危险。

2．手术指征掌握不正确的表现形态

（1）不应手术的做了手术

指本不具备手术指征，由于医生的过失而认定具有手术指征而出现的本不需要手术的患者被送上手术台的情形。如新生儿的血管瘤大部分是可以自行消退的，如果医生经验不足或知识欠全面，未经观察而急于实施血管瘤的切除术显然是有过失的。

（2）应做手术的未予以手术

指本来具有手术指征的患者，由于医生的诊断过失，被认为无需手术，结果错过了手术的最佳时期。如仍为新生儿的血管瘤患者，如果经过一段时间的观察，发现血管瘤生长较快且无停止扩大的迹象，同时，血管瘤的生长部位有碍美观，则还是应该尽早处理与手术。如果医生仍然等待瘤体自然消退，则有可能错过治疗最佳时机，为家长和患儿留下终身遗憾。

（3）手术时间选择错误

如患者手术耐受性较差应延迟手术的未予延迟，或应该行急症、急救手术或虽为择期手术却不应过分延迟的手术被不当延迟的情形。

（二）违反告知义务，侵犯患者的自主决策权

毫无疑问，手术是一种侵袭性的治疗方式，必须得到患者或其代理人的同意。如若患者的知情同意落到实处，则必要求医生的"全面、准确"的告知义务之有效履行。如果医生的告知未达到如上标准，或根本没有告知，则必侵犯患者的自主决策，即便手术未给患者带来损害，也需就患者知情权的损害予以赔偿。这是我们临床上经常忽视的一个问题。

（三）违反查对病人的术前准备制度而造成手术对象或部位错误

查对制度规定，对病人进行手术时要认真核查病人的姓名、性别、年龄、床号、病历号等项目。术前查对病人非常重要，如相关人员工作极不负责任，因疏忽大意或过于自信的过失而造成手术对象或部位的错误，则必造成患者的灾难，酿成重大事故。

（四）未按诊疗常规做消毒、备血、灌肠等术前准备

绝大多数手术是要求无菌的，因此，对术前局部备皮和手术室消毒都有严格的要求，如疏忽大意或过于自信而消毒不到位，很可能造成感染。而手术如果针对血流丰富的部位，则常规要求备血。如过失造成备血缺失，则术中一旦出现血

容量低于极限的情况,则可能损及患者生命;肠道的手术则更加强调术前的灌肠之重要性,否则很容易造成感染的发生。

但紧急手术中,因患者危在旦夕,时间比充分的术前准备更为重要,此时可不再强调消毒备血的完备性,甚至在手术室外进行。

(五)术前检查错报病情

随着辅助检查越来越广泛地应用,非临床科室如果违反查对制度,也将对医疗的后果产生显著的影响。有此诊断和治疗方案的确立需要依赖辅助检查,如果报告单有错误,可以直接导致下一步的诊疗失误,给病人造成危害。

(六)术前检查不充分、不全面

术前检查是术前准备的重要内容,做好充分的检查,才可能对患者病变部位有准确,清晰的了解,否则,上了手术台才发现问题,就变得非常被动,常造成患者人身重大伤害。其实,许多技术性误诊误治过失都与医师的责任心是分不开的。有些外科手术看起来是因技术水平不高而未能发现其他复杂病情,其实主要还是责任心不强,没有做好充分的术前准备之故。

(七)术前体检马虎从事,不认真负责

外科,尤其急症外科的体检对于正确诊断,正确手术有非常重要的作用,如果术前体检不负责任,则常常导致错误的手术,必然给患者带来不必要的损失。例如,某医院外科收治一位腹痛、腹胀、恶心呕吐、不排气排便的病人,医师在进行腹部检查时未将病人的裤子拉出下腹部,只是在上腹部马虎叩叩摸摸就诊断为急性完全性肠梗阻,并进行剖腹探查。结果发现病人是疝气嵌顿,只得重新关腹再进行疝气复原和修补术,给病人增加了痛苦。

第二节 术中过失的认定

术中过失是指手术进行过程中,由于医务人员工作不负责任,违背手术常规、规范或技术不能达到一般医师的平均水平,过失造成患者损害的情形。

一、术中过失的行为主体和主观方面

术中过失的主体为医疗机构及其医务人员。具体地,主要包括参与手术的医师、麻醉师、护士,同时,随着病理技术在手术中的应用,也包括快速病理诊断的病理医师。

术前过失的主观方面是过失,而排除故意与意外。即术中过失是手术过程中医务人员知道或应该知道相关知识、操作、规范而常规,本应可以避免损害的发生而因疏忽大意或过于自信而没有避免的情形。

二、术中过失的表现形态

简单地说,术中过失的外部表现为对手术、麻醉、护理、病理诊断等相关诊疗规范、常规的违反。具体地,这些"规范"、"常规"不仅包括卫生部、各级卫生主管部门、本院、本科室制定的诊疗、操作、护理、麻醉等规范,同时也包括相关教科书中已经形成医学共识的知识与规则。

术中过失包括如下几个方面:

(一)外科医师对人体解剖不清晰,手术技术低下而造成手术伤害

手术医师的素质要求是非常高的,他们不仅要熟悉各个部位的解剖,同时还要求技术娴熟。如解剖不熟练,则手术中极易伤及神经和大血管,或危及患者生命、或造成患者终身残疾;如技术生疏,结扎血管不牢,则术后可能出现大出血,如不及时发现与抢救,同样危及患者生命。

(二)术中麻醉过失

麻醉是独立于手术医师外的独立的一项工作,作为手术的辅助手段被应用。麻醉危险性很大,常发生不可预料的麻醉意外,这常常和患者的体质特征相关。因此,出现麻醉意外,不一定麻醉师有过错,只有当此意外是麻醉医师违反麻醉操作规范引起时,才出现麻醉过失。

1. 麻醉用药过大直接造成麻醉死

常出现于全麻。由于麻醉用药副作用较大,如用量过大,则可造成呼吸中枢抑制、呼吸衰竭、肺水肿、心脏骤停等。因此,对麻醉药用量的熟悉和无差错之计算,尤其是小儿患者的用药剂量的掌握和应变就显得非常重要。

2. 手术中疏于麻醉监护

指手术中疏于麻醉监护,对患者危险的生命体征没有发现纠正而导致麻醉意外发生这属于术中麻醉管理不当而发生的情形。如1997年5月30日,杨某在某医院接受手术期间,由于麻醉失败长时间缺氧而成植物人。[1] 这场事故的主因便是麻醉医生在给完麻醉药后认为没有事儿了,离开患者而疏于麻醉过程中的管理和监护造成的。

3. 麻醉师违反注意义务,采用的麻醉药物、工具、时间不当引起麻醉意外

如麻醉机回路中活瓣失灵或体外循环机故障未做检修排除、苏打石灰罐已空未发现或石灰陈旧未更换而造成不良后果者;或误用过高浓度之麻醉药,造成严重后果者;有气道梗阻病人本不应该作气管插管而做了器官插管等;或椎管内穿刺插管、拔管过程中操作不当致断针、折管,造成不良后果者。

---

[1] 高绍安:《中国最新典型医疗案例评析》,中国法制出版社2001年版,第428—429页。

4. 局麻药物误入血管

一般而言,局麻是较安全的麻醉方式,但如果麻醉师技术低下,也会出现局麻药物误入血管的严重意外。注射局麻药物时,必须做回吸,以免麻醉要入血。如果违反操作规程,致使局麻药入血,则可引起全社会中毒休克症状,甚至危及生命。

5. 椎管内阻滞麻醉误注药物

如某医生在手术中,由于严重不负责任,疏忽大意而误将酒精当麻醉剂注入椎管,结果造成患者永久性运动功能、感觉功能障碍。

6. 麻醉选择错误

麻醉医生应该根据手术部位、性质的不同选取不同形式的麻醉形式,麻醉选择不当,也为麻醉过失。如错误认为针麻可以用于任何手术,甚至在针麻没有达到外科止痛效果情况下硬性手术,不但不仁道,而且常发生意外。

(三) 擅自扩大手术范围而侵犯患者自主决策权

手术既为治疗手段,也为诊断和探查手段。在手术中,当发现病变部位的实际情况与诊断或手术计划不符时,完全可以改变手术方案,扩大手术范围,但要征得患者或其代理人的同意,否则构成侵犯患者自主决策权的过失。此类侵权经常引起争议的是乳腺肿块探查术。术中如果发现为癌症,则可行根治术。如果术前向病人交代不周详,即使术中征得家属同意签字,也经常引起患者不满与纠纷。因此,最为妥当的办法是术前向患者个人将各种可能情况下会采取的对应术式变更交代清楚,得到本人的术前指示。

(四) 不认真执行术中物品清点核对制度,将异物留在患者体内

手术过程中有严格的物品清查制度,相关人员如果不按规章制度操作,疏忽大意或过于自信,很容易将异物残留患者体内。如患者于某,1986 年做了阑尾切除手术,术后刀口不愈合,经常发热,腹痛,难以工作。1994 年,因腹外伤而行腹部探查术,术中于患者腹中取出完整纱布。可见,医生的疏忽造成了患者多年的痛苦,并为此丢掉了工作。

(五) 由于病理切片诊断失误导致的手术术式选择错误

由于术中采用的为快速冷冻病理切片检查,而且要求诊断迅速,故对病理诊断的要求极高,较常出现诊断错误而影响术式的选择。如由于病理切片误将恶性度极高的子宫肉瘤诊断为良性子宫肌瘤,未进行常规的清扫及化疗,致使肿瘤全身广泛转移最终死亡或将乳腺的良性肿瘤当做恶性而行乳房根治术,都会造成患者的极大损失。

术中病理诊断的失误常常由于此种诊断手段的自身局限性造成的,不涉及医生的过失。但也有部分的病理诊断错误是由于病理医师工作极端不负责任致使病理诊断错误的情况发生,如某病理科医生,在为一例检查乳腺肿块性质的病

人书写病理检验报告时,边与同事聊天边写字,写完了也没有查对就扔在一边,由护理员送到了临床科室。报告单上清楚地写到:"乳腺腺癌",临床科室因此而制订了扩大范围的手术方案,给病人实施了根治手术。结果术后再次进行病理检查致函是腺瘤,找出原来的病理切片重新检查仍然是腺瘤,当时检验的医生也清楚地记得这个病人是腺瘤,究竟为何报告成"乳腺癌",原检验医生自己也就不清楚,估计是笔误。但是,检验医生这轻而易举的一字之差,即使病人失去了一侧乳房和周围大范围的组织,构成了严重的医疗过失。

第三节 术后过失的认定

众所周知,术后对患者的管理是关系手术成败和治疗目的能否达成的另一重要环节。在临床实践中,术后的观察、继续治疗和护理常常被医务人员忽视,而出现疏忽大意、过于自信的过失或因医疗水平低下而造成患者人身的损害。

一、术后过失的主体和主观方面

术后过失的主体为医疗机构及其医务人员。具体地,是主管手术病人的医师和护士。

术后过失的主观方面为术后出现的,主观医师或护士知道或应该知道术后治疗护理的知识、操作、规范、常规,因疏忽大意、过于自信或技术水平低下而本应可以避免患者的损害而没有避免的情形。

二、术后过失的表现形态

术后过失外观上表现为对术后诊疗、护理常规、规则的违反。这些常规包括各级卫生主管部门和本院、本科室所制定的规范,也包括相关教科书中的讨论与论述。一般术后过失有如下几种表现形态:

(一) 医师术后对患者告知不当

毋庸置疑,患者的知情权所对应的医师的告知义务贯穿于医患法律关系存续的始终,并不是说手术结束就万事大吉,术后有没有特殊措施、是否随诊、是否有后续治疗等都需要详尽、准确的告知。医师如果术后对患者应告知而没有告知或错误告知造成患者损失,则医师存在过失。如先天无肛的患儿术后要有长期的扩肛才能痊愈,如经治医师未告知或告知不当,则有可能造成手术无效的后果。

(二) 术后抗感染疏漏

因手术创伤打击致使患者抵抗力下降,几乎所有手术于术后都需要抗感染治疗。如术后医师遗忘了抗感染或抗感染不利,均可发生严重术后炎症,轻者影响伤口愈合,而重者则可造成患者败血症,甚至死亡。

(三) 术后护理不当

术后的护理对手术的成功同样至关重要,术后由于护理人员过失造成护理失当而使患者损害,也是术后过失。如术后导尿不利、手术苏醒中的呕吐未能很好处置造成误吸等。

(四) 术后观察不细致

指术后观察不细致,致使出血等危险情况未能及时发现与处理造成危险;未能严密监控患者的生命体征和脏器功能,错过最佳救治机会及其他术后并发症没有及时发现等造成患者损害的过失。如果术后能够细致观察,常常可以弥补手术的漏洞,避免更大的损失。而术后观察不认真,则损害必然进一步扩大。

(五) 术后补充营养不当

如果术后补充养分(如蛋白质、能量合剂、维生素)等不及时、不充分,常常影响患者的痊愈,而对老年患者或婴幼儿则更为重要,术后营养的补充不当常可致命。

(六) 术后麻醉管理不善

术后麻醉管理不善常有意外发生,也认为存在术后过失。如气管插管拔出太早、麻醉师未护送病人回病房、未向值班人员交代麻醉状况和注意事项等都可引起患者的危险。

三、不存在术后过失的情况

(一) 后遗症

后遗症是指医疗终结后仍遗留某些身体机能障碍,严重者尚存医疗依赖,需靠外源性医疗支持身体机能。后遗症发生的原因,有的是因必需的诊疗方法所造成的损害形成的,如双侧卵巢切除后,内分泌功能需要外源性激素维持;甲状腺切除后的甲状腺功能减退等。但这种损失是必需的,而非医方过失造成。但术前,对后遗症应有详尽的告知。

(二) 正规抗炎下的手术后感染

手术是对患者抵抗力的重大打击,故术后常规会给予抗感染治疗。如果患者身体极度虚弱,或手术部位是易感染的部位,则术后及时正常抗炎治疗,仍有可能发生感染。但因医生已经尽到专家的注意义务,故不存在医疗过失。

(三) 手术并发症

手术并发症是术中难以人为避免的损失。如难产用产钳接生的孩子在出院不久常在颈部下方发现有一个小疙瘩,此为产钳损伤右胸锁乳突肌造成的产伤性斜颈。手术前向家长给予充分说明是避免纠纷的重要途径。再如,肠道手术后并发粘连、肠梗阻等。

（四）术后瘢痕形成，影响美观

因手术必然造成对皮肤的真皮层破坏，术后会造成瘢痕，而瘢痕体质的患者更会造成皮肤更严重的过度增生形成瘢痕疙瘩而影响美观。但这是患者正常的防御性反应或特异体质造成，与医师的过失无关。

（五）术后出血

术后严重的出现既可以由于手术操作不当，止血不利造成，也可以由于创面较大，伤口较深造成。前者本可避免却没有避免，医生存在过失；而后者难以避免，不存在过失。

思考题：

1. 手术前诊断过失有哪些？
2. 手术中过失有哪些？
3. 手术后过失有哪些？
4. 不属于手术过失的术中、术后损害情形有哪些？

第二十一章　护理过失的认定

【内容提要】　本章首先探讨的是护理人员注意义务的特点、护理过失的形成原因和避免措施,其后,我们主要讨论的是护理过失的认定问题,包括主体、主观方面、外部表现及形态的认定。

第一节　护理过失概述

所谓护理过失,即护理人员在工作中出现疏忽大意或过于自信的过失,违反了护理常规,未尽护理人员应尽的注意义务的情形。

一、护理人员注意义务的特点

(一)护理人员注意义务属于特殊注意义务

特殊注意义务又称专业注意义务,是指特殊主体(如医护人员、护理员等)在从事特殊工作时所应达到的注意义务。由于其注意对象具有特殊性(如婴幼儿保护能力差,患者全身衰竭,抵抗力低下等)要求专业人员更多的注意义务。[1]

(二)护理人员应尽最善之注意义务

为判定行为人过失的程度人们提出"善良管理人"注意义务标准(善良管理人是指有相当经验、知识及诚意的一般理性人)。如果行为人欠缺"善良管理人"之注意义务,其行为就存在轻过失。护理人员不应以此标准为满足,应以"追求患者利益最大化,以人为本"为目标,尽最善之注意义务。

(三)护理人员注意义务涵盖全部护理活动

由于护理活动均可能对人身造成危险,因此护理人员注意义务应贯穿护理活动的全部。[2] 任何超越护理工作范围的活动或不完成护理工作都是违反了注意义务。

二、护理过失产生的原因

(一)责任心不强、缺乏良好的医疗道德

由于受现代社会的影响,部分医护人员拜金思想严重,自觉社会地位低下,

---

[1]　王利明:《侵权行为法归责原则研究》,中国政法大学出版社 2004 年版,第 304—328 页。
[2]　苏嘉宏:《医事护理法规概论》(第 4 版),台北三民书局 2002 年版,第 218—265 页。

待遇不高,致使工作缺乏主动性,责任心不强。表现在观察患者粗心,机械地执行医嘱,病情记录不详细,对病情变化不能及时汇报,延误病情。

(二)不落实操作规程

许多医疗纠纷的发生主要为不按照规章制度操作造成的。表现为责任心不强,三查七对不严格,例如患者用药,有的药虽一字之差,但药理作用恰恰相反。因此,严格规范执行规章制度是杜绝护理过失发生的关键。

(三)护理人员的不足影响护理质量

护理人员的不足致使新聘合同护士增多,这些人员专业技术水平低,应急能力差,工作经验不足造成了护理质量下降。缺编使护理工作量加大,超负荷工作,护士只能勉强完成工作,产生急躁情绪,与患者交流少,服务质量下降。因此,护理人员的不足、缺编,使护理质量受到一定影响,加大了护理不安全因素。[1]

(四)服务态度与沟通不良

护士在实施护理工作中,通过与患者接触、交谈,能随时了解患者的心理状态、病情变化及家属的心理需求,及时解决存在的和潜在的护理问题。如果护士与患者交谈时简单应付,态度冷淡,言语不妥,极易引发患者及家属的不良情绪。[2]

(五)"以人为本"的观念较淡薄

少数医护人员以自己为中心,服务意识淡化,态度差,对患者"生、冷、硬、顶、拖",使医疗活动在不平等的医患关系下进行。[3]

三、避免护理过失的措施

(一)提高护士职业风险意识,加强法律知识教育

定期组织护理人员学习新的医疗事故处理条例和进行安全知识教育,注意医疗安全,培养护士树立正确的医疗风险意识,正确认识风险既有客观的一面,又有可控的一面,最大限度地避免和控制风险,在维护患者利益的同时,依法维护自身利益。

(二)严格落实操作规程,增强安全观念,加强规章制度的落实

严格执行操作规程是护理工作的关键,因此,护士长要经常检查制度落实情况,严把质量关,确保护理安全。培养护士要有严谨的工作作风,让每一个护士充分认识到护理工作中每项操作都必须科学和规范。

---

[1] 史自强、马永祥、胡浩波等:《医院管理学》,上海远东出版社1995年版,第238页。
[2] 淘月玉、庄永忠:《预防为主抓好医疗安全管理》,载《现代医院》2003年第3期。
[3] 《加强护理安全管理,杜绝护理过失发生》,http://www.39kf.com/cooperate/qk/xdhlxzz/0602/2006-08-31-251414.shtml,2009年9月10日访问。

（三）加强在职学习和岗位练兵，提高护理人员的素质

注重护理人员对知识的更新及新技术的培训，扩展对各层次护理人员的培训，特别对年轻护理人员及合同护士的技术操作训练和业务知识的学习，满足社会对护理人员的需求。

（四）加强语言修养确保服务质量

随着现代医学的发展，要求护理人员语言的知识含量越来越高，合理使用保护性语言，改善服务观念，对患者做到有问必答，尊重患者的合理要求。对不能满足的应耐心解释，不能以工作繁忙而置之不理。注重语言艺术在护理工作中的应用，以优质服务服务于患者。

第二节 护理过失的认定

社会的进步和医疗保健事业的发展都对护理服务提出了更高的要求，医院的发展和技术的进步应该为患者及护理人员营造出一个更安全、更能体现人文关怀的环境和氛围。安全是人的基本需要，也是护理工作的基本要求，护理安全应该得到每个护理管理者的重视。而护理安全的达到最根本的就是较少护理过失。

一、护理过失的主体和主观方面

毋庸置疑，护理过失的主体为医疗机构和医务人员。具体地，护理过失的主体为护士和助理护士等护理工作者，不包括患者自己雇佣的护工。护理过失的主观方面是护理工作者在护理过程中本知道或应当知道护理的知识和技能，却因疏忽大意、过于自信或技术能力低下而使本应可以避免的对患者的护理损害却没有避免的情形。

二、护理过失的表现形态

护理过失于外部表现为对各级护理常规、规范的违背。这些"常规"、"规范"不仅可由卫生行政部门制定，也可有本院和本科室制定。同时，护理学教科书上对护理规范的讨论也属于护理常规的范畴。

临床实践中常见的护理过失为：

（一）医嘱处理过失

包括医嘱处理不及时；医嘱转抄错；医嘱签字后未执行等。这些都是护士在工作中不认真负责，不遵守护理常规造成的疏忽大意的过失。

（二）口服药发放过失

包括口服药错发、漏发、早发或迟发；发药后对病人交待、解释不详，致多服、

漏服、错服、误服。此种过失仍属于疏忽大意,违反"三查七对"的护理制度规范造成的。护士在工作过程中稍加细心便可以避免。

(三) 注射、输液过失

原因可为疏忽大意或过于自信的过失,也可能是技术不达标。包括错注、错输、漏注、漏输;注射输液中药名、剂量、浓度、方法、时间发生错误;用药速度快慢调节发生错误;漏做药敏试验者或未及时观察结果,又重做者;使用过期、变质、混浊、有杂质的药品。

(四) 护理处置过失

手术、检查病人应禁食而未禁食,以致拖延手术和检查时间者;各种检查、手术漏做皮肤准备或备皮时划破多处皮肤,影响手术及检查者;抢救时执行医嘱不及时或延误供应抢救物资、药品影响治疗抢救者;手术室护士误点纱布、器械遗留在体腔或伤口内者,手术器械、敷料等准备不全、延误时间者;供应室发错器械包或包内遗漏主要器械影响检查治疗者。此种过失极有可能是责任性的,也可能是技术性的。

(五) 护理观察、记录过失

此种过失常为疏忽大意过失所致,包括观察病情不细致,病情变化发现不及时,延误病情者;交接班不认真,不能按要求巡视观察或不坚守岗位,工作发生失误;发现问题,报告不及时或主观臆断,擅自盲目处理者;监测数据不准确、不真实、弄虚作假者;护理观察项目遗漏,发生漏测、漏看、漏做者;护理记录不及时,计算发生误差,漏记、错写、误写者;护理记录与实际不相符合者。

(六) 消毒隔离过失

包括无菌技术操作管理不善而发生感染者;消毒液浓度配制不准确发生感染者;器械清洗灭菌不彻底,培养有细菌生长;供应未消毒的器械、敷料、药品;一次性用品处理不当发生意外者;院内感染监测项目未达标准者。发生原因可为责任性,也可为技术性。

(七) 输血及血标本采集过失

包括输错血液者;漏采、漏送血标本;血标本注错试管或在输液、输血的针头处采集血标本,影响化验结果者。

(八) 护理并发症

因不遵守护理操作常规而发生褥疮、烫伤者;昏迷、躁动病人或无陪伴的小儿坠床,造成不良后果者;因预防措施不到位而致病人跌倒者。

(九) 仪器使用不当

多为技术性过失。如手术技术不断向更细微、复杂方向发展,各种新器械、新设备层出不穷,由于这方面知识的缺乏,盲目操作一些并不了解的设备仪器,一方面造成仪器设备的损坏,另一方面可能造成对患者的损伤。如高频电刀使用不当,使用时输出功率超过安全范围等,导致患者皮肤烧伤。曾有报道,由于气压止血带使用不当,造成患者肢体缺血性坏死,最后导致截肢,给患者造成了极大的伤害。

思考题:
1. 请论述护理的特点。
2. 护理过失如何认定?
3. 护理过失包括哪些情形?

第二十二章　输血、输液过失的认定

【内容提要】　本章首先讨论输血过失的认定问题,包括主体、主观方面、外部表现和表现形态,其后讨论了输血的固有风险及其形态。在第二部分,我们探讨了输液过失的认定问题,包括主体、主观方面、外部表现和表现形态,其后讨论了输液的固有风险及其形态。

第一节　输血过失的认定

随着我国输血医学的不断发展和进步,科学、合理、节约、安全用血的问题越来越受到社会的广泛关注,政府有关部门也将血液管理工作提高到了依法治血、依法管血的高度,先后颁发了《中华人民共和国献血法》《医疗机构临床用血管理办法》《临床输血技术规范》等法律法规。但是,在当前医院临床输血的实际工作中仍然还存在一些问题和一些不尽如人意的地方,需要引起大家的高度重视并加以改正。

临床输血安全是每个医务工作者必须考虑并严肃对待的问题,应切实做好防范工作。根据部分医院资料分析表明,输血引发的问题,80%以上发生在血站外,而护士责任性差错占全部差错的50%以上。周慧盈[①]等人做的一项调查表明,医生输血申请单填写不准确率达81.34%,受血者标本问题占69.74%。加强血站外输用血安全管理,能有效降低输血差错和医疗纠纷。

一、输血过失的主体和主观方面

毫无疑问,输血过失的主体是医疗机构及其工作人员,具体地说,是指与输血有关的医生、护士、血库工作人员、血站工作人员等。

输血过失的主观方面是与输血有关的医生、护士、血库工作人员、血站工作人员等在临床输血过程中由于发生疏忽大意或过于自信的过失,或由于技术、技能、医疗水平低下而使本可避免的输血损失没能避免的情形。

---

① 周慧盈、邵庆华、罗曼琳:《临床输血关键环节监管分析》,载《中国输血杂志》2006年第19卷第3期。

二、输血过失的表现形态

与输血有关的医生、护士、血库工作人员、血站工作人员等医务人员的过失之外部表现为对输血、采血的法律、法规(如《中华人民共和国献血法》、《医疗机构临床用血管理办法》、《临床输血技术规范》等)、规章、各级规范、常规的违反,也包括对教科书中医疗界公认的采血、输血常规的违反。

临床常见的输血过失包括:

(一)输血指征把握不当

输血指征把握不当的过失可表现为本应输血,却疏忽大意或过于自信没有输血,造成患者人身损害,大多危及生命;也可表现为本应无须输血,却予以输血,使患者无端承受输血的风险和并发症。

(二)填写输血申请单中的过失

此中过失多为疏忽大意所致,如按照输血正常的诊疗常规办事,则可轻松避免:

(1)患者信息填写不全或错误。如姓名写错,缺乏病史和诊断,患者身份类别不清,输血目的不明等。

(2)不填写血型或将血型写错。这在输注不需要配血的血液制品时,特别易于发生严重后果;

(三)输血前不做必要的检查

此既可以由于疏忽大意或过于自信的过失造成,也有可能是技术水平低下所造成的不知的过失。如输血无 Hb 或红细胞压积检测,输机采血小板无血小板数量检测,输新鲜冰冻血浆无 APTT 检测。如过失未被发现与弥补,则有可能发生输血意外。

(四)不按规定提前备血或备血严重不足

这可能是疏忽大意造成,更多的为过于自信而致过失。如盲目自信手术技术高超,出血较少而无须输血,而术中才发现估计错误。特别是需要外购的稀有血型血液,或需要提前预约采集或制备的成分血制品,极易引发输血纠纷。

(五)不按规定对大量用血进行输血前会诊和审批

输血量越大,越容易产生输血并发症和输血危险,此时会诊以征求集体的智慧是需要的。如过于自信而擅自主张,则可能发生输血意外。而医生违反"大量用血进行输血前会诊和审批"的制度,当然会认定有过失。

(六)取标本过失

1. 标本抽错

此中过失经常为疏忽大意、违反操作常规、制度的结果。如将已标识的标本管误抽为其他病人,或将已抽的标本标识成其他病人,这是最为严重的差错,如前后病人血型相同将无法发现,或在配血查对和发血查对时疏忽将导致极严重的后果。

2. 标本标识不清

此种过失为疏忽大意的过失,如没有及时纠正则可能出现输血意外。此过失可表现为标识空白、模糊、不能识别、反复涂改、标识不全或双重标识。

3. 标本标识错误

表现为床号、姓名、科室或 ID 号不一致。此种疏忽、不负责任的过失同样非常危险,甚至造成输错血液的恶性事故。

(七) 损害患者自主决策权的过失

表现为输血没有得到患者本人或其代理人的同意签字,即病例中缺乏输液同意书;或虽然得到了同意,但因为医师的说明不充分或不准确而使得同意无效;或有行为能力的患者本人由于宗教等原因拒绝输血而医生违背患者的意思予以输液,这些都损害了患者的自主决策权。

(八) 取血过失

1. 取血人员不具备资格

首先,是有未经过培训的实习和进修的医护人员取血;其次,是随意让非医护人员取血。这些人员不懂取血制度和常规,不知如何核对血液,常造成技术性过失。

2. 违反取血制度

如一个人取多个病人的血液制品,此种情形下很容易产生混淆而引起输血事故。

3. 取血时不认真查对或不知如何查对

取错血是取血过失的最经常的形态,如床前未予以发现和纠正,后果不堪设想。

(八) 配血和血型鉴定错误

由于不负责任或技术原因引起的配血和血型鉴定错误直接导致的后果就是引起极度危险的异型输血引起的输血事故。

(九) 输血过失

1. 输血前不是两名医护人员同时逐项严格查对

查对制度规定:输血前,需经两人查对无误后,方可输入;输血时须注意观察,保证安全。如果疏忽大意或过于自信的过失而疏于查对,不仅使得取血错误不能被发现与纠正,并可能造成重大输血事故。众所周知,输血大多数用于外伤急诊或手术当中,经常在情况紧迫时执行,忙中易错,输错血型的病例时有发生。加之医护人员忙于手术或抢救,大多疏于观察,往往给病人造成严重后果。

2. 让未取得资质的助理护士单独进行输血操作

此种过失为技术性过失。无资质人员不熟悉输血的基本常规、制度,同时,他们如果遇到特殊情况不能应变,如疏于汇报,常酿成事故。

3. 输血过程中不严密观察,不能及时发现和处理输血反应,并按规定逐级上报

如给患者输上血后离开,做其他工作。这样一种基于疏忽大意或过于自信的过失使得患者的异常反应不能及时被发现与纠正,错过救治的最佳机会。

4. 不遵守输血的操作常规

如未按先慢后快的原则进行;有在输血通道给其他药物的情况;疏忽大意而于输血过程中出现空气栓塞、误加促凝剂或溶血性药物。此种情形可能为责任性过失,也可能为技术性过失,但都可能造成难以挽救的输血意外。

5. 输血前没有认真检查库血质量

输血前,应该仔细观察血液有无变色、沉淀等现象,如发现,则应该立即停止输血。如过失没有观察,致使变质血液输入,则可造成输血意外。

(十) 医疗单位使用无采供血资格之血站的血、私自采血又无检测能力

此种过失常常不仅造成患者无辜感染经血传染的疾患,还可通过其他途径将疾病传染给第三人。医疗单位对患者及第三人都可成立侵权。

(十一) 血站采血不当的过失

如提供错误血型之血液致使异型输血造成患者损害:如检验人员疏忽而查错血型、贴错标签等);提供污染的血造成严重后果:如采血器消毒不彻底、血库血液污染、包装不密闭等;提供病源血致使患者感染传染性疾病:如没有采、供血资格而私自采血供应临床、对献血员未按照《供血者健康检查标准》严格体检等。

第二节 输液过失的认定

输液过失是指医务人员违反相关法规和输液制度及其技术规范,疏忽大意、过于自信或技术低下的过失。

一、输液过失的主体和主观方面

输液过失的主体是医疗机构及其工作人员。具体地,他们包括执行输液操作的护士或助理护士。

输液过失的主观方面包括疏忽大意和过于自信的过失或输液技术低于本地区一般护士的输液技能,致使本可避免的损害发生。

二、输液过失的表现形态

输液过失外观表现为输液的护士对输液的规范、常规的违反。这些规范除各级卫生主管部门所指定,也可有医院、科室制定,也包括教科书中对输液的讨论和要求。

输液过失有如下几种:

(一) 未正确掌握药品的配伍、禁忌症、适应症

药物似一把双刃剑,使用得当能减轻患者的病痛,使用不当可能给患者造成药源性危害。此种过失为技术性过失,多因医生对药理掌握不熟练所致。如将两种同类抗生素配伍,产生严重不良反应。在药物治疗中,静脉输液是一种较常见的给药方式,特别是两、三种药物联合应用或两、三组药物连续点滴的方法较为普遍。此时应特别留意药物的配伍变化:当更换输液时,第一组液体尚未输完,第二组液体已开始进入莫菲氏滴管或静脉输液器,两种液体在滴管或输液器中混合,出现配伍变化。

(二) 违反输液消毒、无菌操作规范

可因疏忽大意或过于自信的过失,也可由于技术低下所致。包括违反消毒灭菌、无菌操作规范和技术要求,致使输液部位消毒不完全;违反操作规范致使输液器污染;配制液体时没有严格按无菌操作要求等。

(三) 输液前没有仔细检查药品、输液器、注射器质量

此多为责任性事故。由于疏忽,没有按常规仔细检查药品,做到瓶盖无松动,瓶子无裂缝,液体无混浊、异物、沉淀并在有效期内;没有认真检查注射器、输液器包装与有效期是否符合要求等。

(四) 由于疏懒,违反"现药现配"原则

静脉输液要求做到现配现用,从加药至输液不得超过30分钟。如果疏懒,怀侥幸心理,常酿成输液事故。

(五) 输液时违反查对义务,过失输错药物

比如,过失加入配任禁忌药物或误加有害药物;加入过敏药物,违反操作规程和技术规范,造成患者人身明显损害的。

(六) 违反输液操作规范

如加压输液时违反床边监护需求,或输注时液体走空,致使形成气栓;违反常规或忽视患者病情和体质,输液过快或过量等导致患者人身明显损害的。

(七) 发生输液不良反应时抢救不及时或抢救失误

抢救不及时为责任性过失多由于输液过程中疏忽大意,不仔细照护与观察患者,致使不良反应没有及时发现与补救,从而错过最佳抢救时机;抢救失误则

多为技术性过失,由于技术水平低下,不能应对抢救病人之需所致。[①]

(八)需要询问过敏史、应做皮试的药物在输液前未问过敏史未做皮试

此过失常为过于自信造成的。如某病人在门诊一直用青霉素,入院后需继续使用青霉素,虽知道门诊与病房所用青霉素并非一个厂家所生产,但心存侥幸未做皮试,结果出现严重过敏性休克。

三、输液固有风险——不属于输液过失的情形

输液不良反应为输液引起的或与输液相关的不良反应的总称。大部分输液不良反应是输液的固有风险,医院和医务人员并无过失,因此,不承担损害赔偿责任。

(一)热源反应

症状表现为输液半小时至 1 小时后出现发冷、寒战、发热。轻者发热常在 38℃ 左右,严重者初起寒战,继而高热达 40℃ 以上,常伴有恶心、呕吐、头痛、脉速等症状。原因常为输入致热物质(致热源、死菌、游离的菌体、蛋白,药物成分不纯)而引起。

(二)静脉炎

症状出现时间不定,可早在输液后 10 分钟出现,也可迟至 1—2 日后。轻者表现为沿静脉走向出现条索状红线,局部组织发红、肿胀、灼热、疼痛,重者可伴有畏寒、发热。原因为输注浓度较高、刺激性较强的药物(如奎诺酮类、化疗药)。

(三)休克反应

休克反应可发生于:(1)虽询问了过敏史,并做了皮试,但某些药物还是引起的过敏反应;(2)输入扩血管药物时,血管扩张引起血压下降,导致脑供血不足;(3)糖尿病病人输入加有胰岛素的液体时,引发血糖过低;(4)情绪紧张,心理压力过大。

(四)过敏反应

虽询问了过敏史,并做了皮试,但某些药物还是引起过敏反应,轻则皮疹、发热;重则休克甚至威胁生命。

思考题:

1. 输血治疗的特点有哪些?
2. 输血过失如何认定?
3. 不属于输血过失的输血损害情形包括哪些?

---

① 《输液医疗事故》,载 http://www.bjls.com.cn/news.asp? id=435,2010 年 4 月 26 日访问。

第二十三章 其他医疗过失的认定

【内容提要】 本章中,我们将讨论用药副作用过失、健康体检、麻醉、病理检查中医疗过失的特点、表现及认定等问题,包括每种过失的概述、常见之形态、过失之认定(涵盖主体、主观方面、外部表形等)及过失之预防措施等,目的为在相关医疗过程中可以防微杜渐,避免纠纷之发生。

第一节 用药副作用过失的认定

药物似一把双刃剑,使用得当能减轻患者的病痛,使用不当可能给患者造成药源性危害。而当前,由于药物品种、数量增多,特别是存在不合理用药现象,药源性疾病的发生率呈上升趋势,其危害性仅次于心脑血管疾病、恶性肿瘤和感染性疾病。因用药导致药源性疾病,一方面使病人雪上加霜,增加痛苦和遭受不必要的伤害,导致病人健康相关生存质量恶化,甚至威胁病人生命。另一方面,医治药源性疾病需要耗费一定的医疗资源,有形地加重了国家、社会和病人的经济负担。同时,随着人们法制观念不断增强,用药知识逐渐丰富,由药源性疾病而产生的各种纠纷也不断增多,其中有些纠纷已构成了药源性医疗事故。

一、概述

药物的副作用便是药源性疾病最重要的原因。药物具有副作用,这是个基本常识。有一些常用药也容易引起胃部不舒服、皮肤过敏、发疹以及便秘等副作用。服用了催眠药或精神安定剂等容易产生药物依赖性。此外,服用了降血压药或肾上腺皮质激素后,一旦停服反而会使病情加重。服用某些特殊药物,应密切观察病情疗效,如服用毛地黄需测量心率变化,以防中毒。

毋庸置疑,任何药物都有毒副作用,只是程度不同而已。关键是要在治疗疾病和控制毒副作用之间找到一个适当的点。既不能为了一味追求疗效而忽略药物的毒副作用,也不能因为惧怕毒副作用而缩手缩脚,连正常的治疗都不敢进行。一般情况下,只要注意毒副作用的观察和检测,是可以做到使疾病得到治疗,同时又避免较大毒副作用。

二、常见的严重副作用

(一) 永久性耳聋

某些易在耳液中积聚的药物,如庆大霉素、链霉素、卡那霉素、红霉素等药物均具有耳毒性,可导致小孩和老人永久性耳聋。这些具有耳毒性的药品主要会对内耳毛细胞造成伤害,并使听神经受到损伤,因此它们所造成的耳聋往往是不可逆的。部分儿童对这些药品非常敏感,甚至一两次使用就有可能造成终身遗憾。

(二) 药物性尿潴留

如老年人使用抗帕金森病药、三环抗抑郁药(如阿米替林、米帕明、盐酸多塞平等药),均可引起尿潴留。特别是有尿道、前列腺功能紊乱的老年人更易诱发尿潴留。有前列腺增生的老年人使用强效利尿剂,也要格外小心。

(三) 精神神经症状

尤其老年患者,由于其脑组织对药物反应较敏感(原因是脑细胞数量减少,脑血流量下降和脑活力减退),因此对中枢神经抑制药的反应敏感性增高。青少年同样较容易引起精神神经症状。

(四) 致畸

众所周知,妇女怀孕早期应尽量避免用药,因很多药物,哪怕是普通的感冒药,也有可能妨碍胎儿发育造成新生儿畸形。

(五) 肾毒性

很多药物具有肾毒性,即损害肾脏。在应用这些药物是要十分小心,尤其是对肾脏已经有损害的患者而言,用药选择更为重要。

三、用药副作用过失认定

过失用药副作用过失多数为医生的药理掌握不清晰熟练,即治疗技术低于一般医生水平造成的,少数情况下可以由于医师的疏忽大意或过于自信、寄希望于侥幸避开药物副作用的心理所引起的。

(一) 药物副作用过失的主体和主观方面

药物副作用过失的主体为医疗机构和医务工作者,具体地,包括与用药相关的医生、护士、药剂师等。用药副作用过失的主观方面常表现为本来知道或应该知道药物的副作用以用药规范,由于疏忽大意或过于自信的过失,或医疗水平低下,致使本可避免的用药副作用损害没有避免。

(二) 药物副作用过失的表现形态

药物副作用过失的外观表现为对用药"常规"、"规范"的违背。上述所称的"规范"、"常规"具体到药品领域应大致包括以下内容:《中华人民共和国药品管理法》、《中华人民共和国药典 2000 年版二部临床用药须知》、《新编药物学》中及一些与药物相关的诊疗护理规范。于医疗杂志上刊登的有关用药的论文不属于"常规"、"规范"范畴,因其尚处于讨论阶段,尚未在专业领域达成共识。临床常见的用药副作用过失包括:

1. 用药原则错误

(1) 医师错开药

多由于医师医疗基础差,技术水平低造成的,属于技术性过失。表现为乱用药,不懂药理、药效。对用药原则一知半解,又不认真求教。如肾脏损害的患者抗炎时,绝对不能使用深度性的抗生素,如庆大霉素、卡那霉素、链霉素、妥布霉素、丁胺卡那霉素、多粘菌素、万古霉素,磺胺药等,否则,对肾脏来说,无疑是雪上加霜。①

(2) 护士错发药

多由于护士工作严重不负责任,不遵守护理常规造成的。如将药物错放部位,自信不会发错而不加核对,却最终发错。错发药常常由于药物严重副作用而致患者死亡或残废。

2. 用药剂量过失

最多见的为用药剂量过大,致使发生药物毒性反应、中毒死亡或其他不良反应。如强心药物使用过量可引起中毒症状和心脏骤停等。用药剂量过大最常见于儿科用药,因儿科用药常常需要按照体重计算。

(1) 医生遗嘱用药剂量过大

儿童对药物相对于成人敏感,而儿童的器官由于发育尚不健全,更容易受到伤害。因此,儿科用药需要精确,常常需要根据体重按比例给药。如有的医生嫌麻烦,违反诊疗常规,不计算用量而采取估摸、或盲目照搬成人剂量,则有可能造成用药剂量过大;或医生责任过失或对药物给药剂量不熟悉而导致给药剂量过大,都可能造成患儿不可逆的损害。

(2) 护士过失抄错医嘱或发药错误造成剂量过大

此为护士疏忽大意的过失造成的,外部可表现为对护理常规的违背。如没有执行正常的"三查七对"制度,使得错抄与错发药物的情况没有被及时发现与补救,最终造成医疗事故或侵权。

3. 用药时间过长

毋庸置疑,药物都会有副作用,但大多数药物在短期应用下是安全的,只有大剂量、长期用药,其副作用才显现出来。如长期使用链霉素导致的中毒性神经性耳聋;长期使用庆大、卡那霉素引起的肾功能障碍;长期使用呋喃唑啉类产生

---

① 王青山:《药源性疾病与药疗事故之我见》,载 http://www.39kf.com/cooperate/qk/xdyygl/0406/2005-09-28-105774.shtml,2010 年 4 月 10 日访问。

的末梢神经炎。

(1) 医生技术过失造成用药时间过长

大多为医生对药物的副作用缺乏了解,似懂非懂而又疏于请示上级主管医师或请教有经验的医生;偶尔由于医生认为可以侥幸避免而过于自信造成。

(2) 医生疏忽大意忘记停药

此为医生工作极端不负责任,不遵守每日查房、随时更改医嘱的诊疗规范,下了医嘱之后就不再管病人,结果造成重大过失。

(3) 护士错抄医嘱致使未能停药

医生已经下医嘱停药,而护士粗心大意遗漏了停药,造成药物使用时间过长。此种纠纷是护士责任性过失造成的。

4. 对长期使用激素类药物的患者的停药未按常规执行

长期使用激素类药物的患者如果需要停药,必须遵循逐渐减量的原则,如骤减,则可由于药物的副作用产生严重不良反应。如一例风湿性关节炎的患者长期服用激素,因没有逐渐减量缓慢停药,而立即停药,于一周后爆发肾上腺皮质功能衰竭的危象,而当前的医疗水平对此几乎无能为力。

5. 孕早期不当用药致使新生儿畸形

如 2005 年初,怀孕两个多月的某女士到黄冈市妇幼保健院作孕期检查,因尿酮体阳性,医生为其进行抗炎、纠酸等治疗。护士未经查对将甲硝唑当成碳酸氢钠实施静脉输液。同年 7 月,某女士分娩一男婴。婴儿属早产并患有先天性胆道闭索及先天性心脏病。后在北京某医院接受了腹腔镜胆道闭锁肝门空肠 ROW-Y 吻合术,术后恢复良好。2006 年 2 月,患儿因胆道感染再次住院治疗。同年 5 月因胆汁性肝硬化实施了肝移植。经审理,法院认为不能排除被告误用甲硝唑的过错行为,与患儿先天性疾病之间的关系。由于被告方没有证据证实患儿的先天性疾病因感染弓形虫、巨细胞病毒所致,一审法院判决其赔偿患方损失 80 多万元。

6. 未告知用药风险,侵犯患者知情权

《医疗事故处理条例》第 11 条规定:"在医疗活动中,医疗机构及医务人员应当将患者的病情、医疗措施、医疗风险等如实告知患者,及时解答其咨询。"本条规定是医疗机构及医务人员应该遵守的医疗服务职业规范,是医疗机构应该履行医疗服务合同的附随义务,是医务人员应恪守的职业道德,亦是患者享有医疗服务知情权的法律规定。很多用药是存在风险的,在风险较大的情况下,医疗机构和医务人员应将此种风险告知患者,否则,侵害了患者的知情同意权。

(三) 不存在用药过失的情形

1. 在现有医学、药学科学技术条件下,尚不能发现或预测的药源性疾病

以链霉素的应用为例,20 世纪五六十年代有许多患者因长期大量使用链霉

素导致永久性耳聋,但当时医学界和药学界都未能对链霉素的耳毒性有充分的认识,虽然有损害成果但并不存在"过失"。如果我们现在因使用链霉素而导致永久性耳聋,那一定是药疗事故了,因为现在链霉素的耳毒性已得到医学界和药学界的公认。

2. 别无选择的情况下

明知道某些药使用后对患者有损害后果,但又无其他药物可替代,为达到治疗某种疾病的目的,在患者知情的情况下使用这些药物,这也不能判定为药疗事故,如抗结核药异烟肼与利福平、乙胺丁醇合用时容易肝炎,但这三种药作为一线抗结核药又无其他药物替代,在患者知情情况下使用这三种药,虽然可能形成后果——肝炎,但并不存在过失。

3. 由于患者病情异常或者体质特异而发生用药意外的

例如,有胆碱酯酶遗传性缺陷的患者在用去极化型神经肌肉阻断剂琥珀胆碱时,不能及时分解琥珀胆碱,从而产生长时间的肌肉松弛,可出现用药后呼吸暂停,甚至长达数小时。

4. 由患者或公众的用药不依从性而导致的药源性疾病

如医务人员或药学人员已经向患者讲明"利福平"的用法、用量及注意事项,而患者本人却私自大量服用而导致严重后果的。

5. 由患者或公众故意隐瞒病情或用药史,而导致药源性疾病的

如患者或家属向医生隐瞒家属中曾加有对耳毒性药物超敏感而致聋的先例便是属于这样的情形。

6. 因改善绝症患者的生存质量的

如癌症晚期患者长期大量使用麻醉药品而产生的成瘾或中毒死亡,均不属于药疗事故。

7. 经患者同意,对患者实施试验性用药发生不良后果的

此种情况下,医生免责的原因在于患者自冒风险,而前提是医师对实验性用药的风险之充分说明和患者的完全自愿,缺一不可。

8. 紧急情况下按常规用药造成不良后果的

在紧急情况下,如急救中,为抢救患者,按各种规范、常规用药出现的不良后果不能定为药疗事故。

第二节 健康检查过失的认定

过去,大多数人是因为身体不适才不得不去医院进行检查,一旦查出问题,部分人不可治愈或已经错过了最佳的治疗时期。如今,在中国已基本实现小康的今天,经济发展的速度加快了,人们的生活水平提高了,只求吃饱穿暖的日子

已经远去。但与此同时,工作的节奏加快,生活的空气也变得紧张起来,人们转而越来越关注身体的健康。在我国,"亚健康"的发生率在知识分子、行政和企业管理者中高达70%以上,普通中年人接近50%。世界卫生组织称,"亚健康"状态是心脑血管疾病、肿瘤、糖尿病等疾病的罪魁祸首。世界卫生组织的研究报告表明,1/3的疾病通过健康体检可以指导治疗,提高疗效。由此,一股"体检热潮"汹涌而至迅速蔓延。然而当各路资本热衷于淘金体检的同时,问题也随之产生。不规范、标准不统一、价格参差不齐、质量高低不等、缺乏统一认证……可谓是"乱"字当头。有人说:乱而后才能治。但一个不争的事实是:我们必须为此付出代价,而在体检市场,这个代价是不能用金钱来衡量的,因为它事关人的健康和生命。

目前,我国能够提供健康体检的机构可分为两种:医院体检中心和专业体检机构,大多数三甲医院都设有体检中心。我国体检服务主要分为两类:一是健康体检,包括干部保健、企事业单位职工体检和个人体检等。这类体检的特点是收费较高,潜在消费群体较大,市场发展迅速。针对这一群体所提供的体检服务也最为丰富,医疗机构内设的体检科室和专门体检机构均提供此类服务。二是由政府相关部门指定的体检,包括招生体检、征兵体检、驾驶员体检和特殊行业从业人员体检等。一般由公立体检机构承担,工作任务重收费低。随着社会、经济的发展、人民群众对健康服务的需求日益增加,客观上需要体检市场做大做强。对某些疾病的及早发现、尽早治疗起到积极作用。但同时发展与规范的矛盾也日益突出,受利益驱动又缺乏相应的管理规范造成了某些地区体检市场的无序发展而出现了种种问题。

一、健康体检过失的主体和主观方面

毋庸置疑,健康体检过失的主体为医疗机构及其工作人员,具体地,包括从事体检的医师、护士和辅助检查人员。概况地说,健康体检过失的主观方面是"过失",而非故意或意外。具体地,是参与体检的医务人员知道或应该知道体检的操作、知识、行为规范,但由于疏忽大意或过于自信,或未达到应有的医疗水准,使得本应避免的患者体检相关的伤害未能避免。

二、健康体检过失的表现形态

外观上,健康体检过失表现为违反与健康体检相关的诊疗、操作常规和规范。具体地,健康体检中的过失可包括如下几类:

(一)无资质的非法行医

现在,专门体检机构定位模糊。《医疗机构管理条例实施细则》规定的医疗机构类别中未包含"体检机构",《医疗机构基本标准》中亦无"体检机构"的基

本标准。卫生行政部门在审批、监管专门体检机构时缺乏法律规范和政策支持。部分卫生行政部门尚未开展专门体检机构的审批,已经审批专门体检机构的卫生行政部门准入标准大多参照"门诊部"。故如果专门体检机构没有达到"门诊部"的资质要求而开展业务,则构成非法行医。

（二）侵犯患者的知情权和自主决策权

健康检查需要受检者的知情与同意,尤其医学侵袭性的检查,需要向受检者详细、正确的告知并征得他的允许,如胃镜检查,肛门指检等,如果患者拒绝,则应尊重患者的自主决策。

（三）侵犯患者的隐私权

医生健康检查过程中常无意中了解患者的身体或其他方面的隐私,如医生违反对患者的隐私保护义务,则可造成过失侵权。同时,不管诊疗或是功能检查都应一人一诊,男女诊室分开,确实无条件者应派专人负责维持秩序。

加强体检资料的保管也是保护受试者隐私的重要方面。双方指定专人保管体检资料,尤其是对重大疾病和传染病,更应加强保密工作,同时,对于重大传染病应及时上报主管医疗机构。发现重大疾病或高度疑似重大疾病者应在当时视具体情况及时告诉本人或一小时之内告知单位或家属。并注意方式,用词严谨。

（四）漏检过失或重大疾病通知时间不及时

违反诊疗常规,内、外、妇科等体格检查不认真,敷衍了事,随意改变诊疗程序；功能检查不细致,易漏检。在漏诊情况下,体检机构存在过失,同时带给受试者机会损失,应该予以赔偿。

（五）报告单填写错误

功能检查和实验室检验是体检工作重要的一部分,科学性很强、精确度很高。检查结果正确与否,直接关系到诊治的准确性,要求医务人员务必严肃认真、精力集中、确定数据一丝不苟、填报结果准确迅速、切不可粗心大意,填报结果张冠李戴、随意涂改导致失真。如果发生上述情况,则存在过失。[①]

（六）检查手法粗暴,造成被检查人员人身损害

这种过失经常由于操作者技术水平低下造成的,如胃镜检查中操作手法粗暴,造成食道撕裂伤,则为典型的过失行为。

第三节 麻醉过失的认定

麻醉是各种外科手术治疗过程中所采用的医疗手段,是施行手术时或进行

---

① 范宁:《健康体检过程中存在的医疗纠纷及应对措施》,载《中国误诊学杂志》2008 第 8 卷第 12 期。

诊断性检查操作时为消除疼痛、保障病人安全、创造良好的手术条件而采取的各种方法。亦用于控制疼痛、进行手术或诊断性检查操作时,病人会感到疼痛,需要用麻醉药或其他方式使之暂时失去知觉。手术或检查操作还可引起精神紧张和反射性不良反应,如胃肠道手术可引起恶心、呕吐,长时间不舒适的体位(如俯卧位),可增加病人的不适和痛苦,因此应使病人在舒适、安静的环境中,在对不良刺激无反应,暂时失去记忆的情况下接受手术。在医学上属独立的分科。麻醉本身就有一定的危险性,尤其是全身麻醉危险性更大,在施行麻醉的过程中,常因忽视麻醉的禁忌症,麻醉用药量过大或误将其他药物当麻醉药使用而造成麻醉方面的过失。直接由麻醉引起患者的死亡,叫做麻醉死。麻醉死多见于全身麻醉,全麻过程中麻药用量过多可导致呼吸中枢的抑制,麻醉诱导期可发生呼吸道的阻塞如喉头、支气管的痉挛等,可引起呼吸衰竭、肺水肿、心跳骤停等。

一、概述

麻醉方法主要包括全身麻醉、局部麻醉和复合麻醉。又根据麻醉药进入人体的途径分为吸入麻醉、静脉麻醉和基础麻醉。基础麻醉是将某些全身麻醉药(常用的有硫喷妥钠、氯胺酮)肌肉注射,使病人进入睡眠状态,然后施行麻醉手术。局部麻醉为利用局部麻醉药如普鲁卡因、利多卡因等,使身体的某一部位暂时失去感觉。常用的方法包括椎管内麻醉(阻滞)、神经阻滞、区域阻滞、局部浸润麻醉和表面麻醉等。椎管内麻醉是将局部麻醉药通过脊椎穿刺注入椎管内,其中注入蛛网膜下腔的称为蛛网膜下腔阻滞或腰麻,注入硬脊膜外腔的称为硬脊膜外腔阻滞。神经阻滞是将局部麻醉药注射到身体某神经干(丛)处,使其支配的区域产生痛觉传导阻滞,常用的神经阻滞有颈神经丛阻滞、臂神经丛阻滞。区域阻滞则是将局部麻醉药注射于手术部位的周围,使手术区域的神经末梢阻滞而达到麻醉的目的。局部浸润麻醉是直接将局部麻醉药注射至手术部位,并均匀地分布到整个手术区的各层组织内,以阻滞疼痛的传导,是临床小手术常用的麻醉方法。表面麻醉为将渗透性强的局部麻醉药喷雾或涂敷于粘膜、结膜等表面以产生麻醉作用。复合麻醉是麻醉中同时或先后应用两种或更多的麻醉药、辅助药(如镇痛药、安定药等)或麻醉方法,使之相互配合截长补短,以增强麻醉效果,保障病人安全,以及满足某些手术的特殊要求。应根据病情和手术需要、麻醉方法的适应症和禁忌症来选择麻醉方法。

二、麻醉过失的认定

(一)麻醉过失的主体和主观方面

麻醉过失的主体是医疗机构及其工作人员。具体地,为与麻醉操作、管理相关的麻醉师。麻醉过失的主观方面表现为知道或应该知道麻醉知识和操作、管理规范,由于疏忽大意或过于自信,或由于医疗水平低下而是本应可以避免的患者麻醉中损害未能避免。

(二) 麻醉过失的表现形态

麻醉过失外观上表现为对麻醉操作、管理规范的违背。这些规范、常规不仅包括各级卫生主管部门定制的麻醉规范,同时也包括本单位、本科室制定的麻醉详则,还包括麻醉教科书中对相关麻醉规范的论述。具体地,临床实践中麻醉过失可表现为:

1. 非专业麻醉医师操作

麻醉是专业性和技术性很强的工作,一个非麻醉医师肯定难以胜任麻醉的工作,很容易发生麻醉意外。

2. 麻醉选择不当过失

(1) 麻醉时机选择不当过失

如非急症手术,必须要求空腹,如患者空腹时间不够,则不能手术,否则容易引起术中、术后的呕吐、窒息。

(2) 方法选择不当过失

麻醉医生应该根据患者的病情、手术部位等选择适当的麻醉方法。如严重休克的人应用椎管内麻醉,有气道梗阻病人不作气管插管等。方法选择不当,常可造成麻醉意外。

(3) 药物选择不当过失

麻醉药物的选择要根据患者基础疾病和手术的不同而不同。如哮喘病人用箭毒等致组织释放药,高血钾病人用司可林。药物选择不当,则很容易发生意外。

3. 麻醉管理不当

如麻醉药、肌松药用后通气不足,气管导管扭折,分泌物堵塞或接头脱落,舌后坠、呕吐物未及时管理;椎管内麻醉平面过高或辅助用药导致呼吸抑制未及时处理;硬脊膜外阻滞过程中,违反操作规程,注药后未及时观察,发生全脊髓麻醉,抢救不力,以致病员死亡者,属责任过失;如无违反操作规程之处,且已进行积极抢救仍无效者,不属医疗事故;术后拔管过早或肌松药未完全消失致呼吸抑制、通气不足;全麻因改变体位致循环功能紊乱或气管插管脱出;无常规监测未能发现低血压、缺氧、心律失常等;全麻手术后患者未复苏,或复苏不完全,呕吐物吸入气管引起窒息死亡及造成吸入性肺炎等,是常见的过失或意外。

在全麻中咬伤舌头、牙齿脱落;过早拔掉气管插管导致不良后果者,若因不负责任、不注意观察病人引起的,属责任过失;若因缺乏经验或判断错误引起的,属技术过失。

4. 麻醉中的各种操作过失

如全麻用药量过大,麻醉过深造成不可逆性复苏,若因不负责任、不注意观察满员引起者属责任事故;如系技术不熟练、缺乏经验或判断错误引起的,属技术事故;给药错误;麻醉机气源接错;注入异型血或污染血;使用不熟悉的药物或麻醉方法;无必要的设备、监测、抢救设备而强行实施麻醉;麻醉机回路中活瓣失灵或体外循环机故障未做检修排除、苏打石灰罐已空未发现或石灰陈旧未更换而造成不良后果者;或误用过高浓度之麻醉药,造成严重后果者,为责任事故;高血压病员局部麻醉加用大剂量肾上腺素致发生意外者,根据具体情况可定为技术或责任过失;在单位时间内,盲目使用过大剂量麻醉药,又不采取拮抗措施,致严重后果者,视具体情节定为责任或技术过失;椎管内穿刺插管、拔管过程中操作不当致断针、折管,造成不良后果者,属责任过失;插管误入食道或一侧支气管,此种操作过失可为技术性,也可为责任性过失。但多以前者多见。

5. 术前未进行有效的麻醉告知,侵犯患者的自主决策权

医疗实践中,麻醉告知通常是单独进行的。术前,麻醉师如若未将术中可能出现的麻醉意外等危险向患者和家属进行有效告知就性麻醉,则直接侵犯了患者的自主决策权。

第四节 病理诊断过失的认定

病理(学)诊断(pathological diagnosis)是指病理医师应用病理学的知识、有关技术和个人专业实践经验,对送检的标本(包括活体组织、细胞和取自尸体的组织等)进行病理学检查,结合有关临床资料,通过分析、综合后,作出的关于该标本病理变化性质的判断和具体疾病的诊断。由于这是通过直接观察病变的宏观和微观特征而作出的诊断,因而比通过分析症状、体征、影像检查和化验分析而作出的各种临床诊断,常常更为准确。所以,病理诊断常被视为"金标准"或"最后诊断"。为临床医师诊断疾病、制订治疗方案、评估疾病预后和总结诊治疾病经验等提供重要的(有时是决定性的)依据。因此,它在临床医学、法医学、新药开发和各种生物科研中都有广泛的应用。

一、概述

病理诊断是疾病的最确切诊断,它决定了外科手术方式和手术范围,也为疾病的内科治疗提供决定性依据。病理误诊将导致不良医疗事件发生,轻则使患者延误治疗,重则使病患丧失器官或受到其他严重损害。当前医疗立法和涉及医疗损害的审判有严格责任过错,甚至采取无过错原则救济病患的倾向,医疗的法制环境日趋严峻。近年来,因病理诊断而引发的医疗纠纷和医疗诉讼逐渐增

多,给医院和医生带来很多压力。

二、病理诊断过失的认定

病理诊断之所以具有权威性,是因为它是定性诊断(检验科多为定量诊断,影像科室多为定位诊断)只有病理检查才能对病变性质作出肿瘤性与非肿瘤性、良性与恶性的最后诊断。病理诊断失误是指病理诊断报告不能全面正确反映病人实际病情,甚至出现错误。

(一)病理诊断过失的主体和主观方面

病理诊断过失的主体为医疗机构及其义务工作者。具体地,是病理技师和病理医师,不包括临床医师和护士。病理诊断的主观方面为知道或应该知道病理诊疗、操作的知识和规范,由于疏忽大意或过于自信,或诊疗操作技术低下,使本应该避免的病理诊断失误没有避免。

(二)病理诊断过失的表现形态

病理诊断过失的外观表现为对各级卫生主观部门制定的各种病理诊断、操作的常规、规范的违反,也包括对本科室制度的诊疗和操作常规及教科书中公认的诊疗公理的违背。从标本离开人体,多个环节均可引起诊断失误:

(1)取材不当,导致漏诊或组织取材太少,组织严重挤压或烧灼蜕变而影响诊断。

(2)不遵守操作规范或技术欠佳致使标本固定不当,未及时固定标本或固定时间不够导致标本变性。

(3)不按操作常规,疏忽大意致使固定或制片过程中标本污染。此种过失多为责任性,偶尔出现技术性失误。但污染的标本多数已经没有诊断价值了。

(4)工作严重不负责任,导致丢失标本。此为严重的责任性过失,目的可能为惧怕承担标本制作中的错误。结果可能是漏掉了此项检查,也可能是行为人胡乱出的一份报告,这些都有可能误导临床,出现严重的诊疗失误。

(5)工作严重不负责任、不执行查对制度致使标本编号失误造成诊断错误,常酿成事故。其实,只要操作人员稍微细心一些,此种责任性事故是很容易避免的。

(6)临床医师与病理医师缺乏沟通。现在临床医师和病理医师之间缺乏了解,导致工作脱节。病理诊断需要结合临床部位、症状以及是否使用过药物有关,否则容易导致诊断错误。部分临床医师申请单填写不全,取标本不规范。

(7)病理技师标本处理不当,制片质量差,包括切片过厚,积压或变形,染色差,核质着色不良,有刀痕,折叠等;对切片染色差,平切不完整的组织未应用组织块深切或连续切片校正或重新包埋。如病理切片过厚,导致细胞重叠,容易误认为异型细胞而误诊肿瘤。① 此种过失可能是责任性,也可能为技术性。

(8) 病理医师诊断失误。此种诊断失误可能为技术性,即医师诊断水平没有达到应有的标准而出现误诊;也有可能是责任性,及病理医师本可以避免误诊、漏诊,却因为疏忽大意或过于自信而没有避免。病理诊断是实践性、经验性极强的工作,需要长期培养,避免思维片面

(三) 不属于病理过失的情形

不属于病理过失的情形主要由于病理诊断的自身局限性造成的:

(1) 假阴性和假阳性:细胞病理学检查存在假阴性(在恶性肿瘤患者有关标本中未能见恶性细胞,假阴性率一般为10%左右)和假阳性(在非恶性肿瘤标本中查见"恶性细胞",假阳性率通常≤1%),正常得到假阴性和假良性应该是允许和免责的。

(2) 一次活检只能反映某一疾病发展中某一阶段的变化,有些疾病仅在某一阶段才表现出特征性病理变化。同时,如在患儿鼻咽部出现后新生物,对新生物经过反复活检才得以确诊鼻咽癌。

(3) 由于受设备、技术、时间限制和标本自身因素的影响,病理诊断会有一定的失误率。如快速冰冻切片检查的范围具有局限性:对淋巴瘤、过小的标本、脂肪组织、需要依据分裂象记数判断良、恶性的软组织肿瘤或主要依据肿瘤生物学特征而不能依据组织形态学判断的良、恶性肿瘤等标本均不宜用快速切片检查。一些良恶性交界的病变,完全依靠冰冻切片很难作出准确诊断,它只能是初步诊断,供临床参考。而现在的术中病理诊断大部分只能提供快速冰冻切片检查。

(4) 病理诊断有很强的经验性和主观性。由于经验、认识以及对疾病分类等方面参差不齐,常发生各医生之间、医院之间,甚至不同时期对同一病例检查得出不同或大相径庭的病理诊断。病理医师的经验与学识的限制也是病理诊断困难的原因所在。由于病理学涉及内容广泛,疾病的病理变化复杂多样,且病理学发展迅速,知识更新很快,任何高明的病理医师都不可能保证诊断100%的正确性。特别在我国现阶段,尤其在一些偏远地区,一个医院可能就1个病理工作者,可能还是半路改行的,没有经过正规训练,也没有太多的经验,每年只能看到几百例病理,手中仅有的1—2本病理书可能是十多年前的,医院也不提供外出交流的机会,要求这样的病理工作者保证病理诊断的质量,恐怕只能是幻想。

(5) 同种疾病的病理改变可以多种多样,一种病理改变也可见于多种疾病。正如临床上同一疾病可有多种临床表现,同一症状也可见于多种疾病一样,给疾

---

① 王琼书:《因病理诊断引发医疗纠纷成因及预防对策》,载 http://law-lib.com.cn/lw/lw_view.asp? no =7550,2009年9月23日访问。

病的诊断造成困难。如肺巨细胞肉芽肿可见于结核、结节病、恶性肿瘤、霉菌感染等多种疾病,因而在肺活检标本中仅见到巨细胞肉芽肿,有时很难对疾病作出明确的诊断。

（6）由于疾病的异质性,同一疾病,不同区域病理形态可能不同,如卵巢黏液腺癌,不同区域其分化程度可能差别很大,有些区域形态学表现可能完全良性,因而在取材不全面的情况下,特别是在术中冰冻切片时,由于时间的限制,不可能取太多的组织进行检查,有可能将恶性肿瘤诊断为良性。

（7）疾病的晚期,器官的组织结构重建如各种间质性肺炎的晚期都会因肺泡重建而形成蜂窝肺,此时缺乏特征性组织结构,因而无法判断其原发病是何种间质性肺炎。①

加强对临床医师病理诊断的局限性教育十分重要,可避免因临床医师过分依赖病理检查造成的医疗差错、纠纷;同时使临床医师意识到他们在病理诊断质量控制中的重要作用,理解并尊重病理医师的工作。对病理诊断有疑问时主动和病理医师沟通,构建和谐临床与病理关系,更好地发挥病理检查的作用,服务于病人。

思考题：

1. 药物副作用过失如何认定？
2. 麻醉过失如何认定？
3. 健康体检过失如何认定？
4. 病理诊断过失如何认定？

---

① 夏成青:《加强病理诊断局限性教育的必要性》,载《中华中西医杂志》2007年第8期。

第八篇 医疗责任

第二十四章 医疗民事责任

【内容摘要】 罗马法谚云：有损害就有赔偿。医疗机构的医务人员在诊疗过程中给患者造成损害的一般应当对损害进行赔偿，即医疗机构要承担相应的民事责任。如何确定医疗机构的民事责任也是我们研究医患法律关系的主要任务之一。本章围绕医疗民事责任展开系统的论述，介绍了医疗损害赔偿的主体及内容，精神损害赔偿在医疗侵权领域内的适用，药品不良反应中的民事责任等内容，并介绍了医疗责任保险制度及其在我国的发展前景，作为我国医疗赔偿制度的有益补充。

第一节 医疗民事责任概述和形式

一、医疗民事责任概述

民法上所谓民事责任，大多是指债法上的责任。一般来说，民事责任都因行为人和受害人之间产生以恢复受害人受到侵害的利益为内容的债权债务关系而发生。债务和责任似乎具有同一性。但是，我国法严格区分债务与责任。从《民法通则》第84条和第106条的规定上可以明显地反映出来。通说认为，债务是法律规定或合同约定的当事人当为的行为，而责任是债务人不履行债务时国家强制债务人继续履行或承担其他负担的表现。强制债务人继续履行或承担其他负担，这些责任方式是对原债权关系中的债务的"替代"，性质上属于一种给付的代偿，具有担保的作用。二者的不同在于，债务"并不包括任何债务人的强制，在债务人不履行义务时，强制其履行或赔偿损害，则属于民事责任问题"。①

医疗民事责任,指医疗机构及其医务人员不履行其在医患债权债务关系中所负之义务,给患者造成损害时,国家对其履行义务的强制。例如,医疗机构不履行医疗合同义务产生违约责任,医疗机构的过失医疗行为侵害患者健康产生的侵权民事责任,都属于医疗民事责任研究的范畴。

二、医疗民事责任的一般构成要件

责任要件指行为人承担责任所必需的构成条件。只有具备责任要件,才可使行为人承担责任。责任要件可分为一般要件和特殊要件。一般要件为一切民事责任均须具备的要件,特殊责任要件指构成侵权责任或者违约责任所需具备的具体要件。

医疗民事责任的一般构成要件包括:

第一,义务违反。医疗机构及其医务人员违反了诊疗活动中所负之义务,例如诊疗义务、告知义务。

第二,具有可归责于行为人的事由。归责事由指应由行为人负责的原因,通常指医务人员违反注意义务时的故意和过失。

第三,患者基于医务人员不履行债务,向法院提起诉讼,请求确认行为人的行为违法,并请求强制医方履行债务。

第四,法院确定医方的责任,并以国家公力强制其履行对于患方的债务,或对其实行其他法律制裁。

三、医疗民事责任的形式

我国《侵权责任法》第15条对承担责任的方式作出规定,包括停止侵害,排除妨碍,消除危险,返还财产,恢复原状,赔偿损失,赔礼道歉,消除影响、恢复名誉。以上承担民事责任的方式,可以单独适用,也可以合并适用。

在医疗民事责任中,最主要的责任形式为损害赔偿责任。赔偿损失几乎适用一切行为人应当承担民事责任的情形。损害赔偿,指行为人不法侵害他人的合法权益或者因不履行合同债务给他人造成损害时,为弥补受害人的损失而向受害人支付一定数额金钱的责任方式。损害赔偿的目的是为弥补受害人所受损害,具有补偿性质。因此,它与行政性质的罚款和刑罚性质的罚金均有根本区别。后者是国家对于违反行政法或者刑法的行为人的法律制裁,不以受害人请求为必要;而前者则是国家应受害人的请求,强制行为人向受害人履行损害赔偿的债务。

---

① 梁慧星:《论民事责任》,载《中国法学》1990年第3期。

除了损害赔偿责任外,有时患者及其家属还会要求医方承担赔礼道歉、恢复名誉等责任。

第二节 医疗侵权损害赔偿

一、损害赔偿权利人

医务人员在医疗活动中造成损害事故,侵犯患者人身或财产权利,应当对受害人进行赔偿。赔偿权利人,则一般为患者本人。然在侵权法律关系之外尚存在着间接受害人,这些间接受害人是否能够成为损害赔偿权利人,殊值探讨。

(一)患者本人

发生医疗侵权时,患者本人为过失医疗行为的直接受害人,作为侵权法律关系的一方主体,当然地享有请求损害赔偿之权利。患者本人享有赔偿权利人资格的要件有二:一是患者因过失医疗行为遭受了损害,二是患者未死亡。因民事主体资格始于出生,终于死亡。如果患者发生死亡,其主体资格也将随之消亡,作为赔偿权利人的权利基础不复存在,自不能以赔偿权利人的身份要求损害赔偿。

(二)患者的财产继承人

为抢救、治疗患者而支付的医疗费、误工费、护理费、交通费、住宿费、住院伙食费及必要的营养费是患者所遭受的财产损失。不论患者生前或者死后,都应该赔偿。对该项损失的求偿权,不因患者死亡而消失。患者的权利能力虽然终止,但是权利仍然存在。患者作为受害人的身份虽然不能被继承,但是其财产权利可以发生继承。因此,在患者死后,由其财产继承人作为损害赔偿权利人对上述损失要求损害赔偿。

(三)患者的近亲属

当患者存活时,并无患者近亲属请求损害赔偿之机会。然患者发生死亡时,患者近亲属能否取得损害赔偿之权利?首先需要明确的是,民法领域内,近亲属包括配偶、父母及子女。近亲属与患者关系密切,往往是与患者共同生活之人。他们因患者的死亡,除了遭受财产损失,更多的是因亲人去世而承受精神上的伤害。那么他们是否可以以自己的名义提起损害赔偿?

笔者认为,患者近亲属可以以自己名义向侵权人要求偿付死亡赔偿金。因为,患者死亡时,已无从谈及精神上所遭受之痛苦,而这种痛苦随其死亡转嫁于其近亲属身上。因此对于死亡赔偿金而言,事实上弥补的是死者家人精神上的损害。对于此项损失而言,患者家属是当然的权利人。因此患者家属可以基于此要求损害赔偿。

（四）被扶养人

被扶养人指受害人生前或者丧失劳动能力前依靠其提供生活来源的人。侵权行为人侵害受害人致死者，受害人为侵权行为之直接受害人。而被扶养人系侵权行为之第三人。受害人生存期间，依法律之规定负有扶养义务，又实际上提供扶养者，扶养权利人因受害人死亡顿失生活依靠。法定扶养权利人虽为侵权行为之第三人，仍为赔偿权利人。

（五）支付丧葬费之人

丧葬费以及为了办理死者身后事而支付的必要的交通费、误工费、住宿费是侵权损害赔偿中的赔偿项目之一。受害人死亡后，一般由其近亲属办理丧事，此笔费用盖由其亲属支出，支付费用之近亲属当然成为丧葬费之求偿人，自不待言。但也有例外情形存在，例如死者并无家属，其丧事盖由其朋友操办，此种情形之下，虽为办理后事支出之人与死者并无任何亲属关系，但因其财产受损，亦可成为丧葬费之求偿权利人。

二、损害赔偿的义务人

从医疗合同法律关系角度来说，损害赔偿的义务人应当为订立医疗合同的合同当事人，也即违反医疗合同义务的一方。患者到医疗机构就医，即与该取得医疗机构营业执照的医疗机构签订了医疗合同，而不论哪个科室、哪位医生接诊。因此，因违反医疗合同义务承担损害赔偿责任的义务人为医疗机构。

从医疗侵权法律关系角度来说，应当由侵权行为人承担损害赔偿责任。事实上，医疗行为是由具体的医务人员作出的。并且，对患者采取的医疗行为往往不是由某一位医师完成的，而是由不同的医师以及护理人员共同完成的。这些医师和护理人员可能来自同一科室，也可能来自不同科室，有些在医疗行为中发挥着主要作用，有些发挥辅助作用，协同合作，密切配合，对患者实施治疗，实现医疗的目的。学者们将其称之为"群体性医疗行为"。但需要明确的是，无论是单独的医疗行为还是群体性医疗行为，依照我国法，医务人员的诊疗护理行为都属于职务行为。其行为后果归属于医疗机构。因此，发生医疗侵权时，仍然应当由医疗机构承担赔偿责任。

三、损害赔偿的范围及计算方法

医疗人身损害的赔偿范围和具体计算方法，按照《人身损害赔偿司法解释》办理。

（一）人身损害的常规赔偿

这种赔偿指所有的人身侵权案件中都应包含的项目。包括医疗费、误工费、护理费、交通费、住院伙食补助费以及营养费。

1. 医疗费

医疗费包括医药费和治疗费。《人身损害赔偿司法解释》第 19 条规定："医疗费根据医疗机构出具的医药费、住院费等收款凭证,结合病历和诊断证明等相关证据确定。赔偿义务人对治疗的必要性和合理性有异议的,应当承担相应的举证责任。医疗费的赔偿数额按照一审法庭辩论终结前实际发生的数额确定。""器官功能恢复训练所必要的康复费、适当的整容费以及其他后续治疗费。赔偿权利人可以待实际发生后另行起诉。但根据医疗证明或者鉴定结论确定必然发生的费用可以与已经发生的医疗费一并予以赔偿。"

根据司法解释的规定可以看出,医疗费的赔偿以全额赔偿为原则,对于实际发生的医疗费用,一律进行赔付。医疗费的数额通过医疗机构出具的医药费、住院费等收款凭证,结合病历和诊断证明等相关证据来确定,并以一审法庭辩论终结前实际发生的数额为准。这种计算方法操作性较强。

在实践中,需要注意的是:

(1) 医疗费应当包括患者自己购买药物的费用。受害人在受到损害后,有的是自己买药治疗,有的是医院没有所需的对症药而要求患者到其他地方购买,等等。对于患者在医院外自己购买的药物,凡是合理的、需要的,都应当列入医疗费的范围予以赔偿。

(2) 医疗机构对诱发疾病的治疗费用是否应当赔偿?这个问题不能一概而论。对于医疗侵权行为诱发其他疾病的,一般应当按照相当因果关系确定责任的有无。根据责任的大小,医疗机构承担相应的赔偿责任。

(3) 是否应当包括后续治疗费用?《人身损害赔偿司法解释》明确规定,后续治疗费应当赔偿。患者对于后续治疗费用,可以待实际发生后另行起诉;但是根据医疗证明或者鉴定结论确定必然发生的费用,可以与已经发生的医疗费一并予以赔偿。一并赔偿的,如果实际发生的后续治疗费用超过了最初确定的金额,对于超出部分,患者仍有权起诉请求赔偿。

2. 误工费

误工费用于补偿受害人由于人身收到伤害耽误工作而造成的损失。《人身损害赔偿司法解释》第 20 条规定:"误工费根据受害人的误工时间和收入状况确定。""误工时间根据受害人接受治疗的医疗机构出具的证明确定。受害人因伤致残持续误工的,误工时间可以计算至定残日前一天。""受害人有固定收入的,误工费按照实际减少的收入计算。受害人无固定收入的,按照其最近三年的平均收入计算;受害人不能举证证明其最近三年的平均收入状况的,可以参照受诉法院所在地相同或者相近行业上一年度职工的平均工资计算。"

3. 护理费

护理费用于补偿受害人因身体受损致生活不能自理需有人进行护理而支出

的费用。

《人身损害赔偿司法解释》第 21 条规定:"护理费根据护理人员的收入状况和护理人数、护理期限确定。""护理人员有收入的,参照误工费的规定计算;护理人员没有固定收入或者雇佣护工的,参照当地护工从事同等级别护理的劳务报酬标准计算。护理人员原则上为一人,但医疗机构或者鉴定机构有明确意见的,可以参照确定护理人员人数。""护理期限应计算至受害人恢复生活自理能力时止。受害人因残疾不能恢复生活自理能力的,可以根据其年龄、健康状况等因素确定合理的护理期限,但最长不超过 20 年。"

4. 交通费

对于为救治人身损害支出交通费的,应当赔偿交通费损失。交通费是受害人因人身损害而遭受的实际财产损失。

《人身损害赔偿司法解释》第 22 条规定:"交通费根据受害人及其必要的陪护人员因就医或者转院治疗实际发生的费用计算。交通费应当以正式票据为凭;有关凭据应当与就医地点、时间、人数、次数相符合。"可见交通费不仅包括患者本人因就医需要所支付,还包括陪护人员的费用。数额的确定根据正式票据确定。

5. 住院伙食补助费

受害人因治疗需要住院的,对于住院期间支出的伙食费应当补偿。

《人身损害赔偿司法解释》第 23 条规定:"住院伙食补助费可以参照当地国家机关一般工作人员的出差伙食补助标准予以确定。受害人确有必要到外地治疗,因客观原因不能住院,受害人本人及其陪护人员实际发生的住宿费和伙食费,其合理部分应当赔偿。"

6. 营养费

《人身损害赔偿司法解释》第 24 条规定:"营养费根据受害人伤残情况参照医疗机构的意见确定。"

对营养费的确定,应当根据受害人伤残情况确定,不宜确立一个固定的标准。同时,在确定具体的营养费数额时,应当参照医疗机构的意见,认为受害人确有补充营养食品作为辅助治疗的需要的,应当对需要的营养品的等级作出评价,在此基础上确定具体的营养费。

(二) 丧失劳动能力的赔偿

所谓丧失劳动能力是指医疗侵权造成患者身体健康受到损害使其无法继续劳动以维持生计。这种赔偿所救济的,既不是劳动能力丧失的本身,亦不是受害人致残前后的收入差额,而是受害人致残前后生活来源的差额。[1]《人身损害赔

---

[1] 杨立新、刘忠:《损害赔偿总论》,人民法院出版社 1999 年版,第 361 页。

偿司法解释》第17条第2款规定:"受害人因伤致残的,其因增加生活上需要所支出的必要费用以及因丧失劳动能力导致的收入损失,包括残疾赔偿金、残疾辅助器具费、被扶养人生活费,以及因康复护理、继续治疗实际发生的必要的康复费、护理费、后续治疗费,赔偿义务人也应当予以赔偿。"因此,劳动能力丧失的赔偿范围,包括残疾赔偿金、残疾辅助器具费、被扶养人生活费和必要的康复费、护理费、后续治疗费。

1. 残疾赔偿金(《民法通则》使用的是生活补助费)

根据《人身损害赔偿司法解释》,"残疾赔偿金根据受害人丧失劳动能力程度或者伤残等级,按照受诉法院所在地上一年度城镇居民人均可支配收入或者农村居民人均纯收入标准,自定残之日起按20年计算。但60周岁以上的,年龄每增加1岁减少1年;75周岁以上的,按5年计算。""受害人因伤致残但实际收入没有减少,或者伤残等级较轻但造成职业妨害严重影响其劳动就业的,可以对残疾赔偿金做相应调整。"

赔偿金的支付方式,可以一次性给付,也可以定期给付。一次性给付的,按照上述规定全部赔偿。定期给付的,则从致残时起,赔偿至受害人此亡时止,按月计算,按年给付;为防止侵权人逃避责任,定期支付赔偿金的,应责令侵权人提供担保。以上两种方法,可以根据具体情况选择使用。

2. 残疾辅助器具费

受害人遭受伤害致残,需要配置残疾辅助器具的,对购置、安装的费用,应当予以赔偿。《人身损害赔偿司法解释》第26条规定:"残疾辅助器具费按照普通适用器具的合理费用标准计算。伤情有特殊需要的,可以参照辅助器具配制机构的意见确定相应的合理费用标准。""辅助器具的更换周期和赔偿期限参照配制机构的意见确定。"

3. 必要的康复费、护理费和后续治疗费赔偿

对于造成劳动能力丧失的受害人的这三项赔偿,应当按照实事求是的原则、根据实际情况,按照前述有关规定确定赔偿数额。

康复费的赔偿必须以实际发生的为限,未发生的不予赔偿。且应当为必要的康复费,才能进行赔偿。康复费发生在康复护理、继续治疗过程中。受害人可以另行起诉要求赔偿。

这里的护理费与人身损害常规赔偿中所涉护理费并不相同。此护理费发生于康复护理、继续治疗过程中,而彼护理费则发生于受害人最初的治疗过程中。与康复费赔偿原则一致,以实际发生和必要为限。对该项护理费权利的实现,受害人可以单独向法院起诉,要求赔偿义务人赔偿。

该项后续治疗费同样以必要为限,如果超出必要的范围,赔偿义务人没有义务赔偿。后续治疗费应当赔偿的,操作方法有三种:一是一次性赔偿,即将今后

可能发生的治疗费用全部计算出来，一次赔偿，这种情况必须根据医疗证明或者鉴定结论确定的必然发生的费用。二是今后发生的损失另行起诉，不在本次诉讼中解决，《人身损害赔偿司法解释》规定"赔偿权利人可以待实际发生后另行起诉"。三是即使选择了一次性赔偿，如果今后实际治疗所发生的费用超出了一次性赔偿确定的数额的，对于超出部分，受害人有权另行起诉请求赔偿。

4. 致残的被扶养人生活费损害赔偿

对于这一项赔偿，国外法基本上没有规定。我国最高司法机关根据实际情况，为更好地保护伤害致残的间接受害人的权利，比照《民法通则》第119条关于"造成死亡的"，"并应当支付死者生前扶养的人必要的生活费"的规定，在《民通意见》第147条中规定："侵害他人身体致人死亡或者丧失劳动能力的，依靠受害人实际扶养而又没有其他生活来源的人要求侵害人支付必要生活费的，应当予以支持，其数额根据实际情况确定。"《人身损害赔偿司法解释》在此基础上做了进一步发展，在第28条明确规定了被扶养人生活费如何确定，在第17条第2款与第3款中明确列明被扶养人生活费包括在受害人致残或死亡时的损害赔偿范围内。

（三）死亡的赔偿

《人身损害赔偿司法解释》第17条规定："受害人死亡的，赔偿义务人除应当根据抢救治疗情况赔偿本条第一款规定的相关费用外，还应当赔偿丧葬费、被扶养人生活费、死亡补偿费以及受害人亲属办理丧葬事宜支出的交通费、住宿费和误工损失等其他合理费用。"当医疗侵权致患者死亡时，损害赔偿的项目包括常规治疗费用、丧葬费、死亡赔偿金、被扶养人的生活费。

1. 常规医疗费用

患者因医疗侵权死亡时，对于因抢救、治疗而发生的医疗费、误工费、护理费、交通费、住宿费、住院伙食补助费和必要的营养费的损失，都是实际发生的财产支出，应当按照人身损害常规赔偿的方法计算赔偿数额。

计算这部分赔偿数额时，仍然以实际发生为前提。对于患者未经抢救当场死亡的，则不会发生因抢救而发生的费用，对此医疗机构无须赔偿；如果患者经过抢救并存活一定时间之后死亡的，医疗机构应当对此期间发生的全部费用进行赔偿。

2. 丧葬费

赔偿实际财产损失的理论认为，侵权行为造成受害人的死亡，其丧葬支出的费用，是侵权行为所造成的财产损失，因此应当予以全部赔偿。

丧葬费的计算方法为《人身损害赔偿司法解释》提供的定额赔偿法，第27条规定："丧葬费按照受诉法院所在地上一年度职工月平均工资标准，以六个月总额计算。"

3. 死亡赔偿金

受害人死亡，不仅带来了财产上的损失，更重要的是受害人的死亡必然给其亲属带来精神上极大的创伤。如果仅仅向患者家属赔偿治疗费和丧葬费，显然不足以弥补死者家属精神上的损害。在此基础上，《精神损害赔偿司法解释》及《人身损害赔偿司法解释》都明确规定，造成受害人死亡应当赔偿死亡赔偿金。

《人身损害赔偿司法解释》第 29 条规定："死亡赔偿金按照受诉法院所在地上一年度城镇居民人均可支配收入或者农村居民人均纯收入标准，按 20 年计算。但 60 周岁以上的，年龄每增加 1 岁减少 1 年；75 周岁以上的，按 5 年计算。"

4. 被扶养人的生活费

被扶养人生活费损害赔偿，是指加害人非法剥夺他人生命权，或者侵害他人健康权致其劳动能力丧失，造成受害人生前或丧失劳动能力以前扶养的人扶养来源的丧失，应依法向其赔偿必要的扶养生活费的侵权赔偿制度。

所谓被扶养人，也称间接受害人，是侵权行为虽未直接造成其损害，但因加害人的行为侵害直接受害人的生命权或侵害直接受害人的健康权造成劳动能力丧失，因而导致其扶养请求权间接受到侵害并丧失的受害人。被扶养人成立的基本条件，是其原由直接受害人扶养，即直接受害人与被扶养人之间原存在亲权或亲属权这种基本身份权，并且存在抚养、扶养、赡养权利义务关系的派生身份权。加害人的侵权行为在侵害了直接受害人的生命权或健康权的同时，还侵害了直接受害人和被扶养人之间的亲权或亲属权，导致扶养的派生身份权受到损害；扶养关系损害的实质，是侵害身份权所造成的客观结果。

《人身损害赔偿司法解释》规定："被扶养人生活费根据扶养人丧失劳动能力程度，按照受诉法院所在地上一年度城镇居民人均消费性支出和农村居民人均年生活消费支出标准计算。被扶养人为未成年人的，计算至 18 周岁；被扶养人无劳动能力又无其他生活来源的，计算 20 年。但 60 周岁以上的，年龄每增加 1 岁减少 1 年；75 周岁以上的，按 5 年计算。"该规定使得对被扶养人生活费的赔偿上变得操作性更强，对被扶养人的保护也更为全面。

第三节　医疗侵权精神损害赔偿

一、我国精神损害赔偿制度的确立

侵权行为造成的损害，有的与财产权变动有关，例如造成现有财产减少，或者应当增加的财产没有增加；也有部分损害与财产权变动并无关系，即并未给受害人造成财产上的损失，但是受害人却因侵权行为遭受了生理上或心理上的痛苦。此所谓非财产上的精神损害。在物质文明高度发达的现代社会,财产损害赔偿制度已臻完善,然而精神损害赔偿制度在我国却经历了曲折的发展历程。

从法律文本意义上讲,"精神损害赔偿"制度是地道的舶来品。新中国成立之初,我国的法学理论以及立法、司法实践全面借鉴了苏联的相关经验,而苏联对待精神损害赔偿制度的态度是:"苏联公民的生命和健康不能用金钱来抵偿,这是与资本主义社会有区别的。"这种态度曾给我国理论界与实务界带来了深刻的影响。具有代表性的论为是:"在资产阶级国家里,对于人身的侵害有所谓精神上损失的赔偿,这和资产阶级要使人与人之间的关系成为冷酷无情的'现金交易'关系是直接联系着的。只有资产阶级认为感情上的痛苦可以用金钱医治,可以像商品一样换取货币,在社会主义国家里,认为人是社会上最宝贵的财富,人的生命健康不能用金钱来估价,所有对人身的侵害,只有引起财产上的损失时,行为人才负赔偿责任。如果对人身的侵害没有引起财产上的损失,只能以其他法律加以制裁,不负民事责任。"这种完全建立于意识形态之上的观点由于缺少制度的合理性,已为我国民法学界所抛弃。随着个人人格之觉醒,我国学者从比较法研究的角度借鉴了其他国家的精神损害赔偿制度,形成了新的认识,即赔偿损失应包括对财产损失的赔偿及对非财产损害的赔偿。实务界也坚持了这一立场,各级法院在司法审判活动中采用了精神损害赔偿责任机制。同时,最高人民法院根据民法通则的规定,作出了一系列规范精神损害赔偿的司法解释。举其要者,以下两个规范殊值关注:其一,最高人民法院于1993年8月7日颁布的《关于审理名誉权案件若干问题的解答》。该解释明确了自然人名誉权受到侵害时可以要求精神损害赔偿。其二,最高人民法院于2001年3月8日颁布的《精神损害赔偿司法解释》。这是我国最高审判机关首次对精神损害赔偿问题作出的内容比较完整的专门解释,该解释超越了民法通则规定的可以适用精神损害赔偿的范围,此范围不仅包括人身权以及特定的人身利性利益,还涉及特定意义的财产权。至此,我国建构起了极具独特性的精神损害赔偿制度。

二、精神损害赔偿的功能

精神损害赔偿适用的情形,是受害人精神利益遭到贬损,受害人感到痛苦、悲伤或烦躁等偏离正常人心理和精神状态的各种心理感受。此种对受害人的打击,亦为损害,应当获得法律的救济。救济应当是恢复性的,即这种救济以平息受害人的精神损害为目的,以将受害人的精神状态恢复到正常水平。在众多损害赔偿方式中,加害人向受害人赔礼道歉、深刻检讨,固然可以给予受害人以精神上的抚慰,但是有些损害一旦发生无法弥补,置言之,不能恢复原状或恢复原状显有困难,例如,医疗事故造成患者死亡给患者家属带来的巨大悲痛,实难平复。在此情形下给予受害人一定金钱作为补偿,其本质与损害赔偿亦属损害赔偿,与财产损害之金钱赔偿并无不同。这是精神损害赔偿的基本功能。

精神损害赔偿除了尽其可能填补损害外,尚具有慰抚之功能。即填补了受害人或者社会公众观念上受到的情感伤害或者精神利益的损害。"金钱给付可使被害人满足,被害人知悉从加害人取去金钱,其内心之怨愤将获平衡,其报复之感情将可因此而得到慰藉。对现代人言,纵其已受基督教及文明之洗礼,报复之感情尚未完全消逝。"但众所周知的是,同态复仇已被排除于现代法律视野之外。因此,精神损害赔偿制度性的确立,使得社会公众在不能得到最佳救济方式的时候,产生了对法律制度的心理依赖,这种依赖起到了替代性的心理指向作用,社会公众在不能得到最佳的无奈中寻求到了最需要的光明,这也是人民需要的心理安慰剂。应当承认,精神损害赔偿防止了"冤冤相报何时了",它指引人民通向心平气和、和平共处的境界。

三、精神损害赔偿在医疗侵权中的适用

根据《精神损害赔偿司法解释》,我国精神损害赔偿适用于侵害人格权以及侵犯与人格利益有紧密关联的具有人格象征意义的特定财产权的情形。医疗侵权中如果发生了侵害患者人格权的情形,自应有精神损害赔偿适用之余地。且《医疗事故处理条例》第50条第11项规定:"精神损害抚慰金按照医疗事故发生地居民年平均生活费计算。造成患者死亡的,赔偿年限最长不超过6年;造成患者残疾的,赔偿年限最长不超过3年。"可见,我国立法对在医疗侵权中适用精神损害赔偿制度持肯定态度。

(一) 精神损害赔偿金的形式

《精神损害赔偿司法解释》第9条规定精神损害抚慰金包括三种形式:致人残疾的,为残疾赔偿金;致人死亡的,为死亡赔偿金;其他损害情形的精神抚慰金。因此,在医疗侵权中须发生患者残疾或死亡的情形,才会产生精神损害赔偿。如果发生医疗侵权致患者受损,但是尚未造成患者残疾或者死亡的,例如由于采取不当医疗手段延长了患者的治疗时间,依照《精神损害赔偿司法解释》并不发生精神损害赔偿。该解释第8条规定:因侵权致人精神损害,但未造成严重后果,受害人请求赔偿精神损害的,一般不予支持,人民法院可以根据情形判令侵权人停止侵害、恢复名誉、消除影响、赔礼道歉。可见,精神损害赔偿是在采用精神对等抚慰的救济手段不能填补损害、抚慰创伤的前提下始可采用的救济手段。这与民事损害赔偿的基本功能相一致。

(二) 精神损害赔偿金的确定

根据《精神损害赔偿司法解释》第10条的规定,确定精神损害赔偿时应斟酌以下因素:(1)侵权人的过错程度,法律另有规定的除外;(2)侵害的手段、场合、行为方式等具体情节;(3)侵权行为所造成的后果;(4)侵权人的获利情况;

(5)侵权人承担责任的经济能力;(6)受诉法院所在地平均生活水平。对于法律、行政法规对残疾赔偿金、死亡赔偿金等有明确规定的,适用法律、行政法规的规定。

需要注意的是,《人身损害赔偿司法解释》与《医疗事故处理条例》在残疾赔偿金与死亡赔偿金的计算上存在着差异。

《人身损害赔偿司法解释》第 25 条规定:残疾赔偿金根据受害人丧失劳动能力程度或者伤残等级,按照受诉法院所在地上一年度城镇居民人均可支配收入或者农村居民人均纯收入标准,自定残之日起按 20 年计算。但 60 周岁以上的,年龄每增加 1 岁减少 1 年;75 周岁以上的,按 5 年计算。受害人因伤致残但实际收入没有减少,或者伤残等级较轻但造成职业妨害严重影响其劳动就业的,可以对残疾赔偿金做相应调整。第 29 条规定:死亡赔偿金按照受诉法院所在地上一年度城镇居民人均可支配收入或者农村居民人均纯收入标准,按 20 年计算。但 60 周岁以上的,年龄每增加 1 岁减少 1 年;75 周岁以上的,按 5 年计算。该解释确定的赔偿标准要远远高于《医疗事故处理条例》中所确定的标准。笔者认为,为了防止赔偿标准多元化带来的不公平,应当对医疗侵权损害赔偿的标准进行统一,且《人身损害赔偿司法解释》中确定的赔偿标准有利于合理保障患方的权益,因此,医疗侵权中的精神赔偿数额应当以《人身损害赔偿司法解释》为依据来确定。

(三)请求精神损害赔偿的主体

根据我国现有法律规定,侵权损害赔偿只赔偿直接受害人,对间接受害人一般不予赔偿。但是,如果受害人死亡,其亲属则有权要求侵权人赔偿精神损失,唯应注意的是其请求主体的范围同样有法律限制。根据最高人民法院《精神损害赔偿司法解释》第 7 条的规定,如果患者因医疗事故而死亡,或者患者死亡后其人格或者遗体遭受侵害,患者的配偶、父母和子女有权向人民法院起诉请求赔偿精神损害;如果患者死亡且没有配偶、父母和子女,患者的其他近亲属有权请求赔偿精神损害。

第四节 药品不良反应民事责任

一、我国对药品不良反应民事责任的规定

(一)药品不良反应的概念

据世界卫生组织(WHO)的定义,药品不良反应是指"在预防治疗疾病或调节生理机能过程中,给予正常用法和用量的药品时所出现的有害的和与用药目的无关的反应。"我国《药品不良反应监测及报告管理办法》也做了同样解释:

"药品不良反应主要是指合格药品在正常用法用量下出现的与用药目的无关的或意外的有害反应"。可见,世界卫生组织和我国立法对药品不良反应性质的认识是一致的,即均认为药品不良反应是一种意外反应,其发生具有不可预见性。

根据以上定义,药品不良反应的构成须符合以下要素:(1)药品必须合格。所谓合格药品,指的是符合我国《药品管理法》和国家药品标准并经药品监督管理部门批准生产的药品。假药、劣药产生的不良后果不属于药品不良反应。(2)药品须经合理使用。患者使用药品和医师指导用药必须符合药品的明示规定或没有违反药品的配方禁忌以及用法用量。误用、滥用药物和服药自杀所造成的后果不属于药物不良反应。(3)不良反应的出现与用药目的无关或者属于意外。而这些不良反应甚至是医师和药厂都不可能预见的。

(二)药品不良反应民事责任研究现状

通过分析药品不良反应的构成因素,可以发现药品不良反应不同于其他任何一种侵权,有自身的特殊性。因药物造成的损害确定为药品不良反应,就可以确认任何一方都没有违法。药品合格即说明药品生产企业没有违法责任;而无论是处方药还是非处方药,只要药品用法、用量是正常的,就意味着医生和患者本人也都没有违法责任。那么,谁来承担药品不良反应的风险呢?

与美国、德国、日本等西方国家相比,20世纪我国并未发生诸如DES事件、沙利窦迈药害事故以及斯蒙病等因药物不良反应而导致的社会灾难。究其原因,并非我国生产的药品安全程度高,而是由于20世纪我国医药制造业相对落后,医药产品及其生产工艺主要靠移植国外过了保护期且安全性相对较高的产品和技术。真正属于我国自主开发的有知识产权的新药(中药除外)为数不多,而药品不良反应所引发的灾难又主要发生在新药领域,因此我国的药害事件并不突出。但随着我国制药工业的发展和对外开放政策的实行,国产的以及进口的新药不断地涌入市场,药物不良反应事件也日益显现。如2000年发生的常用感冒药中的PPA(盐酸苯丙醇胺)导致脑中风的"PPA事件";2001年发生的德国拜耳公司生产的心血管药"拜斯亭"导致欧、美等国服用者出现罕见的横纹肌溶解综合症和急性肾衰竭的事件在我国也有发生;最严重的是发生在2003年的"龙胆泻肝丸事件",龙胆泻肝丸是一种以非处方药上市的清热泻火的中成药,但近年来发现其配伍中药"关木通"含有马兜铃酸,容易导致肾损害继而引发尿毒症。据2003年2月24日《中国青年报》报道,仅北京中日友好医院肾内科1998年至今,已有100多例因服用龙胆泻肝丸而导致肾损害的患者。

统计数字表明,中国近年每年死于药物不良反应的人数约为19.2万人,这是一个惊人的数字,而且还不包括因药品不良反应致健康受损、功能障碍的人数。但是,目前我国医药界的主流认识是:药品不良反应是伴随药品而存在的一种客观现象、一种医学风险,药品不良反应是当前水平下科技所不能解决的问题,药品生产者或经营者只要没有过错,一般不必承担法律责任。而从法律角度上讲,我国对于缺陷药品致人损害的案件,实务上一般以我国《民法通则》第122条和《产品质量法》中产品责任的相关规定为其适用依据。我国《民法通则》第122条规定:"因产品质量不合格造成他人财产、人身损害的,产品制造者、销售者应当依法承担民事责任。"而产生不良反应的药品恰恰都是质量合格的药品,因此无法适用此条规定。而依《产品质量法》寻求救济也有令人困惑之处。《产品质量法》第46条规定,缺陷是指产品存在危及人身、他人财产安全的不合理的危险,产品有保障人体健康和人身、财产安全的国家标准、行业标准,缺陷是指不符合该标准。从中可知,我国对产品缺陷判断采取的是平行适用"强制性标准"和"不合理危险"的双重标准。这一标准看似先进,却造成了实务中法律适用的困惑。在药品不良反应事件中,药品均是符合强制性标准的,即符合国家标准、行业标准的,但仍然存在危及人身、财产安全的不合理危险导致了损害后果的发生。依此逻辑,损害仍然只能由受害人自己消受。药品意外不良反应导致使用者人身损害作为一种新型的损害类型开始凸显,受害人的合法权益却得不到保护,正是我国相关法律自身的缺陷所造成的。因此,有必要完善产品质量法或建立相应的救济机制以保护消费者合法权益。

二、国外的药品不良反应救济制度[①]

(一)德国对药品不良反应损害的法律定性与救济

在德国发生的药品不良反应致人损害的典型案例是20世纪60代的沙利窦迈药害事故(Thalidomide Disaster)。沙利窦迈是一种孕妇使用的镇静药,属德国一家药厂开发生产,当初因其安全性高,而以非处方药上市,并授权各国制造商普遍生产销售,但很多孕妇服用后都产下了畸形儿。据报道,于1959年至1962年期间,欧洲、南美、澳洲、日本等国约有12000多名海豹肢畸形儿,近半数陆续死亡。后经长期流行病学调查研究及动物实验,证明海豹肢畸形是由于患者的母亲在妊娠期间服用治疗妊娠反应药物沙利窦迈所致。为对当时事故受害人的赔偿以及对未来药品事故的防范,促使了德国政府对缺陷药品致人损害的立法变革。

在该事故发生之前,德国在处理产品责任问题时更多的是适用过失责任原则。正是沙利窦迈事故,促使德国在1976年制定了一部《药物伤害法》,规定生产有缺陷的药物的生产者对此应承担严格责任。这也是欧洲最早的一部关于药

---

① 参见叶正明:《国外药品不良反应损害救济制度述评及其对我们的启示》,载《时代法学》2005年第1期。

品责任的专门立法。

此后为进一步规范药品生产和保护消费者权益,德国于 1978 年 1 月 1 日施行新的《药品法》。该法最大的特点在于:(1) 它是当时德国第一部也是唯一的一部对制造商规定严格责任的法律(此时德国商品责任法还未制定)。一旦发生药品责任诉讼时,药品的经营者(制造商、销售商)不能因为已获得政府批准或许可,以及他们遵守德国标准药典的规定而影响其承担民事或刑事责任。换言之,即使厂商生产的或销售的药品已获政府批准或许可,而且符合德国标准药典的规定,只要服用这种药品的消费者能证明缺陷、伤害以及因果关系的存在,就可以使生产者和销售者承担损害赔偿责任。(2) 该法是德国商品责任法的特别法。《德国商品责任法》第 15 条规定:在药品责任法施行地区,提供须经许可登记,或依法规命令免经许可登记,指定为人类用之药品给消费者服用,而由于该药品之使用致人于死、或伤害身体或健康者,不适用商品责任法之责任;依其他规定之责任不受影响。即德国药品责任法对商品责任法有排除作用。

另外,德国《药品法》第 84 条规定:由于药品之使用致人于死,或严重伤害其身体健康,有下列情形之一时,将该药品行销于本法施行区域之药商就此所生损害对于受害人负赔偿责任:(1) 该药品在依指示之方法使用时,有超出当时医学知识可以接受之范围以上之有害结果,且其原因系存在于研发或制造领域内;(2) 该损害系因不符合当时医学知识所应有之标示、专业信息或使用的信息而发生。由此可见,德国药品法将药品缺陷分为研发缺陷、制造缺陷和指示缺陷。而药品的使用造成超出当时医学知识可以接受之范围以上之有害结果,显然是指药品常见且可预期之外的不良反应,属于药品研发缺陷的范畴。而药品研发缺陷实际上也等同于药品的配方、工艺设计上的缺陷。

在损害赔偿的问题上,《德国药品法》设定了最高赔偿限额,其第 88 条规定赔偿义务人责任为:(1) 于致人死亡或伤害的情形,其资本化之一次性赔偿数额最高为 50 万马克(约合人民币 300 万),或年金赔偿之数额每年不超过 3 万马克;(2) 于同一药品导致多数人死亡或伤害的情形,除受第一款所规定之限制外,其资本化之一次性赔偿数额最高为 2 亿马克,或以年赔偿之数额每年不超过 1200 万马克。

由上可知,德国把致人严重损害的药品意外的不良反应定性为药品的设计缺陷,且依该法规定,药品生产商不得主张发展风险抗辩。即生产商不得以"药品缺陷是依当时的科技水平所不能发现的"理由申请免除责任,而其商品责任法则允许生产商主张发展风险抗辩。

(二) 日本不良反应救济制度

日本可以称得上是 20 世纪饱受药物不良反应之苦最为严重的国家,在 1960 年至 1970 年间,相继出现了 5 起严重的药品不良反应事故。其中有肠胃药奎诺仿(Chinoform)引发的亚急性脊髓视神经症(简称斯蒙 SMON 病),仅厚生省就有 1.1 万多人深受其害。另外从 1959 年到 1962 年间,在欧洲曾构成重大社会问题的沙利窦迈事件在日本也大量发生。还有 1965 年因含有 ampoule 的感冒药引起的休克死亡事件,治疗肾炎的药物氯喹引发角膜炎导致失明的事件以及氯霉素副作用事件等在日本都引起了极大的反响。

20 世纪六七十年代的日本把药物不良反应致人损害定性为过失侵权。其适用依据是其《民法典》第 709 条:因故意或过失侵害他人权利,负因此而产生的损害赔偿责任。但由于欧美严格产品责任制度的影响以及过失责任主义于消费者权益保护之不力,日本于 1975 年制定《制造物责任要纲试案》,该法对缺陷、责任主体、制造物之范围以及时效等都有详密规定。随后日本于 1994 年颁布了更加完善的《制造物责任法》。该法规定,制造物因缺陷致人损害时,生产商应当承担严格责任。另外该法在诉讼时效上也有特殊的规定,如第 5 条第 2 款规定,对于在身体中逐渐蓄积而损害人的健康的物质所致损害或须经过一定的潜伏期后才出现症状的损害,从损害发生时起计算,10 年间不行使时,因时效而消灭。这一条款无疑考虑到了药品不良反应致人损害的特征。近年来,日本对医药品副作用的救济,于《制造物责任法》之外另辟蹊径,制定了《医药品副作用救济·研究振兴基金法》,由医药品制造业者的筹措款与国家的补助金对受害人实施支付,支付范围包括因医药品副作用导致的健康受损、功能障碍以及死亡时受害人或其近亲属所受损失。

(三) 美国药品不良反应救济制度

自从 1963 年美国加州法院在 Greenman v. Yuba Power Products Inc 一案中确立产品严格责任原则以来,包括药品在内的产品责任诉讼一般都采严格责任。DES 安胎剂案[①]中,加州最高法院否定了制药厂商提出的工艺水平抗辩,并科以其巨额赔偿金,也属于严格责任的典型判例,同时该案判决还创造了经典的市场份额责任理论。在产品责任中,特别是药品不良反应之损害通常有延续性,有时甚至要下一代成年后才显现出来,受害人依据药理学鉴定之结果,虽然能证明损害是由于使用某一特定缺陷药品所引起,但却于损害发生时由于服药至损害发生的时间间隔太久,且当时有多个制造商生产同类产品并投放市场,受害人难以确认该药品的生产者。DES 案中,母亲服药导致女儿成年后患生殖系统疾病,

---

① DES 安胎剂案(Sindell v. Abbott Laboratories)是美国药品不良反应致人损害的典型案例。DES(己烯雌酚)是由美国食品与药品管理局(FDA)于 1941 年批准投放市场的一种保胎药,孕妇服用这种药后可以预防习惯性流产。但后来证明该药有一种副作用,孕妇服用这种药后,如果其生育的孩子为女性,女儿极可能得一种阴道癌,发病率高达 30%—90%。后来有成千上万的妇女因其母亲在妊娠期间服用 DES 而得了这种疾病。原告辛德尔也是此药的受害者,成年后不幸患上了癌症。于是原告和其他受害人以生产该药而市场占有率达 90% 以上的 5 家药商为共同被告,起诉请求赔偿。

时间跨度长达20多年,以至于受害人向法院提起损害赔偿时,无法确定哪家制药厂商需负责任,遭遇求偿无门。1980年,美国加州最高法院审理该案的Mosk法官指出:现有的产品责任理论和共同协力行为理论均不适用DES诉讼,而应选用一种新的理论,即市场份额责任理论。Mosk法官以制造商在市场销售药物之占有率,认定制造商之行为与损害存在因果关系,并按市场占有率确定损害赔偿责任。适用该理论的理由在于,药物不良反应之损害,通常有延续性,有时药物造成之损害是几代人所无法避免的。在DES案中,原告虽不能确认具体的生产者,但可确认生产同种产品的生产者,则这些生产者都被确定为被告,任何一个被告只有证明自己的产品未被受害人(或其母亲)使用才能免责,否则即应承担赔偿责任。由于这一理论以被告所占有的市场份额来确认责任的主体,因而具有实际意义的公正性。一般说来,生产商占市场份额越大,所获利润越多,其作为责任主体应承担的赔偿数额也就相应越大。后来,德国学者也肯认市场占有率责任理论可适用上述责任主体不明之案件。

(四) 瑞典对药品不良反应的处理和救济

瑞典属于欧洲的高福利国家,他们对于意外事故损害救济方式,通常采用集团保险制度而不是以侵权诉讼来解决。1978年,瑞典建立了药物保险制度以救济药物事故的受害者。

瑞典的药物事故保险制度与德国药事法的规定有显著不同,其适用范围较宽。不仅适用于因缺陷药物所致伤害,而且凡是与药物有关的伤害,如服用成分变质药物或者因误诊错用药品造成的伤害,都可以求偿。其给付范围超过美国同类保险的范围。药品保险制度的保费,由药品生产者根据其市场占有率来支付。药物不良反应的受害者,可向保险公司申请赔偿,保险公司调查后,交给药物伤害委员会作出决定。如委员会审查后拒绝补偿,还可以交付仲裁。受害人除依此制度求偿外,仍可保留司法诉讼的权利或者可向官方福利委员会申诉。

三、我国药品不良反应的民事责任

"有权利就有保护,有损害必有救济",为已经发生或即将发生的损害提供法律救济,是法治国家司法制度设立的固有之意。药品不良反应是一种特殊的损害,特别损害应予特别救济,才符合公平正义的社会价值观。

(一) 无过错责任原则的适用

药品不良反应所造成的损害,药品生产者或经营者应当按照无过错原则承担侵权责任。无过错责任即侵权行为的成立不以行为人的故意或者过失为要件。适用无过错责任原则主要有以下几个原因:

第一,考察世界各国的法律,药品不良反应责任大都采用无过错责任原则。

尽管大陆法系和英美法系在侵权责任归责原则上存在的固有差异,但对于药品不良反应侵权责任认定,都采用了无过错责任原则。

第二,从危险的控制角度,药品生产者或经营者比患者更了解有关药品的所有能得到的信息和技术,生产者控制着药品设计、生产工序,由其控制和预防危险成本最低、效果最直接。消费信息不对称,导致患者使用药品的被动性,并缺乏预防和避免损害的手段。在法律制度设计上赋予药品生产者或经营者对于这些危险有控制危险、避免危险、合理的管理注意义务,能够刺激药品生产者或经营者尽最大可能地改进产品设计,提高药品的安全性,尽可能避免危险,尽可能减少损害。

第三,从举证难易的角度,由于药品本身是一种不可避免的不安全产品,而药品的不良反应又往往具有潜伏性和累积性的特点,使得药品因设计缺陷而表现出来的不良反应致人损害的判断和因果关系的证明都较为困难。当有损害发生时,受害人往往面临举证困难的境地。适用无过错责任以已经发生的损害结果为价值判断标准,由与该损害有因果关系的药品生产者或经营者,不问其有无过错都要承担侵权赔偿责任,使患者及相关人突破了举证责任的困境,及时获得赔偿。从而有利于对弱者进行保护。

(二)民事责任的承担

1. 药品生业者责任

药品生产者对其所生产的药品给使用者造成的不良反应引起的损害承担赔偿责任。受害者只需就其使用药物以及因此而带来的损害进行证明,即可要求药品生产者承担民事赔偿责任。

赔偿责任的范围包括医药费、误工费、营养费、护理费和残疾赔偿金。对于死亡者还包括丧葬费、生前抚养人员生活费、死亡赔偿金等。给付上述费用时须依照不同的损害程度给付相应的款项。

2. 药品输入者的责任

各国的药品责任立法均将药品输入者与药品制造者列在同等地位,承担无过错责任。这是因为就销售而言,输入者与一般销售者不同,其业务是引进国外商品供国内消费者使用,而国内消费者向国外制造者求偿有诸多不便,将会增加消费者求偿的困难,对消费者保护极为不利。因此,各国大都规定输入者须承担无过错责任。如欧盟商品责任指令规定,凡输入商品至共同体以供销售、出租、或其营业上之任何形式分销者,均视为本指令所称之制造者,并负制造者之责任。

第五节 医疗责任保险制度

一、医疗责任保险的概念和特征

（一）医疗责任保险的概念

医疗责任保险是职业责任保险的一种，在西方称为医疗过失责任保险，在我国台湾地区称为医师责任保险，在我国大陆又称之为医疗职业责任保险或医师职务责任保险，是指医疗机构及其医务人员与保险公司订立医疗责任保险合同，医疗机构及其医务人员在执业过程中，因为疏忽、过失，违反其业务上应尽的责任，直接导致病人病情加剧、伤残或死亡，依法应由其承担经济赔偿责任，在保险期间内由承保该业务的保险公司负赔偿责任的保险。

医疗责任保险与医疗保险不同。第一，医疗责任保险承保的是被保险人的损害赔偿责任，属于职业责任保险范畴。医疗保险承保的是被保险人的身体和健康，属于人身保险范畴。第二，医疗责任保险的风险责任是被保险人的医务人员工作中的失职或过失行为。医疗保险的风险责任则主要取决于被保险人的年龄及投保前的身体健康状况。第三，医疗责任保险必须由医院等各种医疗机构集体投保（个体诊所只能投保个人医疗责任保险），以在投保单位任职的工作人员为保障对象。医疗保险允许任何自然人投保，保障的也是被保险人自己。第四，医疗责任保险的赔偿须经受害方向被保险方索赔并通过医疗机构才能获得赔偿金，保险人的赔款实质上是对被保险人利益损失的相应补偿；医疗保险的赔偿却由被保险人直接索赔并归其所有。

（二）医疗责任险的特征

责任保险是以法律责任为保险标的的新型财产保险，它的出现与法律制度以及民众法律意识紧密相连，它的发展为顺利解决各类民事赔偿责任事故，进而维护法律的严肃性、保护事故受害者利益提供了有力保障。国务院明确指出，责任保险是社会管理功能最强的险种之一。单就我国的医疗责任保险而言，其特征主要表现在以下方面：

（1）医疗责任保险的标的是医方依法应负的民事责任，而不是患者的生命或健康。也就是说，医疗责任保险不是医方针对患者的生命或健康投保，而是为医方在执业过程中的过失造成患者的伤害，此时医方所承担的是民事责任。

（2）医疗责任保险的限额性。由于医疗责任保险是对第三人的赔偿责任，在订立合同时，保险公司不可能确切地知道保险赔偿情况。保险公司从自己的利益来讲，不可能承诺无限度的赔偿，保险公司在签订合同时，要限定个案和年度赔偿额。

(3) 医疗责任保险与我国的医事法律制度密不可分。伴随着我国医事法律法规的不断完善，医疗责任保险自身的条款设计和运作程序也发生着相应的改变。这些医事法律法规所确定的医疗损害责任范围和赔偿标准始终是医疗责任保险存在和发展的基础

(4) 医疗责任保险是医疗职业风险的防范和化解机制。它将集中于一个医院的赔偿责任分散于社会，消化于无形，既降低了医疗机构的赔偿压力，又将医疗机构在运营过程中遭遇的不确定的赔偿风险用保费的形式固定下来，利于经济核算。它既是我国医疗服务体制改革的组成部分，又在一定程度上促进改革，在现实中与医疗体制改革形成有效互动。

(5) 医疗责任保险有利于对患者补偿。医疗损害结果发生之后，对于肉体、精神上均遭受痛苦的患者来说，最重要的莫过于能够迅速得到合理的经济补偿。面对越来越高的损害赔偿数额，如果医院不能尽快地补偿患者及患者家属的经济损失，势必会计划双方之间的矛盾，因此，医疗责任保险能够及时补偿患者及家属的经济损失。

二、国内外关于医疗责任险制度的概况

(一) 国外医疗责任保险制度的概况

早在1899年，美国就出现了医疗责任保险公司。投保的医生每年交纳一定金额的保险费。当发生医疗纠纷时，由独立医疗评审与监督委员会负责医疗事故鉴定，由保险公司负责处理赔偿事宜。通过这个系统的运作，大多数的医疗纠纷无须进入诉讼程序就解决了，只有小部分最后通过保险索赔与侵权诉讼的途径解决。美国有约10个州的法律规定，参加医疗职务保险是医生的法定义务。绝大多数的美国医院都坚持要求医生必须参加保险。在美国的佛罗里达、科罗拉多等州，医疗责任保险属于法定强制责任保险。在加利福尼亚、密苏里等州，医疗责任保险是医院取得执照的重要考量因素。在印第安纳、新墨西哥等州医疗责任保险虽然没有强制的色彩，但法案提倡医务人员参加医疗责任保险。

在英国，医疗业务责任保险首先在英国出现，现有两个专门办理医疗业务的保险机构，一是医疗辩护联盟(The Medical Defense Union)，另一家为医疗保护协会。与他国不同的是，英国除有医疗保险机构来解决医疗纠纷事件外，另有一个英国医生的自助保险机构(NHS)。该机构是非商业性机构，所有资金全部用于医疗责任保险及小额的机构运行费用。相对于商业医疗责任保险，NHS保费较低且不会发生拒赔的现象，承保范围广，覆盖医生在执业过程中的发生的所有赔偿责任，胜诉率较高。

在澳大利亚，由医疗辩护协会(The Medical Defense Association)处理医疗纠

纷。协会采用重复保险制度,向会员收缴10镑澳币,协会再缴纳5镑给再保险公司。一旦发生医疗纠纷,医疗辩护协会负责赔偿720镑之内的赔偿数额,保险公司负责赔偿超过720镑的赔偿数额,但保险公司赔偿的最高额不超过25000镑。投保人无案件及年数限制,协会派遣其所属律师为原告服务,大部分案件都能在庭外解决,很少诉讼到法院处理。

(二)国内医疗责任保险制度的现状

我国从20世纪80年代末开始,在深圳、云南、青岛、广州、黑龙江、内蒙等省市先后建立了医疗责任保险制度,有些省市还相继出台政府关于实施医疗责任保险的规范性文件,如:1998年9月29日云南省人民政府第70号令规定了"医疗机构及其医务人员应当办理医疗执业保险"。2002年《医疗事故处理条例》、《医疗机构病历管理规定》、《医疗事故技术鉴定暂行办法》、《医疗事故分级标准试行》等文件相继出台实施后,医生在执业过程中面临的风险及考验愈发严峻,各省市纷纷出台医疗责任保险的相关法规。2002年8月23日上海市人民政府批复下发了《关于本市实施医疗责任保险的意见》与《上海市医疗事故责任保险实施方案(试行)》,自2002年9月1日开始,医疗责任保险以统保的形式在上海全面推行。2003年年初,沈阳市颁布《沈阳市医疗责任保险实施方案》。2003年2月28日天津市卫生局颁布《天津市医疗责任保险实施方案(试行)》。北京市卫生局出台了《关于北京市实施医疗责任保险的意见》规定,引起社会的关注。该规定要求北京市行政区域内国有非营利性医疗机构必须按规定参加医疗责任保险,营利性医疗机构也可以依照相同的规定参保医疗责任险。也就是说,医院和医护人员投保医疗责任保险,今后如果发生了医疗纠纷,由保险公司负责赔付患者的损失。医疗责任保险对不同规模医疗机构、不同岗位医务人员收取的保险费用不同,赔偿额度也不一样,临床手术科室医师的年度保险费要高于一般科室。病床数在900张以内的大医院,每年需缴的保费可能要十多万元,累计最高赔付额可达到300万元左右。

中国人寿保险、平安保险、太平洋保险公司等早在几年前就已推出医疗责任保险,但是该险种在市场上的推广并不理想。医疗责任保险的风险有其独有的特性,风险控制难度大、专业技术要求高,在精算、风险控制、核保、核赔和医疗协调管理等方面均有其特殊性。目前在国由于缺乏相应的政策调控和法制措施,医疗责任保险进展较慢,覆盖率较低,远未发挥其规模效应。但随着我国司法制度和保险制度的不断完善,越来越多的有识之士认识到医疗责任保险制度是现代医疗服务的重要组成部分,是承担医疗风险、保障医患双方合法权益、维护医疗秩序的重要机制。

三、医疗责任保险的内容

（一）医疗责任保险的各方主体

（1）保险人为承办医疗责任保险业务的保险公司。目前，中国人寿保险、平安保险、太平洋保险公司等几家大型的保险公司都已推出医疗责任保险的险种。

（2）被保险人为投保的依法设立、有固定场所并取得《医疗机构执业许可证》的医疗机构；投保人为医疗机构，或医疗机构及其医务人员共为投保人。在我国台湾地区，医师责任保险相当普及，在英、美、日等国也均有较为完善的医师责任保险制度，医师责任保险的投保人和被保险人是医师个人。这种差别主要源于不同地区、不同国家医疗服务体制的差异。在大陆地区，为公众提供医疗服务的主要是各级医疗机构，医师必须在其固定的医疗机构执业，其行为属于职权行为，最终对患方进行赔偿的是医疗机构而非医师个人。因此，被保险人为医疗机构。投保人则根据具体情况可以由医疗机构独自担任，也可以由医疗机构及其医务人员共同投保。

（3）第三人为患者本人或其家属以及有民事利害关系的其他人。过失医疗行为造成患者或其家属财产或身体上的损害时，由保险公司向患者本人或其近亲属以及有其他利害关系的人支付保险金，替代被投保人进行损害赔偿。

（二）投保范围

医疗责任保险的保险范围通常有以下几个方面：

（1）因医疗机构及其工作人员的医疗过失造成患者人身伤亡而对患者应承担的损害赔偿责任。

包括医疗费、误工费、住院伙食补助费、陪护费、残疾生活补助费、残疾用具费、丧葬费、被抚养人生活费、交通费、住宿费、精神损害抚慰金和参加医疗事故处理的患者近亲属所需交通费、误工费、住宿费。值得注意的是：只有那些在保险单上提到了的医疗手段才属于医疗责任保险的责任范围。

（2）因被保险人供应的药物、医疗器械或仪器有问题并造成患者的伤害而应承担的损害赔偿责任，但只限于与医疗服务有直接关系的，并且只是使患者受到伤害。

（3）因赔偿引起纠纷的仲裁或诉讼费用（案件受理费、勘验费、鉴定费、律师费等）及其他事先经保险人同意支付的费用。

（4）被保险人为缩小或减少对患者人身伤亡的赔偿责任所支付的必要的、合理的费用，保险人也负责赔偿。

医疗责任保险承保的危险，以被保险人因其工作疏忽或者医师业务过失行为而应承担的损害赔偿责任为限。故医师所为不属于其医师业务范围内的行为所造成的损害，以及为犯罪行为而造成他人的损害，不属于医疗责任保险的范围。所以,被保险人的赔偿责任如果系其医务人员的犯罪行为或者其他不诚实的行为(如不构成犯罪的故意)所导致的,则"医疗责任保险不能服务于这样的目的"。

（三）医疗责任保险的免责条款

医疗责任保险的除外责任,除不予承保的法定情形之外,主要取决于保险单的明确约定。法定情形主要有：

（1）被保险人任何犯罪、违法及触犯法律与法规的行为(包括未构成犯罪的故意行为)。

（2）战争、地震、雷击、暴雨、洪水、火灾等不可抗力。

（3）未经国家有关部门认定合格的医务人员进行的诊疗护理工作。

（4）被保险人所从事的未经国家有关部门许可的诊疗护理工作。

（5）被保险人被吊销执业许可证或被取消执业资格以及受停业、停职处分后仍继续进行的诊疗护理工作。

（6）被保险人在醉酒或麻醉情况下施行的医疗行为。

（7）被保险人使用伪劣药品、医疗器械或被感染的血液制品,使用未经国家有关部门批准使用的药品、消毒药剂和医疗器械。

（8）被保险人在正当的诊断、治疗范围外使用麻醉药品、医疗使用毒性药品、精神药品和放射性药品。

（9）被保险人采用的不是治疗所必需的医疗措施与手段。

（10）在发生意外时为紧急救护所支付的费用,因为紧急救护是医疗机构理所当然的义务,保险人不负责偿付该项费用。

（11）被保险人及工作人员所受到的人身伤亡和财产损失。

医疗行业是高风险行业,用购买保险的方式转嫁、化解医疗风险是国际上通行的做法。在我国,医疗风险社会承担机制的建立和医疗责任保险市场的开发刚刚起步,为了更好地改变这一状况,维护医患双方的正当权益,及时妥善处理医疗纠纷,确保医疗机构正常的医疗秩序,减少医疗纠纷对医院工作的干扰,各保险公司相继推出了医疗责任保险险种,在北京、上海、武汉、深圳、江苏、云南等许多地方已经启动了医疗责任保险。

从规范我国医疗责任保险的角度出发,纵观我国目前的有关法律、法规,除《中华人民共和国保险法》第49条、第50条规定了责任保险外,再未有相关的法律、法规。但该法条文表述过于简单,可操作性不强,这不能不说是一大憾事。在欧美地区,医疗机构投保医疗责任保险几乎高达100%,医疗责任保险几乎已与医生的职业生涯融为一体。最近实施的《中华人民共和国道路交通安全法》第98条就对违反强制投保机动车第三者责任保险的行为后果作出明文规定,这为医疗责任保险立法的修改完善提供一个可资借鉴的范本。医事法律应对医疗责任保险作出强制投保的规定,在民事立法中也应明确民事赔偿制度和强制保险制度相结合的原则,进一步完善我国的医疗损害赔偿的法律体系。

思考题:
1. 我国在医疗侵权责任与医疗合同责任竞合时作出了怎样的立法选择?
2. 试述我国医疗机构对医疗损害的间接受害人承担哪些赔偿责任。
3. 精神损害赔偿在医疗纠纷领域可否适用?
4. 药品不良反应的民事责任应当由谁来承担?
5. 什么叫做医疗责任保险?医疗责任保险的投保范围包括什么?

第二十五章　医疗侵权的免责事由

【内容提要】　人体的复杂性和特异性决定了医疗事业是一种高科技、高风险的事业。现代医学虽然有了长足的发展，但是仍然有许多医学难题没有得到解决，人们对许多疾病的原理尚未完全认识。此外，在医疗过程中还会发生很多难以预料的意外，虽然医务人员已尽应尽之注意义务，并无任何过错，患者仍然因医疗行为而遭受重大损害，但此种医疗行为并不成立侵权。若所有的事故责任都由医方承担，实非医务人员所能承受之重。这不但对医生是不公平的，而且最终会影响到医疗事业的发展。因此，我们在竭力保护患者权益的同时，也应关注医方的权益。

第一节　紧急医疗

《医疗事故处理条例》第33条第1项规定：在紧急情况下，为抢救垂危患者的生命而采取紧急医学措施造成不良后果的，不属于医疗事故。该免责事由，我们称之为绝对免责事由。

紧急医疗作为医疗侵权的免责事由，其民法上的基础可归结为侵权行为法抗辩事由中的紧急避险。紧急避险是指为了社会公共利益、自身或者他人的合法利益免受更大的损害，在不得已的情况下而采取的造成他人少量损失的紧急措施。《民法通则》第129条规定："因紧急避险造成损害的，由引起险情发生的人承担民事责任。如果危险是由自然原因引起的，紧急避险人不承担民事责任或者承担适当的民事责任。因紧急避险采取措施不当或者超过必要的限度，造成不应有的损害的，紧急避险人应当承担适当的民事责任。"在医疗行为中，医护人员为使者免受更大的损害，在迫不得已的情况下采取的致患者人身损害的措施，无论医务人员当时是否预见到这种损害结果，都不应承担责任。例如，一因交通事故外伤的老年病人，送至医院时已停止呼吸，医务人员紧急实施心外按压。由于病情紧迫，加之老年人骨质疏松，按压造成胸前数条肋骨骨折，但因抢救措施及时有效，病人复苏成功。这种情况符合紧急医疗的要件，对医护人员造成患者肋骨骨折的侵权行为应予免责。

紧急医疗作为免责事由必须符合以下构成要件：

1. 病情正在威胁患者的人身生命或重大人身利益。采取紧急医疗必须是患者的生命健康确实受到了病情的威胁,若不采取紧急医疗措施将会给患者带来更大的不可弥补的损害。但是如果基于对病情的误解、臆想或错误判断而采取可能给患者带来损害的紧急医疗措施,并最终致患者损害,医务人员应当承担相应的赔偿责任。

2. 采取避险措施对患者的生命和重大人身利益是必需的。所谓必需,就是指再在当时的情况下如果不采取紧急医疗措施,就不能保全患者的重大人身利益。如果病情尚未到达需要采取紧急医疗措施的程度而医务人员盲目采取,给患者造成不必要的损害的,不能免除其责任。

3. 紧急医疗措施给患者带来的损害应当小于可能发生的损害。也即紧急医疗不得超过必要的限度,其所引起的损害应当轻于病情给患者的身体生命利益带来的伤害。这与紧急医疗的价值目标相一致。如果紧急医疗给患者带来的损害要严重于患者本身正在遭受的危险,此种紧急医疗行为就失去了作用和意义。

紧急避险原则应用于医疗上具有积极的意义,其虽然作为医疗侵权的免责事由保护了医方的权益,但事实上最终的受益者却恰恰是患者自身。因为这能让医生在紧急情况下大胆的采取所有可及之手段来保障患者的最大利益。

第二节 无过错输血

《医疗事故处理条例》第33条第4项规定,在医疗过程中,如果医疗人员在给患者输血时履行了相应的操作手续,尽到了合理的注意义务,依然发生了不良后果,医疗机构不需要承担责任。

但实务中关于此款的适用存在较大争议。根据有关规定,医院无权采血,由血站提供,医院仅提供输血服务。医院在实施输血的过程中没有错误,就不承担法律责任。而对于最终的责任人血站,由于当前的科技检测手段对于处于"窗口期"过程的供血者还无法给予识别,根据民法上的第三人过错原理,也不承担责任。即无过错输血造成不良后果的,只能由患者自身承担这个不良后果,这显然是极不公平的。

因此在实务中,适用此款的关键在于:如何认定医疗消费、血液制品的性质。传统观点认为,医疗行业具有社会福利性,医疗消费不是日常的生活消费,血液制品更不是产品。对此,我们并不赞同。医疗的福利性,只是政府为使公众能享受到更好的医疗服务而提供的支持,不是医方享有的免责特权的理由,对于公众来说,医疗费用是极其昂贵的生活消费。而且,在我国作为产品的药品,其销售活动有相当部分是由医疗机构进行的。在这样的认识基础上,就会看到此款不宜作为免责事由。

对此,在由杨立新教授主持起草的《中华人民共和国侵权责任法草案建议稿》(第二稿)第103条明确规定,"用于销售的微生物制品、动植物制品、基因工程制品、人类血液制品"称之为产品,属于产品侵权,适用无过错责任。国外的一些模式也可为我们借鉴,比如欧洲一些国家就有对输血感染的无过错责任的规定,即在当时的科技水平条件下,即使某一缺陷尚不能被发现,生产者仍要对此缺陷产品所导致的损害负责。①

如果我们从医疗现状出发,树立医疗消费的概念,该款免责的不成立就显露无疑。医疗机构对患者的安全保障之义务是不可推卸的,该种情况下医方应承担无过错责任,然后有权向血站追偿。即"在决定输血及输血护理过程中,医院均无过错,然因使用的血浆不合格,由此造成感染仍为有过错,应属医疗事故。对此,应由医院先予赔偿后再向血站索偿。"②

第三节 并 发 症

并发症是指在诊疗护理过程中,医务人员在未违反法律法规和诊疗护理规范的情况下,在治疗疾病的同时,由于治疗措施或药物的原因,发生了治疗目的意外的其他不良后果。可见,并发症并非医务人员的诊疗护理过失所致,因此缺乏医疗事故的主观构成要件,不属于医疗事故。

并发症具有以下三个基本特征:(1)所谓并发,必然是两种疾病以上,且后一种或者几种疾病的发生是由前一种疾病所引起的;(2)后一种疾病的出现具有突发性,即前后疾病之间不具有必然的因果关系,只具有偶然的因果关系,也就是说,并发症是某一种疾病基础上可能发生的,虽然可以预见,但是难以避免和预防;(3)后一种疾病的出现并非由于医务人员的过失所导致,即并发症的发生一般与医疗人员的诊疗护理没有直接因果关系。

并发症的发生有许多复杂的原因,有些是疾病发展到一定程度必然发生的结果;有些是由于医疗措施本身容易发生的现象,疾病本身的结果虽然可以预料,但是到底什么时候发生,在什么情况下发生则无法预料。

由疾病本身的原因引起的并发症,也是十分常见的。肝硬化可以引起食管及胃底部静脉曲张,发展到一定程度时,可以因曲张静脉破裂而引起胃底及食管的大出血,但是,如果这种出血是发生在医院的治疗过程中,或者是在做胃镜检查时,发生了大出血,很可能被家属认为是医务人员过失造成的。

除疾病的自然发展趋势之外,还有另一些并发症是由于医务人员所应用的

---

① 沃中东:《对医疗事故处理中无过错责任适用的思考》,载《杭州商学院学报》2003年第6期。
② 洪莉萍:《医疗事故的界定及相关问题探析》,载《法学》2003年第2期。

检查治疗措施所诱发的,或检查措施本身在治疗疾病的同时,又存在某些难以避免的副作用。如:目前广泛开展的腹腔镜、气管镜、试管镜、心脏介入治疗等。虽然说具有较强的先进性,但是,在操作过程中,任何一个医生都不敢保证100%的成功。X光、CT虽不像上述介入性检查那样容易发生并发症,但如果在较短时间内反复发作,也可以出现并发症。如杀伤白细胞,导致白细胞下降;孕妇则导致胎儿发育迟缓、身材短小等现象。这些实际上也是并发症。

既然并发症的发生非因医务人员的诊疗护理过失,且并发症的发生虽可预见却难以防范和避免,那么医务人员显然不能为此承担责任。虽然在《医疗事故处理条例》中没有对并发症进行规定,但是我们认为并发症应当成为医疗侵权的免责事由。

第四节 特异体质

《医疗事故处理条例》第33条第2项规定,在医疗活动中,由于患者病情异常或者患者体质特殊而发生医疗意外的,不属于医疗事故。

何谓特异体质?有人认为仅在胸腺淋巴特异体质始有其适用,于其他场合此一医学术语并不使用。有将其概念定义为对药物产生特异反应之体质(《南山堂医学大辞典》第1497页)。亦有从广义上解释的,认为在多种医疗行为上,因病患自身体质的特殊性,所产生不可预料的异常反应,都是此处所称之特异体质。[①] 可见,特异体质的概念在医学上仍然存在争议,主要原因在于特异体质的形成及构造到目前为止仍然存在很多问题尚未得到解决。但是不论如何对特异体质进行定义,特异体质应否作为医疗侵权的免责事由是更值得我们关心的问题。

特异体质是个人特有的感受性,属于个人因素,人人都有,只是程度不同罢了。特异体质分为渗出性体质、胸腺淋巴体质、出血性体质、过敏性体质、肝脏机能低下症,以及实质性脏器脂肪变性症等。例如:某患者王某,男,40岁,因患急性肺感染住院治疗。护士遵医嘱为其做青霉素皮试,约1分钟后患者尖叫一声,两手抽搐,呼吸停止。医生立即对其进行抢救,最后因抢救无效患者死亡。省医疗事故技术鉴定委员会出具鉴定书认为:(1)患者死因为青霉素皮试过敏所致喉痉挛、急性喉梗阻、窒息及过敏性休克;(2)医院在抢救过程中并无操作不当,患者的死亡不属于医疗事故。本案中,皮试是临床使用青霉素时进行的过敏试验,在做皮试时护士不可能预见到患者的特异体质会对青霉素过敏,而且医院对患者采取了积极的抢救措施,因此,本案例属于医疗意外,不属于医疗事故。

---

① 黄丁全:《医事法》,中国政法大学出版社2003年版,第461页。

在医疗实务中,一般都将特异体质归为医疗意外,属于难以预料的不良后果,医疗机构及其医务人员对此不承担责任。但是,我们认为特异特质能否作为免责事由应当以医师对患者的特异体质能否预见为判断的标准。因为,作为免责事由的特异体质问题属于医疗意外,医疗意外的基本特征就在于不良后果的发生,对医务人员而言是由难于抗拒或者不能预见的原因引起的。如果医师知道患者具有某种特异体质,但在治疗中怠于负责,当然应当对损害结果承担责任。如果属于医务人员能力所不及,或无从预见,即使发生不良后果,也不用承担责任。因此,遇到患者具有特异体质之情形,不能一概作为医疗意外处理,而应具体情况具体分析,防止医生滥用其作为免责的借口。

第五节 药物不良反应

据世界卫生组织(WHO)的定义,药品不良反应是指"在预防治疗疾病或调节生理机能过程中,给予正常用法和用量的药品时所出现的有害的和与用药目的无关的反应。"我国《药品不良反应监测及报告管理办法》也作了同样解释:"药品不良反应主要是指合格药品在正常用法用量下出现的与用药目的无关的或意外的有害反应"。可见,世界卫生组织和我国立法对药品不良反应性质的认识是一致的,即认为药品不良反应是一种意外反应,其发生具有不可预见性。因此,只有因药品未被发现的内在缺陷引起的损害或者因患者的特异体质造成的损害才是立法上讨论的药品不良反应。

根据以上定义,药品不良反应的构成须符合以下要素:(1)药品必须合格。所谓合格药品,指的是符合我国《药品管理法》和国家药品标准并经药品监督管理部门批准生产的药品。假药、劣药产生的不良后果不属于药品不良反应。(2)药品须经合理使用。患者使用药品和医师指导用药必须符合药品的明示规定或没有违反药品的配方禁忌以及用法用量。误用、滥用药物和服药自杀所造成的后果不属于药物不良反应。(3)不良反应的出现与用药目的无关或者属于意外。而这些不良反应甚至是医师和药厂都不可能预见的。

发生药品不良反应,可能是在医师的指导下用药时发生,也可能是在医疗机构之外患者自己用药时发生。通过分析药品不良反应的构成因素,可以发现药品不良反应不同于其他任何一种侵权,有自身的特殊性。因药物造成的损害确定为药品不良反应,就可以确认任何一方都没有违法。药品合格即说明药品生产企业没有责任;而无论是处方药还是非处方药,只要药品用法、用量是正常的,就意味着医生和患者本人也都没有责任。因此药品不良反应致害案件中不存在过错问题,当然也不属于医疗事故,而是一种药源性的有害现象。

我们认为,发生药品不良反应,医务人员只要在用药上不存在过失,医疗机构就不应对此承担责任。但是药品不良反应的风险由患者独自承担又明显对患者不公平。考察其他国家对药品不良反应责任的规定,大都要求药品的生产者对此承担无过错责任。还有少数国家建立相关的基金作为补充性的救济措施,对患者所受损害先行垫付,然后再向生产者求偿。

第六节　患者过错

《侵权责任法》第 60 条规定,患者或其近亲属不配合医疗机构进行符合诊疗规范的诊疗,医疗机构不承担赔偿责任。医疗机构及其医务人员有过错的应承担相应的责任。《医疗事故处理条例》第 33 条第 5 项也规定,因患方原因延误诊疗导致不良后果的,不属于医疗事故。患者因故意或过失而未能尽到保护自己所应尽的义务,或损害发生的过程有其他与患者有关系的人的行为介入,而且该行为构成损害发生的唯一的直接原因时,对此损害免除医务人员之责任。

患者及家属不配合治疗的情形主要有以下六个方面:(1)患者不遵医嘱。在实行全麻手术前,不遵医嘱擅自进食以致在手术过程中或术后呕吐引起食物反流,使者误食而致患者因窒息死亡。(2)患者隐瞒病史。患者由于种种原因隐瞒既往病史和疾病史,以及药物过敏史等,给诊断带来困难。如患者就诊时隐瞒呼吸道吸入异物的情节,导致医生将呼吸道异物诊为呼吸炎,从而贻误病情。(3)患者不遵医嘱做不适当的活动而引起病情恶化和突变,造成严重后果。如心肌梗塞的病人不遵医嘱,不卧床休息,下地做剧烈活动。(4)患者未经医务人员允许,私自外出发生突发性疾病,如冠心病外出发生心绞痛致死。(5)患者家属不遵医院探望制度,擅自探望,引起心血管患者情绪激动而猝死。(6)患者家属无故不在急救患者的手术同意书上签字,以致贻误最佳抢救时机,导致患者衰竭死亡。

应当注意的是,只有当患方过错是引起不适当后果的直接、主要和不能免除的原因时才属于主要过错。在有的情况下即使患者家属不配合治疗、甚至放弃有效治疗方法等过错,但也应分析具体情形,不能因此全部免除医疗方的告知义务和适当治疗的相应义务。

第七节　意外事件与不可抗力

《医疗事故处理条例》第 33 条第 6 项规定,因不可抗力造成不良后果的,不属于医疗事故。本款是适用侵权责任法中有关加害人的行为因不可抗力而致可以免责所作出的规定。

不可抗力在大多数国家的侵权责任法上都被承认为是一种免责事由,对此已形成共识。在我国,"不可抗力"是指《民法通则》第 153 条规定的"不能预见、不能避免并不能克服的客观情况"。《民法通则》第 107 条规定,因不可抗力不能履行合同或者造成他人损害的,不承担民事责任,法律另有规定的除外。要判断一种客观情况是否属于不可抗力,一般认为符合三个基本条件:一是损害结果的发生并非人的主观的故意或过失,是当事人的意志不能左右的;二是它必须构成损害结果发生的事实上的原因;三是它必须具备人力不可抗拒的性质,即当事人利用现有的科学技术和人力对这种客观情况不能克服和控制。[①]

医务人员严格按照技术规范操作,应用现有医疗科学技术,仍然发生无法预料和难以防范的不良反应,属于不可抗力的范畴,医疗机构应当免责。

思考题:

1. 试述我国医疗侵权的免责事由有哪些?
2. 如何完善我国医疗侵权的免责事由体系?

[①] 参见唐德华:《〈医疗事故处理条例〉的理解与适用》,中国社会科学出版社 2002 年版,第 290—291 页。

第二十六章 医疗行政责任

【内容提要】 本章在界定医疗行政责任概念的基础上,对医疗行政责任的特征进行了相应的分析论证,由此将医疗行政责任的构成要件分为必要性构成要件与选择性构成要件,并进一步分析承担医疗行政责任所需具备的主客观条件。针对医疗行政责任的实现问题主要分为两个层面进行论述,即医疗事故行政处分和医疗事故行政处罚,并就二者的区别及其适用原则进行详尽的阐述,以期对司法实践有所助益。

第一节 医疗行政责任概述

医疗事故行政法律责任,简称医疗行政责任。医疗行政法律责任毕竟是行政法律责任中的一个分支,其概念和特征必将在行政法律责任的框架内进行探讨与研究。为此,我们不妨将医疗行政法律责任的界定问题建立在行政法律责任的概念上进行探讨。

一、医疗行政责任的概念

纵观我国学者对于行政法律责任概念的理解与界定,主要分歧在于对行政法律责任主体的认定上,并由此引发了行政法律责任构成要件、责任承担方式上的争议。总体来说,对于行政法律责任内涵的理解,主要有以下几种观点:

其一,行政主体说。该说认为:"行政责任是指行政主体和行政人员因违反行政法规范而依法必须承担的法律责任,它主要是行政违法引起的法律后果。"[1]

其二,行政管理相对人责任说。该说强调行政责任就是企事业单位、其他社会组织和个人的行政违法行为所引发的对自己不利的法律后果。

其三,将行政责任划分为广义说与狭义说。广义的行政责任既包括行政主体及行政机关工作人员的责任,也包括相对人(公民、法人和其他组织)的责任;狭义的行政责任只限于相对人或只限于行政主体及行政机关工作人员的责任。[2]

---

[1] 胡建淼编:《行政法教程》,法律出版社1996年版,第279页。
[2] 应松年编:《行政法学新论》,中国方正出版社1998年版,第608页。

其四,行政法律关系主体责任说。该说认为"行政责任是指行政主体由于不履行行政法上的义务、构成行政违法而应当依法承担的否定性法律后果"。①

我们认为,行政法上所规定的义务主体范围不仅仅限于行政相对人或仅限于行政主体及行政机关工作人员,而应当将行政主体及其公职人员和作为行政管理相对人的公民、法人或其他组织都包括在内,即采取广义说。此概念一方面表明,承担行政责任必须有行政违法,且行政法律责任是行为人不履行行政法律规范规定义务的结果。另一方面表明行政法律责任对于责任的承担者来说是一种不利的、否定性的评价结果,体现了社会谴责性和国家惩罚性,但该责任的承担形式仍然适用行政法上的制裁措施,而不能超越行政法的规制范围而纳入刑法的调整视野。相应地,医疗行政责任,是指医疗行政法律关系主体因违反医疗行政法律、法规、规章和诊疗护理规范、常规,所承担的法律上的不利后果与否定性评价。

二、医疗行政责任与医疗行政违法的区别

从以上分析,我们不难看出承担医疗行政责任必须要有医疗行政违法行为,但并不是一定有医疗行政违法行为便一概要追究医疗行政法律责任。为此,我们有必要从以下几个方面对二者进行界定:

(1) 行为主体的行为已构成行政违法

并非行政法律关系主体的所有行为都产生行政责任,只有行政违法存在时行政责任才会产生,如果行为人的行为尚未构成行政违法,行政法律责任便无从谈起。

(2) 承担行政责任有法律依据

现代法治社会,不仅要求权力(权利)、职责(义务)的法定,而且要求对责任的承担也必须有法律依据。因此,承担行政责任的方式、内容等都应当由法律规定。否则承担责任就很难做到。

(3) 行为主体具有法定的责任能力

行为主体不具有法定的责任能力,即使其行为构成了行政违法,也不被追究或者承担行政责任。对行政相对人中的公民而言,法定责任能力的认定,必须是达到法定的年龄、具有正常的智力等,否则即使有行政违法行为存在也不能追究行政责任。

(4) 行为主体主观上有过错

一般来说,主观过错是故意还是过失,并不影响到行政违法的构成,只是影

---

① 熊文钊编:《现代行政法原理》,法律出版社 2000 年版,第 527 页。

响行政公务人员的责任有无和轻重,只要主观上有过错、客观上实施了违反行政法律规范的行为,就可构成行政违法。

(5) 行政违法行为的情节与危害后果

危害性的大小主要是通过"情节轻重"与后果的一定量而具体表现出来的。一般来说,情节严重的行政违法行为,其危害性就达到了应当承担刑事责任的程度,以行政犯罪论处;反之,情节不严重的行政违法行为,其危害性就没有达到应当承担刑事责任的程度,应以行政违法论处。

三、医疗行政责任的特征

如前所述,医疗行政责任,是指医疗行政法律关系主体因违反医疗行政法律、法规、规章和诊疗护理规范、常规,所承担的法律上的不利后果与否定性评价。从这一概念中,我们可以看出医疗行政责任包含如下几点特征:

首先,医疗行政责任的主体范围不仅仅限于行政相对人或仅限于行政主体及行政机关工作人员,而应当将行政主体及其公职人员和作为行政管理相对人的公民、法人或其他组织都包括在内。即包括卫生行政管理机关、卫生行政管理的公务人员,作为卫生行政管理相对人的医疗机构及其医务人员。

其次,医疗行政法律责任的性质是医疗行政违法行为实施者基于自己的违反行政法的行为而向国家承担的责任,这对于责任承担者来说是一种不利的、否定性的评价后果,而这种否定性的评价后果正是因医疗行政法律关系主体不履行或不完全履行自己的法定职责或义务而产生的,体现了社会谴责性和国家惩罚性。

再次,医疗行政法律责任以医疗卫生行政法律规范所设定的职责或义务为前提和基础,医疗卫生行政法律规范是追究行政法律责任的依据。引起医疗行政法律责任的违反医疗行政法律义务的行为亦没有超出行政法规定的违法限度,所承担责任的形式仍然适用行政法上的制裁措施。

第二节 医疗行政责任的构成要件

医疗行政责任的构成要件是指追究行为人的医疗行政法律责任所必须具备的一切客观要件和主观要件的总和。[①] 在医疗行政责任的构成要件中可分为两种情形,即"必要性构成要件"和"选择性构成要件"。所谓"必要性构成要件"是指在所有的医疗行政责任的构成中均所必须具备的构成要件。所谓"选择性构成要件"是指并非所有场合下的医疗行政责任的构成中均须具备的构成要件。

---

① 熊文钊:《现代行政法原理》,法律出版社2000年版,第535—536页。

一、医疗行政责任的必要性构成要件

(一) 行为人具有相应责任能力

行为人具有相应的责任能力是其在医疗事故中承担行政责任的必要性构成要件之一。根据《中华人民共和国行政处罚法》第25条、第26条之规定:不满14周岁的人有违法行为的,不予行政处罚,责令监护人加以管教;精神病人在不能辨认或者不能控制自己行为时有违法行为的,不予行政处罚,但应当责令其监护人严加看管和治疗。可见,对于没有责任能力的不满14周岁的人和精神病人在不能辨认或者不能控制自己行为时实施的违法行为即使构成行政违法,也不一定承担行政法律责任,因为他们均没有相应的责任能力。对于医疗行政管理机关与作为卫生行政管理相对人的医疗机构而言,由于其能以自己的名义从事活动并能独立承担法律后果,因此不存在不具备相应责任能力的问题。而对于作为医疗行政法律责任承担的个人来说,由于这种责任的承担发生在诊疗护理的过程中,承担责任的主体自然具有一定特殊性,主要限定在卫生行政机关公务人员和受托个人,以及医疗机构工作人员,因此,一般也不会涉及年龄和智力因素的影响而对其责任能力产生影响。

(二) 行为人必须存在医疗行政违法行为

医疗行政违法行为的构成要件包括以下四个方面:首先,医疗行政违法行为主体不仅包括卫生行政管理机关、卫生行政管理的公务人员以及作为卫生行政管理相对人的医疗机构及其医务人员。其次,要成立行政违法必须要求行为人负有医疗卫生行政管理法律、行政法规、部门规章所规定的义务。而行为人的法定职责则是这种义务的来源,没有一定的职责,则无法构成失职。再次,在具备法定义务的前提下,行政违法还只是一种可能,只有当行为人作出了不履行、不承担法定义务的行为时,行政违法才会发生。然而,行政主体的行政责任毕竟有别于民事责任和刑事责任,因为,某些不当行政行为亦是能同样导致行政法律责任的产生。例如,上述《医疗事故处理条例》第54条列举的卫生行政部门与医疗机构在医疗事故处理和医疗服务活动中常见的"情形"就是医疗行政违法行为和不当行政行为。可见,不当行政行为也是行为人承担行政法律责任的来源之一。

二、医疗行政责任的选择性构成要件

(一) 行为人主观上存在过错

这里所说的过错,同民法中的过错概念一致,是指行为人实施不法行为时的心理状态,分为故意和过失两种状态。在通常情况下,由于过错是一种主观的心理状态,而且行为人在实施违法行为后都会在趋利避害的心理支配下否认自己的主观过错,而又由于诊疗护理本身的专业性与特殊性,由患者进行举证就更是难上加难,这就给司法证明带来很多的不便,因为在此时,违法行为人本身就是一种证据,而不需要其他的证据予以证明了。因此,为了保证行政执法的严肃性与有效性,通常在司法实践中采取过错推定的方式认定违法行为人的主观心态,即只要行为人的行为客观上违反了行政法律规范即可推定其主观过错,如果其要否定这种推定,应当负举证责任。可见,对于医务人员这一类医疗行政法律责任主体而言,主观过错并非其承担医疗行政责任的必要构成要件。

(二) 行为产生了危害后果

危害后果能否作为医疗行政法律责任的必要构成要件不能一概而论,应区别不同的医疗行政法律责任的主体进行对待。对于卫生行政主体而言,违法行政行为是否导致了危害后果并不是其承担行政法律责任的必要构成要件。对于作为卫生行政相对人的医疗机构及其工作人员而言,危害后果是否是其承担卫生行政法律责任的必要构成要件,取决于相关法律的相关规定。有的法律规定危害后果必须成为医疗行政责任构成要件之一,例如《医疗事故处理条例》第58条规定:"医疗机构或者其他有关机构违反本条例的规定,有下列情形之一的,由卫生行政部门责令改正,给予警告:……";有的法律规定并不以危害后果作为医疗行政责任之构成要件,例如《医疗事故处理条例》第54条规定:"卫生行政部门违反本条例的规定,有下列情形之一的,由上级卫生行政部门给予警告并责令限期改正;情节严重的,对负有责任的主管人员和其他直接责任人员依法给予行政处分:……"可见,对于卫生行政相对人而言,行为产生的危害结果并非均是其承担医疗行政责任的必要构成要件。

(三) 违法行为与危害结果之间存在因果关系

违法行为与危害结果之间的因果关系能否成为医疗事故中行政法律责任构成要件的关键取决于危害后果是否作为医疗行政责任的必要构成要件。当危害后果作为医疗行政责任的必要构成要件时,必然存在因果关系的证明问题,因果关系自然成为承担医疗行政责任的必要构成要件。相反,当危害后果并非医疗行政责任的必要构成要件时,则不存在因果关系的证明问题,这时也就无所谓因果关系之有无,因果关系也就不能成为医疗行政法律责任的构成要件。

第二节 医疗行政责任的实现

医疗事故行政责任的实现主要通过卫生行政法律制裁的方式实现,表现为对医疗行政责任的追究。它以一定的违法行为或者法律事实为前提。根据行政违法的主体的不同分为行政处罚与行政处分两种制裁方式。一般公民、法人等组织因违反行政管理法律、法规而受到行政制裁,称行政处罚;国家公职人员在公务行为中因行政违法失职行为而受到制裁,称行政处分。

一、医疗行政处分

(一) 医疗行政处分的概念

我国学者对医疗事故行政处分的概念界定存在争议。一种观点认为:"医务人员因违反规章制度,诊疗护理常规等失职行为引起了医疗事故,卫生行政机关或医疗单位根据有关的行政法规和其他规范性文件,对引起医疗事故负有直接责任的医务人员作出的行政制裁,就属于行政处分。"[①]另一观点认为:"承担医疗事故行政责任的方式也为行政处分和行政处罚两种,前者是指医务人员在诊疗护理过程中,因过失违反有关行政法规、法律所规定的规章制度,从而造成病员死亡、残废、功能障碍等后果,由所在医疗单位对直接责任人员作出的行政制裁。"[②]可见,第一种观点主要将行政处分的对象限定为医疗机构的医务人员,而第二种观点除了将行政处分的对象现定于医疗机构的医务人员外,还将行政处分的主体限定为医疗单位。我们认为,这两种界定均明显缩小了医疗行政处分主体和对象的范围。医疗行政处分的适用对象除了包括医疗机构的医务人员外,还包括卫生行政机关及其公务人员,而当卫生行政机关在对其工作人员给予行政处分时,又显然是行政处分的主体。因此,我们认为,医疗事故行政处分是指卫生行政机关或国有医疗单位依照行政隶属关系对违法失职的工作人员以及上级卫生行政机关对违法失职的下级卫生行政机关所实施的行政制裁。[③]

(二) 医疗行政处分的种类

根据《国家公务员暂行条例》和《医疗事故处理条例》的规定,应受行政处分的行为主要有以下几种:

第一,《医疗事故处理条例》第53条规定:"卫生行政部门的工作人员在处理医疗事故过程中违反本条例的规定,利用职务上的便利收受他人财物或者其他利益,滥用职权,玩忽职守,或者发现违法行为不予查处,造成严重后果的,依照刑法关于受贿罪、滥用职权罪、玩忽职守罪或者其他有关罪的规定,依法追究刑事责任;尚不够刑事处罚的,依法给予降级或者撤职的行政处分。"本条对卫生行政部门的工作人员规定了两种形式的行政处分:降级或者撤职。

第二,《医疗事故处理条例》第54条规定:"卫生行政部门违反本条例的规定,有下列情形之一的,由上级卫生行政部门给予警告并责令限期改正;情节严重的,对负有责任的主管人员和其他直接责任人员依法给予行政处分:(一)接

---

① 乔世明:《医疗纠纷与法律责任》,人民军医出版社1993年版,第155—156页。
② 李显东主编:《医疗事故法律解决指南》,机械工业出版社2003年版,第226页。
③ 姜柏生:《医疗事故法律责任研究》,南京大学出版社2006年版,第216页。

到医疗机构关于重大医疗过失行为的报告后,未及时组织调查的;(二)接到医疗事故争议处理申请后,未在规定时间内审查或者移送上一级人民政府卫生行政部门处理的;(三)未将应当进行医疗事故技术鉴定的重大医疗过失行为或者医疗事故争议移交医学会组织鉴定的;(四)未按照规定逐级将当地发生的医疗事故以及依法对发生医疗事故的医疗机构和医务人员的行政处理情况上报的;(五)未依照本条例规定审核医疗事故技术鉴定书的。"本条规定中明确了两点:一是对卫生行政部门的行政处分是警告;二是未对负有责任的主管人员和其他直接责任人员的行政处分的种类予以明确,而是留待有权的行政机关视情节确定。

第三,《医疗事故处理条例》第55条的规定:"医疗机构发生医疗事故的,由卫生行政部门根据医疗事故等级和情节,给予警告;情节严重的,责令限期停业整顿直至由原发证部门吊销执业许可证,对负有责任的医务人员依照刑法关于医疗事故罪的规定,依法追究刑事责任;尚不够刑事处罚的,依法给予行政处分或者纪律处分。"从这一规定可以看出,医疗机构发生医疗事故的,对负有责任的医务人员,应当依照责任的情节的严重程度,决定是否依法给予行政处分或者纪律处分。在达到情节严重的标准下,至于对医务人员处以何种行政处分则由其所在的医疗单位参照《公务员法》规定的行政处分的种类视情节给予制裁。

第四,《医疗事故处理条例》第56、58条规定主要针对医疗机构中负有责任的主管人员和其他直接责任人员违反法定义务的情形作出了行政处分的规定。例如第58条规定:"医疗机构或者其他有关机构违反本条例的规定,有下列情形之一的,由卫生行政部门责令改正,给予警告;对负有责任的主管人员和其他直接责任人员依法给予行政处分或者纪律处分;情节严重的,由原发证部门吊销其执业证书或者资格证书:(一)承担尸检任务的机构没有正当理由,拒绝进行尸检的;(二)涂改、伪造、隐匿、销毁病历资料的。"

二、医疗行政处罚

(一)医疗行政处罚的概念及特征

医疗事故行政处罚是指卫生行政主体对医疗事故中违反卫生法律规范的行为人所实施的一种制裁。[①] 根据上述概念,我们可以看出医疗事故行政处罚的主要特征有:

(1)实施医疗行政处罚的主体是行政机关或法律、法规授权的其他行政主体。某一特定的行政机关是否拥有处罚权和拥有何种、多大范围的行政处罚权,都由法律、法规予以明确的规定。

---

① 姜柏生:《医疗事故法律责任研究》,南京大学出版社2006年版,第210页。

(2) 医疗事故行政处罚的对象是作为行政相对方的医疗机构及其工作人员。这不同于基于行政隶属关系或监察关系而对其内部的公务员作出的行政处分。行政处分针对的是行政内部相对人,即行政机关内部的工作人员。一般而言,区分内部相对人与外部相对人的界限主要是根据某一形式具体职能的行政机关而言。

(3) 医疗行政处罚的前提是作为行政相对方的医疗机构及其工作人员实施了违反行政法律规范的行为。如果行政相对人实施了一定的行政违法行为,但是其行为情节显著轻微,对社会公共利益尚未构成实质上的危害,则行政相对人仍然不应该受到行政处罚。

(4) 医疗事故行政处罚是一种由卫生行政主体对违反卫生行政法律规范的相对人进行惩戒的,由行政相对方承担医疗行政责任的一种途径和方式。其直接目的在于追究行政相对人的行政法律责任,其根本目的在于维护行政法秩序,确保公共利益的实现。

(二) 医疗行政处分与医疗行政处罚的区别

(1) 作出决定的主体范围不同。医疗行政处分是由受处分人所在的机关或单位作出的,处分人所在单位与处分人之间存在行政上的隶属关系;而医疗行政处罚是由享有行政处罚权的行政主体作出的,这些行政主体具有对外管理职能,其行政处罚权已为法律、法规明确规定。

(2) 制裁的对象不同。医疗行政处分的制裁对象较为广泛,既包括医疗单位中违反医疗法律、法规、行政规章和诊疗护理常规的医务工作人员,也包括违法失职的卫生行政工作人员及其卫生行政机关,是一种内部责任、身份责任;而医疗行政处罚的对象则是违反医疗法律、法规、行政规章和诊疗护理常规并造成一定危害后果的医疗机构及其医务工作人员,是一种外部责任,是一种管理者对被管理者施加的制裁。

(3) 制裁的依据与形式不同。医疗行政处分由有关行政机关工作人员或公务员的法律规范进行调整,具体的行政处分形式包括警告、记过、记大过、降级、撤职和开除等六种;医疗行政处罚则主要依据有关行政管理的法律规范,其主要包括警告、责令限期停业整顿、吊销执业许可证等几种形式。

(4) 制裁的程序及救济的途径不同。医疗行政处分依据《公务员法》规定的程序进行,不服行政处分的,可以向作出行政处分决定的机关申诉;医疗行政处罚则依据《行政处罚法》规定的程序进行,不服行政处罚决定的,除法律、法规另有规定外,相对方可向作出行政处罚决定的上一级机关申请复议或向人民法院提起行政诉讼,通过复议与行政诉讼的方式获得救济。

(三) 医疗行政处罚的原则

医疗行政处罚是一种具体行政行为,它除了要遵循行政法的基本原则(即行政法治原则)之外,还有其特殊的原则。医疗行政处罚的原则既是行政处罚立法的基本准则,又是行政处罚执法的基本法则。

1. 处罚法定原则

处罚法定原则是行政合法性原则的具体体现和要求。具体包含如下几个内涵:第一,在法律、法规及规章没有明文规定某一种行为属行政违法行为时,医疗行政相对人的行为不应该被认为是违法行为,该相对人也不应该承担相应的法律责任,并受到行政处罚。第二,行政处罚的实施必须由特定的行政机关或者具有管理公共事务职能的组织行使。第三,行政处罚的内容、种类、程序均应该遵循法律、法规与规章的明确规定。

2. 责罚一致原则

责罚一致原则要求行政相对人所受到的行政处罚与其应该承担的法律责任相对应。"无责任就无处罚"是现代法律制度的一个重要特征,它要求医疗行政处罚的主体在实施行政处罚时必须以行政相对人是否应该承担行政法责任为基础,而不能单纯以行政相对人是否实施了一定的行为作为根据。此外,医疗行政相对人受行政处罚的程度,应该与医疗行政相对人所承担的法律责任的轻重相一致。而医疗行政相对人承担法律责任的轻重,则是由行政相对人的年龄、精神状态、违法行为的情节、性质与社会危害程度所决定。

3. 公正、公开原则

公正,是指卫生行政主体在处罚中对受罚者用同尺度平等对待。公开,是指行政机关对于有关行政处罚的法律规范、执法人员身份、主要事实根据等与行政处罚有关的情况,除可能危害公共利益或者损害其他公民或者组织的合法权益并由法律、法规特别规定的以外,都应向当事人公开。公开原则在行政处罚上的主要表现是:法的公开。对违法行为给予卫生行政处罚的规定要以适当途径公开,使行政管理相对人有了解的可能;执法人员的身份公开。执行调查、处罚送达、执行等职务的执法人员必须出示证件或者佩戴标志。

4. 一事不再罚原则

一事不再罚原则是法理学上的概念,是指对违法行为人的同一个违法行为,不得以同一事实和同一依据,给予两次以上的处罚。按此规定,卫生行政机关对相对人的同一个违法行为,不得给予两次以上同类的行政处罚。"同一个违法行为"是指当事人实施了一个违反行政法规范的行为或者说一个违反行政管理秩序的行为,当事人在客观上仅有一个独立完整的违法事实。

(四) 医疗行政处罚的种类及具体形式

根据《行政处罚法》第8条规定行政处罚有七种:警告、罚款、没收违法所得、没收非法财物、责令停产停业、暂扣或者吊销许可证、暂扣或者吊销执照、行政拘留和法律、行政法规规定的其他行政处罚。行政机关实施行政处罚时必须严格按照《行政处罚法》规定的权限和程序实施规定的处罚种类。根据《医疗事故处理条例》以及其他法律规范性文件的规定,医疗事故行政处罚的对象不仅包括医疗机构及其责任医护人员还包括个体开业医生、借医疗事故扰乱医疗秩序的其他涉案人员等。根据《行政处罚法》与《医疗事故处理条例》的规定,医疗行政处罚可以分为以下几种:

1. 警告

申诫罚是对违法者的名誉、荣誉、信誉或精神上的利益造成一定损害的处罚方式,一般适用于情节轻微或未构成实际损害结果的违法行为。其具体形式主要有:警告和通报批评。警告是申诫罚的一种形式,一般适用于行政相对人违法行为情节较轻的情形,它既可以适用于公民,也可以适用于法人和其他社会组织。所谓通报批评,也是声誉罚的一种,是对违法者在荣誉上或信誉上的惩戒措施。通报批评与警告在目的上有相似之处,即都是使违法者名誉上受到影响,给其造成一定的精神压力。不同的是通报批评只适用于法人或其他组织,而不适用于自然人。

2. 责令限期停业整顿、责令暂停执业活动

责令限期停业整顿是行为罚的一种,是卫生行政机关对发生医疗事故的医疗机构采取的较为严厉的强制性行政处罚方式。如果说责令限期停业整顿针对的是医疗机构的话,那么,责令暂停执业活动则是针对发生医疗事故的有关医务人员所做的行政处罚,即有关医务人员如果对发生的医疗事故负有责任,则卫生行政部门可以责令其暂停执业活动。

3. 吊销执业许可证、吊销执业证书

吊销执业许可证、吊销执业证书也是行为罚的一种。吊销医疗机构执业许可证,是卫生行政机关对发生医疗事故的医疗机构采取的最为严厉的强制性行政处罚方式。吊销执业证书是对发生医疗事故的有关医务人员所做得最为严厉的一种行政处罚措施。卫生行政部门作出这种决定后将对医务人员产生较大的影响,因此,一定要持一种慎重、严肃的态度,并严格依照法定的条件和程序进行。此外,根据《医疗事故处理条例》的规定,除了医疗机构及其责任医护人员可以构成医疗行政处罚的对象之外,参与医疗事故的技术鉴定人员也能成为医疗行政处罚的对象。

思考题:

1. 什么是医疗行政责任?
2. 医疗行政责任与医疗行政违法的区别是什么?
3. 医疗行政处分与医疗行政处罚的区别是什么?

第二十七章　医疗刑事责任

【内容提要】　本章就医疗刑事责任之根据从质与量两方面进行了探讨，在此基础上分析了医疗事故罪的犯罪构成，并就其主体范围、主观方面、客观行为、危害结果以及二者的因果关系进行了相应的分析论证。针对刑事立法中医疗事故罪法定刑的缺陷进行了剖析并提出了相应的完善建言。通过对与医疗相关的犯罪进行了界定，更好地区分了医疗事故与技术事故，医疗事故罪与非罪、此罪与彼罪之界限。

第一节　医疗刑事责任概述

医疗事故所导致的刑事责任是医疗纠纷责任中的一部分，是医疗纠纷民事责任在刑事法律关系中的推演和运用，包括了行为人基于何种理由承担刑事责任和国家在何种程度上追究刑事责任两个方面的问题，即医疗刑事责任质的根据与医疗刑事责任量的根据。

一、医疗刑事责任质的根据

根据我国刑法的规定，司法机关追究任何人的刑事责任，都必须以犯罪行为为根据。《刑法》第335条规定："医务人员由于严重不负责任，造成就诊人死亡或者严重损害就诊人身体健康的，处3年以下有期徒刑或者拘役。"该条就医务人员对造成医疗事故的犯罪行为承担刑事责任的范围从三个方面进行了限定：

（一）"严重不负责任"的立法规定为限定医疗刑事责任的成立范围提供了主客观方面的依据

所谓"严重不负责任"，是指医务人员违反有关的法律法规、规章制度及诊疗护理常规，而且情节严重。"严重不负责任"既包括客观要素，也包括主观要素，即在客观上有严重违反规章制度和诊疗护理常规的行为，主观上也存在过失。而国外在医疗事故罪的成立范围上却未做过多的限定，只是规定"因业务上之过失"，使得医疗刑事责任成立的范围过为宽泛。例如，我国台湾地区高等法院台中分院刑事第三庭于2004年8月31日裁定一起因医疗事故而上诉的案件(93年上诉字第940号)。被害人姚全安因骑车跌倒致内伤而就诊，被告人林哲民医师先是使用止痛剂，致其症状被掩盖，随后在做手术时本"宜将上下二端做小肠造瘘(口)术,不宜行小肠端对端吻合术",而"错误选择做腹腔镜手术,并行小肠端对端吻合术",致使病人"产生痊愈不全及渗漏情形"。后来,病人病情恶化,导致败血症,呼吸衰竭而引起并发症死亡。该案经我国台湾地区苗栗地方法院初审判决有罪,上诉审仍裁定其成立犯罪。[①] 就本案而言,依照台湾地区的法律,行为人要承担医疗刑事责任,但若依我国刑法,却难以认定其成立医疗事故罪。因为,按照我国刑法对医疗事故罪的规定,被害人死亡这一结果的出现,并非基于被告人严重不负责任,而是医疗失误或缺乏诊疗经验所致。我们认为,与国外的立法规定相比,我国刑法对医疗事故罪成立范围规定地较窄是恰当的。

这主要基于以下几点考虑:(1)一般的医疗过失是发生在为社会进行有益的工作的过程中,其本质为一种工作上的失误,应该与医务人员有失医德,严重不负责任进行区分;(2)在一般的医疗过失的情况下,客观方面的原因占了很大的成分,事故的发生不能完全归则于行为人,只有在责任性因素占主导的情况下,才能追究行为人的刑事责任;(3)在科技不断发展的今天,医疗人员承担的注意义务较之以前更重,如果偶尔失误造成危害便将其纳入犯罪的范畴,动不动就承担刑事责任,未免会造成其紧张的心理状态,不利于诊疗护理工作的开展;(4)刑法并非万能,犯罪亦只能控制在一定的范围之内,而我们也不可能单纯依靠刑法来加大对犯罪控制的力度,对于一般的医疗过失,我们更多依靠的应该是教育与预防而非单纯的扩大犯罪圈。

(二)"信赖原则"的现代刑法理论为限定医疗刑事责任的成立范围提供了理论依据

"信赖原则"是指在社会生活中的某些场合,应该对他人的行为给予信任,相信他人的行为能够对自己的安全和正常活动予以保障。信赖原则认为过失行为人与被害人都存在预见和避免危险结果发生的可能性,但当出现异常情况下,允许通过信赖原则免除过失责任,只有当行为人超出信赖犯罪,出现信赖过当时,才不能作为免责的理由。显然,信赖原则缩小了过失犯罪主体的范围。我们认为,信赖原则为限定医疗刑事责任的成立范围提供了理论上的依据。该原则体现在医疗事故中主要包括三种情形:

(1)医务人员有预见结果发生的可能性,但没有预见的义务,在出现异常情况时,允许通过信赖原则免除过失责任。例如某病儿,男性,4岁,经急诊诊断为肺炎合并心衰。医生除对其采取紧急措施外,又开青霉素让做皮试,家长声明昨晚来急诊时青霉素皮试为阳性。值班医生坚持再做皮试,以定可否用药。皮试结果为阴性。注射青霉素20分钟后,病儿烦躁不安,严重发绀,呼吸急促,经抢救无效死亡。家长认为病儿死于青霉素过敏,要求追究医院及医生责任。经对

[①] 参见赵秉志主编:《医疗事故罪专题整理》,中国人民公安大学出版社2007年版,第59页。

该病儿进行尸检,证实病儿死于"心率衰竭",与青霉素注射无关。①可见,患儿死亡的真正原因在于病情的自然转归,与医疗行为无关,因此医务人员则可基于信赖原则免除过失责任。

(2) 医务人员和就诊人双方都违反注意义务时,按各自违反注意义务的多少以及应对他人行为信赖的程度,确定双方应分担的过失责任;这种过失责任的分担既可以出现在医务人员相互之间,也可以出现在医务人员与患者之间。其一,在医务人员相互之间,如果因其中一位医务人员违反信赖原则,而其他人员没有违反信赖原则,就出现了过失责任的分担问题。其二,在医务人员和患者之间,病人可以相信医务人员会正确的诊疗,医务人员也可以相信病人积极地配合诊疗,如果患方均违反了其应为之义务,则应按双方过失程度,分担各自的责任,如果医方严重违反了诊疗护理常规,造成了严重后果,则需承担医疗事故的刑事责任。

(3) 如果医务人员超出信赖范围,出现信赖过当,则不能以信赖原则作为免除过失责任的理由。在这种情况下,就诊人不存在任何责任,医务人员承担医疗事故的刑事责任。例如,某医生在给 8 岁女童做阑尾切除手术时,因粗心大意,误将子宫当阑尾切掉。很显然,医务人员的行为已超出了信赖的范围,应承担医疗事故罪的刑事责任。

可见,信赖原则在医疗刑事责任的认定中,起到了缩小犯罪圈,限定医疗刑事责任范围的作用,这一点是值得肯定的。但与此同时,我们亦应注意到。信赖原则的实质在于行为人信赖相对人的行动具有相当性,"在对方由于心身上的理由,容易采取异常的行动而不能信赖时,当然就不能适用信赖原则。"②

(三) "严重损害就诊人身体健康"的标准为限定医疗刑事责任的成立范围提供了法律依据

按照学理上的分类,医疗事故罪属于业务过失型犯罪。而在涉及业务过失犯罪刑事责任这一问题上,另有一个饶有兴趣的问题,就是是否承认过失危险犯的成立。我们认为,危害结果是限制过失责任范围的客观尺度。脱离这一标准,便会无限制地扩大犯罪过失的范围。在业务活动过程中,行为人违反任何一项注意义务都可能发生危害社会的结果。如果对这种行为处以刑罚,无异于以刑罚惩治违反行政法规的行为。而且,设立过失危险犯的社会效果不好,加重了业务人员的心理负担,不利于社会的进步和发展。"严重损害就诊人身体健康"则否认了医疗刑事责任承担上过失危险犯的存在,对于限定医疗刑事责任的成立范围提供了法律依据,对于保障人权,促进医疗事业的发展具有重要意义。

---

① 参见佟丽华、温小洁编著:《医疗事故与纠纷》,兵器工业出版社 1999 年版,第 7—8 页。
② 〔日〕大冢仁:《犯罪论的基本问题》,冯军译,中国政法大学出版社 1993 年版,第 241 页。

二、医疗刑事责任量的根据

我们认为,医疗事故罪的犯罪构成本身难以反映医疗事故罪的轻重,因此不能成为刑事责任大小的根据。而医疗事故罪犯罪构成以外的那些主客观因素,有些属于反映社会危害性程度的情节,有些则属于反映人身危险性程度的情节。

(一)反映社会危害性程度的情节

国家追究医务人员医疗刑事责任的目的并非单纯为了惩罚,而是为了预防医疗事故犯罪的再次发生。公正是预防犯罪的基础。"并不是尽可能严厉的刑罚,而是尽可能与犯罪人的罪责相称的公正刑罚,才能发挥高度的刑罚效果"。① 即在医务人员承担医疗刑事责任这一问题上,不仅要考虑符合医疗事故犯罪构成的因素,而且还要考虑医疗事故犯罪构成以外的反映社会危害性程度的其他情节。

1. 病情与危害程度情节

医疗事故罪不同于一般的业务过失犯罪,因为医务人员面对的是体质各异、病症不同的病人,患者所患疾病的种类及特点、病情及病症的严重程度、医疗行为的难度大小等犯罪构成外的客观因素无疑对衡量医疗刑事责任的大小有着重要的意义。如果医务人员的失职行为已经超出了患者本身病情或体质所可能发生的不良后果,则其危害程度属于较重,应承担较重的刑事责任。反之,则应承担相对较轻的刑事责任。例如,某患者,男,46岁。因肉眼血尿3个月入院。静脉尿路造影显示左肾积水、膀胱左侧部充盈缺损,膀胱镜检查见膀胱左侧肿瘤3×2 cm,乳头状,左输尿管除及回肠膀胱术。术后仍有血尿。再次静脉尿路造影,显示不清,医生未加深究,继续按原思路进行治疗,2个月后病情恶化,抢救无效死亡。尸检:肾盂乳头状癌晚期,肿瘤侵犯输尿管。② 本案中,医务人员的检查粗枝大叶,有失职责,严重不负责任的行为导致患者死亡,但经尸检,该案中的患者本身患有绝症,对于癌症患者,医学上本无有效之治疗方案,医务人员的过失行为只是加速了患者的死亡。这种情况下,医务人员应承担相对较轻的刑事责任。相反,对于那些"进门是上感,出门是残疾"、"为取一颗牙,治死一条命"的医疗失职行为,则应承担相对较重的刑事责任。

2. 被害人过错情节

在一些医疗事故中,患方(包括其家属)亦在诊疗护理过程中,存在一定的过错,对医疗工作不予以配合,而医方在诊疗护理过程中又有严重不负责任的行

---

① 林山田:《刑法学》,台湾商务印书1983年第2版,第70页。
② 参见王喜军、杨秀朝编著:《医疗事故处理条例实例说》,湖南人民出版社2003年版,第326页。

为,且医方的过错是导致医疗事故的主要原因。此时,考虑到患者的过错在医疗事故形成中所起的作用,对医方追究刑事责任时,可适当从轻处罚。例如,某7岁儿童不慎碰破了额角,缝合后准备打破伤风针,医生、护士为她做破伤风TAT针剂皮试,发现局部有丘疹,遂提出以不注射为好,但患儿母亲坚持要注射。为防不测,护士提出做脱敏注射,但患儿母亲坚决要求直接注射,于是护士给患儿注射了TAT。三分钟后,患儿即发生过敏反应,昏迷不醒,经抢救无效死亡。①显然,在本案中,患者家属借自己对医疗知识的一知半解,自作主张,指明护士应该如何给患儿做检查,结果导致患儿死亡,但患方的不合理要求并非能成为医护人员违背操作规程,免于承担刑事责任的理由,但可酌情减轻医护人员承担的刑事责任。

3. 与医疗事故相关的其他情节

与医疗事故相关的其他情节,包括医疗器械、药品存在的质量问题,医院的行政管理、后勤保障系统出现的问题,以及第三人的加害行为等。在诊疗护理过程中,医务人员要使用各种各样的医疗器械、药品对患者进行诊治,如果是这些医疗产品的质量问题同医务人员的失职行为共同促成了医疗事故的发生,则可以适当减轻医务人员所承担的刑事责任;如果医疗产品的质量问题显而易见,且凭借医务人员的诊疗护理常识完全可以发现该产品的瑕疵,则医务人员不能以医疗产品的质量问题而主张减轻自己的刑事责任。此外,医院的行政管理、后勤保障工作的好坏在一定程度上关系着医生是否能顺利开展诊疗护理工作。若医院后勤管理不善,无法保障医疗需要,医院行政领导及管理人员对重大灾害事故不积极组织抢救而导致了医疗事故的发生,可酌情减轻当事医务人员的刑事责任。至于第三人加害行为的情节常见于交通肇事及其他伤害案件的加害者、受害者同医务人员之间的关系。例如,某男,27岁,因出车祸,致头部外伤、头皮血肿而被收入某医院康复病房外科住院治疗,入院三天未见主管医生,终因头皮血肿感染导致颅内感染死亡。该例中,作为主管医生,在患者住院三天后竟未看过病人,已属严重失职,如若医生尽职尽责,患者的死亡完全可以避免,患者的死亡毕竟是由肇事者的肇事行为同医生的失职行为共同造成的,可适当减轻渎职义务人员的刑事责任。

(二) 反映人身危险性程度的情节

犯罪事实是刑事责任的基础,它既决定着刑事责任的有无,又决定着刑事责任的程度。除犯罪事实以外,医务人员在犯罪前后的行为、表现、态度等反映人身危险性大小的事实和情节,也影响着其承担刑事责任的程度。

---

① 参见冯卫国:《医疗事故罪的认定与处理》,人民法院出版社2003年版,第125页。

1. 行为人一贯表现情节

在犯罪前,医务人员的一贯表现,作为刑法的酌定情节反映着行为人的主观恶性程度。例如,病员男,因手部受伤后感染,自带青霉素到医疗站,要求乡村医生给予注射。医生让其做青霉素皮试,病员说:"我刚用过青霉素,不必做皮试,出了问题我承担。"医生见病人一再坚持,未做皮试便给病员肌肉注射青霉素80万单位。5分钟后,病员大汗淋漓、颜面苍白、四肢抽搐、牙关紧闭,继而丧失意识,旋即死亡。在本案中,若该医生平时工作态度认真,安心本职工作,刻苦钻研业务,对病人热情周到,只是由于过分相信病人所言,最终导致医疗事故的发生,则主观恶性较小,只要承担较轻的刑事责任,即可达到刑罚之目的。然而,如若该医生平时马虎粗心,不求上进,对病人漠不关心,导致医疗事故发生的,则主观恶性较大,不从重处罚不足以达到刑罚惩戒与预防之目的。

2. 事后态度情节

事后态度,即医疗事故发生后行为人的表现,是衡量其主观恶性大小的重要因素之一。在医疗事故发生后,若行为人真诚悔罪,主动投案自首,积极配合有关部门工作人员的查处工作,妥善处理有关事故的善后工作,则可酌情予以从轻处罚。反之,事故发生后涂改、隐匿、销毁、伪造病历,编造虚假事实,欺骗办案人员,严重阻碍医疗事故鉴定、查处工作,干扰司法机关正常工作秩序的,则应当从重处罚。例如,张某,系中医医师,在某职业专科学校合法开设私人门诊,为患者诊断治病并配售中药。某日患者袁某(男,23岁)因牙痛来张某的门诊就医。张某给袁某诊断后便开了中药清胃散二副。因在此之前张某错将有毒的草乌装入放玄参的药斗内,在配药时将草乌当做玄参配给了袁某。袁某将其中一服中药泡服后,即出现严重中毒症状。经医院抢救无效,于当日下午5时40分死亡。事发后,张某主动查找袁某中毒死亡的原因系其配错中药,并去区卫生局投案自首。[①] 本案中,被告人由于严重不负责任,致使错配中药,导致就诊人死亡,其行为已经构成医疗事故罪,但鉴于其有自首的情节,按照我国刑法的规定,可以从轻处罚。但若其在事故发生后,隐瞒事故真相,干扰有关部门调查取证,错上加错的,则应当对其从重处罚。

第二节 医疗事故罪

1997年《刑法》修订时,对医疗事故犯罪做了专门的规定,即"医务人员由于严重不负责任,造成就诊人死亡或者严重损害就诊人身体健康的,处3年以下有期徒刑或者拘役。"根据1997年《刑法》中对医疗事故罪的规定,我们可以从以

---

① 冯卫国:《医疗事故罪的认定与处理》,人民法院出版社2003年版,第241页。

下几方面对医疗事故罪进行界定：

一、医疗事故罪的主体范围

根据《刑法》第335条的规定，医疗事故罪的犯罪主体是医务人员，这在理论界已经达成共识，但医务人员具体包括哪些人，法律却无明确的解释，理论界对该主体的构成也尚存争议。主要有以下四种观点：第一种观点认为卫生部在《关于〈医疗事故处理办法〉若干问题的说明》中曾明确规定："医疗事故的行为人必须是指经过考核和卫生行政机关批准或承认，取得相应资格的各级各类卫生技术人员。因诊疗护理工作是群体性活动，构成医疗事故的行为人，还应包括从事医疗管理、后勤服务等人员。"根据这一解释，应将党政、后勤人员等包含在医务人员之内。① 第二种观点认为医务人员范围仅限于前述卫生技术人员，其他党政、后勤人员等，均不能成为本罪的主体。② 第三种观点认为医疗事故罪的主体，除卫生技术人员外，还应包括医疗机构中其他负有为保障公民的生命健康权益而必须实施某种特定行为的义务的人员。③ 第四种观点认为，党政、后勤等人员不属于医务人员，但由于我国立法不完善，上述人员由于严重不负责任，造成就诊人死亡或者严重损害就诊人身体健康的，可依照或比照医疗事故罪予以处理。④ 那么，医疗事故罪的主体究竟应否包括医疗单位工作的党政、后勤等其他人员？

上述第一、第四种观点主张将有些与诊疗护理工作并无直接联系的党政、后勤人员纳入到医疗事故罪的主体范围之中，让他们享有这种特惠政策。笔者认为，这两种观点对医疗事故罪主体范围的界定过于笼统，没有做到具体问题具体分析，显然有放纵犯罪之嫌。上述第二种观点，又走向了另一极端，将其他党政、后勤等人员一概排除在医疗事故犯罪主体范围之外。笔者认为，在医疗实践中，有些党政、后勤人员的工作与诊疗护理工作有直接的、不可分割的联系，以至于他们的工作成了诊疗护理工作中必不可少的一部分。在此种情况下，由于后勤人员的过失很可能造成就诊人死亡或严重损害就诊人的身体健康，此时，仍将他们排除在医疗事故罪主体之外，显然有枉罚之嫌。本文赞同第三种观点，这种观点实际上为党政、后勤等工作人员能否成为医疗事故罪的主体设置了限定条件，有其存在的合理性。

一般而言，卫生技术人员当然可以成为医疗事故罪的主体，但在特殊情况下，在医疗单位从事工作的党政、后勤等其他人员也能成为医疗事故罪的主体。

---

① 候国云：《过失犯罪论》，人民出版社1993年版，第421页。
② 单长宗：《新刑法研究与运用》，人民法院出版社2000年版，第670页。
③ 高铭暄、赵秉志：《刑法论丛》（第2卷），法律出版社1999年版，第196页。
④ 单长宗：《新刑法研究与运用》，人民法院出版社2000年版，第656—657页。

评判的标准在于他们是否负有保障公民健康权益而必须实施某种行为的特定义务,也就是他们的工作是否与诊疗护理工作有直接的联系,对医疗事故罪的发生产生实质的影响。具体而言应分为两种情况:一种情况是医疗机构中有的院长、副院长、行政后勤科主任等人员还可能是某方面的医疗、护理专家。他们的行为有医疗行为也有非医疗行为。如果他们参与具体医疗过程,实施医疗行为而造成医疗事故,自然可作为医疗事故罪的主体;如果以行政、后勤人员的身份,实施非医疗性的管理、后勤行为,这种行为已不具备诊疗护理工作的特殊性,直接侵犯的是医院的管理活动,而不再是病人的身体健康和生命安全,也就不可作为医疗事故罪的主体。另一种情况是,对于虽在医疗单位工作,但从事的并非诊疗护理工作,也不具备执业资格的行政、后勤人员,如党务、财会、洗衣房、电工、司机等人员。因其从事的工作并不具有诊疗护理工作的业务性、技术性,不属于医疗行为范畴,在造成责任事故的情况下,(如电工不及时维修供电设施,司机不出车,洗衣房在清洗衣物时消毒液加入不够等造成就诊人死亡),就同其他类型的责任事故没有根本性的区别,符合《刑法》第 134 条中"其他企业、单位的职工,因不服管理、违反规章制度"的规定,应追究其他相应的法律责任,不构成医疗事故罪的主体。

二、医疗事故罪的主观心态

构成医疗事故罪在主观上必须存在"严重不负责任"的过失,包括疏忽大意的过失和过于自信的过失。医务人员主观上的这种过失心态是追究其刑事责任的必要前提,而医疗事故罪主观心态的比较,主要体现在注意义务和注意能力上。

注意义务,是指法律、法规及社会日常生活所要求的为一定行为或不为一定行为时应当谨慎小心,以避免发生危害社会的结果的责任。[①] 从本质上讲,这种注意义务来源于社会生活秩序,是具体的而不是抽象的。主要包括成文规定和习惯规定两个方面:其一是法律法规或规章制度规定的注意义务;其二是依照习惯和常规产生的注意义务。社会生活中有大量不成文的习惯为人们所普遍遵守。医疗卫生行业也不例外,譬如,按惯例,医生无须下达先做皮试的医嘱,护士给病人注射青霉素时就应先做皮试。否则,因注射青霉素过敏造成病人死亡,该护士就难辞其咎。可见,该习惯已成行业常规,如不遵守,则属违反注意义务。

诚然,医务人员违反注意义务是认定其主观过失的依据。但是,判断行为人是否违反注意义务的前提又在于其是否具备注意的能力,只有行为人具有了注意能力,才谈得上注意义务的违反问题。然而,以什么标准判断医务人员的注意

---

① 谢家斌:《论医疗事故罪的主观方面》,载《中国刑事法杂志》1998 年第 4 期。

能力,又是个极其复杂的问题。这个标准直接关系到刑事制裁范围的划定,对其定得过高或者过低都不利于医疗卫生事业的正常发展。关于医疗过失的判定标准,理论上存在不同观点,主要有以下几种:主观说主张认定能否预见要根据医务人员的认识能力不同而区别对待。客观说认为对于一种结果能否预见应以一般医务人员的认识能力和水平为标准。结合说主张兼采主客观标准。如马克昌教授在《犯罪通论》中提出主观与客观综合判断说。[①]

在上述几种观点中,主观说完全地、绝对地根据医务人员的各种主观方面的情况来判断,其弊端是可能打击先进,保护落后。结合说较主观说更为全面,但如何认定主观标准仍未加以明确。而客观说主张以一般医务人员的认识能力作为判定注意能力的标准虽有一定道理,但"一般医务人员的认识能力"这一说法却过于笼统而缺乏实际操作上的意义。笔者认为,"一般医务人员的认识能力"可以由诊疗、护理方面的规章制度按照不同级别、不同类型的人员制定出不同级别的客观认定规格和标准或按照医务人员晋升级别的标准进行操作。另外,在当前条件下,考虑到各地区的医疗水平有较大的差异这一实际情况,各地区之间同类人员的标准可以暂不一样,随着医务人员水平的提高,再逐步将同类人员的标准统一起来,但在同一地区内,相同类型和相同级别的医务人员的标准应该是一样的。

三、医疗事故罪中的危害行为

危害行为在犯罪构成中具有核心地位。"无行为即无犯罪"是现代各国刑法的一项基本原则,仅有犯罪思想而无犯罪行为则无法构成刑法上的犯罪。就医疗事故罪而言,对人身伤害的结果是由医疗活动中违反有关规章制度和诊疗护理常规的医疗行为过失造成的。在我国就有学者将造成医疗事故的过失行为直接表述为"不当医疗行为"。[②]医疗行为的存在是认定医疗事故罪成立的前提条件,因此,我们首先有必要对医疗行为作出正确界定。

(一) 医疗行为研究概述

在法律规定上,我国《医疗事故处理办法》与《医疗事故处理条例》对于医疗行为的表述各不相同。《医疗事故处理办法》第 2 条将医疗行为简单地概括为诊疗护理工作。而《医疗事故处理条例》在界定医疗事故的定义时采用了"在医疗活动中"的表达方式。《医疗事故处理条例》第 2 条规定:"本条例所称医疗事故,是指医疗机构及其医务人员在医疗活动中,违反医疗卫生管理法律、行政法规、部门规章和诊疗护理规范、常规,过失造成患者人身损害的事故。"两者的矛

[①] 马克昌:《犯罪通论》,武汉大学出版社 1999 年版,第 356—357 页。
[②] 张江红:《论医疗事故技术鉴定结论的性质》,载《法律与医学杂志》2001 年第 1 期。

盾之处就给医疗事故罪带来了认定上的困惑。

在我国刑法学界,一般将医疗行为界定为诊疗护理工作。笔者认为,这种界定过于狭窄。对医疗行为的界定不应仅仅限定为诊疗护理工作。在实践中,义诊行为,预防接种以及医疗美容等特殊的专业活动,尽管不直接以诊断、治疗疾病为目的,但由于其实施者具备医务人员资格,使用了医疗技术,并直接作用于人体,也应视为诊疗活动,如严重损害就诊人身体健康的,亦可定性为医疗事故罪。具体而言,医疗行为的法律界定至少应体现以下一些特征:第一,应当出于医疗目的而实施,但是并不要求行为是为法律所许可的;第二,应以医学知识与技术为行为准则,行为人实施医疗行为应符合医学的适应性和医疗技术的正当性;第三,医疗行为应直接作用于人的身体,即医疗行为的对象是人的身体;第四,医疗行为应当以人体的形态功能发生一定的变化或恢复为结果,这也是医疗行为的最终目的。

(二)"严重不负责任"的法律分析

医疗事故的发生是由于医务人员在正常的医疗活动中有严重不负责任的行为。此处的"严重不负责任",即行为人违背了国家有关医务工作的法律、法规和医务部门的规章制度,粗心大意,漫不经心,擅离职守,不履行、不正确履行或不及时履行一个医生应尽的职责。此处的行为,既可以是积极的作为,也可以是消极的不作为。作为,在本罪中就是指医务人员积极实施规章制度和诊疗护理常规所禁止的行为,如开错刀、打错针、发错药等。不作为,在本罪中是指医务人员本应履行应尽的职责而无正当理由没有履行,如属于临床各科诊治对象的急、危重病人,已确诊或者可以确诊,但借故推诿,拒绝收治,造成病人死亡等。不作为也是犯罪行为的基本形式之一,它对于危害结果的产生具有同作为形式同等的原因力。

"严重不负责任"是构成本罪的必要条件之一,这一条件将本罪限定于责任事故的范畴。技术事故则不构成本罪。所谓技术事故,是指在诊疗护理工作中,由于受现有医学科学技术条件的限制,造成患者死亡或其他严重后果的事故。鉴于医疗事故罪的追究关系到罪与非罪的界定,关系到对有关医务人员基本权利的限制和剥夺。因此,无论从实体还是程序的角度,刑事追究比民事处理都应当更为审慎,对事故的性质及原因的认定应更为明确和严格。从上述概念中可知,技术事故的责任不在于人,而是由于技术、设备条件的限制,发生无法预料或者不能防范的严重后果,不应以犯罪论处。当然,若行为人有民事过错的,可按民事违法行为处理。

四、"严重损害就诊人身体健康"的判定标准

1997年《刑法》第335条对医疗事故罪及其刑事责任作出了这样的规定:

"医务人员由于严重不负责任,造成就诊人死亡或者严重损害就诊人身体健康的,处 3 年以下有期徒刑或者拘役。"至于"严重损害就诊人身体健康"在刑法学上的具体含义是什么？其具体的鉴定标准又是什么？立法和司法均未对其作出明确规定。在理论界主要存在医学与刑法学两种鉴定标准。

（一）医学上的鉴定标准

主张"医学标准"的学者认为由于医疗卫生事业本身具有专业性,鉴定标准亦需要丰富的经验,因此,医疗事故的鉴定工作需要由中华医学会作出。而中华医学会主要依据 2002 年 9 月 1 日起施行的《医疗事故处理条例》中规定的具体的医疗事故等级进行认定。具体而言包括以下四级标准：一级医疗事故是指造成患者死亡、重度残疾的；二级医疗事故指造成患者中度残疾、器官组织损伤导致严重功能障碍的；三级医疗事故指造成患者轻度残疾、器官组织损伤导致一般功能障碍的；四级医疗事故指造成患者明显人身损害的其他后果的。[①] 可见,中华医学会的鉴定结论已成为了司法实务部门定案的依据。

（二）刑法学上的鉴定标准

主张"刑法标准"的学者认为如果由中华医学会来认定是否构成医疗事故,实质上等于说中华医学会左右着医疗事故案件的处理,而法官只有在中华医学会认定医疗行为人构成医疗事故的前提下,才能够进行罪与非罪的判断。这不但与国际立法趋势不符,同时也不符合法律的本性。我们同意主张"刑法标准"学者的观点,即我们认为采用医学标准判断医疗过失行为是否"严重损害就诊人身体健康"有失偏颇。理由如下：

其一,如果采用医学标准来认定是否构成医疗事故罪的话,那么,在法官认定医疗行为人的医疗行为是否构成医疗事故罪之前,就应首先由中华医学会对医疗行为的结果进行实质的认定,一旦中华医学会认定医疗行为不构成医疗事故,司法机关则不能对医疗行为人进行有罪追究。法官只有在中华医学会认定医疗行为人的行为构成医疗事故的基础上,才能对医疗行为人是否构成医疗事故罪作出判断。[②] 可见,判定医疗行为人的行为是否构成医疗事故罪的决定主体是中华医学会而不是人民法院。这实质上是剥夺了司法机关对医疗事故罪成立与否的认定资格,显然是不妥当的。

其二,医疗事故罪不是纯粹的法定犯,既然如此就没有必要以行政法规的规定来判断医疗行为人的医疗行为是否构成犯罪。[③] 况且,《医疗事故处理条例》第 40 条规定："当事人向卫生行政部门提出医疗事故争议处理申请,又向人民

---

① 唐德华：《医疗事故处理条例的理解与适用》,中国社会科学出版社 2002 年版,第 76 页。
② 藏冬斌：《医疗犯罪比较研究》,中国人民公安大学出版社 2004 年版,第 63 页。
③ 同上书,第 64 页。

法院提起诉讼的,卫生行政部门不予受理;卫生行政部门已经受理的,应当终止处理。"法官在认定医疗行为人是否构成医疗事故罪时,完全可以将这一规定运用于医疗刑事诉讼中,而不必受中华医学会认定医疗行为人的医疗行为是否构成医疗事故的限制。

笔者赞同以刑法学上的标准,作为医疗事故罪的危害结果认定的法律依据。但亦应注意的是把就诊人发生死亡或身体健康受损完全归结于医疗事故所致的损害是不科学的,也不符合刑法的公正原则。因而,在司法实践中,不能按照一般人身损害的"全有或全无"的思维理解和认定医疗事故罪中的严重损害后果。在医疗过失、致病因素、疾病侵害等因素共存的情况下,必须引入事故参与度的评定,科学合理地区分医疗事故的损害。

五、医疗事故罪的法定刑的配置

(一) 医疗事故罪法定刑配置的缺陷

医疗事故是在人道主义救死扶伤的工作中由于医务人员的失误造成的,而这种失误恰恰给病人的生命、健康造成了损害。刑法把造成严重后果的医疗事故规定为犯罪并给予刑事处罚,根据《刑法》第335条的规定,犯本罪的,处"3年以下有期徒刑或者拘役"。这已昭示出法律对医疗事故的否定态度。然而就像在治疗疾病时药物、手段会产生副作用一样,本罪的处罚同样会产生副作用。研究医疗事故罪的量刑,就是要使其刑罚的功能和目的达到最大化,而使其副作用最小。我国现行医疗事故罪在量刑方面明显存在着缺陷,其副作用十分明显,处罚的目的实现的不够理想。我们认为主要存在以下几方面的问题:

1. 法定刑配置单调,有碍于刑罚效用的发挥

由于医疗行业本身所具有的特殊性、专业性,使得引起医疗事故的原因具有多样性,医疗事故损害后果更是纷繁复杂。如2002年9月1日起施行的《医疗事故处理条例》就将医疗事故划分为四个等级:一级医疗事故是指造成患者死亡、重度残疾的;二级医疗事故指造成患者中度残疾、器官组织损伤导致严重功能障碍的;三级医疗事故指造成患者轻度残疾、器官组织损伤导致一般功能障碍的;四级医疗事故指造成患者明显人身损害的其他后果的。[①] 按照罪刑相适应原则,对医疗事故责任人处以何种刑罚均应根据医疗事故损害后果的严重程度以及医疗行为人的主观过失大小进行认定。然而我国刑法有关医疗事故罪法定刑配置结构却只规定了有期徒刑和拘役两种刑罚,法定刑刑种过于单一。这种过于刻板、僵硬的刑罚配置结构不仅无法应对复杂多样的医疗事故行为,更为贯彻罪刑均衡这一刑法基本原则带来了障碍,导致出现医疗事故罪适用刑罚时选

---

① 唐德华:《医疗事故处理条例的理解与适用》,中国社会科学出版社2002年版,第76页。

择性较小的尴尬局面,限制了刑罚效用的发挥。特别是有些医疗行为人主观恶性尚小,本质较好,再犯的可能性也不大,对之处以有期徒刑或拘役,投之于看守所或监狱,与其他罪犯混杂在一起,可能反而会导致他们对犯罪的学习和对社会的敌视。同时,对于过去社会地位较高、受人尊敬的医务人员来说,一旦被贴上犯罪的标签,则更容易产生消极的自我意念,不利于其社会复归的实现。因此,我们认为,对医疗事故犯罪仅仅配置自由刑的刑种并不是一个合适的方案,这不仅与医疗事故罪业务过失犯罪的特点不相适应,更有损于刑罚功能的实现。

2. 法定刑幅度太低,不符合业务过失犯罪从重处罚的原则

按照通行的理论,过失犯罪可分为普通过失犯罪(如过失杀人)和业务过失犯罪(如医疗事故罪)。"自从近代业务过失犯罪的刑事立法例产生以来,各国刑事立法及理论界莫不一致坚持或主张,业务过失犯罪较之普通过失犯罪,对之在刑事责任上应当贯彻从重的原则,亦即对业务过失犯罪的处罚,在原则上应当重于普通过失犯罪。比如,日本刑法对于因玩忽业务上必要之注意而致人死伤的较因一般过失致人死伤的加重5年以下的惩役或监禁。此外,罗马尼亚刑法、俄罗斯刑法、韩国刑法以及其他一些国家的刑法都有类似的规定。"[①]在我国刑法学理论界,也普遍认为业务过失犯罪的法定刑应重于普通过失犯罪,然而,我国刑事立法却采取了医疗过失犯罪轻于普通过失犯罪及其他业务过失犯罪的原则,并设置了较低档位的法定刑。即将医疗事故罪的法定最高刑设为3年有期徒刑,而将过失致人死亡罪、过失致人重伤罪的法定最高刑分别设为7年有期徒刑和3年有期徒刑,其他责任事故罪的法定最高刑则为7年、10年或15年有期徒刑。事实上,从事诊疗护理工作的人是经过专门训练的,注意义务比一般人要高,注意能力也比一般人要强,其所造成的就诊人伤亡的严重后果亦是由于其严重不负责任的违章行为所致。无论是从行为的客观危害性还是从行为人的主观恶性来说,医疗过失犯罪均比普通过失犯罪更为严重,对其设置比普通过失犯罪乃至其他业务过失犯罪更低的法定刑幅度,一方面不利于灵活惩罚轻重不同的医疗事故犯罪,影响了法官自由裁量权的发挥,另一方面破坏了刑法条文内部的协调性和统一性,有悖于刑法之公平正义。此外,3年以下有期徒刑或拘役的法定刑配置还不足以起到警戒与威慑作用,特别是司法实践中以罚代刑的做法更是使得刑罚的预防功能大打折扣,为此,提高医疗事故罪的法定刑幅度已是势在必行。

(二)医疗事故罪法定刑配置的完善

我国刑法对医疗事故罪配置的"3年以下有期徒刑或拘役"的短期自由刑弊端甚多,在一定程度上影响了刑罚功能的发挥。为此,我们有必要从以下几个方

[①] 侯国云:《过失犯罪法定刑思考》,载《法学研究》1997年第2期。

面对其进行相应的修正,以增强医疗事故罪的刑法规制效果。

1. 增设罚金刑,以加强对医疗事故责任人的经济制裁

罚金刑是指人民法院依法判处犯罪分子向国家交纳一定数量金钱的刑罚方法。在当今世界刑罚改革运动中,罚金刑可以有效避免短期自由刑导致罪犯交叉传染的缺陷,被认为是替代短期自由刑的一个理想的刑罚方法,适用的范围不断扩大。我国1997年的刑法典中,罚金刑的适用比例大幅度增加,如在1997年刑法的1599个刑种中,财产刑(罚金和没收财产)共有369个,占法定刑总数的23.08%,比1979年刑法的8.92%有大幅度上升。[①]"罚金刑的广泛应用使我国刑罚手段由侧重对犯罪分子人身自由的剥夺和限制转向了重视对犯罪分子的经济惩罚。"[②]但遗憾的是,通观我国刑法典,罚金刑的适用主要分布在经济犯罪、财产犯罪和其他故意犯罪中,在过失犯罪中的比例很小,可见其立法本意是只适用于故意犯罪。事实上,罚金刑在大陆法系刑法典中,一直被作为对付过失犯罪的重要手段,许多国家刑法典基本上对每一种过失犯罪都规定了单处或并科罚金。而这种立法规定是在比较罚金刑和自由刑优劣得失后作出的抉择。以日本为例,现行《日本刑法》共规定7种过失犯罪,每一种过失犯罪的法定刑中都单独或于自由刑之后规定了罚金刑。如该《刑法典》第117条第2款规定,犯业务上失火或重大过失失火罪的,处3年以下监禁或150万元以下罚金。再如《德国刑法典》中总计有过失犯罪20余种,每一种过失犯罪的法定刑中,自由刑后都规定可以并处或弹出罚金。[③]

我们认为医疗事故罪作为过失犯罪完全有必要适用罚金刑,这主要是由于医疗事故罪自身的特点所决定的。首先,目前医疗事故罪主要是由医疗事故责任人承担刑事责任,而由医疗机构承担经济上的制裁。事实上,如果对医疗事故配置开放性较强的罚金刑,使犯罪人置身于正常的社会生活和家庭生活之中进行改造,其改造效果会优于自由刑的效果。其次,从某种程度上讲有些医疗事故罪带有贪利性犯罪的性质,有相当一部分医务人员因缺乏应有的职业道德,金钱至上的观念使"红包"现象泛滥成灾,以至于出现"不给红包不动手术"的怪现象。面对此情此景,仅仅以医疗事故罪判处有期徒刑是远远不够的,必须对其进行经济上的惩罚。再次,医疗事故罪的主体是医务人员,这种特殊主体有着不同于一般主体的特点,他们中有些人相对素质较高,只是由于一时的过错而酿成了无法挽回的后果,其本质还是好的,如果对他们毫无例外地判处有期徒刑或者拘役,不仅不利于改造,相反会导致其恶性思想的"感染",与其危害性尤其是主观

[①] 周光权:《法定刑研究》,中国方正出版社2000年版,第116页。
[②] 左庆龙:《浅谈我国刑法的罚金刑制度》,载《河北法学》1999年第2期。
[③] 周光权:《过失犯罪法定刑配置研究》,载《四川大学学报》1999年第6期。

恶性程度是不相适应的。

诚然，罚金刑也具有一定的弊端，如威慑力有限，不同经济能力的犯罪人对罚金的感受不同，罚金刑有执行难的问题。但是，只要调整刑事政策，改革罚金刑的执行方法，上述不足均可以在一定程度上得到克服。因此，笔者建议在医疗事故罪中增加单处或并处罚金，以供量刑时选择。

2. 配置资格刑，以剥夺或限制医疗事故责任人之再犯能力

资格刑是剥夺犯罪人从事某种活动资格的刑罚。① 依据世界各国刑法关于资格刑的内容规定，资格刑不仅包括剥夺政治权利，而且还包括剥夺从事某些职业的资格。剥夺或限制从事特定职业资格或活动，是指禁止犯罪分子继续从事与其犯罪有关的特定职业或业务活动。我国目前的法律体系将其作为一种行政处分性质的处罚。如《执业医师法》第37条规定："医师在执业活动中，违反本法规定，有下列行为之一的由县级人民政府卫生行政部门给予警告或者暂停6个月以上1年以下执业活动；情节严重的，吊销其执业证书。"该法第16条也规定，医师注册后，"受刑事处罚的，卫生行政部门应当注销注册，收回医师执业证书"。《医疗事故处理条例》第55条也规定："对发生医疗事故的有关医务人员，除依照前款处罚外，卫生行政部门并可以责令暂停6个月以上1年以下执业活动；情节严重的，吊销其执业证书。"这种禁止继续从业的行政立法规定在一定程度上会对犯罪人及家属的生活产生较大影响，对强化法律的严肃性有一定积极的作用。但遗憾的是，我国现行刑法中关于资格刑的规定仅限于剥夺犯罪人的政治权利，内容单一，与上述行政立法无法相互衔接，不能充分发挥惩治与预防犯罪的作用。

探寻一下资格刑发展的历史轨迹，我们不难发现，早在明律就已在刑律人命篇规定："凡庸医为人用药、针刺，误不如本方，因而致死者，责令别医辨认药饵、穴道，如无故害之情者，以过失杀人论，不许行医。"已经规定在确认医师过失杀人罪名成立后，除处以刑罚外，还剥夺该医师的行医资格，这种做法值得我们借鉴。② 而我国1979年《刑法》立法过程中，就曾将"禁止从事一定业务"列入刑罚的种类之一。但1997年《刑法》则将其取消，这不能不说是一种倒退。面对现实生活中大量利用从事特定职业的权利进行犯罪的现象，仅对其适用自由刑对遏制犯罪人再犯同类罪并不能起到釜底抽薪的作用，所以，"在我国未来刑事立法中应补充剥夺或限制从事特定职业资格等资格刑"。这不仅能预防行为主体再犯的可能，更重要的是通过对犯罪人资格的剥夺，使其他具有同样资格的人珍惜自己的资格，不敢以身试法，以免丧失这种资格。而且，资格刑作为一种附加

---

① 吴平：《资格刑研究》，中国政法大学出版社2000年版，第51页。
② 赵秉志、赫兴旺、颜茂昆等：《中国刑法修改若干问题研究》，载《法学研究》1996年第5期。

刑，即使在犯罪人刑满释放后仍可适用，从而具有防止其再次利用其资格进行犯罪的独特功能。

不过，在多数情况下，资格刑是针对交通肇事、重大责任事故等业务过失犯罪而设立的，对于医疗事故罪则须慎重。这是由医疗作业的特殊性及危险性决定的。笔者认为，对医疗事故罪可以规定选科禁止从业的资格刑。对那些社会危害性较大、情节或后果较严重的医疗事故罪，可规定并科禁止从业，并且禁止从业的时限大致以不超过3年为宜。对犯罪人适用禁止从业的资格刑后，应通过特定机关和特定程序，根据犯罪人受刑后的表现等情况恢复其从业资格。这样既增强了医疗事故罪法定刑的实用性、多元性、开放性和针对性，还可以充分发挥资格刑的优势。

3. 提高法定刑幅度，以发挥刑罚之警戒和威慑作用

我国《刑法》第5条明确规定："刑罚的轻重，应当与犯罪分子所犯罪行和承担的刑事责任相适应。"显然，这是罪责刑相适应原则在刑事立法上的体现。而这种罪责刑相适应原则实际上包含了刑罚的轻重与犯罪的社会危害性相适应、刑罚的轻重与犯罪人的人身危险性相适应两部分，解决的是刑罚分配的标准问题。如果说刑罚的轻重与所犯罪行相适应，是一种刑罚的按"劳"分配的话，这里的"劳"就是指犯罪的社会危害性大小，体现了报应主义的观念，要求重罪重判、轻罪轻判。而刑罚的轻重与刑事责任相适应，则是一种刑罚的按"需"分配。这里的"需"，就是指犯罪人的人身危险性大小，体现的是预防主义的观念。即需要以个别化为根据，因而是个别的公正、实质的公正。笔者认为，在刑法上，应确立报应主义与预防主义相统一的观念，我国《刑法》第5条正反映了这种统一。但在这种统一中，二者并非平分秋色，而是有所侧重。这就是以刑罚的轻重与所犯罪行相适应为主，以刑罚的轻重与刑事责任相适应为辅。

具体到医疗事故罪的法定刑幅度的确定问题上，也应严格遵循这一原则。即以实际的犯罪构成的类型确定法定刑幅度的同时，亦考虑到行为人的人身危险性问题。并针对行为人的不同人身危险性，在基本犯罪构成外，设置"情节较轻"和"情节较重"两种轻重有别的法定刑幅度。具体可进行如下操作。

首先，按基本犯罪构成，将医疗事故罪的量刑档次确定为3年以上7年以下有期徒刑。这就与刑法其他过失犯罪的基本法定刑档次一致，解决了医疗事故罪现存的基本法定刑档次(3年以下有期徒刑或拘役)过低的问题。

其次，"情节较重"的加重型犯罪构成的基本量刑档次规定为7年以上10年以下有期徒刑。这样既体现出了业务过失要重于普通过失的国际立法趋势，同时也与刑法其他业务过失犯罪相协调，做到罪刑相适应。"情节较重"的情形一般指：向患者家属多次索要红包，未果情况下，又故意拖延治疗，不认真检查，甚至误诊误治；医疗事故发生后有涂改、隐匿、销毁、伪造病历，故意向司法机

关作伪证或者指使他人作伪证等严重阻碍医疗事故的鉴定、查处等行为的;后果特别严重,如死亡多人,重伤多人的;多次发生医疗事故的等等。

再次,"情节较轻"的减轻型构成类型的基本量刑档次规定为3年以下有期徒刑和拘役。这样规定既可以考虑到医务人员的主观恶性程度,又能从其他过失犯罪的法律规定("情节较轻的,处3年以下有期徒刑或者拘役")中寻得立法上的支持。"情节较轻"的情形一般指:医务人员的一贯行为表现和工作态度良好,平日能够安心本职工作,重视业务钻研,对病人服务热情周到,事件的发生纯属一时疏忽,酿成灾难,犯罪后对事件及时采取补救措施,积极配合有关部门工作人员的查处工作。对于这种医师,其主观恶性尚小,只要从轻处罚,即可达到教育目的。此外,在符合缓刑适用的条件下,对于犯罪"情节较轻"的医务人员应尽量适用缓刑。实践证明,对符合法定缓刑条件的医务人员适用缓刑,既可以达到惩治和教育的目的,也给犯罪的医务人员悔过自新的机会,使其继续发挥技术优势,服务于社会。

综上,笔者建议可以增加医疗事故罪有期徒刑的跨度档次,以基本与其他过失事故犯罪的处罚持平,较好地体现罪责相适应的刑法原则。可将《刑法》第335条修改为:"医务人员由于严重不负责任,造成就诊人死亡或者严重损害就诊人身体健康的,处3年以上7年以下有期徒刑,并处罚金;情节严重的处7年以上10年以下有期徒刑,并处罚金,可并处剥夺医务人员的从业资格;情节较轻的,处3年以下有期徒刑或拘役,并处或单处罚金。"

第三节 与医疗相关的其他犯罪

在刑法理论中,医疗事故罪属于过失犯罪,以造成就诊人死亡或者严重损害就诊人身体健康的危害后果为构成要件。司法实践中,有些罪名容易与医疗事故罪发生混淆。譬如,在1987年以前,司法实践中曾有一种观点将医务人员在医疗行为中致人伤亡的过失行为,认定为重大责任事故罪。诚然,医疗事故罪与重大责任事故罪有一定的相似性,都是业务过失犯罪,但医疗行为作为一种服务行为显然不同于生产作业活动,此乃二者区分的关键所在。另外,在刑法修订之前曾有司法解释规定,医务人员在医疗行为中致就诊人身体伤害应以玩忽职守罪论。这种解释只看到两个犯罪都是过失犯罪,却忽视了玩忽职守罪主体的特定身份与发生的特定场合(在行政管理过程中)。鉴于医疗事故罪与这些犯罪比较容易区分,刑法理论上的分歧也不大,故不再赘言。在此,笔者仅就医疗事故罪与非法行医罪,采集、供应血液、制作、供应血液制品事故罪,生产、销售假药劣药罪,生产、销售不符合标准的医疗器材罪等与医疗有关的犯罪界限进行研究。

一、非法行医罪

(一)非法行医罪的概念和构成特征

医疗行业是一种专业性很强的行业,医生肩负着治病救人、救死扶伤的重大责任。因此,国家对医生从业规定了严格的执业审批制度。不具备这种资格的人就不能行医。而针对不具备这种资格的人而非法行医的行为,修订后的刑法予以了规制,新增加了非法行医罪。非法行医罪,是指未取得医生执业资格的人,非法行医,情节严重的行为。本罪的主要构成特征是:

(1)本罪侵犯的客体是国家对医疗机构和医务从业人员的管理秩序,以及公民的生命和健康权利。行为对象是医疗机构设置、医生执业资格条件。

(2)本罪的客观方面表现为非法行医,即未取得医生执业资格的人,非法从事诊断、诊疗、医务护理等医务工作,属于一种职业犯和营业犯。

(3)本罪的主体是一般主体,即已满16周岁且具有刑事责任能力,未取得医生执业资格的自然人。既可以是中国人,也可以是外国人。

(4)本罪的主观方面是故意。即行为人明知自己没有取得医生执业资格,为了牟利而非法行医。但对非法行医所造成的危害结果,一般是出于过失,即行为人不希望危害结果发生,也不放任危害结果发生。如果行为人希望就诊人死亡的结果发生,则应以故意杀人罪或故意伤害罪论处。

(二)非法行医罪与非罪行为的界限

本罪与非罪行为的区分,主要表现在两个方面:(1)非法行医是否达到情节严重的程度。情节严重是成立本罪不可或缺的构成要件。如果非法行医尚未达到上述情节严重的程度,不能构成本罪。(2)未取得医生执业资格的人,如果曾经作过医务工作,或者有治疗某些病症的技术和经验,出于好心善意为他人治病,只要不是以营利为目的,即使发生了一般医疗事故的,也不能以犯罪论处;但如果严重损害就诊人身体健康或者造成病人死亡,主观上又存在过失的,可按过失致人重伤罪或过失致人死亡罪处罚。

(三)医疗事故罪与非法行医罪的界限

非法行医罪是指未取得医生执业资格的人非法行医,情节严重的行为。[1] 实务中,非法行医罪最容易与医疗事故罪混淆,因为二者都是与医疗业务紧密联系的罪名,侵害的都是国家的医务管理制度和公民的生命与健康权利,都有可能对就诊人的生命与健康造成严重的损害,但两者又有着本质的区别。

在犯罪主体方面,非法行医罪的主体为一般主体,即未取得医生执业资格的

---

[1] 高铭暄、赵秉志主编:《新编中国刑法学》,中国人民大学出版社1998年版,第893页。

人。而医疗事故罪的主体为特殊主体,即必须是国家主管部门批准从事医生职业的医务工作人员,既包括具有相关医学专业知识并经卫生行政部门批准,获得相应资格的医务人员,也包括护理人员、药剂人员以及其他卫生技术人员。可见,虽具有医学专业知识但未取得相应资格而行医,情节严重的,应当认定为非法行医罪;而不具有医学方面相关知识,通过不正当手段取得行医资格的人行医,情节严重的,亦构成非法行医罪。

在犯罪主观方面,非法行医行为人的主观心态表现为一种犯罪故意,即行为人明知自己没有医生执业资格而非法行医,对造成就诊人死亡或者严重损害就诊人身体健康的后果,则可能是过失或间接故意。而医疗事故行为人的主观心态则是表现为过失。即行为人对造成就诊人死亡或者严重损害就诊人身体健康的后果的心理态度是过失。

在犯罪客体方面,非法行医罪侵犯的客体是国家对医疗卫生的管理秩序与就诊人的生命、健康权利。而医疗事故罪侵犯的客体是医疗单位的正常管理活动和就诊人的生命、健康权利。

从表面上看,二者似乎没什么区别,但是从理论上讲,医疗事故罪是实害犯,就诊人的生命健康权利受到损害是构成医疗事故犯罪的必要条件,因此其主要客体应当是就诊人的生命健康权利,次要客体才是国家对医疗工作的管理秩序;而非法行医罪的基本犯只是情节犯,就诊人的生命健康权利受到损害并非是非法行医罪的必要构成要件(非法行医罪的结果加重犯中则是另外一回事)。可见,非法行医罪所侵犯的主要客体是行政法益,"对于密医之处罚,实与病人法益所受之侵害无关,纯粹在于保护社会公共法益或国家之行政法益"①。

在犯罪客观方面,二者有以下不同之处:(1)发生的场合不同,非法行医罪发生于未取得医生执业资格的人非法从事医生执业活动中,医疗事故罪则是发生在合法的诊疗护理工作中。值得一提的是,虽具有行医资格,但违反规定,不在法定的执业场所行医,或者超出执业范围行医,情节严重的,应认定为非法行医罪。(2)非法行医犯罪属于情节犯,只要行为人非法行医,达到了情节严重的程度,即构成犯罪,不要求造成法定的危害结果。如果造成就诊人死亡或者严重损害就诊人身体健康的,则是非法行医罪的加重结果犯;而医疗事故罪是结果犯,造成就诊病人死亡或者严重损害就诊人身体健康是构成医疗事故犯罪的必备要件,否则,不构成犯罪。

---

① 蔡墩铭:《医事刑法要论》,景泰文化事业有限公司1995年版,第148页。

二、生产、销售假药劣药罪、销售不符合标准的医用器材罪

(一) 生产、销售假药劣药罪、销售不符合标准的医用器材罪的概念与特征

1. 生产、销售假药罪的概念与特征

根据《刑法》第141条的规定,生产、销售假药罪是指违反药品管理法规,生产、销售假药足以严重危害人体健康的行为。本罪的主要特征是:

(1) 犯罪主体为一般主体,包括自然人和单位。

(2) 犯罪主观方面是故意,一般出于营利的目的。

(3) 犯罪客观方面表现为生产、销售假药,足以严重危害人体健康的行为。本罪属于危险犯,行为人只要实施了生产或销售假药的行为之一,并且足以严重危害人体健康的,就可以构成本罪,并非要求生产与销售紧密联系在一起。所谓"足以严重危害人体健康",是指:含有超标准的有毒有害物质的;不含所标明的有效成分,可能贻误诊治的;所标明的适应症或者功能主治超出规定范围可能造成贻误诊治的;缺乏梭(所)标明的急救必需的有效成分的。①

(4) 犯罪客体是复杂客体,既包括公民的生命健康权利也包括国家对药品的管理制度。

2. 生产、销售劣药罪的概念与特征

根据《刑法》第142条的规定,生产、销售劣药罪是指违反药品管理法规,销售劣药,对人体健康造成严重危害的行为。本罪的主要特征是:

(1) 犯罪主体是一般主体,包括自然人和单位。

(2) 主观方面是故意,即有意制造劣药或者明知是劣药而销售,一般具有牟利的目的。

(3) 客观方面表现为违反国家药品管理法规,生产、销售劣药,对人体健康造成严重危害的行为。本罪不同于生产、销售假药罪,属于结果犯,必须发生了严重危害人体健康的结果方才构成本罪。

(4) 侵犯的客体为国家的药品管理制度和公民的健康权利。

3. 生产、销售不符合标准的医用器材罪的概念与特征

根据《刑法》第145条的规定,销售不符合标准的医用器材罪是指销售明知是不符合保障人体健康的国家标准、行业标准的医疗器械、医用卫生材料,对人体健康造成严重危害的行为。本罪的构成特征是:

(1) 侵犯的客体既包括国家对生产、销售医疗器械、医用卫生材料的产品质量的监督管理制度,又包括公民的健康权利。犯罪对象为不符合保障人体健康

---

① 最高人民法院、最高人民检察院2001年4月5日《关于办理生产、销售伪劣商品刑事案件具体应用法律若干问题的解释》。

的国家标准、行业标准的医疗器械、医用卫生材料。

（2）客观方面表现为违反国家产品质量管理法规，生产不符合国家标准、行业标准的医疗器械、医用卫生材料，或者销售明知是不符合国家标准、行业标准的医疗器械、医用卫生材料，对人体健康造成危害的行为。其行为的内容与形式是：要有生产或者销售行为；生产、销售的必须是不符合保障人体健康的国家标准、行业标准的医疗器械、医用卫生材料；必须是对人体健康足以造成严重的危害。只有同时具备上述要件，才构成犯罪。

（3）犯罪主体是一般主体，既包括自然人，也包括单位。

（4）主观方面是故意，一般具有非法牟利的意图，过失不构成本罪。

（二）医疗事故罪与生产、销售假药劣药罪，生产销售不符合标准的医用器材的界限

医疗事故罪属于过失犯罪，且侵害的同类客体是社会管理秩序，发生在诊疗护理的医务工作之中，特殊主体为其犯罪构成的必要条件之一，而后三个犯罪均属于故意犯罪，侵害的同类客体则是社会主义市场经济秩序，发生在商品流通领域内，作为构成要件的主体要件并无特殊要求。如医疗机构中不具备医疗事故罪主体条件的专职的药品、医用器材采购人员明知是假药、劣药与不符合标准的医用器材而予以采购的行为，自然应以销售假药罪、销售劣药罪或者销售不符合标准的医用器材罪论处。这已无可非议。

然而，在司法实践中，一些个体诊所中医师的开药行为及药剂人员的发药行为有机结合也存在着适用销售假药罪、销售劣药罪或者销售不符合标准的医用器材罪的可能性。这关键在于行为人的主观心态。在医师或药剂人员已经预见到自己所开出或所发出的药品或医用器材可能是假、劣药品或者不符合标准的医用器材，且有可能致就诊人人身伤害时，但轻信凭借一定的主客观条件能够避免这种危害后果的发生。显然，开药行为与发药行为属于医疗行为，而行为人主观方面又存在过失，应当追究其医疗事故罪的刑事责任。反之，如果医师或药剂人员明知自己所开出或所发出的药品或医用器材是假、劣药品或者不符合标准的医用器材而仍然开具或发出，并放任这种危害后果的发生，显然，其对危害结果的发生持故意的心理态度，故应追究行为人销售假药罪、销售劣药罪或者销售不符合标准的医用器材罪的刑事责任。

三、采集、供应血液、制作、供应血液制品事故罪

（一）采集、供应血液、制作、供应血液制品事故罪的概念与特征

采集、供应血液、制作、供应血液制品事故罪，是指经国家主管部门批准采集、供应血液或者制作、供应血液制品的部门，不依照规定进行检测或者违背操作规定，造成危害他人身体健康后果的行为。本罪具有以下特征：

(1) 侵犯的直接客体是国家对血液的采集、供应或血液制作、供应的管理制度和受血者的生命安全和身体健康。行为对象是血液和血液制品。

(2) 犯罪客观方面表现为在采集、供应血液或者制作、供应血液制品的工作中,不依照规定进行检测或者违背其他操作规定,造成危害他人身体健康后果的行为。

(3) 主体是特殊主体,即必须是经国家主管部门批准采集、供应血液或者制作、供应血液制品的单位。其他单位和个人均不能成为本罪的主体。

(4) 主观方面是过失,既可能是疏忽大意的过失,也可能是过于自信的过失。但实施违规行为则有可能是故意的。

(二) 医疗事故罪与采集、供应血液、制作、供应血液制品事故罪的界限

采集、供应血液、制作、供应血液制品事故罪,是指经国家主管部门批准采集、供应血液或者制作、供应血液制品的部门,不依照规定进行检测或者违背其他操作规定,造成危害他人身体健康后果的行为。该罪与医疗事故罪的相同之处在于二者都是责任事故,都是过失行为,都以造成了危害他人身体健康的后果为必要构成要件之一。二者的显著不同在于:采集、供应血液、制作、供应血液制品事故罪是单位犯罪,主体是经国家主管部门批准采集、供应血液或者制作、供应血液制品的部门,而医疗事故罪则是自然人犯罪;采集、供应血液、制作、供应血液制品事故罪只是发生于采集、供应血液、制作、供应血液制品的过程中,医疗事故罪则是发生于医疗行为中。

从以上两点区分采集、供应血液、制作、供应血液制品事故罪与医疗事故罪还是较为容易的,但在刑法理论及司法实践中,这两个罪名也存在着容易混淆的地方。譬如,血站违反有关操作规程和制度采集血液,给受血者身体健康造成了损害,无疑应以采集、供应血液,制作、供应血液制品事故罪论处,但对献血者身体健康造成伤害又能否以医疗事故罪论处呢? 对此,刑法理论界一般认为采集、供应血液、制作、供应血液制品事故罪中的造成他人身体健康伤害的结果亦包括对献血者的身体健康造成伤害的情形。也就是说,此种情形应以采集、供应血液、制作、供应血液制品事故罪定罪量刑,而不以医疗事故罪论处。笔者认为,从刑法体系与规定的角度看,可以将血站也视为医疗机构,这在某种程度上将《刑法》第 334 条第 2 款视为相对于《刑法》第 335 条而言的特殊法。

另外,除血站等专门的采血机构外,医疗机构原则上是不能自行采集血液的。但依照《献血法》第 15 条及《医疗机构临床用血管理办法(试行)》第 19 条规定,医疗机构在几种特定的情况下,因应急用血需要临时采集血液的,可以由医疗机构中的血液储存机构(血库)中的医务人员来进行,其他医务人员不得进行。那么,血库中的医务人员在采集血液时因过失造成献血者身体伤害时又如何处理呢? 笔者认为,血库中的医务人员在采集血液过程中所遵循的操作规程

及采血行为的性质与血液采集机构的采血行为并无本质区别。因而当他们违反操作规程给献血者或受血者身体健康造成伤害时,也应以采集、供应血液、制作、供应血液制品事故罪论处。

思考题:
1. 医疗事故罪的主体范围是什么?
2. 医疗事故罪的法定刑的立法规定有哪些缺陷?应当如何完善?
3. 医疗事故承担刑事责任的根据是什么?

第九篇 医疗文书和医疗广告

第二十八章 医疗文书

【内容提要】 医疗文书是医院重要的档案材料,是医疗工作的完整记录,记录着医院所有患者资料及医院对其实施的医疗行为的业务资料,是医院的宝贵资产;同时,医疗文书也是在发生医疗纠纷时重要的证据资料,因此,对于医疗文书的意义和种类、管理,以及归属的研究十分重要。

第一节 医疗文书的意义和种类

一、医疗文书的意义

(一)医疗文书概念界定

医疗文书,属于医院档案的一部分,是记录着医院所有患者资料及医院对其实施的医疗行为的业务资料。医疗文书,在现代医学中,通常称为病历、病案、病史等等。从严格意义上来说,医疗文书与病历、病案、病史是不同的概念。所谓病史,是指病人患病的历史,并不是具体的医疗文书或记录;所谓病历,是指记载了病人患病情况、医疗情况的医疗记录及文书,但是由于病人尚在治疗过程中,或者因为记录还没有完成,所以没有交至医院的档案管理部门进行归档;所谓病案,是指患者的治疗结束或者暂时结束时,将患者的患病及治疗过程中所形成的所有医疗文书或者记录,交至医院的档案管理部门进行归档的资料。但是由于在实践中,病历转换为病案的界限并不明确,所以在实际工作中,经常将病案和病历通用。关于病历和病案的概念,目前尚无统一的定论,主要有以下几种观点:

(1)病案是医疗工作的完整记录,是疾病诊治全过程的真实反映,并按一定要求将其集中管理而形成的总体。①

（2）病案是有关病人健康状况的文件资料，包括病人本人或他人对其病情的主观描述，医务人员对病人的客观检查结果及对病情的分析、诊疗过程和转归情况的记录以及与之相关的具有法律意义的文件。②

（3）病历是指医务人员在医疗活动规程中形成的文字、符号、图表、影像、切片等资料的总和，包括门诊病历、急诊病历和住院病历。③

因此，我们可以看出，医疗文书，即为取得执业资格的医务人员在对患者的诊疗、护理、预防等工作过程中，依照有关法律法规及行业技术规范，记载并制作的所有反映人体生理、病理状况的各类形式的文件的总称，包括文字、图形、符号等。

（二）医疗文书的特征

（1）从对象上来看，医疗文书的形成是以个人为单位的，这样不但有利于医务人员对患者的病史和治疗情况的了解，也有利于医疗机构了解患者的情况；与此同时，患者也能够及时地了解自身的患病情况、治疗情况、恢复情况等。

（2）从形成时间上，医疗文书，特别是医疗文书当中的病案形成周期较长，保存较分散。一个人一生可能会去不同的医疗机构就医，因此所形成的病历资料、医疗记录等医疗文书会分散在不同的医疗机构当中。这样势必会给医院的病案管理增加难度，如何更有效的进行网络化管理、规范化管理已经是医院面临的焦点问题。

（3）从内容上，医疗文书的内容具有复杂性、多样性及私密性的特点。患者疾病在发生、发展的过程中可能会出现各种各样的情况，同时对于医疗文书的制作和记录也会受到制作人和记录人水平的影响；医疗文书的内容往往会涉及患者的隐私，如果泄露，会造成对患者隐私权的侵犯，因此在对医疗的文书的利用和查阅的权利上都会有所限制。

（4）从表现形式上来看，医疗文书的表现形式具有多样性的特点。医疗文书的表现形式不仅仅局限于文字形式，还包含了文字、符号、图表、影像、切片等；此外，随着科学技术的进步，电子病历已经逐渐被广泛运用到医疗活动中。

二、医疗文书的种类

一般认为，医疗文书包含医疗民事文书、医疗证明文件或医学意见书和病历

---

① 刘新军、顾眉君：《病案学》，中国劳动社会保障出版社2002年版，第1页。
② 曹荣桂、刘爱民：《医院管理学——病案管理分册》，人民卫生出版社2003年版，第1页。
③ 卫生部《医疗机构病历管理规定》第2条。

资料三大类。①

（一）医疗民事文书

医疗民事文书的表现形式很多，在实践中主要有门诊挂号单、住院单、医疗合同、病人授权委托书、知情同意书、医疗告知书、病危通知书、术前谈话及手术同意书和特殊检查同意书等。

（二）医疗证明文件或医学意见书

医疗证明文件或医学意见书，通常有出生证明、死亡证明、伤残证明、病假证明、疾病诊断意见、暂缓结婚意见书、终止妊娠意见书等。

（三）病历资料

病历资料主要包括门诊病历、住院志、体验单、医嘱单、化验单（检查报告）、医学影像检查资料、手术及麻醉记录单、病理资料、护理记录、死亡病例讨论记录、疑难病例讨论记录、上级医师查房记录、会诊意见、病程记录等。

三、医疗文书的作用

医疗文书的作用是多方面的，包括以下四个方面：

（一）医疗文书是医疗行为的重要依据

上文中提到，医疗文书是医务人员对患者的患病、就医过程的真实、详细的记录，同时医疗文书也是在医务人员对患者的病情了解的基础上作出病情分析、并进行判断的重要依据。

（二）医疗文书是教研活动的重要资料

内容真实、详尽的医疗文书记录了疾病从产生到发展，最后到治愈或不治的全过程，客观、完整地反映了一个病例，尤其是对于一些典型病例、疑难病例、罕见病例，不论是用于医学院校的课堂教学还是对医师的培训，这些医疗文书是教学和科研活动的资料来源。

（三）医疗文书的历史价值性

通过对医疗文书的研究，有助于对医学科学的历史情况，或对某一病例、某种疾病的诊断方法、治疗方法、治疗效果进行全面的了解，由此为将来的医学研究提供和可靠的资料。

（四）医疗文书的法律作用

医疗文书是对患者的患病情况及治疗全过程的客观、翔实的记录。在法律上，由于医疗文书反映了医疗机构和医务人员对患者进行医疗活动的原始情况，一旦产生医疗纠纷或医疗事故，医疗文书就成为重要的证据。因此，在医疗事故

---

① 王国平、胡琴琴：《医疗文书的证据学意义及其规范要求》，载《杭州医学高等专科学校学报》2003年第24卷第6期。

的认定和行政责任、刑事责任的追究中,医疗文书具有极其重要的法律地位和作用。[①]

第二节 医疗文书的性质

一、医疗文书的证据属性

2002年9月1日起实施的《最高人民法院关于民事诉讼证据的规定》第4条第8项规定:"因医疗行为引起的侵权诉讼,由医疗机构就医疗行为与损害结果之间不存在因果关系及不存在医疗过错承担举证责任",也就是通常诉讼中所说的"举证责任倒置"的原则。例如在实践中医疗民事文书这类文书涉及民事权利的处分,不但反映了医方和患方之间是否已经有效的设立、变更、终止特定民事法律关系,而且可以作为民事处分性书证来证明某项医疗民事行为属于无效行为、可变更或可撤销行为,还是属于违约、侵权行为;医疗意见书、医疗证明书这类文书具有行政公文性质,对行政法律关系具有重大意义,能够给患者产生赋予权利或限制、剥夺权利的行政法律后果,作为公文性书证,医疗证明文件或医学意见书在法律上具有较强的证明力;病历资料是医学技术类文书,反映着医学科学规律和医疗活动的过程,虽然其内容不直接反映医患之间的权利义务关系,但作为报道性书证,却能依此来证明医疗行为的科学性、正当性和合法性,从而确定医疗行为是否存在过失。

(一)医疗文书是记载了患者病情发展及诊治过程的真实记录

医疗文书记录反映了患者从患病、病情发展变化过程直至治愈或不治的全过程;无论患者是门诊病人还是住院病人,医务人员根据患者当时的病情进行处置,这些处置的方法、内容、行为以及后果都真实地反映了患者在医疗机构接受诊断和治疗的全过程,如果发生医患纠纷,真实、翔实的医疗文书记录,能够医疗纠纷的解决提供原始、真实、完整的依据,在法律上具有强烈的证据属性。例如某医院急诊抢救一名药物中毒的精神病患者,该患者由于服用过量的药物,造成中毒性重度昏迷,数小时后才赶到医院抢救。虽然经过医务人员紧张的抢救,患者仍因服用药物过量而导致死亡。家属则认为是因突然停用激素而使患者造成急性肾上腺皮质功能障碍而引起的死亡。经查阅医疗记录,医师明确记录了逐渐停药的方法,当天服用量与未住院时服用剂量相同,并准备逐渐停药。在临床

[①] 王国平、孙建宇、赵国峰:《规范医疗文书是适应法律规则的基本要求》,载《中国医院管理》2003年第23卷第8期。

记录面前,家属弄清了死亡的原因,解除了对医院的怀疑。①

(二)医疗文书能够反映医务人员在诊治中的诊治思路

医务人员通过对患者的问诊、检查、诊断、治疗的等医疗活动,以及对这些活动产生的信息进行归纳、分析、整理之后形成的记录,反映了医务人员在对患者病情的认识和治疗过程的整体思路。

二、医疗文书的证据作用

(一)证明医患之间是否存在医疗服务合同关系

患者到医院就医,医疗机构和医务人员通过专业资格审查后获得为患者提供医疗服务并收取医疗费用的资格和执业许可,患者到医疗机构挂号后,双方通过真实意思表示就形成了一种事实上的医疗服务合同关系。医疗机构与患者之间虽然没有签订书面合同,但医疗文书中所记录的各种信息就能够证明合同的成立及内容。

(二)证明医方是否履行了告知义务

医方有义务向患者说明其病情、诊断、治疗、预后等有关的情况,特别是在某种治疗措施可能会给患者带来不利后果时,医方更加应当向患者充分的告知、说明。

(三)能够使医方免责

由于医学技术所具有的复杂性和高风险性,在临床实践中会出现很多违背认知的情况,尽管在实际诊疗过程中,医务人员恪尽职守,但患者还是有可能出现各种各样的不良症状,而这些情况并不是医务人员的工作失误造成的。因此,《医疗事故处理条例》不属于医疗事故的情形,医方可以根据此规定免责,所以医疗文书中所记载的内容,是医方是否能够免责的主要依据。②

三、电子病历有关问题

随着医疗卫生信息化建设的大力推进,电子病历已经在医疗系统开始推行。电子病历是使用电子设备计算机、网络、健康卡等保存、管理、传输和重现的数字化的病人的医疗记录,它反映了患者整个医疗过程,储存患者全部的医疗信息,包括患者纸张病历的医嘱、病程记录、各种检查结果、影像资料、手术记录、

---

① 李娜:《论医疗文书在医疗事故处理中的重要性》,载《贵阳中医学院学报》2006年第28卷第1期。

② 根据《医疗事故处理条例》第33条的规定,有下列情形之一的,不属于医疗事故:(1)在紧急情况下为抢救垂危患者生命而采取紧急医学措施造成不良后果的;(2)在医疗活动中由于患者病情异常或者患者体质特殊而发生医疗意外的;(3)在现有医学科学技术条件下,发生无法预料或者不能防范的不良后果的;(4)无过错输血感染造成不良后果的;(5)因患方原因延误诊疗导致不良后果的;(6)因不可抗力造成不良后果的。

护理信息等内容。

（一）电子病历的发展

早期的电子病历系统是1960年开发并完成使用的,诞生于美国麻省总医院的门诊病历系统。建立于20世纪80年代中期的美国政府为退伍军人事务部开发的分散式医院通讯系统对电子病历的发展具有重要的意义。分散式医院通讯系统可以使所有的退伍军人医院共享医疗信息,至今仍然具有很大的应用价值;2000年,土耳其建立的公里医院信息系统同分散式医院通讯系统相类似。[1]

2002年10月,美国正式用过可HIPPA法案,在各医疗机构之间建立其电子病历交换机制,这一机制使得每个患者的病历数据,在充分尊重患者的隐私权的基础上,能够在各医疗机构之间进行传递。而微软全球医疗服务事业群自身产业顾问哈新(Ahmad Hashem)分析,随着信息科技的进步,保护患者的隐私电子签名技术已经逐渐成熟,足以从技术上保障电子病历网络传递的安全性,再加上医疗机构之间的病历数据交换可以在HIPPA法案框架的保护下进行流通,这样的做法当然可以优化医疗资源配置。

（二）电子病历的定义

关于电子病历的定义,1991年美国医学记录研究院对电子病历(electronic medical record,EMR)的定义是:是指存在一个系统中的电子病案,这个系统可支持使用者获得完整、准确的资料提示和警示医疗人员给予临床决策服务连接管理、书刊目录、临床基础知识以及其他设备。电子病历是对个人医疗信息及其相关处理过程综合化的体现,它不仅体现静态的病案信息,而且包括提供的相关服务,电子病案能实现病人信息的采集、加工、存储、传输和服务,实质上是整个医院以病人为中心的计算机信息化。[2] 美国电子病历机构(Computer-based Patient Record Institute,CPRI)于1997年对电子病历的定义做了修改,即电子病历是用电子方式来保存个人的终生健康状况和保健信息,包括临床事实、观察、阐明、计划、行动和结果的总和,又一个从不同位置提供的俘获、存储、处理、传递、安全和呈现信息的系统来支持;并认为电子病历是健康医疗信息的主要资源,满足所有的临床、法律和行政的需要,是一个人整个声明过程中有关健康资料的真实汇编。[3]

国际上公认电子病案应具有三个方面的内容:第一,具有信息共享系统,医院的各个部门、科室在任何地方、任何时候都能调阅到病人所在医院的全部病案记录;第二,具有预警系统,药物配伍禁忌、医疗方法不当的提示、医疗的智能化;

---

[1] 吴巧敏、谷卫:《浅谈电子病历的发展》,载《国外医学·社会医学分册》2005年第22卷第1期。
[2] 阳红、任福祥:《浅谈电子病历与现代病案管理》,载《西南军医》2006年第8期。
[3] 刘安滨:《再谈电子病历》,载《中国医院管理》2003年第4期。

第三,医疗信息资料库的支持,内有电子图书、电子杂志以及关于病例治疗的最新方法。①

(三) 电子病历的作用

电子病历作为医疗文书的一种方式,具有存储功能、信息传递功能和资源利用价值三个方面。具体而言:

首先,电子病历的存储功能。电子病历是医疗文书信息记载的一种方式和存储介质,从内容上来看,电子病历的内容与纸质医疗文书的内容、信息是相同的。

其次,电子病历的信息传递功能。电子病历在患者的诊断治疗过程中,具有信息传递功能。电子病历在医生与医生之间、医生与护士之间、科室之间可以利用电子传递设备进行相互传递,达到信息共享的目的。

最后,电子病历的资源利用价值。电子病历作为医疗文书的一种记录、存出方式,当然也具有医疗文书的作用。如是医疗行为的重要依据、是教研活动的重要资料并具有历史价值性。

近几年来,电子病历系统已经广泛运用于欧美等国家的科研文献检索、临床决策、医疗研究、医疗教育、健康评估、慢性疾病检索;同时智能化的电子病历系统还应用于社区医疗管理、医疗商务、病人健康资料追踪、人群预防医疗追踪、患者满意度追踪、因特网患者信息查询系统;保险公司也从电子病历系统中获得费用合理性和自动评估,并且直接与费用支付系统对接,以便实现不同保险种类的自动结算;此外,医疗保险公司通过对人群疾病的分布、费用支付情况的指数的参考,积极调整保险种类和机构,建立既能够满足大众需求,又能够使保险公司收益的合理方案,产生了保险辅助决策分析系统。②

(四) 电子病历的法律效力

电子病历的推广不仅提高了医生的工作效率,也带来了传统监督模式的变革,一方面使得医疗系统的信息共享成为现实,另一方面电子病历真正取代纸质病历仍然需要有大量的工作。《医疗事故处理条例》规定,病历可作为处理医疗纠纷、审理医疗官司的重要证据,医疗机构应当严格病历管理,严禁任何人涂改、伪造、隐匿、销毁、抢夺、窃取病历。由于"举证责任倒置"的实施,在医疗纠纷中,医院必须拿出证据证明自己没有过错,否则就应当承担相应的责任,所以各种医疗文书是不可或缺的。电子病历为提供完整的医疗文书创造了有利的条件,在医疗系统信息化的发展进程中,医院高水平、高节奏的运行越来越依赖于电子病历系统的实施控制程度。但目前我国有关法律法规尚未规定电子病历具

---

① 宁传英:《关注电子病历的发展》,载《中国病案》2007 年第 2 期。
② 刘安滨:《再谈电子病历》,载《中国医院管理》2003 年第 4 期。

有法律效力,使得电子病历在应用于遇到了很大的障碍。承认电子病历的合法性,首先要保证电子病历信息的有效性、安全性和正确性。而由于电子病历的法律效力问题还没有明确的规定,目前最后提交的电子病历定稿仍然需要打印出纸质版本,并且有主管医生签字认定之后才能送交病案室保存,当发生医疗事故争议时,医院出示的也必须是纸质病历。① 现阶段我国缺乏对电子病历法律地位的明确规定以及各医院对电子病历系统数据的安全缺乏完备的管理制度,电子病历的真实性也常常受到质疑,因此,通过专业立法明确电子病历的法律地位。②

1. 电子病历的立法现状

我国程序法中刑事、民事、行政三大诉讼法各列举了七种法定证据,都不在其列。不仅其他部门法规对是一片空白,就是2002年9月1日起实施的《医疗事故处理条例》及其配套文件对也只字未提。按最高人民法院[2001]33号司法解释,公安司法机关要求医院出示的病历必须是传统的纸质病历,电子病历不能作为直接的证据使用。电子病历作为证据还未得到法律上的确认,因此不具有法定性,充其量在我国司法上只有具有参考价值。③ 究其原因,在于:

(1)法律的滞后性

法律的性质和特征决定了事务发展到较为规范后才能立法决定,超前立法在国内外都比较少见。

(2)电子病历本身的高风险性

电子病历的安全性是电子病历是否能够作为证据的关键,黑客攻击、计算机病毒、人为篡改、系统误差、管理漏洞等都极有可能造成对电子病历的安全有效性带来巨大的风险。因此,推行电子病历的前提是必须要有强硬的技术手段加以保证,如果没有相应的风险防范手段,势必会阻碍电子病历的发展;此外,从管理的角度而言,如果没有配套的电子病历管理制度,也会制约电子病历的推广应用。

(3)电子病历的"原始性"问题

对于电子病历,认定其原始性问题的难点主要在于增加、删除改动不留任何痕迹,无法从字迹上分辩其原始性;由于电子病历的数字化和虚拟化,难以界定原件,且不具有固定的存储载体,签名技术也不普及,借助印章或签名难以判断是否为原件,所以目前使用电子病历的医院,一般都要把最后提交的电子病历定稿打印出来,由主管医生认定签字后再送交保存,以便于在日后的医疗纠纷中

---

① 杨坚争、陈劲草:《电子病历的法律效力》,载《中国医院管理》2003年第10期。
② 曹滨、方淑芹、李勇光:《关于电子病案建设中几个问题的思考》,载《中国病案》2005年第6期。
③ 曹印专:《浅议电子病历证据的立法状况》,载《档案时空》2003年第6期。

举证。[①]

2. 电子病历的法律认可

有关数据电文的合法性问题,世界各国都进行了深入的研究。联合国《电子商务示范法》第9条规定:"在任何法律诉讼中,证据规则的适用在任何方面均不得以下述任何理由否定一项数据电文作为证据的可接受性仅仅以它是一项数据电文为由,或如果它是举证人按合理预期所能得到的最佳证据,以它并不是原样为由。"联合国《电子商务示范法》第11条进一步规定:"就合同的订立而言,除非当事各方另有协议,一项要约以及对要约的承诺均可通过数据电文的手段表示。如使用了一项数据电文来订立合同,则不得仅仅以使用了数据电文为理由而否定该合同的有效性或可执行性"。第12条同时规定:"就一项数据电文的发端人和收件人之间而言,不得仅仅以意旨的声明或其他陈述采用数据电文形式为理由而否定其法律效力、有效性或可执行性。"

我国《合同法》也将传统的书面合同形式扩大到数据电文形式。第11条规定:"书面形式是指合同书、信件和数据电文(包括电报、电传、传真、电子数据交换和电子邮件)等可以有形地表现所载内容的形式。"换言之,不管合同采用什么样的载体,只要可以有形地表现所载内容,即视为符合法律对"书面"的要求。电子商务中有关电子数据的法律规定,对于电子病历的法律认定有极高的参考价值。

通常认为,传统的纸质病历有着多种功能,如病历的可识读性强;可以永久保存;能够以有形形式存储;可以控制病历的传播,保护患者的隐私;在医患双方发生争议时能够明确双方的权利和义务;有利于日后的科研活动及教学活动等。[②] 由此看来,电子病历也可以通过一些信息技术达到同纸质病历相同的功能,如电子病历可以通过屏幕识读,且字迹清晰,比纸质病历的识读性更强;电子病历的保存可以通过各种各样的移动存储设备进行保存;电子病历可以设置一些安全保障系统,以控制病历的传播,保护患者的隐私;电子病历的内容同样可以在医患双方发生争议时明确双方的权利和义务,只是与纸质病历的载体有所不同。

值得注意的是,2005年4月1日起实施的《电子签名法》对电子文件法律效力的认可包括以下几点:

(1) 在一定程度上认可了电子文件的法律效力

《电子签名法》第3条规定:"民事活动中的合同或者其他文件、单证等文书,当事人可以约定使用或者不使用电子签名、数据电文。当事人约定使用电子

[①] 赵育新、王琳、杜进兵:《议电子病历的法律效力》,载《实用医学杂志》2005年第21卷第2期。
[②] 杨坚争、陈劲草:《电子病历的法律效力》,载《中国医院管理》2003年第10期。

签名、数据电文的文书,不得仅因为其采用电子签名、数据电文的形式而否定其法律效力。"同时第7条规定:"数据电文不得仅因为其是以电子、光学、磁或者类似手段生成、发送、接收或者储存的而被拒绝作为证据使用。"这些规定包括电子文件在内的各类数据电文作为证据使用提供了法律依据。

(2)关于电子签名的法律效力

众所周知,医生的签名是确定医疗文书有效性的不可或缺的因素,但是在电子病历中无法进行手写签名,因此,电子签名就显得尤为重要了,电子签名是具有法律意义的行为,是构成特定的法律行为的重要因素,如果法律规定以签名作为法律的生效要件时,签名当然就是该法律行为的决定因素之一。所以应当赋予手写签名于纸质医疗文书的法律效力及于电子签名于电子病历的法律效力。《电子签名法》第13条规定:"电子签名同时符合下列条件的,视为可靠的电子签名:电子签名制作数据用于电子签名时,属于电子签名人专有;签署时电子签名制作数据仅由电子签名人控制;签署后对电子签名的任何改动能够被发现;签署后对数据电文内容和形式的任何改动能够被发现。当事人也可以选择使用符合其约定的可靠条件的电子签名。"第14条对于电子签名法律效力的最终认定:"可靠的电子签名与手写签名或者盖章具有同等的法律效力。"

(3)电子文件的原件形式要求和文件保存要求

具备电子签名的电子文件不但需要符合法律规定,而且还需要符合法律规定的的原件形式和保存要求。根据《电子签名法》第5条的规定:"符合下列条件的数据电文,视为满足法律、法规规定的原件形式要求:能够有效地表现所载内容并可供随时调取查用;能够可靠地保证自最终形成时起,内容保持完整、未被更改。但是,在数据电文上增加背书以及数据交换、储存和显示过程中发生的形式变化不影响数据电文的完整性。"同时,根据《电子签名法》第6条的规定:"符合下列条件的数据电文,视为满足法律、法规规定的文件保存要求:能够有效地表现所载内容并可供随时调取查用;数据电文的格式与其生成、发送或者接收时的格式相同,或者格式不相同但能够准确表现原来生成、发送或者接收的内容;能够识别数据电文的发件人、收件人以及发送、接收的时间。"

由此可以看出,《电子签名法》对电子文件的原件形式要求和文件保存要求主要是有效性、真实性和完整性的要求,所谓有效性,即"能够有效地表现所载内容并可供随时调取查用";所谓真实性,即"能够可靠地保证自最终形成时起,内容保持完整、未被更改";所谓完整性,即包括内容,格式(结构)和背景信息等保持完整;所谓可识别性,或称可鉴别性,即"能够识别数据电文的发件人,收件人以及发送、接收的时间"。[①]

---

① 符庆丹:《电子病案作为电子文件的法律适用性》,载《中国医院统计》2007年第14卷第1期。

(4) 电子文件不具备法律证据效力的情形

根据《电子签名法》的规定,涉及婚姻、收养、继承等人身关系的,涉及土地、房屋等不动产权益转让的,涉及停止供水、供热、供气、供电等公用事业服务的,以及法律、行政法规规定的不适用电子文书的其他情形的,其电子签名或电子文件均没有证据效力。

《电子签名法》的从实施到现在,效果并不显著,其原因在于其实施的基础尚不完备,法律条文的细化工作还未完成。《电子签名法》是电子病历在我国得以推广应用的基础,从电子文件的角度明确了电子病历的法律地位和作用,。虽然《电子签名法》具体的实施细则还未完善,很多问题还有待进一步解决。但是,这部法律的出台,标志着我国信息化领域的第一部法律的诞生,意味着电子医务的发展将迎来更加良好的法律环境。①

第三节 病历的所有权

一、概述

(一) 病历的概念

病历包括门(急)诊病历和住院病历。门(急)诊病历内容包括门诊病历首页(门诊手册封面)、病历记录、化验单(检验报告)、医学影像检查资料等;住院病历内容包括住院病历首页、住院志、体温单、医嘱单、化验单(检验报告)、医学影像检查资料、特殊检查(治疗)同意书、手术同意书、麻醉记录单、手术及手术护理记录单、病理资料、护理记录、出院记录(或死亡记录)、病程记录(含抢救记录)、疑难病例讨论记录、会诊意见、上级医师查房记录、死亡病历讨论记录等。②

(二) 病历的特征

1. 病历是特定物

病历是一种特定物,具有不可替代性,所谓特定物是指其自身具有独立的特性或被权利人指定而特定化,不能以其他物所替代。病历是特定医疗机构和医务人员对特定的病人进行诊断和治疗所形成的特定记录,因此病历是典型的特定物,而且对医院、医务人员,及病人本人都有特定价值。病历的特定物属性,决定了病历的不可替代性。

2. 病历是不可分物

一份完整的病历包含了病历记录、化验单(检验报告)、医学影像检查资料等、住院志、体温单、医嘱单、化验单(检验报告)、医学影像检查资料、特殊检查

---

① 符庆丹:《电子病案作为电子文件的法律适用性》,载《中国医院统计》2007 年第 14 卷第 1 期。
② 古津贤、陈玮玮:《论病历所有权归属》,载《法律与医学杂志》2006 年第 13 卷第 3 期。

(治疗)同意书、手术同意书、麻醉记录单、手术及手术护理记录单、病理资料、护理记录、出院记录(或死亡记录)、病程记录(含抢救记录)、疑难病例讨论记录、会诊意见、上级医师查房记录、死亡病历讨论记录等多个部分组成。但从医学意义上,无论其中哪一部分离开了其他部分,都将失去存在的意义,都无法反映病人的完整治疗过程。从诉讼法的角度,病历是书证、物证的一种,一份病历的完整与否直接影响到其证明力的大小,所以在医疗管理活动中十分强调病历的完整性。

(三) 客观病历资料和主观病历资料

在病历的使用上,可以依据内容"是否需经医疗人员凭借专业知识判断制作"为区分标准,将病历分为客观病历资料和主观病历资料。

1. 客观病历资料

客观病历资料,如体温单、影像、数据等,系由医疗人员以仪器制作而成,其完成凭借制作者专业知识判断需求较为薄弱,医疗人员个人主观成分的因素较少。

2. 主观病历资料

如会诊意见、病程记录、疑难病案讨论记录、上级医师查房记录、死亡病历讨论记录等信息,其制作描述对象为病人之病情,但该项信息的完成,为医师凭借专业知识、依据主观判断的结果,属制作者精神层面劳动的结晶,不同的医师可能得出相异的诊断。

二、有关国家关于病历所有权的规定

(一) 美国

美国在1985年颁布了包括病案请求权的内容的《统一医疗信息法》,从法律上保护了病人及其家属对病案出示的请求权。病人相应的请求权,又被看做是病人的"病案所有权",该项权利可分为三种,即接触或得到相关信息复印件的权利,要求某种信息被改正的权利以及保密的权利,法律规定了对病人信息权利侵犯的惩罚。现在美国已有半数以上的州在立法中保证了病人请求病案出示的权利。而在仍延续着传统的"病案应为保管病案的医疗机构"所有的一些州,医疗机构只是病案的拥有者,不能对病案拥有完全统治权,没有泄露、出售、销毁、改变或让其他任何人均可接触的权利,因此事实上仅仅授予医疗机构有限的权利,而强化的是保管病案的责任。病人、家属或其律师在支付一定费用的情况,可要求医疗机构无条件出示病案。[①] 病案的所有权已在过渡到为医患双方共同所有,医疗机构拥有病案的保管责任。病史、健康状况作为个人信息的重要

[①] 崔涛、周子君:《医疗事故处理过程中病案出示问题》,载《中国卫生事业管理》2000年第4期。

组成部分,美国法律早有规定,病案在任何情况下必须得到病人同意才能使用,除非有法律义务提供资料,如传唤或成法庭命令。①

(二) 欧盟

欧盟在1995年10月的欧洲议会上批准了《个人数据保护规定》,虽然只是就有关个信息的收集、处理规定了相关内容,但其重要的一点是个人信息(包括所有医疗信息)属个人所有,该项规定明文规定病人在支付了合理的费用后,就能够要求有关机构复印其掌握的该病人的信息。只能在本人同意授权的情况下,其他个人和组织才有权进行收集和处理。②

此外,欧盟一些国家还对病案的所有权和使用权做了明确的规定。如丹麦1998年的《病人权利法案》中规定:病案所包含的资料是病人隐私的一部分,没有病人允许不得使用。当然医疗机构"有法律的提供资料责任"为公共利益、他人利益或病人利益"或"当不知道病人身份,只将病案用统计、科研或教学"时,使用病案可不必征得病人的同意。③ 在英国,当需要透露病案资料时,必须办理严格的手续,如必须注明索取病案的单位,使用的目的,被透露资料的范围、性质、患者名字、被授权人的签名及日期等,否则视为侵犯患者隐私权。④

(三) 日本

1998年3月,日本就《情报公开法案》提请国会审议,于1998年6月公布实行。这项法律的实施,使日本医疗信息(病案)的出示进入了法制化轨道,它规定了医疗信息包括诊疗记录、护理记录、处方、医嘱、转诊介绍信等,其提供的对象是患者及其家属等。在患者或其法定代理人(家属、律师等)提出请求时,医疗服务提供者有义务向患者及其法定代理人提供病案(包括在发生医疗事故的情况下),其责任是负责保护患者的隐私。在实际接受提供医疗信息的请求时,应由患者本人或其法定代理人以书面形式向医院院长提出申请后,由医院负责提供相应的病案(医疗信息),患者本人或其法定代理人可阅览也可复印。并规定,病历的书写应该按标准格式进行,要有专门人员和机构负责管理、保存。

三、关于病历所有权的研究现状

(一) 国有说

根据卫生部1991年颁布的《医药卫生档案管理办法暂行办法》第16条的规定,"住院及门诊病历和各种检查的申请单、报告单、登记本以及病理切片、照

---

① 国际病案协会教育委员会编著:《国际病案管理》,刘爱民、陈玉才编译,黑龙江科学技术出版社1993年版,第58页。
② 崔涛、周子君:《医疗事故处理过程中病案出示问题》,载《中国卫生事业管理》2000年第4期。
③ 袁惠章、陈洁:《现代医院管理简明教程》,中国纺织大学出版社1996年版,第80页。
④ 古津贤、陈玮玮:《论病历所有权归属》,载《法律与医学杂志》2006年第13卷第3期。

片、图纸、X线片等"属于医药卫生档案,应归档并"单独存放保管"。病历是重要的医药卫生档案,是国家档案的重要组成部分,是国家宝贵的资源和人财富,受到国家的保护。因此,部分学者认为病案的所有权属于国家。

(二)私有说

一部分学者认为,病历是治疗过程的伴生物。支持这一观点的学者认为:医院的病历管理工作主要是为医院本身的医疗、教学、科研等工作服务的,在不同程度上忽略了患者及其家属的权益。如医生为了总结经验和科研的需要,可以很方便地、无任何代价地使用患者的所有病历资料,但患者却一无所知。而在诉讼中,患者及其家属无法获得病历原始资料,不能为自己的主张提供证据,维护自身合法权益,且由双方当事人中的一方保管原始资料,另一方如何相信原始资料不被伪造或篡改呢?据此,他们认为病历所有权应归患者所有。患者到医院就诊,是以交纳医疗费为代价的。同时,对于病历本,医院也收取了工本费,因此,病人是通过买卖合同取得了病历档案的所有权。

(三)共有说

共有说认为,《医疗事故处理条例》中将病历资料分为记录患者的症状、体征、病史、辅助检查结果、医嘱等情况的客观性病历资料和医疗活动过程中医务人员通过对患者病情发展、治疗过程进行观察、分析、讨论并提出诊治意见等而记录的主观性病历资料。客观病历资料的所有权应属于患者,而主观病历资料是医务人员的劳动成果,这部分内容的所有权应该属于医院。因此一份完整的病历档案的所有权应该归患者和医院共有。空的病历本是一种非特定物,具有可替代性。在整个医疗过程中,如果没有医护人员对其进行"添附"行为,基本上没有值得参考的信息。只有经过医护人员一系列的详细记录,才得以实现其参考利用的价值。同时,病历的制作权只属于院方,由具有相应资格的医务人员依职务行为所为,不具备医学知识和医务技术的患者是没有病历制作权的。而且,在病历的整理和归档过程中,病历管理人员也付出了劳动。由此可见,医疗机构对病历档案也应该拥有部分所有权。[1]

四、对以上几种观点的评析

(一)关于国有说

《医药卫生档案管理办法暂行办法》该规定颁布于1991年,当时我国处于改革开放的初期,医药卫生体制改革还没有开始,医疗机构体制单一。但随着我国医疗卫生体制改革的全面展开,出现了多种所有制医疗机构并存的局面,如外

---

[1] 张瑞菊、李伟婧、宋熙东:《病历档案的所有权——共有说》,载《档案管理》2007年第2期(总第165期)。

资、民营、股份制医疗机构的逐渐增多。如果这些体制的医疗机构的病历也定性为国家所有,似乎于法无据,也不合情理,何况患者随身携带的门诊病历也归国家所有,病人应负何种保管责任?那些民营医疗机构是否也应定期上缴病案?这些问题都值得深入探讨。① 当然,根据档案管理的相关法规,作为一种档案,也可以归集体所有和个人所有,《中华人民共和国档案法》第22条第2款规定:"集体所有和个人所有的档案,档案的所有权人有权公布,但必须遵守国家有关规定,不得损害国家安全和利益,不得侵犯他人的合法权益。"由此可见,《中华人民共和国档案法》承认了档案所有权的多元化,因此同样作为医疗卫生档案的一种,病案当然可以为不同性质的医疗单位所有。此外,私人财产所有权与国家财产的所有权同样受到法律的保护,法律对私人财产的国有化有着严格的限制,因此,医疗机构所有制的不同也决定了病历所有权的不同。

(二)关于私有说

私有说的观点没有认识到医务人员是医疗活动的主体、患者和疾病是义务人员劳动的对象。而依据私有说的观点主要认为"如医生为了总结经验和科研的需要,可以很方便地、无任何代价地使用患者的所有病历资料,但患者却一无所知"的论据实际上是混淆了病历的所有权和患者的知情同意权。《医疗机构病历管理规定》中指出:门诊病案可以让病人保管。但这一规定并不意味着患者取得所有权,实际上只是病人花钱挂号,医院收取工本费,对病历保管权的一种法定转移。

(三)关于共有说

我国民法中的共有制度分为共同共有和按份共有两种:其中共同共有产生于共同关系,如家庭、婚姻关系等;按份共有产生的基础是法律的规定和当事人之间的约定。但目前我国并无任何一部法律法规规定病历归双方共有;而且医患关系中也没有对病历的所有权进行约定,所以医患双方共同拥有一份病历是没有法律依据的;又因为,病历是一种特定物,具有不可分性,如果在承认病历为不可分物的同时又将病历分为两部分,那么实际上在病历上建立了两个所有权,这种观点是矛盾的。

五、病历应归医疗机构所有

(一)病历的产生以医疗机构为主体

从病历产生过程来看,病历产生的主要内容是患者到医院就医,医务人员对患者疾病的客观描述、主观判断、采取医疗措施的记录,而且在这个过程中有医

---

① 林文莹、黄跃、庄美明:《简析病案所有权应归医疗机构所有》,载《当代医学》2007年第4期(总第114期)。

生、护士、其他人员的参加(如外院会诊人员、实习医务人员或者进修医务人员等),有时还会有多个医疗机构的人员参加,所以病历的制作主体并不是单一的,而是一个有机联系的群体。此外,在病历的整理和最后归档的过程中,病案管理人员也付出了相当的多的劳动,医务人员的进行病历制作的行为是在医疗单位的组织和协调下进行的,参加该行为的人员是不特定的,这些行为都是以医疗单位名义作出的。因此,从主体方面来说,制作病历的主体及医疗机构为病历的所有人。

(二) 医疗机构病历所有权的权能

医疗机构病历所有权的权能,是指医疗机构对病历的占有权、使用权、收益权和处分权。

1. 医疗机构对病历的占有权

医疗机构对病历的占有,即为医疗机构对病历的保存和管理两项权利。作为卫生部的行政规章,《医疗机构病历管理规定》较多的提及到病历的保存和管理问题,实际上使病历的管理演化为医疗机构的一项义务,规定中把门诊病历的保管期限定为15年(第20条规定:门(急)诊病历档案的保存时间自患者最后一次就诊之日起不少于15年),而对住院病历的保管期限则明确规定。鉴于此,我们可以借鉴我国台湾地区的立法,台湾地区新修订的"医疗法"第70条规定,病历至少保存7年,未成年人的病历则应至少保存到成年后7年,人体实验的病历应永久保存。可见对病历的保管应加以区分,对有意义的病历应延长保存期限,对无意义的则可缩短保存期限。法规对病历所有权的保护体现在对非法占有病历的行为进行制裁。根据《医疗机构病历管理规定》第5条的规定:医疗机构应当严格病历管理,严禁任何人涂改、伪造、隐匿、销毁、抢夺、窃取病历。抢夺、毁坏及盗窃病历;《医疗事故处理条例》第9条的规定:严禁涂改、伪造、隐匿、销毁或者抢夺病历资料。按照《侵权责任法》第58条规定,如果医疗机构隐匿或者拒绝提供与纠纷有关的病历资料,伪造、篡改或者销毁病历资料,就会被推定为有过错。《侵权责任法》第61条进一步规定,医疗机构及其医务人员应当按照规定填写并妥善保管住院志、医嘱单、检验报告、手术及麻醉记录、病理资料、护理记录、医疗费用等病历资料。

2. 医疗机构对病历的使用权

使用病历须注意两个方面:一方面不能泄露病人隐私,对病人的病情等资料不得泄漏和故意宣扬;另一方面,尊重病历上署名人的权利。对病历上的内容,原则上不得改变(法定修改除外),否则病案就失去了它的原始性,在诉讼中直接会影响病历作为证据的证明力,所以在医疗管理活动中十分强调病案的真实性和完整性。《侵权责任法》第61条规定,患者要求查阅、复制前款规定的病历资料的,医疗机构应当提供。

3. 医疗机构对病历的处分权

在病历所有权的权能中,处分权可能是最受限制的一项权利。由于目前由于没有法律法规明确规定病历的保存年限,因此,病案保存到一定的年限后,由于受时间、空间等诸多因素的影响,医疗机构对销毁年限已久、利用率极低的部分档案,应该如何行使处分权?由于该项权利的行使受病人个人隐私和社会公共利益的影响,使医院几乎无法行使,这一点也恰恰说明了病历的特定物属性和公共利益性。因此医疗机构对于病历行使处分权,必须在法律有明确规定的情况下,医疗机构方才可以处分病历,如对病历进行销毁、转让等。但令我国法律对此尚无明确的规定。随着我国医疗机构所有制多元化局面的形成,许多新的问题,诸如新旧医疗机构之间的病历如何继承等相关问题将不可避免地出现,我国卫生行政机关应及早应对。

4. 医疗机构对病历的收益权

医疗机构可以对病案行使收益权,当然医疗机构对病历行使的收益权并不意味着医疗机构可以将病历出卖,但可以通过别的途径收取一定的利益,包括为其他科研人员提供资料,为患者本人或代理人、保险部门复印等,即使复印病须向医疗机构申请,目前多数医院只收取简单的纸张和复印工本费,并且复印复制过程也是由医院完成,患者仅是在场,整个过程患者也并未实施占有和使用权。[1]

鉴于我国目前的具体情况,为了使得医患双方的合法权益得到保护,除了在相应的法律、法规上明确界定医患双方的病历所有权和使用权外,还必须制定严密的、具有可操作性的细则,以便相关人员在处理这方面的具体问题时,有法可依。

思考题:

1. 医疗文书的种类有哪些?
2. 医疗文书的作用是什么?
3. 你对医疗文书的所有权问题如何看待?

---

[1] 林文莹、黄跃、庄美明:《简析病案所有权应归医疗机构所有》,载《当代医学》2007年第4期(总第114期)。

第二十九章 医药广告

【内容提要】 近几年来,医药广告充斥着市场,在方便了广大的患者和消费者进行选择的同时也产生了各种各样的问题,例如,违法医药广告的问题、虚假医药广告的问题以及名人代言虚假医药广告是否需要承担责任的问题等。本章将就以上问题做一介绍。

第一节 医药广告的概念和特征

一、广告概述

(一)广告的概念界定

我国《经济大辞典》中将广告分为广义的和狭义的两种,"广义上的广告是指唤起人们注意某项特定事物的一种手段,狭义上的广告是指通过媒介向用户或消费者宣传商品或劳务,以促进销售或扩大服务的手段"。《中国广告年鉴》(1988年版)中,将广告的定义也做了广义和狭义之分,"广义的广告是指广告本身、广告宣传和广告经营,它既包括由客户支付费用、通过利用各种媒介和形式来宣传商品、传递信息,也包括非经营性的各类广告、声明、启示等;狭义的广告是指广告宣传中的某一种形式,如经济广告、文化广告、体育广告等。"

我国于1994年颁布的《中华人民共和国广告法》第2条第2款明确规定:"本法所称广告,是指商品经营者或这服务者承担费用,通过一定的媒介和形式直接地或者间接地介绍自己所推销的商品或者所提供的服务的商业广告。"这一规定,也是我国首次以法律的形式对广告的定义进行明确的规定。

(二)广告的分类[①]

1. 商业广告和非商业广告

从广告的内容和性质为角度,可以将广告分为商业广告和非商业广告,所谓商业广告,即"商品经营者或者服务提供者承担费用,通过一定媒介和形式直接或者间接地介绍自己所推销的商品或者所提供的服务的广告。"非商业广告,是指除了商业广告之外,不以推销商品和服务为目的,而是处于特定的、非营利目的而发布的广告,包括公益广告、社会广告、政府广告等。

---

① 吕蓉:《广告法规管理》(第2版),复旦大学出版社2006年版,第2—4页。

2. 电波媒体广告、平面媒体广告、户外媒体广告、网络广告、手机广告等

这种分类是以广告媒体的角度进行分类的,随着科技的日新月异,各种媒体形式的广告层出不穷,从以前的平面媒体广告、广播媒体广告、电视媒体广告发展到当今的网络广告和手机广告。

3. 开拓性广告、竞争性广告、劝导性广告、维持性广告、提示性广告等

这是以广告的使用目的和策略为标准进行的分类。

二、医药广告的概念和特征

(一) 我国古代医药广告

据资料记载,我国古代的医药广告兴起颇早,其中以宋代最为突出。如《清明上河图》中描绘的赵太丞家,治病兼售生熟药,门前竖着高出屋檐的布制大路牌广告四座,突出介绍各种中药丸散膏丹治病的神奇作用,信息传播甚广。南宋御医王继先,祖上传一灵验丹方,名为"黑虎"。王氏以"黑虎王家"作为市招,闻名遐迩。汴京城中有一专售疝气药的李家药肆,因为病人少,便请名匠刻制了一头木牛作为市招,结果求药者络绎不绝。宋饶州高姓,世售风药,其商标为一大力士手执叉钩,牵一黑漆木猪,人称"高屠",自树商标后,求购风药的病人不断增多。最有趣的是,南宋临安的严某,坐堂行医兼开小药铺,专治痢疾,病人不多。一次恰好碰上宋孝宗患痢疾久治不愈,应召入宫。严某治愈了皇帝的痢疾后,皇帝大喜,授其官为防御,又赐以金杵臼。于是严家打出"金杵臼严防御"的市招,从此药铺名声大振。[①]

(二) 医药广告的概念

医药广告是指医药商品经营者或者医药服务提供者承担费用,通过一定媒介和形式直接或者间接地介绍自己所提供的医药服务或者所推销的医药商品的活动。医药广告即包括药品广告、医疗器械广告和医疗服务广告。

1. 药品广告

药品广告是指药品生产者、经营者承担费用,通过一定的媒介和形式直接或间接地向特定的广告受众介绍其推销的药品的活动。根据我国《药品管理法》第102条的规定,药品是指用于预防、治疗和诊断人的疾病,有目的地调节人的生理机能并规定有适应症或者功能主治、用法和用量的物质,包括中药材、中药饮片、中成药、化学原料药及其制剂、抗生素、生化药品、血清、疫苗、血液制品和诊断药品等。该定义采取的是狭义定义法,将药品与食品、保健品做了明确的区分。但是实际生活中,许多添加了药物成分的食品、保健品在其广告中大肆宣传

---

① 《古代医药广告趣话》,载http://www.hangzhou.com.cn/20040101/ca636094.htm,2008年8月18日访问。

"治疗作用",这种非药品广告涉及药品广告宣传的行为,对消费者的用药安全和身体健康构成极大的隐患。我国对药品的广告管理有着严格的规定,结合《药品管理法》和《广告法》可知,药品的广告管理分为三类:一类是禁止性药品广告,即禁止对麻醉药品、精神药品、医疗用毒性药品、放射性药品等特殊管理药品做广告宣传;一类是限制性药品广告,如处方药可以在国务院卫生行政部门和国务院药品监督管理部门共同指定的医学、药学专业刊物上介绍,但不得在大众传播媒介发布广告或者以其他方式进行以公众为对象的广告宣传;还有一类即一般性药品广告,如法律对非处方药广告方式和广告对象一般无特别规定。

2. 医疗器械广告

所谓医疗器械广告,即医疗器械生产、经营者承担费用,通过一定媒介和形式直接或者间接地向特定的广告受众介绍其推销的医疗器械的活动。对于医疗机械广告,我国对医疗器械的管理分为三类:一类是指通过常规管理足以保证其安全性、有效性的医疗器械;一类是指对其安全性、有效性应当加以控制的医疗器械;一类是指植入人体;用于支持、维持生命;对人体具有潜在危险,对其安全性、有效性必须严格控制的医疗器械。

3. 医疗广告

所谓医疗广告,是指由医疗机构承担费用,通过一定媒介和形式直接或者间接地向社会公众宣传其运用科学技术诊疗疾病、以吸引患者就医的活动。医疗广告与药品广告、医疗器械广告不同,医疗广告以医疗机构、医疗服务为宣传内容;药品广告、医疗器械广告以药品、医疗器械等特殊商品为宣传内容。

(三) 医药广告的特征

医药广告由于其内容的特殊性,当然具有不同于普通广告的特征:

1. 内容的特殊性

不论是药品广告、医疗器械广告还是医疗服务广告,其内容都不同于其他的广告,如药品是一种特殊商品,因此不论是在药品的设计还是制造过程中,都要严格把握药品的安全性、严密性、专属性和有效性,而不是一般广告产品的赢利性和商品性。

2. 广告经营的特殊性

由于药品、医疗器械形成的机制复杂,一般消费者很难以质量、外观、规格等一般商品的标准对药品、医疗器械进行判断和选择。虽然在这些产品的说明书上载有药品、医疗器械的适应症状、用法用量等详细说明可以供消费者选择参考。但是消费者没有能力对这些说明有正确的认识和判断。因此,在多数情况下,消费者面对医药广告时往往难以作出正确的判断和选择。与此同时,作为药品、医疗器械的生产商及医疗机构对自己生产的药品、医疗器械及有关服务,包括配方、制作方法、制作过程、效果、适用症、副作用等方面了如指掌,处于信息优势的位置。

3. 医药广告的重要性

首先,医药广告是市场经济体制中不可或缺的部分。

其次,医药广告提高了医药企业的效益。而近年来的市场也证明,医药产品的市场占有率在很大程度上是依靠广告来维持的,可见,医药广告对促进医药企业的经济效益起到了重要的作用。

最后,医药广告可能影响到社会的安定。在现代社会中,人人都是消费者,如果因为购买的医药产品和接受的服务与广告宣传不符,轻者会感到上当受骗,重者可能会受到身体、心理、甚至是生命的伤害。

第二节 违法医药广告的类型和处理

一、我国医药广告法律、法规体系概述

《中华人民共和国广告法》是我国广告行业的基本法,在我国境内从事广告活动的所有广告主、广告经营者、广告发布者都必须遵守该法的规定。除此之外,我国医药广告领域还有其他的法律法规。大致有1995年3月22日开始施行的《药品广告审查办法》,1995年3月28日施行的《药品广告审查标准》,1993年12月1日施行的《医疗广告管理办法》,1992年10月1日施行的《医疗器械广告管理办法》,1995年3月8日施行的《医疗器械广告审查办法》,1995年3月3日施行的《医疗器械广告审查标准》,2000年11月22日施行的《关于加强药品广告审查管理工作的通知》,2001年12月1日施行的《中华人民共和国药品管理法》,2003年1月15日施行的《关于规范医疗广告活动加强医疗广告监管的通知》,,2004年7月8日施行的《互联网药品信息服务管理办法》,2004年9月13日施行的《药品安全信息分类管理暂行规定》,2005年11月3日施行的《非处方药和医疗器械产品包装及广告中使用奥林匹克标志管理办法》。

二、违法医药广告的类型

违法医药广告按其行为性质划分,有行政违法、民事违法和刑事犯罪三种。行政违法是指医药广告违反了国家对广告活动的管理规定,而在实践中,行政违法在违法医药广告中占有很大的比例;所谓民事违法,是指医药广告活动中债的不履行和侵权行为,债的不履行是指医药广告合同的当事人不履行或不完全、不适当履行广告约定的义务,而医药广告中的侵权行为是指广告活动或广告内容侵害了他人的人身权和财产权的行为;医药广告活动中的刑事犯罪行为是指医药广告违法性已触犯了我国刑法的行为。从违法的表现和特点上看,违法医药

广告由实体违法和程序违法两个方面,所谓实体违法,是指医药广告行为违反了广告法律的实体性规定,程序性违法是指医药广告行为违反了程序性规定。

从总体上看,违法医药广告有以下几种类型。

(一) 资格违法

资格违法是指医药广告的发布主体不符合法律法规的规定。例如,根据我国《药品管理法》第60条的规定:"药品广告必须经所在省、自治区、直辖市人民政府药品监督管理部门批准,并发给药品广告批准文号,未取得药品广告批准文号的,不得发布。"关于医疗器械广告,《广告审查标准》第67条规定:"申请审查医疗器械广告,应交验国家医药管理部门或省、自治区、直辖市医药管理部门或同级医药行政管理部门出具的《医疗器械广告证明》。审查进口医疗器械广告,应交验国家医疗管理部门出具的《医疗器械广告证明》。"

(二) 内容违法

根据《药品广告审查标准》的要求,药品广告审查批准文号应列为广告内容,同时发布,但是在大多数的药品广告中,却看不到药品广告审查的批准文号;或一些医疗机构以所谓的专家义诊为名发布违法医疗广告,或是在一些治疗疑难杂症的广告中出现"根治"、"攻克"等的保证性语言给患者和消费者造成误导;有的医药广告夸大疗效或者扩大其使用范围;还有一些医药广告,编造子虚乌有的所谓的"科学名词"误导消费者;还有一些医药广告不恰当的宣传疾病的危害性或严重性,令患者产生恐惧感,从而导致其盲目的购买;在广告用语上,很多医药广告使用大量的非医疗用语夸张渲染,用讲故事、人物专访的形式做广告宣传;有的医药广告盗用他人的或者虚构编造广告审查批号发布医药广告,或者在审批证明过期后仍然继续使用批号,这种行为属于恶意违法发布医药广告;还有的医药广告隐藏于载体中,与载体共同构成了受众所真实感受到或通过幻想感知到的场景的一部分,此种广告以非广告的方式展现给受众,其效用也与广告类似,甚至比广告更强。隐性广告与直白式的营销广告相比较,它能够巧妙地渗透过受众心灵上对广告强加的过滤网,做到"此处无声胜有声",让消费者防不胜防①;有的医药广告的广告用语不规范,其中使用大量的非医疗用语进行夸张,如叙述经历、任务专访的形式,还出现了很多"男科诊疗中心"、"计划生育指导中心"等未经卫生部门审批的医疗机构名称或诊疗项目。②

(三) 其他违法类型

医药广告总侵犯他人专利和注册商标,贬低他人的医药产品,以新闻报道形

---

① 林可佳:《隐性广告浅谈》,载《集团经济研究》2005年第9期。
② 吴素莲:《介绍医院的医疗广告与患者的就医行为》,载《国外医学·医院管理分册》1995年第4期。

式刊播广告,超越经营范围经营广告业务,在医药广告活动中,进行不正当竞争等类型。

三、违法医药广告的处理

(一)药品、医疗器械广告的禁止性标准

不得含有不科学地表示功效的断言和保证;不得含有治愈率、有效率的内容,因为这些内容是在药品、医疗器械进入市场前提供的,在这些产品投入市场后,会有较大的差异,因此极易给消费者造成误导;不得利用他人名义、形象做证明,具体包括医药科研单位、学术机构、医疗机构、专家、医生、患者等等,例如根据《药品广告审查标准》第7条和第8条的规定,药品广告中不得含有利用医药科研单位、学术机构、医疗机构或者专家、医生、患者的名义、形象做证明的内容,不得使用儿童的名义和形象,不得以儿童为广告诉求对象,《医疗广告管理办法》第7条规定,医疗广告禁止利用患者或者医学权威机构、人员和医生的名义、形象或者使用其推荐用语进行宣传,《医疗器械广告管理办法》第12条规定,医疗器械广告不得使用专家、医生、患者、未成年人或医疗科研、学术机构、医疗单位的名义进行广告宣传。不得贬低同类产品,不得与其他产品进行功效和安全性比较;不得含有"最新技术"等绝对化语言;不得含有无效退款、保险公司保险、获奖等内容,这是因为这些内容与产品的使用功效无关,而这种宣传很可能误导消费者、损害消费者的利益;广告中不得含有直接显示疾病症状和病理的画面;部分广告中可以使用"国家中药保护品种"的内容,但是类似的内容受到严格控制,不经国家工商总局同意不得使用。①

(二)药品广告的特殊规定

1. 下列药品禁止做广告

麻醉药品、精神药品、医疗用毒性药品、放射性药品;治疗肿瘤、艾滋病的药品、改善和治疗性功能障碍的药品、计划生育用药、防疫制品;假药和劣药;戒毒药品和卫生部规定的特殊药品;未经批准生产的药品和试生产的药品;医疗单位配制的试剂和卫生行政部门命令禁止销售使用的药品;未取得注册商标的药品(中药饮片除外);军队特需药品;国家食品药品监督管理局依法明令停止或者禁止生产、销售和使用的药品;批准试生产的药品。

2. 药品广告必须指示的内容

药品广告审查批准文号和药品批准生产文号应当列为广告内容同时发布,国家规定应当在医生指导下使用的治疗性药品广告中,必须注明"按医生处方购买和使用",药品标准和药品说明书中规定禁忌症的,必须在广告中醒目标

---

① 吕蓉:《广告法规管理》(第2版),复旦大学出版社2006年版,第126页。

识,如不能全部标识的,除注明主要内容外,必须醒目标识"其他禁忌症详见说明"的字样;药品广告中必须标明药品的通用名称、忠告语、药品广告批准文号、药品生产批准文号;以非处方药商品名称为各种活动冠名的,可以只发布药品商品名称;药品广告必须标明药品生产企业或者药品经营企业名称,不得单独出现"咨询热线"、"咨询电话"等内容;非处方药广告必须同时标明非处方药专用标识(OTC);药品广告中不得以产品注册商标代替药品名称进行宣传,但经批准作为药品商品名称使用的文字型注册商标除外,已经审查批准的药品广告在广播电台发布时,可不播出药品广告批准文号。

3. 关于处方药、非处方药及地方标准药品广告规定

根据《药品广告审查发布标准》的规定,处方药可以在卫生部和国家食品药品监督管理局共同指定的医学、药学专业刊物上发布广告,但不得在大众传播媒介发布广告或者以其他方式进行以公众为对象的广告宣传。不得以赠送医学、药学专业刊物等形式向公众发布处方药广告;处方药名称与该药品的商标、生产企业字号相同的,不得使用该商标、企业字号在医学、药学专业刊物以外的媒介变相发布广告,不得以处方药名称或者以处方药名称注册的商标以及企业字号为各种活动冠名。国家药品监督管理局对首次批准上市5年内的新药按处方药管理,已经审批的,且广告审查批准文号在有效期内的新药广告,自2001年2月1日起停止在大众传播媒介发布广告,上市5年后,被确定为非处方药品种的,方可申请在大众传播媒介进行广告宣传。

对于非处方药,根据《药品广告审查发布标准》的规定,非处方药广告不得利用公众对于医药学知识的缺乏,使用公众难以理解和容易引起混淆的医学、药学术语,造成公众对药品功效与安全性的误解。

关于地方标准药品广告的规定,地方标准中药保健药品、中成药、化学药品,除已经明确规定不得在大众传播媒介发布广告的处方药外,对已经取得广告批准文号并在有效期内的广告,允许发布至2002年6月30日。2002年7月1日之后地方标准品种禁止在任何媒介发布广告。

(三) 医疗器械广告的内容

以下医疗器械不得做广告:

未经国家医药管理局或省、自治区、直辖市医药管理局或同级医药行政管理部门批准生产的医疗器械,临床试用、试生产的医疗器械;应当取得生产许可证而未取得生产许可证的生产者生产的医疗器械;有悖于中国社会习俗和道德规范的医疗器械;治疗艾滋病,改善和治疗性功能障碍的医疗器械;未经生产者所在国(地区)政府批准进入市场的境外生产的医疗器械。

医疗器械广告必须标明以下内容:

第一,推荐给个人使用的医疗器械,应当标明"请在医生指导下使用";

第二,医疗器械广告的批准文号应当列为广告内容同时发布。

(四) 医疗广告

随着我国医疗卫生体制的发展变化,医疗广告大量的出现。医疗广告的大量出现一方面给广大的消费者带来的更多的医疗信息以及选择渠道,另一方面医疗广告也暴露出很多问题,例如,一些不具备医疗机构主体资格的机构发布医疗广告,还有一些医疗广告通过贬低他人、夸大自己,或者通过保证治愈率等手段,对患者造成误导的一些行为,对患者的经济利益造成了巨大损害,甚至危害到患者的生命安全。为了杜绝以上情况的发生,加强对医疗广告的管理,1993 年 9 月国家行政管理总局、卫生部联合发布《医疗广告管理办法》,这是医疗广告管理的专门型规章和主要依据,凡是利用各种媒介或形式在中华人民共和国境内发布的医疗广告,都由《医疗广告管理办法》管理;2003 年 1 月国家工商行政管理总局、卫生部、国家中医药管理局联合发布了《关于规范医疗广告活动加强医疗广告监管的通知》,对医疗广告的监督作出了新的补充规定。

1. 医疗广告的主体标准

第一,未取得《医疗机构执业许可证》的,不得发布医疗广告。

第二,禁止以解放军和武警部队名义(包括军队单位、军队个人和冠以与军队相关的任何称谓)发布医疗广告。

第三,非医疗机构不得发布医疗广告,医疗机构不得以内部科室名义发布医疗广告。

第四,医疗机构只有取得由省级卫生行政部门出具的《医疗广告证明》,才具有发布医疗广告的资格。

2. 医疗广告的客体标准

第一,暂停就下列疾病发布医疗广告:尖锐湿疣、梅毒、淋病、软下疳等性病;牛皮癣(银屑病);艾滋病;癌症(恶性肿瘤);癫痫;乙型肝炎;白癜风;红斑狼疮。

第二,禁止以新闻报道形式发布广告。有关医疗机构的人物专访、专题报道等文章中不得出现有关医疗机构地址、电话、联系办法等广告宣传内容;在发表有关文章的同时,不得在同一媒介同一时间或者版面发布有关该医疗服务及其医疗机构的广告。以上述形式发布广告,发布者声称未收取费用的,也应认定为利用新闻报道形式发布医疗广告。

第三,广播电台、电视台中的空中门诊、电视门诊等专题性栏目符合医疗广告特征的,应当按医疗广告的有关规定予以规范。

3. 医疗广告发布内容标准

《医疗广告管理办法》第 6 条规定:"医疗广告内容仅限于以下项目:(1) 医

疗机构第一名称；（2）医疗机构地址；（3）所有制形式；（4）医疗机构类别；（5）诊疗科目；（6）床位数；（7）接诊时间；（8）联系电话。（1）至（6）项发布的内容必须与卫生行政部门、中医药管理部门核发的《医疗机构执业许可证》或其副本载明的内容一致。"

在医疗广告中，禁止出现以下内容：

与《医疗机构执业许可证》、营业执照中核定的医疗机构名称不符的、或者使用其他不规范名称的；与药品相关的内容，包括药品名称、制剂以及医疗机构自制的中药配方药品、中药汤剂等；涉及推销医疗器械的内容；从业医师的技术职称，包括"XX博士"、"XX专家"等非医学专业技术职称；使用未经过临床验证、评定的诊疗方法，或者不确定、不规范的诊疗方法；诊疗科目、诊疗方法等宣传内容超出卫生行政部门核准范围的；由淫秽、迷信、荒诞语言文字、画面的；贬低他人的；保证治愈或者隐含保证治愈的；宣传治愈率、有效率等诊疗效果的；利用患者、卫生技术人员、医学教育科研机构及人员以及其他社会社团、组织的名义、形象做证明的；冠以祖传秘方或者名医教授等内容的；单纯以一般通信方式诊疗疾病的；国家卫生行政部门规定的不宜进行广告宣传的诊疗方法；其他违反广告法律法规、医疗卫生法律法规规定的内容。

4．关于特殊内容和形式医疗广告发布的规定①

（1）关于含有义诊内容的医疗广告

医疗机构发布含有义诊内容的广告，必须按照卫生部《关于组织义诊活动实行备案管理的通知》的要求进行备案后，方可申请办理《医疗广告证明》手续。

（2）关于医疗美容服务广告

根据《医疗美容服务管理办法》的规定，医疗美容广告是指运用手术、药物、医疗器械以及其他具有创伤性或者侵入性的医学技术方法对人的容貌和人体各部位形态进行修复与再塑。美容医疗机构是指以开展医疗美容诊疗业务为主的医疗机构。实施医疗内容项目必须在相应的美容医疗机构或开设医疗美容科室的医疗机构中进行。负责实施医疗美容项目的主诊医师必须同时具有执业医师资格，经执业医师注册机关注册，具有从事相关临床学科工作的经历，医疗美容服务广告按照《医疗广告管理办法》执行，并应办理《医疗广告证明》。

（3）户外医疗广告

户外医疗广告按照《户外广告登记管理规定》办理户外广告的登记手续，其前提是《医疗广告》证明中核定的发布媒体形式包括户外广告。

---

① 吕蓉：《广告法规管理》（第2版），复旦大学出版社2006年版，第131页。

四、国外医药广告管理

(一) 英国[①]

英国对医药广告的管理,已经形成了一整套严格制度:包括法律法规的制定、监管机构的设置和监督实施、对媒体广告的规范、消费者投诉受理、药品生产、商业推销到患者用药等等。在英国,任何一种药品在投入使用之前,都必须得到英国医药监管局的许可证。医药监管局对药品的药效、质量、副作用及安全标准都有严格的一整套监审和试验程序,许可证是每五年审核更新一次。

在英国,负责电视广告监管的"独立电视委员会"对医药广告文字的规定涵盖医药、治疗、保健、营养和食品添加剂五大类。尤其是其具体规定除了与广告行为委员会的法规大体一致外,还规定广告中不准出现社会名人、包括体育和娱乐界名人对产品的褒奖,更不允许这些名人直接做广告;不准在 16 岁以下少儿节目中或节目前后刊播广告。媒体在刊登药品广告之前必须首先根据法律检查希望刊播广告的产品是否已经获得医药监管局颁发的许可证,其次还要检查它的合法性。投诉制度是监督广告的最后一道防线,如果受广告诱导使用药品导致有害后果,或发现广告违反了某项法规,可以通过任何途径直接向该局的信访部门投诉。

(二) 法国

法国于 1998 年 7 月成立了国家卫生制品安全局统一负责对药品市场及其广告的管理,并于 1999 年 3 月正式替代法国药品管理局负责对全国药品的管理工作,为防止公众利益受到侵害,法国要求对尚未获得上市批准的药品不得先期进行广告宣传。为防止广告夸大药效,不允许在药品广告中使用"特别安全"、"绝对可靠"、"效果最令人满意"、"绝对广泛适用"等词语;不能出现"第一"、"最好"等词语;任何药品在投放市场一年后,不能再继续标榜为"新药"。此外,法国国家卫生制品安全局规定,在针对大众的广告中,绝对不能说某种药品安全有效是因为它是纯天然的,这是因为"纯天然"一类的词语会使公众误信其具有绝对安全性。[②]

(三) 德国

德国法律对药品广告加以重重严格限制,而且采用医药分离体系,面向大众的药品宣传多数无法收到直接利益回报。虽然德国的医疗及制药水平居于世界领先地位,但德国的电视和报纸等大众媒体上,药品广告却寥寥无几。1994

[①] 《观察与借鉴:国外医药广告管理面面观》,载 http://www.ycwb.com/gb/content/2005-08/13/content_961267.htm, 2008 年 8 月 15 日访问。

[②] 同上。

年修订颁布的《医疗广告法》对包括药品及医疗设备等所有医疗范畴内的商品广告都给予了严格规定。例如，根据《医疗广告法》的规定，处方药只允许在专业药店中出售，也只允许在专业杂志上做广告；法律对非处方药广告的描述方式也做了严格的限制。此外，法律还规定所有医药广告都必须清楚注明药品副作用及服用方法等所有相关要素，否则制药商和广告商就将受到严厉处罚。

第三节 虚假医药广告的民事责任

一、虚假医药广告的概述

（一）虚假医药广告的概念

根据美国学者巴茨等著的《广告管理》一书，对虚假广告的定义为："如果广告传达给了受众，并且广告的内容与实际情况不符、影响到了消费者的购买行为并损害了其利益时，我们就认为这是欺骗行为。"[1]我国于1993年国家工商行政管理局对湖南省工商行政管理局关于认定虚假广告问题的批复中对虚假广告的定义为：凡利用广告捏造事实，以并不存在的产品和服务进行欺诈宣传，或广告所宣传的产品和服务的主要内容与事实不符的，为虚假广告。

虚假医药广告主要指利用广告形式对所推销的药品、医药器械或者医疗保健服务进行夸大或者欺骗等宣传，从而误导患者并使其作出错误的判断和选择，生产厂家或医疗保健机构广告发布者从中获取经济利益。

（二）虚假医药广告的形式

虚假医药广告通过各种各样的形式在各种媒介上进行广告宣传，使广大的患者及消费者信以为真，致使其遭受财产损害以及身心损害。如今，虚假医药广告主要采用如下几种形式：

（1）如在有的医药广告中，以"一次治愈"、"不再复发"等这些诱惑性的广告宣传语误使患者相信其疗效；

（2）如以一个"患者"的现身说法来说明某种药品、医药器械或者医药服务的效果显著；

（3）利用"高科技"的手段患者迎合的患者的心理；

（4）利用"祖传秘方"、"祖传疗法"等方式来吸引消费者；

（5）某些医疗机构在大众媒体上以人物传记、访谈、科普讲座等形式宣传自己的机构、医师，推销医疗服务和药品，与普通广告相比，该类广告更具隐蔽性。

---

[1] 〔美〕巴茨等：《广告管理》，赵平等译，清华大学出版社1999年版，第399页。

二、虚假医药广告的民事责任

虚假医药广告的民事责任,是指医药广告的广告主、广告经营者、广告发布者,因进行广告违法活动,欺骗或误导患者及消费者,使其购买药品、医药器械或接受医疗服务时的合法权益受到损害,或由其他侵权行为时,应当承担的民事法律责任。

(一)虚假医药广告民事责任的构成要件

1. 医药广告欺诈

所谓医药广告欺诈,是指医药广告的广告主、广告经营者和广告发布者在医药广告活动中,故意制造药品、医疗器械或医药服务的假象,或者隐瞒事实的真相,可能使患者及消费者作出错误的消费决策的行为。由此医药广告欺诈必须具备两个要件:

第一,具有医药广告欺诈的故意;

第二,必须具有医药广告欺诈行为,这种行为既可以是积极的作为,如利用积极的手段去实施《广告法》、《医疗广告管理办法》等法律法规所禁止的行为,也可以是消极的不作为,如隐瞒药品、医疗服务的真实情况进行广告活动。

2. 损害事实

损害事实包括物质损害和非物质损害两方面。物质损害即财产损害,指受害人因其财产或人身受到侵害而造成的经济损失,包括直接经济损失和间接经济损失,直接财产损失,表现为受害人的财产损失,或者受害人为了补救受到侵害的民事权益所作的必要支出;间接财产损失,即由于受害人受到侵害,致使其可得的财产利益的丧失,而且这种间接财产损失中的财产权益在受害人受到侵害时并不存在,在大多数情况下,如果受害人没有受到侵害,这些财产权益是必然或者可能获得的。对于非物质损害,是指对受害人人身和精神方面的损害,例如,对姓名权、肖像权、隐私权、身体健康权等造成的损害。

3. 因果关系

因果关系是指虚假广告行为与其所造成的损害之间必须存在因果关系。

(二)虚假广告行为的民事责任方式

我国《民法通则》规定侵权责任主要有种方式,分为财产责任类型和非财产责任类型,前者包括损害赔偿、恢复原状、返还财产;后者包括停止侵害、消除影响、恢复名誉、赔礼道歉;另外,排除妨碍和消除危险则可能是财产性质的民事责任,也可能是非财产责任方式。根据其不同的特点,又可以分类财产责任方式、精神型责任方式和综合型责任方式三种。[①] 对于虚假广告行为而言,一般涉及

---

① 杨立新:《侵权行为法》,中国法制出版社 2006 年版,第 238 页。

的是财产型民事责任方式和精神型民事责任方式两类,兹分述如下:

1. 财产型民事责任方式

在医药广告活动中,广告主、广告经营者以及广告发布者利用医药广告对其药品、医疗器械及医疗服务进行虚假宣传,欺骗、误导患者及消费者,从而使患者及消费者的合法财产遭受损失;对患者造成伤害的,应当赔偿医疗费、因误工减少的收入、残疾生活补助费等费用;在有的医药广告中,假冒他人专利的,及构成侵害他人专利的行为,应当依法承担赔偿责任。

2. 精神型民事责任方式

根据《广告法》的有关规定,在有的医药广告中,贬低其他产品或服务的行为,是侵犯他人的名誉权的行为,应当承担相应的民事责任。对于侵害受害者人格权的广告,加害人应该对其广告所造成的不良影响在该影响所及范围进行消除,以尽量使该权利恢复到受到侵害之前的状态;又如有些医院的广告为了达到宣传其医术高明的目的,夸大某些疾病的症状,使观看者产生担心自己也患该病的不安情绪甚至是恐惧的情绪等等。对于这类侵权行为,侵权者应当对受害人承担精神型的民事责任。

第四节 名人代言虚假医药广告的法律责任承担

近年来,有关名人代言的虚假医药广告事件频频出现在各大媒体中,名人代言虚假医药广告是否应该承担相应的法律责任等问题引起了广泛的讨论。

一、医药广告代言人的概念

(一) 医药广告代言人概念界定

广告代言人,即代表某产品、企业或组织在广告中表演并传播某品牌信息的表演者。① 有的文章将之称为"广告表演者",是指通过一定的媒介和形式,直接或间接地推销自己所介绍的商品或服务的人,包括但不限于广告模特和形象代言人;有的文章认为代言人是一个比较宽泛的概念,通常是指为企业或组织的赢利性或公益性目标而进行信息传播服务的特殊人员。② 由于医药广告的特殊性,本书认为:医药广告代言人,是指在药品广告、医疗器械广告、医疗广告中利用自己的形象、表演及知名度等自身资源,借助各种形式的媒介,如(电视、广播、平面媒体)代表产品或企业,直接或间接地向消费者推销商品或者服务

---

① 王乐宇:《关于广告表演者应否承担瑕疵广告法律责任的探讨》,载《内蒙古财经学院学报(综合版)》2005年第4期。

② 黄晓赟、董天策:《名人是否该为不实广告代言负责》,载《新闻知识》2005年第6期。

的人。

(二) 医药广告代言人的特征

1. 医药广告代言人为综合性主体

医药广告代言人的综合性主体是指医药广告代言人不仅仅是指自然人,包括名人、典型消费者、专家,当然也包括普通民众;还可以是法人、社会团体、其他经济组织或者一些非营利性组织。

2. 医药广告代言人所代言的广告是医药商业性广告

所谓商业广告,是产品经营者或者服务提供者承担费用,通过一定媒介和形式直接或者间接地介绍自己所提供的服务或所推销的产品活动,这种活动是以广告主支付对价的方式进行并以营利为目的的。当然,对于现实中的非商业性广告,如我们熟知的公益性广告,在这些公益广告当中也会存在代言人,但是这里的代言人与商业性广告中的代言人的权利、义务有着本质的区别,不在本章讨论之列。

3. 医药广告代言人必须凭借一定的媒介形式进行代言

医药广告作品必须借助媒介形式传播,广告作品只有通过一定的载体对外传播,才能使其受众了解广告作品,医药广告代言人可以利用广播、电视、网络、报纸、杂志等媒体以文字、声音、静态或动态影像等形式进行代言活动。

4. 医药广告代言人直接地或间接地向消费者推销商品或者服务

广告代言人通过广告向消费者推销商品或者服务,这种推销不但可以是直接的,也可以是间接的。① 所谓直接的,即为广告代言人直接劝导消费者购买商品或者服务;所谓间接的,主要是指以广告代言人的形象作为商品或服务生产或提供企业的宣传形象,以使广大消费者间接的了解本企业。

5. 医药广告代言人以为医疗产品、服务宣传为目的

医药广告代言人的代言活动是以对药品、医疗器械、医疗服务宣传为目的的,因此,在广告代言活动中,广告代言人是按照广告主的要求为其宣传,并达到一定的效果,代言方式、方法等都是由广告主拟定的。

6. 医药广告代言的有偿性

广告代言人通过代言可以得到一定的报酬,同时也使得自己的知名度及曝光率进一步提升。

二、名人代言责任承担争议

对于名人代言虚假广告是否应当承担责任,尚无定论。

---

① 高志宏:《广告代言人的法律地位及其责任》,载《兰州商学院学报》2007年总23卷第6期。

认为名人代言虚假广告不必承担责任的理由主要有[①]：

理由一：《广告法》规定的虚假广告的责任者是广告主、广告经营者和广告发布者，并没有规定对于广告片中的代言人是否需要承担法律责任；此外，我国关于广告的法律法规都没有专门的对名人代言虚假广告需要承担责任的规定；对于在广告活动中，名人对广告的创意和实施都只是被动地接受，因此不必对广告的真实性负责。

理由二：由于能力上的限制，名人在接拍广告时没有能力对广告的真实性进行审查，对于一些专业性的产品，名人更是无从审核。

理由三：商业广告是一种要约邀请，消费者看了广告之后的购买行为是与广告主之间进行的，名人并不是合同的当事人，因此不能承担合同责任。

认为名人应该为代言虚假广告承担责任的主要理由是：

首先，我国现行的法律法规，例如《广告法》、《医疗广告管理办法》、《药品广告审查发布标准》、《医疗器械广告审查标准》都禁止利用专家、医生、患者的名义和形象做证明，因此，以个人感觉和体验类的广告用语在医药广告中都是严格禁止的。而目前出现的大多数虚假广告中，都是以名人自己的体验为药品、医疗做广告。名人如果在此类广告中对消费者进行了承诺，就视同合同邀约的承诺，自然应当对此负责任。

其次，虽然根据合同相对性的原理，名人不是商品和服务合同的直接合同当事人，不必承担违约责任，但是名人却是虚假广告的重要参与者，是整个广告的核心。

三、国外对名人代言广告的管理

（一）加拿大

《加拿大广告标准准则》第7条对代言、推荐或证明某产品或服务广告作了明确规定：代言、推荐或证明者必须是该产品或服务的实际使用者，广告相关信息须有充分事实依据，绝不许欺骗或误导消费者，否则将承担相应的民事或刑事处罚。

（二）美国

在美国，形象代言人广告必须"证言广告"和"明示担保"，即明星们必须是其所代言产品的直接受益者和使用者，否则就会被重罚。通常来说，美容产品、保健品及药物类广告常常因为其宣称的效果与实际使用效果存在较大的差异而较易引起消费者不满，因此美国的演艺明星大多对此类广告敬而远之，避免惹上不必要的法律纠纷。

[①] 牟森：《名人虚假广告民事责任》，载《云南大学学报法学版》2007年第20卷第1期。

(三) 日本

在日本,如果明星代言的产品属于伪劣产品,则意味着明星本人可能会因此受到巨大影响,不但要向社会公开道歉,还会在很长时间得不到任何工作。另外,如果明星本人出了问题,那么广告主也会因为担心自己的产品形象受到损害,而立即停止有关广告的张贴与播放。

四、名人代言虚假医药广告的法律责任分析

根据《广告法》第 38 条的规定:"违反本法规定,发布虚假广告,欺骗和误导消费者,使购买商品或者接受服务的消费者的合法权益受到损害的,由广告主依法承担民事责任;广告经营者、广告发布者明知或者应知广告虚假仍设计、制作、发布的,应当依法承担连带责任。广告经营者、广告发布者不能提供广告主的真实名称、地址的,应当承担全部民事责任。社会团体或者其他组织,在虚假广告中向消费者推荐商品或者服务,使消费者的合法权益受到损害的,应当依法承担连带责任。"这条规定是对发布虚假广告行为的民事法律责任的规定,依照这条规定,即使名人代言虚假广告,但是因为其既不是经营者,也不是信息发布者,虽然广告内容虚假,可能对患者及消费者造成误导,但根据目前的法律规定不必承担法律责任。

但是近两年来,我国的经济市场上出现了很多名人代言虚假广告的现象,特别是医药类虚假广告,更会给广大患者及消费者带来巨大的财产损失及身心伤害。所以本书认为,名人代言虚假广告应该承担法律责任。

(一) 名人承担虚假广告责任的基本原则

1. 权利义务对等原则

现代经济学家提出:"在现代社会由于人们掌握信息量的多少不等,所以掌握信息多的人有必要提供真实的信息给对方"。[①] 名人在广告中掌握的信息内容显然多于普通的公众,因此,有义务提供真实的信息。

2. 诚信原则

名人在代言广告时,应以社会整体利益为基准,保证广告所传达的信息的真实性和客观性。如若代言的内容由虚假成分,根据民法中的诚实信用这一基本原则,应当追究其虚假行为的法律责任。

3. 消费者信赖利益保护原则

广告主之所以选择名人做广告,正是看重了消费者对名人效应的信赖感,因此,若代言人不正当的利用了这种信赖,将可能侵害消费者的信赖利益。

---

① 孔祥俊:《论反不正当竞争法的适用与完善》,法律出版社 2001 年版,第 308 页。

4. 一般法的基本原则指导特别法的适用

虽然有学者将《广告法》、《消费者权益保护法》及《反不正当竞争法》纳入经济法的范畴,但诚实信用、公平等民法中的基本原则也一样适用于民商事活动。所以,《广告法》、《消费者权益保护法》及《反不正当竞争法》相对于民法而言就是特别法,这些特别法虽然将广告代言人排除在虚假广告的责任主体之外,这也许是受当时社会经济发展的现状所囿。但现如今,在名人广告泛滥成灾,侵害消费者合法权益且愈演愈烈,用民法的基本原则弥补特别法规定的缺漏,是法律适用的基本需要。[①]

(二)虚假医药广告代言人的法律责任形式

1. 民事责任

广告代言人因代言虚假医药广告使购买药品、医疗器械及接受医疗服务的患者及消费者的合法权益受到损害所产生的责任,是一种侵权责任。关于这种责任的认定,从其主观上的过错,实施了违法行为,造成了患者及消费者的利益损害,违法行为与损害事实之间存在因果关系这些方面进行认定。

2. 行政责任

对医药广告中的虚假代言行为,除了追究代言人的民事责任之外,还可以在广告相关的法律法规中明确规定广告代言人的行政责任,从而更有效地遏制虚假代言行为。

3. 刑事责任

对于广告欺诈行为,仅仅用经济手段、行政手段予以制裁是远远不够的,对其中非法占有公私财物数额较大,情节严重的追究刑事责任是十分必要的,行为人利用广告实施了刑事法律禁止的行为所必须承担的法律后果。[②]

思考题:

1. 什么是医药广告?医药广告具有哪些特征?
2. 什么是虚假医药广告?
3. 你对名人代言虚假医药广告的问题如何看待?

---

① 钟金、谢兵:《论我国名人代言虚假广告的法律责任》,载《华东交通大学学报》2007年第24卷第6期。

② 周勇、陈尚海:《广告代言人的法律责任——论我国广告代言人制度的构建》,载《广告大观》2008年第1期。

参考文献

一、著作类

1. 石俊华主编:《医事法学》,四川科学出版社2004年版。
2. 陈力行等主编:《医学法学概论》,南京大学出版社,1988年版。
3. 《世界著名法典汉译丛书》编委会编:《汉穆拉比法典》,法律出版社2000年版。
4. 〔法〕迭朗善译:《摩奴法典》,马香雪转译,商务印书馆1982版。
5. 〔意〕卡斯蒂廖尼:《医学史》(上册),程之范主译,广西师范大学出版社2003年版。
6. 《世界著名法典汉译丛书》编委会:《十二铜表法》,法律出版社2000年版。
7. 杨殿奎、夏广洲、治金编:《古代文化常识》,山东教育出版社1984年版。
8. 陈邦闲:《中国古代医学史》,《民国丛书》(第三编·科学技术史类〈79〉),上海书店据商务印书馆1947年版影印。
9. (汉)司马迁:《史记》,中州古籍出版社1994年版。
10. (宋)徐天麟撰:《西汉会要》(卷三十一·职官一),上海古籍出版社2006年版。
11. (南朝宋)范晔撰、(唐)李贤注:《后汉书》(卷三十六·百官志),中华书局1998年据《四库备要》本影印。
12. 程树德:《九朝律考》(卷三),中华书局2006年版。
13. 赵尔巽等撰:《清史稿》,中华书局1998年缩印版。
14. 徐宗泽:《明清间耶稣会士译著提要》,上海书店出版社2006年版。
15. 〔意〕艾儒略:《职方外记校释》,中华书局1996年版。
16. 方豪:《中西交通史》。中国文化大学出版部1984年版。
17. 四库全书研究所整理:《钦定四库全书总目》(史部三十四·地理类存目七),中华书局1997年版。
18. 田涛、郭成伟整理:《清末北京城市管理法规》(1906—1910年),北京燕山出版社1996年版。
19. 蔡鸿源主编:《民国法律法规集成》(第5册),黄山出版社1999年版。
20. 周子君:《医院管理学》,北京大学医学出版社2003年版。
21. 何颂跃:《医疗纠纷与损害赔偿新释解》(第2版),人民法院出版社2002年版。
22. 全国人大常委会法工委国家法室等:《中华人民共和国执业医师法释解》,中国民主法制出版社1998年版。
23. 张文显:《法理学》,法律出版社1997年版。
24. 黄丁全:《医事法》,中国政法大学出版社2003年版。
25. 古津贤、范燕存:《医事法学》,河北人民出版社2008年版。
26. 柳经纬、李茂年:《医患关系法论》,中信出版社2002年版。
27. 邱聪智:《医疗过失与侵权行为》,载《民法债篇论文选辑》(中),台湾五南图书出版公司 1985 年版。
28. 梁华仁:《医疗事故的认定和法律处理》,法律出版社 1998 年版。
29. 夏芸:《医疗事故损害赔偿法——来自日本法的启示》,法律出版社 2007 年版。
30. 王 岳:《医疗纠纷法律问题新解》,中国检察出版社 2004 年版。
31. 谢家银:《论医疗服务合同》,广西大学 2004 年硕士学位论文。
32. 艾尔肯:《医疗损害赔偿研究》,中国法制出版社 2005 年版。
33. 谢怀栻等:《合同法原理》,法律出版社 1999 年版。
34. 邱祥兴主编:《医学伦理学》,人民卫生出版社 1999 年版。
35. 医疗事故处理条例起草小组:《医疗事故处理条例释义》,中国法制出版社 2002 年版。
36. 龚赛红:《医疗损害赔偿立法研究》,法律出版社 2001 年版。
37. 郑立、王作堂主编:《民法学》,北京大学出版社 1994 年版。
38. 张新宝:《侵权责任法原理》,中国人民大学出版社 2005 年版。
39. 郭明瑞等:《民事责任论》,中国社会科学出版社 1992 年版。
40. 杨立新:《疑难民事纠纷司法对策》(第 2 辑),吉林人民出版社 1994 年版。
41. 张俊浩:《民法学原理(下册)》,中国政法大学出版社 2000 年版。
42. 张新宝:《中国侵权行为法》,中国社会科学出版社 1998 年版。
43. 刁荣华:《中国法学论著选集》,台北汉林出版社 1976 年版。
44. 王利明:《民法·侵权行为法》,中国人民大学出版社 1993 年版。
45. 王利明:《侵权行为法研究》(上卷),中国人民大学出版社 2004 年版。
46. 薛波主编:《元照英美法词典》,法律出版社 2003 年版。
47. 张新宝:《侵权责任构成要件研究》,法律出版社 2007 年版。
48. 夏芸:《医疗事故损害赔偿法——来自日本法的启示》,法律出版社 2007 年版。
49. 王利明:《民法典·侵权责任法研究》,人民法院出版社 2003 年版。
50. 王泽鉴:《侵权行为法(一)》,中国政法大学出版社 2001 年版。
51. 梅新和 尹卓主编:《医疗纠纷损害赔偿案例精选》,法律出版社 2005 年版。
52. 邱聪智:《民法研究(一)》,中国人民大学出版社 2002 年版。
53. 龚赛红:《医疗损害赔偿立法研究》,法律出版社 2001 年版。
54. 王利明、杨立新:《人格权与新闻侵权》,中国方正出版社 1995 年版。
55. 魏振瀛:《民法》(第 4 版),北京大学出版社、高等教育出版社 2010 年版。
56. 程啸:《以案说法·医疗纠纷篇》,中国人民大学出版社 2007 年版。
57. 王利明主编:《民法新论》(上册),中国政法大学出版社 1988 年版。
58. 杨立新:《侵权法论》(上册),吉林人民出版社 2000 年版。
59. 程啸:《侵权行为法总论》,中国人民大学出版社 2008 年版。
60. 定庆云、赵学良:《医疗事故损害赔偿》,人民法院出版社 2000 年版。
61. 梁华仁:《医疗事故的认定与法律处理》,法律出版社 1998 年版。
62. 张新宝:《侵权责任构成要件研究》,法律出版社 2007 年版。
63. 古津贤:《医疗事故法律问题研究》,吉林大学出版社 2007 年版。
64. 高绍安:《中国最新典型医疗案例评析》,中国法制出版社 2001 年版。
65. 王利明:《侵权行为法归责原则研究》,中国政法大学出版社 2004 年版。

66. 苏嘉宏：《医事护理法规概论》（第4版），台北三民书局2002年版。
67. 史自强、马永祥、胡浩波等：《医院管理学》，上海远东出版社1995年版。
68. 杨立新、刘忠：《损害赔偿总论》，人民法院出版社1999年版。
69. 唐德华：《〈医疗事故处理条例〉的理解与适用》，中国社会科学出版社2002年版。
70. 胡建淼编：《行政法教程》，法律出版社1996年版。
71. 应松年编：《行政法学新论》，中国方正出版社1998年版。
72. 熊文钊编：《现代行政法原理》，法律出版社2000年版。
73. 熊文钊：《现代行政法原理》，法律出版社2000年版。
74. 乔世明：《医疗纠纷与法律责任》，人民军医出版社1993年版。
75. 李显东主编：《医疗事故法律解决指南》，机械工业出版社2003年版。
76. 姜柏生著：《医疗事故法律责任研究》，南京大学出版社2006年版。
77. 赵秉志主编：《医疗事故罪专题整理》，中国人民公安大学出版社2007年版。
78. 佟丽华、温小洁：《医疗事故与纠纷》，兵器工业出版社1999年版。
79. 〔日〕大冢仁著：《犯罪论的基本问题》，冯军译，中国政法大学出版社1993年版。
80. 〔台〕林山田：《刑法学》，台湾商务印书馆1983年第2版。
81. 王喜军、杨秀朝编著：《医疗事故处理条例实例说》，湖南人民出版社2003年版。
82. 冯卫国：《医疗事故罪的认定与处理》，人民法院出版社2003年版。
83. 候国云：《过失犯罪论》，人民出版社1993年版。
84. 单长宗：《新刑法研究与运用》，人民法院出版社2000年版。
85. 高铭暄、赵秉志：《刑法论丛》（第2卷），法律出版社1999年版。
86. 马克昌：《犯罪通论》，武汉大学出版社1999年版。
87. 唐德华：《医疗事故处理条例的理解与适用》，中国社会科学出版社2002年版。
88. 藏冬斌：《医疗犯罪比较研究》，中国人民公安大学出版社2004年版。
89. 周光权：《法定刑研究》，中国方正出版社2000年版。
90. 吴平：《资格刑研究》，中国政法大学出版社2000年。
91. 高铭暄、赵秉志主编：《新编中国刑法学》，中国人民大学出版社1998年版。
92. 蔡墩铭：《医事刑法要论》，景泰文化事业有限公司1995年版。
93. 刘新军、顾眉君：《病案学》，中国劳动社会保障出版社2002年版。
94. 曹荣桂、刘爱民：《医院管理学——病案管理分册》，人民卫生出版社2003年版。
95. 吕蓉：《广告法规管理》（第2版），复旦大学出版社2006年版。
96. 国际病案协会教育委员会编者：《国际病案管理》，刘爱民、陈玉才编译，黑龙江科学技术出版社1993年版。
97. 袁惠章、陈洁：《现代医院管理简明教程》，中国纺织大学出版社1996年版。
98. 〔美〕巴茨等：《广告管理》，赵平等译，清华大学出版社1999年版。
99. 杨立新：《侵权行为法》，中国法制出版社2006年版。
100. 孔祥俊：《论反不正当竞争法的适用与完善》，法律出版社2001年版。
101. 梁慧星：《民法总论（第2版）》，法律出版社2001年版。
102. 刘长秋、刘迎霜：《基因技术法研究》，法律出版社2005年版。
103. 倪正茂：《生命法学引论》，武汉大学出版社2005年版。
104. 张朝佑：《人体解剖学》，人民卫生出版社1998年版。

105. 刘长秋:《器官移植法研究》,法律出版社 2005 年版。
106. 〔日〕木村荣作:《脑死还是人死》,载《刑事法学之综合研讨》(上),日本有斐阁 1993 年版。
107. 黄丁全:《医疗、法律与生命伦理》,法律出版社 2004 年版。
108. 石俊华:《医事法学》,四川科学技术出版社 2004 年版。
109. 谈大正:《生命法学导论》,上海人民出版社 2005 年版。
110. 张金钟、王晓燕:《医学伦理学》,北京大学出版社 2005 年版。

二、文章类

1. 姜柏生:《医师执业中的权利与义务》,载《南京医科大学学报》(社会科学版)2003 年第 2 期。
2. 尚进、王正勋:《论医疗中的正当行为》,载《中国卫生法制》2001 年第 6 期。
3. 丁志勤、王前:《从〈医疗事故处理条例〉透析医患关系》,载《江苏卫生事业管理》2004 年第 4 期。
4. 方桂:《论医患法律关系》,载《行政与法》2007 年第 1 期。
5. 沈志婷:《医患法律关系性质研究》,2006 年华东政法学院硕士论文。
6. 曾予:《关于医患法律关系类型的思考》,载《医学教育探索》2008 年第 7 期。
7. 丁春艳:《医患关系与消费者—经营者关系:揭开争论的面纱》,载《法律与医学杂志》2007 年第 14 卷。
8. 宋晓亭:《再论医患关系是民事法律关系中的合同关系》,载《法律与医学杂志》2001 年第 8 期。
9. 缪锐锋、王爱红:《论医疗行为的法律界定》,载《法律与医学杂志》2004 年第 11 期。
10. 冯卫国、张素娟:《从刑法理论看医疗行为的正当性根据》,载《法律与医学杂志》2003 年第 10 期。
11. 张赞宁:《试论医疗行为的违法阻却事由》,载《南京医科大学学报》(社会科学版)2007 年第 28 卷第 3 期。
12. 高向华、卢祖洵:《医疗行为与合法医疗行为的法律概念初探》,载《中国卫生事业管理》2007 年第 1 期。
13. 艾尔肯:《论医疗合同关系》,载《河北法学》2006 年第 12 期。
14. 王敬毅:《医疗过失责任研究》,载梁慧星《民商法论丛》(第 9 卷),法律出版社 1998 年版。
15. 谢钧:《湖北省医疗纠纷状况调查》,载《健康报》2002 年 1 月 5 日。
16. 李晓明、郭梅:《医患关系:不应忽视患者的义务》,载《中国卫生事业管理》2007 年第 5 期。
17. 戴园园:《转诊义务设置与医疗机构风险控制》,载《医学与社会》2007 年第 3 期。
18. 段匡、何湘渝:《医生的告知义务和患者的承诺》,载梁慧星主编:《民商法论丛》(第 12 卷),法律出版社 1999 年版。
19. 李茂年:《医患关系法律问题研究》,厦门大学 2001 年硕士论文。
20. 张跃铭:《试析医疗合同法律关系》,载《法律与医学杂志》2007 年第 2 期。
21. 高向华、卢祖洵:《医师告知义务若干法律问题分析》,载《中国高等医学教育》2007

年第3期。

22. 程宏:《论保密义务与诚信原则》,载《医学与哲学》2005年第3期。

23. 周晓蓉、常云峰、邓振华等:《医疗纠纷中篡改病历相关法律责任研究》,载《法律与医学杂志》2005年第2期。

24. 张闻武:《医疗纠纷中病历存在瑕疵问题之研究》,载《西南政法大学学报》2006年第5期。

25. 丁春艳:《论患者对病历资料享有的权利》,载《法律与医学杂志》2007年第4期。

26. 林妍霏、赵平:《患者知情同意权产生及发展的回顾》,载《医院院长论坛》2006年第5期。

27. 丁春艳:《由谁来行使知情同意的权利:患者还是家属》,载《法律与医学杂志》2007年第1期。

28. 史瑗:《论患者隐私权》,载《市场周刊·理论研究》2007年第1期。

29. 李莉、赖嫦媛:《浅析患者隐私权的法律保护》,载《商场现代化》2005年第10期(下)。

30. 张西建:《医疗过失致人损害的民事责任初探》,载《中国法学》1988年第2期。

31. 张国炎:《医务工作者的民事责任》,载《政治与法律》1990年第3期。

32. 陈忠五:《法国法上医疗过错的举证责任》,载《东吴法律学报》第18卷第1期。

33. 李大平:《医师注意义务的概念及其与医疗过失行为的关系》,载《法律与医学杂志》2004年第4期。

34. 〔韩〕石熙泰:《医疗过失的判断基准》,金成华译,载梁慧星主编:《民商法论丛》(第37卷),法律出版社2007年版。

35. 姚苗:《英美法对医疗过失的判定原则对我国的启示》,载《法律与医学杂志》2007年第14卷第1期。

36. 罗秀等:《医疗侵权责任中的过失——论医师的注意义务》,载《医学教育探索》2007年第6卷第3期。

37. 王敬毅:《医疗过失责任研究》,载梁慧星主编:《民商法论丛》(第9卷),法律出版社1998年版。

38. 王利明:《论侵权责任重的过错及认定标准》,载王利明著:《民商法研究》(第3辑),法律出版社2001年版。

39. 关淑芳:《论医疗过错的认定》,载《清华大学学报》(哲学社会科学版)2002年第5期。

40. 周慧盈、邵庆华、罗曼琳:《临床输血关键环节监管分析》,载《中国输血杂志》2006年第19卷第3期。

41. 范宁:《健康体检过程中存在的医疗纠纷及应对措施》,载《中国误诊学杂志》2008年第8卷第12期。

42. 夏成青:《加强病理诊断局限性教育的必要性》,载《中华中西医杂志》2007年第8卷第2期。

43. 淘月玉、庄永忠:《预防为主抓好医疗安全管理》,载《现代医院》2003年第3卷第1期。

44. 梁慧星:《论民事责任》,载《中国法学》1990年第3期。

45. 叶正明:《国外药品不良反应损害救济制度述评及其对我们的启示》,载《时代法学》2005 年第 1 期。

46. 沃中东:《对医疗事故处理中无过错责任适用的思考》,载《杭州商学院学报》2003 年第 6 期。

47. 洪莉萍:《医疗事故的界定及相关问题探析》,载《法学》2003 年第 2 期。

48. 谢家斌:《论医疗事故罪的主观方面》,载《中国刑事法杂志》1998 年第 4 期。

49. 张江红:《论医疗事故技术鉴定结论的性质》,载《法律与医学杂志》2001 年第 1 期。

50. 候国云:《过失犯罪法定刑思考》,载《法学研究》1997 年第 2 期。

51. 左庆龙:《浅谈我国刑法的罚金刑制度》,载《河北法学》1999 年第 2 期。

52. 周光权:《过失犯罪法定刑配置研究》,载《四川大学学报》1999 年第 6 期。

53. 赵秉志、赫兴旺、颜茂昆等:《中国刑法修改若干问题研究》,载《法学研究》1996 年第 5 期。

54. 王国平、胡琴琴:《医疗文书的证据学意义及其规范要求》,载《杭州医学高等专科学校学报》2003 年第 24 卷第 6 期。

55. 王国平、孙建宇、赵国峰:《规范医疗文书是适应法律规则的基本要求》,载《中国医院管理》2003 年第 23 卷第 8 期。

56. 李娜:《论医疗文书在医疗事故处理中的重要性》,载《贵阳中医学院学报》2006 年第 28 卷第 1 期。

57. 吴巧敏、谷卫:《浅谈电子病历的发展》,载《国外医学·社会医学分册》2005 年第 22 卷第 1 期。

58. 阳红、任福祥:《浅谈电子病历与现代病案管理》,载《西南军医》2006 年第 8 期。

59. 刘安滨:《再谈电子病历》,载《中国医院管理》2003 年第 4 期。

60. 宁传英:《关注电子病历的发展》,载《中国病案》2007 年第 2 期。

61. 杨坚争、陈劲草:《电子病历的法律效力》,载《中国医院管理》2003 年第 10 期。

62. 曹滨、方淑芹、李勇光:《关于电子病案建设中几个问题的思考》,载《中国病案》2005 年第 6 期。

63. 曹印专:《浅议电子病历证据的立法状况》,载《档案时空》2003 年第 6 期。

64. 赵育新、王琳、杜进兵:《议电子病历的法律效力》,载《实用医学杂志》2005 年第 21 卷第 2 期。

65. 杨坚争、陈劲草:《电子病历的法律效力》,载《中国医院管理》2003 年第 10 期。

66. 符庆丹:《电子病案作为电子文件的法律适用性》,载《中国医院统计》2007 年 14 卷第 1 期。

67. 崔涛、周子君:《医疗事故处理过程中病案出示问题》,载《中国卫生事业管理》2000 年第 4 期。

68. 张瑞菊、李伟婧、宋熙东:《病历档案的所有权——共有说》,载《档案管理》2007 年第 2 期(总第 165 期)。

69. 林文莹、黄跃、庄美明:《简析病案所有权应归医疗机构所有》,载《当代医学》2007 年第 4 期(总第 114 期)。

70. 林可佳:《隐性广告浅谈》,载《集团经济研究》2005 年第 9 期。

71. 吴素莲:《介绍医院的医疗广告与患者的就医行为》,载《国外医学·医院管理分册》

1995 年第 4 期。

72. 王乐宇：《关于广告表演者应否承担瑕疵广告法律责任的探讨》，载《内蒙古财经学院学报（综合版）》2005 年第 4 期。

73. 黄晓赟、董天策：《名人是否该为不实广告代言负责》，载《新闻知识》2005 年第 6 期。

74. 高志宏：《广告代言人的法律地位及其责任》，载《兰州商学院学报》2007 年第 12 期（总 23 卷第 6 期）。

75. 牟森：《名人虚假广告民事责任》，载《云南大学学报法学版》2007 年第 20 卷第 1 期。

76. 钟金、谢兵：《论我国名人代言虚假广告的法律责任》，载《华东交通大学学报》2007 年第 24 卷第 6 期。

77. 周勇、陈尚海：《广告代言人的法律责任——论我国广告代言人制度的构建》，载《广告大观》2008 年第 1 期。

三、外文类

1. Paul Starr：*The Social Transformation of American Medicine*，Basic Book—A Division of Harper Collins。

2. Council of Europe, Convention on Human Rights and Biomedicine (done at Oviedo, Spain, April 4, 1997), Article 11.

3. Evans M. J. and Kaufman M. H. Establishment in culture of pluripotential cells from mouse embryos. Nature, 1981, 292(9):154—156.

4. Martin G. R. Isolation of a pluripotential cell line from early mouse embryos cultured in medium conditioned by teratocarcinoma stem cells. Proc Nati Acad Sci USA, 1981, 78 (12): 7634—7638.

四、网络类

1. 韩世远：《医疗服务合同的不完全履行及其救济》，载 http://www.privatelaw.com.cn/new2004/shtml/20060228-122107.htm，2010 年 5 月 20 日访问。

2. 李燕：《国外的患者自己决定权研究（节选）》，载 http://www.hbvhbv.com/forum/viewthread.php?tid=299377，2010 年 8 月 15 日访问。

3. 艾尔肯：《论医疗过失的判断标准》，载 http://www.civillaw.com.cn/Article/default.asp?id=40064，2009 年 10 月 18 日访问。

4. 《肝炎患者丢命医院过失赔偿》，载 http://www.dahe148.com/anli/html/newslist2/1174.htm，2010 年 8 月 9 日访问。

5. 《加强护理安全管理，杜绝护理过失发生》，载 http://www.39kf.com/cooperate/qk/xdhlxzz/0602/2006-08-31-251414.shtml，2009 年 9 月 10 日访问。

6. 《输液医疗事故》，载 http://www.bjls.com.cn/news.asp?id=435，2010 年 4 月 26 日访问。

7. 王青山：《药源性疾病与药疗事故之我见》，载 http://www.39kf.com/cooperate/qk/xdyygl/0406/2005-09-28-105774.shtml，2010 年 4 月 10 日访问。

8. 王琼书：《因病理诊断引发医疗纠纷的成因及预防对策》，载 http://law-lib.com.cn/lw/lw_view.asp?no=7550，2009 年 9 月 23 日访问。

9.《古代医药广告趣话》,载 http://www.hangzhou.com.cn/20040101/ca636094.htm, 2008年8月18日访问。

10.《观察与借鉴:国外医药广告管理面面观》,载 http://www.ycwb.com/gb/content/2005-08/13/content_961267.htm, 2008年8月15日访问。

后 记

经过近十年的不断努力,《医事法学》终于要付梓出版了。为了《医事法学》教材的正式出版,我们本着认真、严谨的科学态度,多方求教于有关专家,多次组织编写人员讨论教材内容结构,精心挑选作者,以保证教材内容的高质量。本书编写作者为第一章古津贤,第二章刘祺,第三、四、五章郝静,第六、十二、十三章、十四章焦艳玲,第七、八章李雅琴,第九、十、十一章李耀文,第十五、二十四、二十五章李博,第十六、十七、十八章强美英,第十九、二十、二十一章、二十二章、二十三章蔡昱 古津贤,第二十六、二十七章顾婵媛,第二十八、二十九章冼舒雅。在编写过程中参考了大量中外相关资料,借鉴和参考了专家学者的一些成果,在此表示衷心的感谢。本书的编写和出版得益于许多兄弟院校专家的支持和许多良师益友的帮助,尤其杭州师范大学王国平、重庆医科大学蒲川通力协助古津贤、强美英主编审定全稿,北京大学出版社李燕芬进行了精心策划和编辑,在此表示真挚谢意。

本书紧紧围绕医学与法学交叉的特点,结合相关法律规范的发展和医疗实践的需求背景,既注重教材的针对性,也注重其内容的理论性与实用性,具有结构严谨合理、内容完整实用、观点新颖、视角独特的特点。但由于作者水平有限,对许多问题的研究仍不够深入,难免存在诸多疏漏和不足,恳请专家同仁给予批评指正,也期待共同推进医事法学领域的理论研究和这一新兴学科的完善,以更好地服务于教学和实践。

编 者

2011 年 7 月 6 日

21世纪法学系列教材书目

"21世纪法学系列教材"是北京大学出版社继"面向21世纪课程教材"(即"大红皮"系列)之后,出版的又一精品法学系列教科书。本系列丛书以白色为封面底色,并冠以"未名·法律"的图标,因此也被称为"大白皮"系列教材。"大白皮"系列是法学全系列教材,目前有15个子系列。本系列教材延续"大红皮"图书的精良品质,皆由国内各大法学院优秀学者撰写,既有理论深度又贴合教学实践,是国内法学专业开展全系列课程教学的最佳选择。

- **法学基础理论系列**

法律方法阶梯	郑永流
英美法概论:法律文化与法律传统	彭 勃

- **法律史系列**

中国法制史	赵昆坡
中国法制史	朱苏人
中国法律思想史(第二版)	李贵连 李启成
外国法制史(第三版)	由 嵘
西方法律思想史(第二版)	徐爱国 李桂林

- **民商法系列**

民法总论(第三版)	刘凯湘
债法总论	刘凯湘
物权法论	郑云瑞
英美侵权行为法学	徐爱国
商法学——原理·图解·实例(第三版)	朱羿锟
商法学	郭 瑜
保险法(第三版)	陈 欣
保险法	樊启荣
海商法	郭 瑜
票据法教程(第二版)	王小能
票据法学	吕来明
房地产法(第四版)	房绍坤
物权法原理与案例研究	王连合
破产法(待出)	许德风

- **知识产权法系列**

知识产权法学(第五版)		吴汉东
商标法		杜　颖
著作权法(待出)		刘春田
专利法(待出)		郭　禾
电子商务法	李双元	王海浪

- **宪法行政法系列**

宪法学概论(第三版)			肖蔚云
宪法学(第三版)	甘超英	傅思明	魏定仁
行政法学(第二版)		罗豪才	湛中乐
外国宪法(待出)			甘超英
国家赔偿法学(第二版)		房绍坤	毕可志

- **刑事法系列**

中国刑法论(第五版)	杨春洗	杨敦先	郭自力
现代刑法学(总论)			王世洲
外国刑法学概论		李春雷	张鸿巍
犯罪学(第三版)		康树华	张小虎
犯罪预防理论与实务		李春雷	靳高风
监狱法学(第二版)			杨殿升
刑法学各论(第二版)			刘艳红
刑法学总论(第二版)			刘艳红
刑事侦查学(第二版)			杨殿升
刑事政策学			李卫红
国际刑事实体法原论			王　新

- **经济法系列**

经济法学(第五版)	杨紫烜	徐　杰
经济法学(2011年版)(待出)		张守文
经济法原理(第三版)		刘瑞复
企业法学通论		刘瑞复
企业与公司法学(第五版)		甘培忠
商事组织法		董学立

金融法概论(第五版)	吴志攀
银行金融法学(第六版)	刘隆亨
证券法学(第三版)	朱锦清
金融监管学原理	丁邦开 周仲飞
会计法(第二版)	刘　燕
税法原理(第五版)	张守文
劳动法学	贾俊玲 周长征
社会保障法(待出)	林　嘉
房地产法(第二版)	程信和 刘国臻
环境法学(第二版)	金瑞林
反垄断法	孟雁北

- **财税法系列**

财政法学	刘剑文
税法学(第四版)	刘剑文
国际税法学(第二版)	刘剑文
财税法专题研究(第二版)	刘剑文

- **国际法系列**

国际法(第二版)	白桂梅
国际经济法学(第五版)	陈　安
国际私法学(第二版)	李双元
国际贸易法	冯大同
国际贸易法	王贵国
国际贸易法	郭　瑜
国际贸易法原理	王　慧
国际投资法	王贵国
国际货币金融法(第二版)	王贵国
国际经济组织法教程(第二版)	饶戈平

- **诉讼法系列**

民事诉讼法学教程(第三版)	刘家兴 潘剑锋
民事诉讼法	汤维建
刑事诉讼法学(第三版)	王国枢

外国刑事诉讼法教程(新编本)	王以真 宋英辉
外国刑事诉讼法(待出)	宋英辉
民事执行法学(第二版)	谭秋桂
仲裁法学(第二版)	蔡 虹

- **特色课系列**

世界遗产法	刘红婴
医事法学	古津贤 强美英
法律语言学(第二版)	刘红婴
模拟审判：原理、剧本与技巧	廖永安 唐东楚 陈文曲

- **双语系列**

普通法系合同法与侵权法导论　　　　张新娟
Learning Anglo-American Law: A Thematic
　　　Introduction(英美法导论)(第二版)　李国利

- **专业通选课系列**

法律英语	郭义贵
法律文书学	卓朝君 邓晓静
法律文献检索	于丽英
英美法入门——法学资料与研究方法	杨帧

- **通选课系列**

法学通识九讲	吕忠梅
法学概论(第三版)	张云秀
法律基础教程(第三版)(待出)	夏利民
经济法理论与实务(第三版)	於向平 邱艳 赵敏燕
人权法学	白桂梅

- **原理与案例系列**

| 国家赔偿法：原理与案例 | 沈岿 |
| 专利法：案例、学说和原理(待出) | 崔国斌 |

2011 年 9 月更新

教师反馈及教材、课件申请表

尊敬的老师：

您好！感谢您一直以来对北大出版社图书的关爱。北京大学出版社以"教材优先、学术为本"为宗旨，主要为广大高等院校师生服务。为了更有针对性地为广大教师服务，满足教师的教学需要、提升教学质量，在您确认将本书作为教学用书后，请您填好以下表格并经系主任签字盖章后寄回，我们将免费向您提供相关的教材、思考练习题答案及教学课件。在您教学过程中，若有任何建议也都可以和我们联系。

书号/书名	
所需要的教材及教学课件	
您的姓名	
系	
院校	
您所主授课程的名称	
每学期学生人数	学时
您目前采用的教材	书名_____ 作者_____ 出版社_____
您的联系地址	
联系电话	
E-mail	
您对北大出版社及本书的建议：	系主任签字 盖章

我们的联系方式：

北京大学出版社法律事业部

地　　址：北京市海淀区成府路205号　　联系人：李锋
电　　话：010-62752027　　　　　　　　传　真：010-62556201
电子邮件：bjdxcbs1979@163.com
网　　址：http://www.pup.cn
北大出版社市场营销中心网站：www.pupbook.com